Wirtschafts- und Sozialhistorische Studien

Herausgegeben von

Stuart Jenks, Michael North und Rolf Walter

Band 4

Rolf Walter

Wirtschaftsgeschichte

Vom Merkantilismus bis zur Gegenwart

2., überarbeitete und aktualisierte Auflage

1998

BÖHLAU VERLAG KÖLN WEIMAR WIEN

Die Deutsche Bibliothek - CIP- Einheitsaufnahme

Walter, Rolf:
Wirtschaftsgeschichte : vom Merkantilismus
bis zur Gegenwart. / Rolf Walter. – 2., überarb. und aktualisierte Aufl. –
Köln ; Weimar ; Wien : Böhlau, 1998
(Wirtschafts- und sozialhistorische Studien ; Bd. 4)
ISBN 3-412-01398-6

Umschlagabbildung: George Grosz, Jakobstraße (1920)
(© VG Bild-Kunst, Bonn)

Druck und Bindung: Koninklijke Wöhrmann B.V., NL - Zutphen
Printed in the Netherlands
ISBN 3-412-01398-6

INHALTSVERZEICHNIS

DARSTELLUNGSVERZEICHNIS

Vorwort

Vorwort zur ersten Auflage

Dieses Buch ging aus einführenden Vorlesungen im Grundstudium hervor, die der Verfasser in den vergangenen Semestern an der Friedrich-Schiller-Universität Jena hielt. Die Lehrveranstaltungen stiessen auf erfreuliche Resonanz und gaben Anlass zu vielerlei Fragen, intensiven Gesprächen und fruchtbaren Diskussionen, deren Ertrag wiederum im vorliegenden Buch seinen Niederschlag finden soll.

Es handelt sich um kein Werk, das um vollständige Erfassung der Wirtschafts- und Sozialgeschichte der vergangenen 300 Jahre bemüht ist, sondern das **bewusst bestimmte** - freilich als besonders markant oder wesentlich erachtete - **Themenfelder herausgreift** und bündig behandelt. Insofern kann und soll es sich nicht messen mit den einschlägigen Handbüchern und Gesamtdarstellungen, sondern ist als **vorlesungsbegleitendes Studienbuch** gedacht, das dem Lehrer oder Studenten der Wirtschafts- oder Gesellschaftswissenschaften den **Stoff gerafft und selektiv darbietet**. Methoden und Theorien sind bewusst ausgespart. Hier sei der Leser auf einschlägige Einführungen (siehe Kapitel 2) verwiesen.

Bei den Literaturhinweisen, die sich am Ende jedes grösseren Abschnitts befinden, handelt es sich lediglich um vom Verfasser als allerwesentlichst erachtete Werke. Auch hier erfolgte die scharfe Selektion in der Absicht, den Leser eher an die Hand zu nehmen und ihn behutsam über die Schwelle zur wirtschafts- und sozialhistorischen Disziplin zu führen als ihn durch die inzwischen unüberschaubar gewordene Flut an Fachliteratur zu ertränken.

Den Literaturhinweisen folgen dann stets Fragen, die einen doppelten Zweck erfüllen. Zum einen sollen sie den interessierten Leser anregen, die Lektüre wiederholend zu reflektieren. Zum anderen sollen sie jenen, die sich Klausuren oder ähnlichen Folterungen auszusetzen haben, helfen, sich darauf einzustellen und rechtzeitig Gegenstrategien zu entwickeln.

Fraglos wird sich auch diese Darstellung als verbesserungswürdig herausstellen. Man wird sie in dem Masse besser gestalten können, als konstruktive Kritik an ihren Verfasser herangetragen wird. Dazu sei der kundige Leser nachhaltig aufgefordert. Selbstverständlich gehen alle Fehler - trotz heiliger Schwüre fehlerloser Manuskriptabgabe - auf des Verfassers Sollkonto, auf dass eines schönen Tages in einer neuen Fassung eine makellose Bilanz daraus erwachse.

Schliesslich gibt der Verfasser erleichtert Kunde von seiner zur Gewissheit gewordenen Annahme, nicht von allen guten Geistern verlassen, sondern von solchen umgeben zu sein. Sie tragen die Namen Dr. Norbert Schneeloch und Dr. Albert Fischer, die der Habenseite des Kontos erhebliches hinzugefügt und den Autor vor Entgeisterung bewahrt haben. Dank gebührt darüber hinaus Prof. Dr. Wolfgang Mühlfriedel, Dr. Antje Voigt und Gudrun Töpel für zahlreiche Hilfestellungen aller Art.

Ich möchte dieses Buch meiner Frau widmen, die neben unzähligen Vorzügen *einen* ganz besonderen geniesst: Wirtschafts- und Sozialgeschichte interessiert sie nicht im geringsten. Sie ist deshalb in der Lage, mich völlig unvoreingenommen nicht als Wissenschaftler, sondern als Mensch zu nehmen. Ebendies braucht der Wissenschaftler und ist dankbar dafür.

Jena, im Herbst 1995 Rolf Walter

Vorwort zur zweiten Auflage

Die erste Auflage erfreute sich guter Resonanz, breiter Aufnahme und der erwünschten konstruktiven Kritik. Soweit möglich, habe ich diese kritischen Einwürfe berücksichtigt und möchte an dieser Stelle dafür danken. Anregungen sind selbstverständlich weiter höchst willkommen. Solche habe ich auch erhalten von zwei guten Geistern, die sich den oben genannten hinzugesellten: Frau Dipl.-Volkswirtin Kerstin Gerth und Herr Dr. Reiner Flik. Sie möchte ich in meinen Dank einschließen.

Wie jeder weiß (weiss), befindet sich die deutsche Rechtschreibung momentan in einem Übergangsstadium. Der geneigte Leser wird deshalb gebeten, möglicherweise auftretende orthographische Unstimmigkeiten nicht überzubewerten.

Jena, im Herbst 1998 Rolf Walter

1. EINFÜHRUNG I: WOZU WIRTSCHAFTSGESCHICHTE?

Mit der überseeischen Expansion nach Westen, die mit der zufälligen Entdekkung Amerikas durch Kolumbus gegen Ende des 15. Jahrhunderts ihren vorläufigen Höhepunkt erlangte, begann die Menschheit der Alten und der Neuen Welt, sich kennenzulernen. Neue Produkte gelangten hier wie dort auf den Markt und veränderten nach und nach die Nahrungs- und Lebensgewohnheiten. Man denke nur an den Tabak, den Kakao oder die Kartoffel. Das europäische Mittelalter kannte natürlich weder Raucher noch Schokolade noch Pommes Frites. Mit den Veränderungen der materiellen Kultur im Windschatten der Flotten des Genuesen gingen jedoch auch neue Vorstellungen hinsichtlich Raum und Zeit einher. Der Handel erhielt kräftige Impulse, und es kam zu beträchtlichen räumlichen und strukturellen Veränderungen im Laufe der Frühen Neuzeit, wie die zwei Globen des französischen Wirtschaftshistorikers Fernand Braudel im Vergleich der Jahre 1500 und 1775 zeigen:

Darstellung 1: Die Expansion der europäischen Wirtschaft in Gestalt der wichtigsten Welthandelsbeziehungen

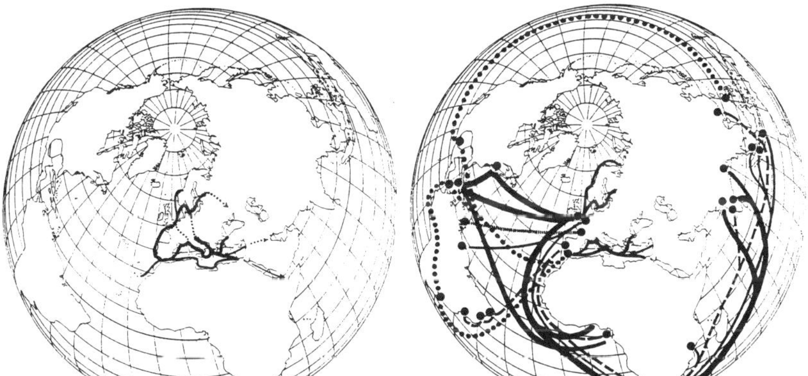

Quelle: Braudel, Fernand: Sozialgeschichte des 15.-18. Jahrhunderts. Bd. 3: Aufbruch zur Weltwirtschaft, München 1990, S. 26 f.

Nichts hat sich im Verlauf der Geschichte mehr geändert als der Umgang des Menschen mit bzw. seine Einstellung zu der Zeit. Der Unterschied der Jahre 1835 und 1998 ist der zwischen einer Lokomotive namens „Adler“ und dem ICE. Die Geschwindigkeitsdifferenz zwischen beiden beträgt ca. 270 km/h. Dieser Unterschied steht symbolisch für die Schnellebigkeit unserer Zeit. Die täglich erlebbare Geschwindigkeit hat sich seit der frühen Eisenbahnzeit, als man 30 km/h für das maximal Erreichbare hielt, vervielfacht. Zeitgefühl und Zeitvorstellungen des Menschen haben sich im Gefolge technischer Basisinnovationen dramatisch verändert. Sie sind auch ein Ausdruck gesellschaftlicher und wirtschaftlicher Wandlungsprozesse. Mit ihnen hat sich die Wirtschaftsgeschichte auseinanderzusetzen.

Darstellung 2: Eine Geschwindigkeitstrendkurve

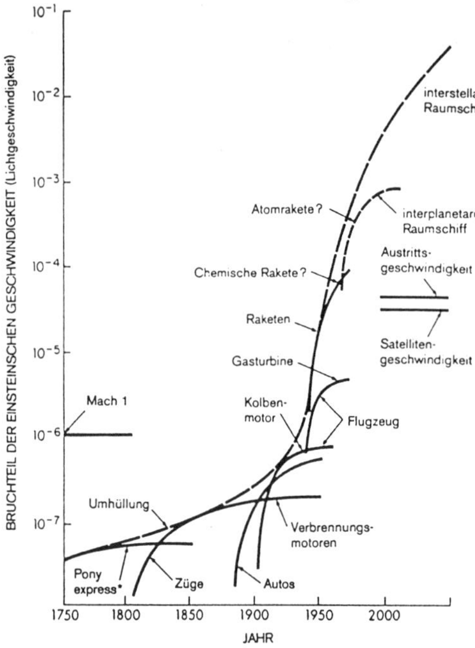

Quelle: Bell, Daniel: Die nachindustrielle Gesellschaft, Reinbek bei Hamburg 1979, S. 205.

Fragt man nach den grundsätzlichen Möglichkeiten, die Wirtschaftsgeschichte zu strukturieren, einzuteilen, sich ihr analytisch zu nähern, so gibt es dazu verschiedene Möglichkeiten. In der Regel verfolgt sie die Entwicklungen im Zeitablauf, also chronologisch. Oft verfolgt sie Zusammenhänge jedoch auch strukturhistorisch, wobei sich verschiedene Zugriffsebenen anbieten. Auf sie wird in Darstellung 3 hingewiesen.

Man wird sich natürlich auch ganz generell fragen: **Wozu Wirtschaftsgeschichte** im wirtschafts- oder geschichtswissenschaftlichen Studium? Darauf könnte man mit einem kurzen und alles erklärenden Satz antworten: **Perspektive durch Retrospektive,** respektive: **keine Perspektive ohne Retrospektive**. Es ist die Rede von der historischen Bedingtheit unserer Gegenwart. Geschichtskenntnis kann vor Kurzsichtigkeit schützen, kann bewahren vor der Wiederholung bereits in der Vergangenheit begangener Fehler. Wenn vorliegendes Buch hier eine bescheidene Erste Hilfe leisten könnte, wäre allein dies Berechtigung seiner Existenz.

Darstellung 3: Ein strukturgeschichtlicher Ansatz auf fünf Ebenen:

- Demographie (Bevölkerungsentwicklung, Mortalität, Fertilität etc.)
- Soziale Struktur (Gesellschaftsschichten, „Klassen“, soziale Mobilität, Verflechtungsbeziehungen, Sozio-Matrix etc.)
- Ökonomische Struktur (Sektoren, mikro- oder makroökonomischer Ansatz, Standort- bzw. Raumwirtschaftstheorie, „ökonomische Entfernungen“, Produktivitätsgefälle, „ökonomische Grenzen“ etc.)
- Politische Struktur (Verfassung, Gesetzgebung, Gewaltenteilung, politisches System etc.)
- Mentale Struktur (Konfessionen, nationale Identität, anthropologische Eigenheiten bzw. Ausprägungen, Verhaltensnormen, etc.)

Wer mit Wirtschaftstheorie in Berührung kommt, wird zwangsläufig mit der Frage konfrontiert: Wie sind Theorien, Modelle, Gedankensysteme überhaupt zustande gekommen? Indem man versucht, diese Frage zu beantworten, betreibt man bereits Wirtschaftsgeschichte, genauer: volks- oder betriebswirtschaftliche **Dogmengeschichte**. Indem wir eine Theorie von ihrem Ursprung bis zu ihrer gegenwärtigen Gestalt verfolgen, lernen wir die Etappen ihrer Entwicklung erkennen, lernen sie zu verstehen und prägen sie uns tiefer ein. Deshalb erfüllt das Fach Wirtschaftsgeschichte auch eine **wichtige propädeutische Funktion**. Sie hilft, das wirtschaftswissenschaftliche Ganze von seiner Wurzel her zu erschliessen.

Der Wirtschaftsgeschichte kommt darüber hinaus eine wesentliche **erklärende Funktion** zu. Wenn neuerdings die Volkswirtschaftslehre beginnt, sich verstärkt der ganz langfristigen wirtschaftlichen Entwicklung zuzuwenden, also der sog. **evolutorischen Ökonomik („Evolutorik“)**, dann sollte dies nichts anderes heissen als die Einbeziehung (wirtschafts-)historischer Elemente in die Nationalökonomie. Die wirtschaftshistorische Klasse hat vielleicht nur noch nicht gemerkt, welche vorzügliche Möglichkeit sich da für sie bietet, ihr reiches Angebot zur Erklärung historischer Zäsuren wirksam und interdisziplinär in dieses richtungweisende Forschungskonzept einzubringen. Dies gilt für die historische Ausbildungs- und Kognitionsforschung ebenso wie für die unternehmenshistorische, institutionenhistorische und die historische Krisen-, Konjunktur- und Entwicklungsforschung. Ohne Zuhilfenahme wirtschafts- und gesellschaftshistorischer Forschungserträge wird man die evolutorische Ökonomik kaum betreiben können. Insbesondere wird sich die Geschichte des technischen Fortschritts und seiner gesellschaftlichen Implikationen nicht hinreichend erklären lassen, wenn es nicht gelingt, die Voraussetzung dafür, den Prozess der kognitiven Kreation, präziser zu fassen.

Und ist es nicht so, dass man mit der präzisen Kenntnis des Vergangenen auch eher die Zukunft zu erkennen oder einzuschätzen vermag? Klar ist jedenfalls, dass etwa bei der Prognose der Wirkung des Einsatzes wirtschaftspolitischer Instrumente neben dem ökonomischen und dem ökonometrischen Modell als dritte wesentliche Methode der Rückgriff auf historische Erfahrungen besonders erfolgversprechend ist bzw. vor wirtschaftspolitischer Torheit schützen kann. An einem Beispiel lässt sich dies vielleicht verdeutlichen: Wer das Hinterfragen und die ernsthafte Beschäftigung mit der Vergangenheit für überflüssig hält, müsste erklären, warum in den 70-er Jahren eine an John Maynard Keynes orientierte Politik des *deficit spending*, also der bewussten öffentlichen Verschuldung zum Zwecke der Nachfrage- bzw. Konjunkturankurbelung, betrieben wurde, wo man doch zumindest hätte erahnen können, dass ein solches Vorgehen scheitern musste. Warum? - Sie war einer Bevölkerung nicht zu vermitteln, die ein- oder mehrmals bereits - nämlich 1923 und in den vierziger Jahren - durch staatliche Überschuldung und daraus resultierende offene oder versteckte Inflation ungeheure, teilweise totale Geldvermögensverluste hatte hinnehmen müssen. Jene Generation, welche die Hyperinflation der Weimarer Zeit, Kriegsverluste und 1948-er Währungsreform erlebt und überlebt hatte, verband mit den Begriffen „Staatsverschuldung“, „Inflation“ oder „Defizit“ denkbar negative Assoziationen und war dagegen so stark sensibilisiert, dass eine darauf basierende Wirtschaftspolitik kaum mehrheitsfähig sein konnte. Dagegen war eine solche Wirtschaftspolitik des *deficit spending* in den Vereinigten Staaten von Amerika, wo andere Erfahrungshorizonte vorhanden waren und die Inflation nicht in dem Masse politisch instrumentalisiert wurde wie in Deutschland, viel eher durchsetzbar[1]. Dieses Beispiel zeigt schon, wie wichtig es ist, die durch historische Erfahrung bedingte Chance auf Akzeptanz in der Bevölkerung mit in den Datenkranz wirtschaftspolitischer Entscheidungen einzubeziehen.

Natürlich lassen sich - umgekehrt - auch Beispiele anführen, die zeigen, dass eben die genaue Beachtung der wirtschaftshistorischen Erfahrungen der Zeitgenossen die Durchsetzung bestimmter Wirtschaftspolitiken ermöglichte. So wissen wir beispielsweise, dass der Erste Weltkrieg über eine allseits sichtbare Verschuldung, eine offene Inflation, finanziert wurde. Daraus zog das Hitler-Regime zumindest die Erkenntnis, dass eine weitere offene Inflation von der Mehrheit der Bevölkerung unter keinen Umständen ein weiteres Mal getragen werden würde. Deshalb entschied man sich für die verdeckte Form der Kriegsfinanzierung, um eine „finanzielle Volksabstimmung", wie Hitler es nannte, tunlichst zu vermeiden.

Die alltägliche Begegnung mit der Wirtschaftsgeschichte oder ihren Begriffen

Häufig werden wir in Vorlesungen, in den Medien oder im Alltag mit Begriffen konfrontiert, die eindeutig wirtschaftshistorischen Charakters sind und die wir nicht verstehen können, wenn wir uns nicht der Unbequemlichkeit der Retrospektive hingeben. Da spricht jemand von **„unsichtbarer Hand"**, dort von **„Neomerkantilismus"**. In beiden Fällen richtet sich der Blick auf die Wirtschaftsgeschichte der Frühen Neuzeit, will man den begrifflichen Ursprüngen „auf die Schliche" kommen. 1987 erinnerte man sich des Börsenkrachs von 1929, des „Schwarzen Freitags" an der New Yorker Börse, der in Wahrheit eigentlich ein „Schwarzer Donnerstag" war, ganz nebenbei bemerkt. Und wenn man heute verzweifelt versucht, eine europäische Währung in Form des Euro zu schaffen, fragt sich der Wirtschaftshistoriker in Kenntnis des Florentiners oder Goldguldens (**florin**) des Spätmittelalters, mit dem man an jedem Handelsplatz der damals bekannten Welt seine Schulden begleichen oder einkaufen konnte, ob die Geschichte nicht manchmal rückwärts schreitet. Und was schliesslich die stufenweise realisierte europäische Gemeinschaft angeht: Hatten wir nicht 1834 schon den Deutschen Zollverein, der auf nationaler Ebene einen ähnlichen Versuch darstellte?

Jeder kennt die englische Währung, das **Pfund Sterling**. Warum sagt man Pfund und was heisst Sterling? - Pfund deutet darauf hin, dass man Geld in der

[1] Heuss, Ernst: „Die Grundlagen der Nationalökonomie" vor 50 Jahren und heute. In: Ordo 40 (1989), S. 21-30, hier: S. 27.

Zeit vor den Banknoten in Pfund aufwog, wie heute Kartoffeln und Mehl. Und Sterling? Der Begriff leitet sich ab von Osterling, und die Osterlinge waren hansische Kaufleute, die in London im frühen Spätmittelalter eine Handelsniederlassung, ein sog. Kontor besassen, und von der englischen Regierung Privilegien erhielten. Sie müssen so bedeutend gewesen sein, dass man nach ihnen die Währung benannte: das **Pfund der Osterlinge** - Pfund Sterling.

Tausendmal wird täglich der Begriff **Börse** verwendet. Wertpapierbörse, Aktienbörse, Geldbörse (im Sinne von Geldbeutel) etc. Auch dieser Begriff ist wirtschaftshistorisch zu erklären, da im mittelalterlichen Brügge vor dem Haus der patrizischen Familie **van der Burse** die ersten regelmässigen Versammlungen lombardischer Kaufleute stattfanden. Dieses regelmässige Aufeinandertreffen von Angebot und Nachfrage an einem bestimmten Ort mit dem Ergebnis der offiziellen Preis- und Kursbestimmung nannte man dann auch weiterhin Börse. Der Begriff Merkantilismus wurde erwähnt. Was also bedeutet **Merkantilismus**? - Darunter versteht man das wirtschaftliche Gegenstück zum politischen Absolutismus des 17. und 18. Jahrhunderts. Er ist weder Wirtschaftstheorie noch Wirtschaftssystem, sondern einfach die Summe konkreter wirtschaftspolitischer Massnahmen, die ergriffen werden sollten, um dem absolutistischen Herrscher und dem Fürstenstaat Bevölkerungszuwachs, Edelmetall und Wohlfahrt zu verschaffen.

Begriffe wie **Bankrott**, **Kommanditgesellschaft**, **Lombardkredit**, **Indossament**, **Agio/Disagio**, **Giroverkehr** etc. werden häufig verwendet. Sie sind wirtschaftshistorischen Ursprungs, und die Kenntnis ihrer Wurzeln lässt uns die alltägliche Wirtschaftspraxis wesentlich besser verstehen. **Banca rotta** (italienisch: die zerschlagene, leere Bank) erinnert an den Geldwechsler des oberitalienischen Mittelalters, der inmitten des Marktplatzes zur Markt- oder Messezeit bzw. in der abschliessenden Zahlungswoche seinen Tisch aufbaute und darauf Säcke mit unterschiedlichen Geldsorten zum Tausch liegen hatte. War der Tisch leer, hiess dies, der hatte kein Wechselgeld mehr. Dasselbe trifft für den Bankrotteur zu. Von der **Messe**zeit war die Rede. Dieser Begriff hängt bei näherem Hinsehen mit der geistlichen Messe zusammen, nämlich insoweit, als im Mittelalter meist nach dem Kirchgang, also nach der Messe, der Einkauf auf dem Markt an oder nahe der Kirche erledigt wurde und man dann im Laufe der Zeit das Wort auch allgemein für ökonomische Zusammenkünfte verwendete. Heute ist ganz selbstverständlich von der Buchmesse, der Automobilmesse, der Spielwarenmesse usw. die Rede, ohne in uns gleich Assoziationen mit dem gleichnamigen kirchlichen Zeremoniell hervorzurufen.

Auf unserem täglichen Gang durch den Alltag, durch die Stadt, werden wir mit Namen konfrontiert, die wir zwar oft gehört oder gelesen haben, die wir aber eigentlich nicht kennen. Um ein Beispiel zu nennen: HERTIE ist eine bedeutende deutsche Kaufhauskette, das weiss jeder! Aber nicht jeder weiss, dass der Name HERTIE die Abkürzung von **Her**mann **Tie**tz ist. Dabei handelte es sich um eines der bedeutendsten jüdischen Kaufhäuser der Weimarer Zeit. Es wurde unter nationalsozialistischer Herrschaft arisiert und existierte nach dem Zweiten Weltkrieg wieder im Eigentum der rechtmässigen jüdischen Besitzer weiter.

Darstellung 4: Früher Berufsbezeichnung - heute Familienname

Agricola	Bauer
Auermacher	Uhrmacher
Euler	Töpfer
Fechner	Pelzhändler
Ganser	Geflügelhändler
Geis(e)ler	Viehhändler
Glotzenmacher	Holzschuhmacher
Hodler	Fuhr- und Kaufmann
Hucker	Krämer
Karter	Wollkämmer
Kessler	Kesselschmied
Moldenhauer	Holztrogmacher
Pagenstecher	Fohlenbeschneider
Pfister	Bäcker
Scheibler	Salzhändler
Schopenhauer	Holztroghauer
Schröter, Schröder	Tuchschneider
Semmler	Weissbrotbäcker
Tandler	Trödler, Hausierer
Wurzler	Gewürzhändler

Quelle: Ribbe, Wolfgang/Henning, Eckart: Taschenbuch für Familiengeschichtsforschung, 10. erw. und verb. Aufl., Neustadt an der Aisch 1990, S. 408-415 (Auszug).

Wie die obige Darstellung 4 zeigt, lassen sich sehr viele der heutigen Familiennamen beispielsweise auf frühere Berufe zurückführen. Oftmals gibt es diese Berufe gar nicht mehr, so dass nur noch die Namen von ihrer früheren Existenz zeugen.

Nun kann jeder selbst einmal seinen reichen Wortschatz durchforsten und möglicherweise erkennen, dass viele der tagtäglich verwendeten Begriffe sehr viel mit Wirtschaftsgeschichte zu tun haben. Das Plädoyer: **mehr Sensibilität für die begriffliche Umwelt**.

Nobelpreis 1993 für zwei Wirtschaftshistoriker

1993 erhielten zwei amerikanische Wirtschaftshistoriker den Nobelpreis für Wirtschaftswissenschaften: Robert W. Fogel und Douglass C. North.

Robert W. **Fogel** war Professor für Wirtschaftsgeschichte an der Universität Chicago/USA. Er gehört zu einer Gruppe amerikanischer Wirtschaftshistoriker, die Ende der 1950er und in den frühen 1960er Jahren die sog. **„Neue Wirtschaftsgeschichte"** etablierten, die zuweilen auch unter der Bezeichnung **ökonometrische Geschichte** (*econometric history*) oder **Kliometrik** (*cliometrics*) auftaucht. Weltanschaulich gesehen gehört Fogel zu den Positivisten. Für den **Positivismus** beschränkt sich die Forschung auf das, was gezählt, gemessen und gewogen werden kann. Fogel geht es um die Entdeckung und Darbietung numerischer Information über historische Prozesse, wobei er damit nicht der erste, sondern nur einer der ersten war, die versuchten, statistische und mathematische Modelle in der wirtschaftshistorischen Forschung anzuwenden. Diese Forschungsrichtung trat in den 1960er Jahren in Amerika mehr und mehr in den Mittelpunkt.

Die ökonometrische Geschichtsforschung expandierte dann mit ziemlicher Geschwindigkeit und rief ebenso schnell Kritiker hervor, unter denen der Deutsche, in Amerika lebende und wirkende, Fritz **Redlich** der bedeutendste war[2]. Redlich kritisierte, die ökonometrische Geschichte beruhe auf hypothetischen Modellen, die nie verifiziert werden könnten; ihre Methoden seien anti-empirisch und anti-positivistisch. Redlich behauptete, die neue Arbeitsweise bringe häufig nicht Geschichte, sondern nur **„Quasi-Geschichte"** hervor. Gleichwohl sah auch Redlich 1965 realistisch voraus, dass das strenge Entwickeln hypothetisch-deduktiver Modelle in der Wirtschaftsgeschichte weiterhin gepflegt und neue Perspektiven hervorbringen werden würde. Fogel war es dann, der 1967 zusammen mit Stanley L. **Engerman** eine repräsentati-

---

[2] Redlich, Fritz: 'New' and Traditional Approaches to Economic History and their Interdependence. In: Journal of Economic History XXV, Dez. 1965, S. 480-495.

ve Auswahl von Arbeiten der neuen Wirtschaftsgeschichte unter dem Titel *„The Reinterpretation of American Economic History“* herausgab[3]. Ein Jahr zuvor hatte der andere der beiden Nobelpreisträger, Douglass C. North, einen Forschungsüberblick publiziert mit dem Titel *„Growth and Welfare in the American Past: A New Economic History“*[4].

Robert Fogel publizierte 1964 ein - eben 1993 als bahnbrechend anerkanntes und gewürdigtes - Werk mit dem Titel *„Railroads and American Economic Growth“*[5], das sich in eine Reihe von Studien zum Thema Technologie und Produktivität und über den sozialen Netto-Nutzen (*net social benefit*) bestimmter Neuerungen einfügt. Fogel meinte nun, wenn man den Netto-Nutzen der Eisenbahnen schätzen wolle, müsse man einen Vergleich anstellen zwischen der tatsächlichen Höhe des Sozialprodukts und jenem Sozialprodukt, das sich ohne die Existenz der Eisenbahnen eingestellt hätte. Da sich letzteres auf direktem Wege nicht berechnen lässt, behalf sich Fogel mit einem **hypothetisch-deduktiven Modell**, in das jedoch tatsächlich beobachtbare Verhältnisse bzw. Daten einflossen. Er bezog sein Modell auf das Jahr 1890 und formulierte als modellmässiges Erkenntnisinteresse die *„soziale Ersparnis“* der Eisenbahnen. Diese ist bei ihm definiert als die Differenz zwischen den tatsächlichen Gütertransportkosten eines Jahres und den alternativen Transportkosten für dieselbe Gütermenge und dieselben Entfernungen, aber ohne Benutzung der Eisenbahn.

Man spricht bei der Ermittlung von solchen alternativen Modellrechnungen auch von **Opportunitätskosten-Modellen**. Dazu war es erforderlich, sowohl die direkten Zahlungen zu berechnen, die für den Wasser- und Landtransport (ohne Eisenbahn) hätten geleistet werden müssen, als auch die indirekten Kosten des Transports. Zu letzteren gehören z.B. Frachtverluste, zusätzliche Aufwendungen bei der Benutzung langsamerer Transportmittel sowie Kostengrössen, die z.B. dadurch verursacht werden, dass die Wasserwege während der Wintermonate nicht benutzt werden konnten. Durch die Einbeziehung zusätzlicher Lagerbestände (für die verzögerten Transporte) und Versiche-

---

[3] Fogel, Robert W./Engerman, Stanley L. (Hrsg.): The Reinterpretation of American Economic History, New York 1967.

[4] North, Douglass C.: Growth and Welfare in the American Past: A New Economic History, Englewood Cliffs 1966.

[5] Fogel, Robert W.: Railroads and American Economic Growth, Baltimore 1964; vgl. Fogel, Robert W.: Die neue Wirtschaftsgeschichte - Forschungsergebnisse und Methoden (= Kölner Vorträge zur Sozial- und Wirtschaftsgeschichte, Heft 8, hrsg. v. Forschungsinstitut für Sozial- und Wirtschaftsgeschichte an der Universität zu Köln), Köln 1970, S. 15.

rungsraten (für Frachtverluste) - dies alles quantifiziert nach zeitgenössischen statistischen Daten - gelang die modellhafte Beschreibung einer „Ohne-Eisenbahn-Situation", wobei die Höhe der Ersparnis auf drei verschiedene Fälle angewandt wurde:

1. den Fall ohne Eisenbahn bei Unterstellung des 1890 tatsächlich vorhandenen Bestandes an Strassen und Kanälen,
2. den Fall des um 5.000 Meilen erweiterten Verkehrsnetzes und wegen des Fehlens der Eisenbahn besonders rentabler Kanäle und
3. den Fall der Verbesserung der gewöhnlichen Landstrassen.

Fogel stellte fest, dass die soziale Ersparnis im Fall 1 (Eisenbahntransport ohne Veränderung des Strassen und Kanal-Netzes gegenüber „Ohne-Eisenbahn-Transport" bei unveränderten Strassen und Kanälen) 3,1 Prozent des Bruttosozialprodukts von 1890 betragen hätte. Für den anderen Fall, dass das Strassen- und Kanalnetz erweitert worden und unter dieser Bedingung die Kosten des Eisenbahntransports mit den Kosten „ohne Eisenbahn" verglichen worden wären, hätte sich die soziale Ersparnis auf 1,8 Prozent des BSP vermindert. Haupteinsparungen, d.h. der volkswirtschaftliche Nutzen der Eisenbahn lag dabei in der Verminderung der Lagerbestände und im Rückgang der Kosten des Strassentransports, die beide zusammen 80 Prozent der sozialen Ersparnis ausmachten. - Dass man diese Zahlen sehr ernst nehmen, mit ihnen etwas anfangen kann, wage ich zwar zu bezweifeln, da eine erschöpfende Simulation der Realität von 1890 m.E. die Einbeziehung von sehr viel mehr Variablen und Dynamismen erforderte, als dies geschah. Andererseits jedoch erscheint es sinnvoll, Simulationen wie die Fogels, als **heuristische Konzepte** verstanden, weiterzuverfolgen. Es ergeben sich so unverzichtbare (In-)Fragestellungen und ein intensives Nachdenken über Opportunitätskostenstrukturen.

Allgemein umschreibt **Fogel** die Notwendigkeit des Arbeitens mit Modellen oder Theorien folgendermassen: „*Die Einheit der Verarbeitung von Zahlenangaben und Benutzung der Theorie wird besonders deutlich, wenn man versucht, den Nettoeffekt von Neuerungen, Verordnungen oder Vorgängen zu ermitteln. Um den Nettoeffekt solcher Erscheinungen im Verlauf der wirtschaftlichen Entwicklung zu bestimmen, muß man einen Vergleich anstellen zwischen dem, was tatsächlich geschehen ist, und dem, was ohne Eintreten eines bestimmten Umstandes geschehen wäre. Da jedoch diese angenommene Situation (counterfactual condition) nie eingetreten ist, konnte sie weder beobachtet werden, noch ist sie in historischen Dokumenten aufgezeichnet. Um nun bestimmen zu können, was beim Fehlen eines bestimmten Umstandes geschehen wäre, braucht der Wirtschaftshistoriker eine Anzahl allgemein* *anerkannter Annahmen (d.h. einige Theorien oder ein Modell), die es ihm ermöglichen, von einer tatsächlich eingetretenen Situation eine angenommene Situation abzuleiten*“[6].

Dazu gibt es jedoch zwei Voraussetzungen:

1. Bedingung ist, dass sich der behauptete hypothetische Fall zwingend aus den Prämissen ableiten lässt, und
2. es ist sicherzustellen, dass die Behauptungen, die ein Modell enthält, empirisch nachweisbar sind.

Zusammenfassend kann man also festhalten: Robert W. Fogel und die Neue Wirtschaftsgeschichte machen den Versuch, Erklärungen vergangener wirtschaftlicher Entwicklungen in der Form von fundierten hypothetisch-deduktiven Modellen vorzutragen. Sie versuchen die Deutung der Wirtschaftsgeschichte auf der Basis (wirtschafts-)wissenschaftlich-ökonometrischer Methoden.

Nun zu Douglass C. **North**, dem anderen der beiden Nobelpreisträger. Auch er gehört, wie gesagt, zu den Kliometrikern. Eine seiner ersten bedeutenden Arbeiten befasste sich 1953 mit der Unternehmenspolitik und internen Organisation von Lebensversicherungsunternehmen 1905/06. Hier kündigte sich bereits sein Interesse an **Institutionen** und „Nicht-Markt-Organisationen“ an, wobei insbesondere die **Transaktionskosten** im Blickfeld seiner Forschungen standen. Diese Studien mündeten ein in eine **Theorie des institutionellen Wandels**, die 1981 in New York unter dem Titel *„Structure and Change in Economic History“* und 1988 in deutsch erschien und eine Synthese seines wissenschaftlichen Werkes darstellt. Im Übrigen fand der institutionelle Aspekt auch besondere Berücksichtigung in dem 1973 zusammen mit Robert **Thomas** publizierten Buch *„The Rise of the Western World: A New Economic History“*.

In diesen Publikationen nimmt North weniger die veränderten Techniken als auslösende Faktoren wirtschaftlicher Revolutionen an, als vielmehr die veränderten **Verfügungsrechte** (*property rights*), die ihrerseits neue Anreize zu technischen Neuerungen boten und damit zur Grundlage wurden für einen schrittweisen, aber kumulativen Prozess des technischen Fortschritts und Impulsgeber für beschleunigtes wirtschaftliches Wachstum. Er geht davon aus, dass die Veränderungen der Transaktionskosten, konkreter der Kosten der Einführung und der Durchsetzung von Verfügungsrechten, den entscheidenden Faktor für die Erklärung der Änderung von Eigentums- oder Verfügungsrech-

---

6 Fogel, Neue Wirtschaftsgeschichte, S. 20.

ten bildeten. Diese Verfügungskosten entstehen etwa dadurch, dass jene Personen oder Gruppen, die an den geänderten Eigentums- oder Verfügungsrechten Interesse haben, sich zur Durchsetzung der Rechte beauftragter Personen bedienen, die wiederum davon abgehalten werden müssen, ihre eigenen abweichenden Interessen bevorzugt zu berücksichtigen. Es geht also u.a. um die Kontrolle der Kontrolleure, wozu die Ökonomie die sog. ***agency theory*** entwickelte, in der dem **Prinzipal** (Verfügungsberechtigten, Unternehmensleiter, Konzernchef etc.) Kosten für die Motivierung und Kontrolle des von ihm beauftragten **Agenten** entstehen. Letztlich geht es darum herauszufinden, welches die kostenoptimale Organisationsform ist bzw. wie bei gegebenen Kosten die Effizienz von Institutionen bestmöglich erhöht werden kann oder bei gegebener Effizienz Kosteneinsparungen realisiert werden können.

Institutionen bilden den äusseren Rahmen menschlicher Tätigkeit. Die realen Formen der Zusammenarbeit und des Wettbewerbs und damit die Gesellschaft und die Wirtschaftsordnung können ohne die lenkenden und ordnenden Funktionen der Institutionen nicht verstanden werden. North wies mit Nachdruck darauf hin, dass Ökonomie zwar die Theorie der Wahlhandlungen sei und diese durch Wahlmöglichkeiten und Präferenzen bestimmt werden. Man solle aber tunlichst nicht unerwähnt lassen, dass eben der institutionelle Rahmen die Wahlmöglichkeiten des einzelnen beschränke. Dazu Originalton **North**: *„Institutionen sind faktisch die Filter zwischen dem einzelnen und dem Kapitalbestand ... und zwischen dem Kapitalbestand und dem Ausstoss an Gütern und Dienstleistungen und der Einkommensverteilung“*[7]. Dabei bezeichnet er den institutionellen Rahmen als „Struktur“ und die Art und Weise, wie Institutionen über die Zeit geschaffen, verändert und zerstört werden, als „Wandel“. Für die Herausbildung dieser Strukturen und deren Wandel ist nach Auffassung von North die anhaltende Spannung zwischen den Gewinnen aus der Spezialisierung und den Folgekosten der Spezialisierung ursächlich. Er sieht darin den Kern der *„modernen Probleme politischer und wirtschaftlicher Leistung“*[8].

Im Klartext: Im Rahmen der Industriellen Revolution im 19. Jahrhundert und späterer wirtschaftlicher Revolutionen kam es zu Spezialisierungen, die hohe Gewinne mit sich brachten. Um die Gewinne zu halten oder zu steigern, veränderte man radikal Grösse und Kontrollstruktur (freiwilliger) Organisatio-

---

[7] North, Douglass C.: Theorie des institutionellen Wandels. Eine neue Sicht der Wirtschaftsgeschichte (= Die Einheit der Gesellschaftswissenschaften. Bd. 56), Tübingen 1988, S. 207.

[8] L.c., S. 215.

nen, möglichst ohne Erhöhung der zu dieser Veränderung erforderlichen Transaktionskosten. Nun änderten sich im Zeitverlauf die Opportunitätskosten der verschiedenen Gruppen in dieser neuen Umgebung beruflicher und räumlicher Spezialisierung, was destabilisierende Wirkungen hatte. Die berufliche Spezialisierung blieb dabei nicht ohne Auswirkung auf die unterschiedlichen ideologischen Einstellungen.

Es wäre nun gewiss reizvoll, den interessierten Leser in die Gedankenwelt weiterer Wirtschaftshistoriker von ähnlichem Format wie die vorgestellten einzuführen. Zu denken wäre an Namen wie Gustav Schmoller, Max Weber, Werner Sombart, Fernand Braudel, Walther G. Hoffmann oder Wilhelm Abel, um nur einige wenige zu nennen. Indes ist es nicht das Anliegen vorliegenden Buches, dies zu leisten - so überaus verlockend es auch wäre. Es erscheint jedoch geboten, kurz auf die allerwesentlichste Literatur einzugehen.

Literatur:
Borchardt, Knut: Wirtschaftsgeschichte: Wirtschaftswissenschaftliches Kernfach, Orchideenfach, Mauerblümchen oder nichts von dem? In: Hermann Kellenbenz/Hans Pohl (Hrsg.), Historia socialis et economica. Festschrift für Wolfgang Zorn zum 65. Geburtstag, Stuttgart 1987, S. 17-31; **Fischer**, Wolfram: Was heisst und zu welchem Ende studiert man Wirtschafts- und Sozialgeschichte? In: Maier-Leibnitz, Heinz (Hrsg.), Zeugen des Wissens, Mainz 1986; S. 633-668; **Hicks**, John: A Theory of Economic History, Oxford 1969; **Kellenbenz**, Hermann/**Walter**, Rolf: Die Wirtschaftsgeschichte im Rahmen der Wirtschaftswissenschaften. In: WiSt, Heft 9, Sept. 1980, S. 411-417; **North**, Douglass C.: Theorie des institutionellen Wandels. Eine neue Sicht der Wirtschaftsgeschichte (= Die Einheit der Gesellschaftswissenschaften. Bd. 56), Tübingen 1988; **Ribbe,** Wolfgang/**Henning,** Eckart: Taschenbuch für Familiengeschichtsforschung; 10. erw. und verb. Aufl., Neustadt a. d. Aisch 1990; **Schulz**, Günther: Die neuere deutsche Wirtschaftsgeschichte: Themen, Kontroversen, Erträge der Forschung. In: Feldenkirchen, Wilfried et al. (Hrsg.): Wirtschaft, Gesellschaft, Unternehmen. Festschrift für Hans Pohl zum 60. Geb. Bd. 1, Stuttgart 1995, S. 400-425; **Tilly**, Richard H.: Entstehung und Entwicklung des Faches aus der Perspektive der Wirtschaftswissenschaften. Einige Bemerkungen zur theoretischen Basis der modernen Wirtschaftsgeschichte. In: Jahrbuch für Wirtschaftsgeschichte 1994/1, S. 131-149; **Walter**, Rolf: Die Wirtschaftsgeschichte als Ganzes, Baden-Baden 1995; **Walter**, Rolf: Die Wirtschaftsgeschichte als Geschichte der Zeit. In: Gerhard, Hans-Jürgen (Hrsg.), Struktur und Dimension. Festschrift für Karl-Heinrich Kaufhold zum

65. Geburtstag, Bd. 2, 19. und 20. Jahrhundert, Stuttgart 1997, S. 3-18,
Walter, Rolf: Evolutorische Wirtschaftsgeschichte. Zum Verhältnis von Wirtschaftsgeschichte und Evolutorischer Ökonomik. In: WiSt, Heft 2, Febr. 1997, S. 75-79.

Prüfsteine:

1. Nennen Sie einige wichtige Vertreter der „New Economic History"!
2. Erklären Sie die Begriffe Pfund Sterling, Bankrott, Börse, Messe! Suchen Sie selbst Begriffe wirtschaftshistorischen Ursprungs!
3. Ein Freund möchte von Ihnen wissen, wofür Douglass C. North und Robert W. Fogel den Wirtschaftswissenschafts-Nobelpreis zugesprochen bekamen. Helfen Sie ihm!
4. Wozu Wirtschaftsgeschichte?
5. Können Sie fünf Familiennamen aus Ihrem Freundes- oder Bekanntenkreis nennen, die auf alte Berufsbezeichnungen zurückgehen?

2. Einführung II: Wie helfe ich mir selbst? Literaturhinweise für Anfänger und Autodidakten

Sie wissen nun in groben Zügen, welches das Anliegen der Wirtschaftsgeschichte ist und haben eine ungefähre Vorstellung davon, womit sie sich beschäftigt.

Es gibt immer wieder Studenten und sonstige interessierte Leute, die keine Zeit oder wenig Interesse haben, sich in Vorlesungen oder anderen universitären Veranstaltungen das Fach und seine Inhalte anzueignen und es vorziehen, sich unabhängig von vorgegebenen Zeitplänen den Stoff selbst zu erschliessen. Natürlich kann es kaum ratsam sein, auf den Dialog in den diversen Bildungseinrichtungen zu verzichten; andererseits wäre es jedoch unrealistisch zu glauben, die notorischen Autodidakten seien ausgestorben. Insbesondere für diese Spezies, aber auch für alle anderen an Wirtschaftsgeschichte Interessierten, ist folgender **kleine Literaturführer** gedacht.

Wie auf jedem anderen beruflichen Feld hat sich auch im Fach Wirtschaftsgeschichte eine gewisse Arbeitsteiligkeit herausgebildet. Sie entspringt den unterschiedlichen Neigungen, Interessen, Auffassungen und Motivationen derjenigen, die es betreiben. Ebenso wie der Koch oder Konditor mit Spezialitäten an seine Kundschaft herantritt, hat auch der Wissenschaftler solche anzubieten. Bei ihm nehmen sie die Form von Vorträgen, Beiträgen oder Büchern an; sie bilden seine Identität, seine Marke, sein Image. Natürlich bieten alle Köche und Konditoren ausser ihren Spezialitäten eine breite Palette von Produkten an. Auch dies ist beim Wissenschaftler der Fall. Aber allgemein bekannt, über den lokalen (universitären) Rahmen hinaus, wird er mit seinen Spezialitäten. Und so sind auch einzelne Themenfelder, Spezialitäten, in unserer Disziplin mit ganz bestimmten Namen verbunden. Wir kommen darauf zurück.

Wer kochen lernen will, lässt sich zunächst ein gutes Kochbuch empfehlen, um sich ganz grundsätzlich mit der Materie vertraut zu machen. Diese Funktion übernehmen in unserem Fall die Einführungen, die Handbücher und die Gesamtdarstellungen. Hier gibt es ältere und jüngere Rezepte.

Einführungen

Eine vortreffliche Einführung in die Wirtschafts- und Sozialgeschichte, die das Mittelalter und die Neuzeit umfasst und die wesentlichsten Problemfelder und Methoden des Faches enthält, erschien 1972 und stammt aus der Feder von Wolfgang **Zorn**, der damals an der Universität München lehrte und inzwischen emeritiert ist. Die bündige und anspruchsvolle Darstellung wurde so gut aufgenommen, dass sie zwei Jahre später in zweiter Auflage erscheinen konnte.

Etwa zu derselben Zeit überarbeitete der in Köln und ab 1970 in Nürnberg lehrende, international renommierte Historiker Hermann **Kellenbenz** ein Studienbuch seines Kölner Vorgängers Ludwig **Beutin**, das 1973 in völliger Neufassung erschien. Es enthält erstmals eine umfassende internationale Bibliographie und richtet sich insofern besonders an jene, die sich über den deutschsprachigen Rahmen hinaus für wirtschaftshistorische Belange interessieren. Im Übrigen vermittelt es eine fakten- und kenntnisreiche Vorstellung davon, wie dicht und komplex das Fach Wirtschaftsgeschichte mit anderen geisteswissenschaftlichen Disziplinen verwoben ist und wie anspruchsvoll sich sein Studium gestalten kann.

Völlig anders konzipiert ist ein „Grundriss der deutschen Wirtschaftsgeschichte", der von dem früher in Mannheim und ab 1969 in München wirkenden Knut **Borchardt** vorgelegt wurde. Er umfasst die vorindustriellen Anfänge in der Frühen Neuzeit (mit kurzen Retrospektiven auf Altertum und Mittelalter) und reicht bis in die frühen 1970-er Jahre. Der Vorzug dieses übersichtlich organisierten Taschenbuchs, das 1985 in zweiter, verbesserter Auflage erschien, besteht darin, dass volkswirtschaftliche Theorie und wirtschaftshistorische Forschung vorzüglich miteinander verknüpft werden und so vor allem Studenten der Wirtschaftsgeschichte an Wirtschaftswissenschaftlichen Fakultäten einen geeigneten Leitfaden erhalten.

Seit 1979 liegt eine weitere Einführung in die Wirtschaftsgeschichte vor, die von einem namhaften, zunächst durch richtungweisende Arbeiten zur mittelalterlichen Wirtschaftsgeschichte hervorgetretenen Wissenschaftler verfasst ist und die Zeit vom frühen Mittelalter (ca. 5. Jahrhundert n. Chr.) bis zum Ende des Alten Reiches (des Ancien régime), d.h. bis zur Wende vom 18. zum 19. Jahrhundert umfasst. Ihr Verfasser Bernhard **Kirchgässner** lehrte an der Universität Mannheim und gehört zu jenen - inzwischen selten gewordenen - Vertretern des Faches, die wissenschaftlich im Mittelalter ebenso zu Hause sind wie in der Neuen und Neuesten Zeit. Seine „Einführung" folgt einer relativ strengen Chronologie und führt - leicht lesbar - grundrissartig durch die deutsche Wirtschafts- und Sozialgeschichte von eineinhalb Jahrtausenden.

Seit 1994 ist eine Einführung in die Wirtschafts- und Sozialgeschichte von Rolf **Walter** verfügbar. Ihr Anliegen ist die Vermittlung des nötigen Instrumentariums und Rüstzeugs zum Studium sowie ein umfassendes Vertrautmachen mit den wesentlichsten Strukturen und Inhalten des Faches. Darüberhinaus geht es in der strukturhistorisch orientierten Einführung um das Aufzeigen fachübergreifender und dogmenhistorischer Zusammenhänge sowie um praktische Ratschläge für Studenten und Lehrer.

Seit 1996 liegt eine als „Einführung" untertitelte Wirtschaftsgeschichte von elf AutorInnen vor, die das Ziel verfolgt, Geschichts- und Wirtschaftswissenschaften zu verbinden und Interaktionen zwischen beiden Wissenschaftsbereichen anzuregen.

1997 erschien eine Einführung in die Wirtschaftsgeschichte aus der Feder des Mannheimer Wirtschaftshistorikers Christoph **Buchheim**. Es handelt sich um eine anspruchsvolle makroökonomisch orientierte, theoriegeleitete Wirtschaftsgeschichte mit den Schwerpunkten Wachstum und wirtschaftliche Entwicklung.

Literatur:
Ambrosius, Gerold/**Petzina,** Dietmar/**Plumpe,** Werner (Hrsg.): Moderne Wirtschaftsgeschichte. Eine Einführung für Historiker und Ökonomen, München 1996; **Beutin**, Ludwig/**Kellenbenz**, Hermann: Grundlagen des Studiums der Wirtschaftsgeschichte, Köln/Wien 1973; **Borchardt**, Knut: Grundriss der deutschen Wirtschaftsgeschichte, 2. verb. Aufl. Göttingen 1985; **Buchheim**, Christoph: Einführung in die Wirtschaftsgeschichte, München 1997; **Kirchgässner**, Bernhard: Einführung in die Wirtschaftsgeschichte: Grundriss der deutschen Wirtschafts- und Sozialgeschichte bis zum Ende des Alten Reiches, Düsseldorf 1979; **Walter**, Rolf: Einführung in die Wirtschafts- und Sozialgeschichte, Paderborn 1994; **Zorn**, Wolfgang: Einführung in die Wirtschafts- und Sozialgeschichte des Mittelalters und der Neuzeit. Probleme und Methoden, 2. erw. Aufl., München 1974.

Handbücher

Neben den Einführungen gehören die Handbücher zur wichtigsten Gattung jener Werke, die Fachinteressierte zunächst und in häufiger Frequenz konsultieren. Zu unterscheiden sind die Handbücher zur deutschen und jene zur europäischen Wirtschafts- (und Sozial)geschichte, von denen je zwei deutschsprachige existieren.

Der „Klassiker" unter den Handbüchern zur deutschen Wirtschafts- und Sozialgeschichte ist zweibändig und wurde von Hermann **Aubin** und Wolfgang **Zorn** herausgegeben. Der erste Band, der von der Vor- und Frühzeit bis um die Wende zum 19. Jahrhundert reicht, erschien 1971 und enthält 24 aufeinander abgestimmte Beiträge der renommiertesten deutschen Wirtschafts- und Sozialhistoriker und eines österreichischen Fachgelehrten. 1976 folgte der zweite Band, der das 19. und 20. Jahrhundert umfasst und weitere 20 Teilbeiträge enthält sowie einen Anhang zur österreichischen Wirtschafts- und Sozialgeschichte. In beiden Bänden werden die einzelnen Beiträge am Ende mit ausführlichen Fussnotenapparaten abgeschlossen, enthalten jedoch ansonsten keine extra Bibliographie. Das Werk stellt sehr zuverlässig und tiefgreifend den Forschungsstand der frühen 1970er Jahre dar und ist auch gegenwärtig noch ein absolut unverzichtbares Instrument in der Werkstatt des Historikers.

Seit 1993 liegt nun der erste eines auf drei Bände konzipierten Handbuchs der Wirtschafts- und Sozialgeschichte Deutschlands vor, der im Unterschied zum „Aubin/Zorn" aus „einem Guss" ist, nämlich komplett aus der Feder des in Köln lehrenden Friedrich-Wilhelm **Henning** stammt. Der erste Band behandelt die Zeit vom Mittelalter bis zum Ende des 18. Jahrhunderts und enthält eine umfangreiche Bibliographie. Der zweite, das 19. Jahrhundert umfassende Band, erschien 1996. In Hennings „Monumentalwerk" (Wehler) finden sich die wichtigsten in den vergangenen Jahren in Deutschland erschienenen Beiträge und Monographien ausgewertet, und insofern kann von einem recht repräsentativen, sich auf dem neuesten Stand der Forschung befindlichen Werk gesprochen werden. Dem Handbuch kommt zweifellos zugute, dass Henning auch ein ausgewiesener Agrarhistoriker ist und die jüngeren Erträge aus dem Bereich der Agrargeschichte und Agrarsoziologie in dieser Schrift verarbeitet sind.

Etwa um dieselbe Zeit, als in Deutschland der erste Band des „Aubin/ Zorn" erschien, waren in Grossbritannien die ersten des auf sieben Bände konzipierten englischsprachigen Gesamtwerks **The Cambridge Economic History of Europe** bereits seit Jahren auf dem Markt und ein zweites, unabhängig davon auf sechs Bände konzipiertes Werk kurz vor dem Erscheinen. Dieses letztere, die von dem italienischen Wirtschaftshistoriker Carlo M. **Cipolla** herausgegebene **Fontana Economic History of Europe**, deren erster Band in London

1972 erschien, wurde ins Deutsche übersetzt und kam zwischen 1976 und 1978 in fünf Bänden als **Europäische Wirtschaftsgeschichte** heraus. Die deutsche Version wurde von Knut **Borchardt** herausgeberisch mitbetreut. Die Gliederung des Gesamtwerkes folgt nicht der üblichen Periodisierung, sondern lässt dem ersten Band über das Mittelalter einen zweiten zum 16. und 17. Jahrhundert folgen, sodann einen dritten über die Industrielle Revolution und den vierten zur „Entwicklung der industriellen Gesellschaften". Der fünfte Band mit dem Titel „Die europäischen Volkswirtschaften im zwanzigsten Jahrhundert" schliesst das Gesamtwerk ab, wobei die Gliederung der jeweiligen Länderkapitel den Autoren überlassen blieb.

Ein anderes, auf sechs Bände angelegtes, **Handbuch der Europäischen Wirtschafts- und Sozialgeschichte** unterscheidet sich von dem eben vorgestellten sowohl durch die Einbeziehung der Sozialgeschichte als auch durch das streng durchgehaltene Gliederungsprinzip. Das Konzept wurde in den 1960er Jahren von Hermann **Kellenbenz** entwickelt. Es sah vor, jeden Band mit einem ca. 200seitigen Dachkapitel einzuleiten, das viergliedrig Bevölkerung, Gesellschaft, Wirtschaft sowie Staat und Wirtschaft abhandelt. Diesem Dachkapitel folgen jeweils einzelne Länderkapitel mit demselben Gliederungs-Grundprinzip. Seit 1993 ist das Gesamtwerk komplett verfügbar, wobei die einzelnen Bände von unterschiedlichen Herausgebern betreut wurden.

Literatur:

Aubin, Hermann/**Zorn**, Wolfgang (Hrsg.): Handbuch der deutschen Wirtschafts- und Sozialgeschichte. Bd. 1: Von der Frühzeit bis zum Ende des 18. Jahrhunderts, Stuttgart 1971; Bd. 2: Das 19. und 20. Jahrhundert, Stuttgart 1976; **Cipolla**, Carlo M./**Borchardt**, Knut (Hrsg.): Europäische Wirtschaftsgeschichte, Stuttgart 1976 ff. Bd. I: Das Mittelalter, 1978; Bd. II: Das sechzehnte und siebzehnte Jahrhundert, 1978; Bd. III: Die industrielle Revolution, 1976; Bd. IV: Die Entwicklung der industriellen Gesellschaften, 1977; Bd. V: Die europäischen Volkswirtschaften im zwanzigsten Jahrhundert, 1978; **Handbuch der Europäischen Wirtschafts- und Sozialgeschichte**, Stuttgart 1978 ff. Bd. 1: **Vittinghoff**, Friedrich (Hrsg.): Europäische Wirtschafts- und Sozialgeschichte in der Römischen Kaiserzeit, 1990; Bd. 2: **Houtte**, Jan A. van (Hrsg.): Europäische Wirtschafts- und Sozialgeschichte im Mittelalter, 1980; Bd. 3: **Kellenbenz**, Hermann (Hrsg.): Europäische Wirtschafts- und Sozialgeschichte vom ausgehenden Mittelalter bis zur Mitte des 17. Jahrhunderts, 1986; Bd. 4: **Mieck**, Ilja (Hrsg.): Europäische Wirtschafts- und Sozialgeschichte von der Mitte des 17. Jahrhunderts bis zur Mitte des 19. Jahrhunderts,

1993; Bd. 5: **Fischer**, Wolfram (Hrsg.): Europäische Wirtschafts- und Sozialgeschichte von der Mitte des 19. Jahrhunderts bis zum Ersten Weltkrieg, 1985; Bd. 6: **Fischer**, Wolfram (Hrsg.): Europäische Wirtschafts- und Sozialgeschichte vom Ersten Weltkrieg bis zur Gegenwart, 1987; **Henning**, Friedrich-Wilhelm: Handbuch der Wirtschafts- und Sozialgeschichte Deutschlands. Bd. 1: Deutsche Wirtschafts- und Sozialgeschichte im Mittelalter und in der frühen Neuzeit, Paderborn 1991; Bd. 2: Deutsche Wirtschafts- und Sozialgeschichte im 19. Jahrhundert, 1996.

Gesamtdarstellungen

Neben den Einführungen und Handbüchern gibt es eine Anzahl von als Überblick konzipierten Gesamtdarstellungen der deutschen Wirtschafts- und Sozialgeschichte in einem oder mehreren Bänden.

Der diesbezügliche „Klassiker“ ist die erstmals 1952 erschienene einbändige „Deutsche Sozial- und Wirtschaftsgeschichte“ des damals in München lehrenden Friedrich **Lütge**, die 1960 und 1966 jeweils erweiterte Auflagen erlebte. Seine Darstellung reicht von der frühgermanischen Zeit bis in die (jeweilige) Gegenwart und galt über viele Jahre als das kompetenteste und wohl am meisten konsultierte zusammenfassende Werk unserer Disziplin.

Einen ähnlichen Versuch, allerdings unter Hinweglassung (im Titel) des weiten Bereichs der Sozialgeschichte, unternahm Hermann **Kellenbenz** mit seiner zweibändigen „Deutschen Wirtschaftsgeschichte“, die 1977/1981 erschien. Dieses Werk geniesst den Vorzug, die regionalhistorischen Besonderheiten der deutschen Wirtschaftsgeschichte wesentlich zu berücksichtigen und reicht von der Frühzeit des Germanentums bis zum Ende des Zweiten Weltkriegs.

Eine weitere, dreibändige, Gesamtdarstellung stammt von Friedrich-Wilhelm **Henning**. Ihr einfacher struktureller Aufbau lässt sie als Lernbuch besonders geeignet erscheinen und erklärt womöglich, dass es das momentan meistbenutzte Werk zur deutschen Wirtschafts- und Sozialgeschichte ist. Der erste Band behandelt die vorindustrielle Zeit von 800 bis 1800, der zweite die Industrialisierung in Deutschland bis 1914 und der dritte die Zeit vom Ersten Weltkrieg bis zur Gegenwart, wobei die 8. Auflage bis zum Jahr 1992 reicht.

Literatur:

Henning, Friedrich-Wilhelm: Wirtschafts- und Sozialgeschichte, Paderborn 1973 ff. Bd. 1: Das vorindustrielle Deutschland 800-1800, 4. Aufl. 1985; Bd.

2: Die Industrialisierung in Deutschland 1800 bis 1914, 8. Aufl. 1993; Bd. 3: Das industrialisierte Deutschland 1914-1992, 8. Aufl. 1993. **Kellenbenz**, Hermann: Deutsche Wirtschaftsgeschichte. Bd. 1: Von den Anfängen bis zum Ende des 18. Jahrhunderts, München 1977; Bd. 2: Vom Ausgang des 18. Jahrhunderts bis zum Ende des Zweiten Weltkriegs, München 1981. **Lütge**, Friedrich: Deutsche Sozial- und Wirtschaftsgeschichte, Berlin et al., 3. Aufl. 1966, Neudruck 1979.

3. Merkantilismus und Kameralismus

3.1. Worum es geht

Mit dem absolutistischen Staat und seiner wirtschaftspolitischen Komponente, dem Merkantilismus, bildete sich eine Volkswirtschaft heraus, die sich die ökonomischen Grundsätze der Lehre vom Betrieb zu eigen machte. Der Merkantilismus ist kein Lehrgebäude, sondern der **Inbegriff wirtschaftspolitischer Massnahmen** meist europäischer Staatsregierungen über etwa zwei Jahrhunderte, das 17. und 18., hinweg, mit entsprechend differenzierten länderspezifischen Ausprägungen. Während die englische, französische, italienische und niederländische Ausprägung des Merkantilismus - teils geographisch bedingt - mehr auf den Handel gerichtet war, konzentrierte sich in überwiegenden Binnenstaaten wie Deutschland und seinen Ländern das wirtschaftspolitische Interesse auf die Förderung von Gewerbe und Landwirtschaft sowie die **Wohlfahrt** des absoluten Fürstenstaates bzw. dessen Schatzkammer, die **„camera“** (daher ***„Kameralismus“***).

3.2. Die Wirtschaftslehre des Merkantilismus

3.2.1. Geld und Beschäftigung

Die Wirtschaftslehre des Merkantilismus geht von einer **unterbeschäftigten Wirtschaft** aus. Dieser Aspekt ist sehr wesentlich, da die Wirkungen etwa von Nachfragesteigerungen auf die Preise bei unterbeschäftigter und vollbeschäftigter Wirtschaft durchaus unterschiedlich sind. Die Produktionsfaktoren, nämlich Arbeit, Produktivkapital und Boden, können bei unterbeschäftigter Wirtschaft stets ohne gegenseitige Preisüberbietung in den Wirtschaftsprozess eingegliedert werden, auch wenn freilich das Produktivkapital im vorindustriellen Prozess noch nicht die Bedeutung hatte wie in einer modernen industrialisierten Volkswirtschaft. Andererseits darf man diesen Aspekt auch nicht unterschätzen, denn bereits aus dem Spätmittelalter und der frühen Neuzeit kennen wir genug Beispiele für umfangreiche Investitionen und aufwendigen Einsatz von Kapitalgütern. Zu denken wäre zum Beispiel an den Bergbau und seine Födereinrichtungen, aber auch an den Webstuhl im Textilgewerbe, das Druck- bzw. Verlagsgewerbe (Blei für die Lettern war sehr teuer) sowie an die enormen Kapitalaufwendungen, die den Überseehandel in Form von Fuhrwerken, Schiffen, Verkaufskontoren, Lagerhallen und dergleichen prägten.

Oft waren es Kriege, die Produktionsfaktoren brachliegen liessen und die Unterbeschäftigung vergrösserten, in Deutschland etwa während und nach dem Dreissigjährigen Krieg 1618-1648. In einer solchen Situation hatte auch die Vermehrung der Geldmenge eine ganz andere Wirkung auf die Preise als in Zeiten der Vollbeschäftigung. Die Geldmengenexpansion ebenso wie die Erhöhung der Umlaufgeschwindigkeit des Geldes konnte ein Wirtschaftswachstum auslösen, ohne dass damit gleich inflationäre Nebenwirkungen zu befürchten waren.

3.2.2. Ausprägungen des Merkantilismus/Monetarismus in einigen europäischen Ländern

Allgemein wurde dem Edelmetall- und Bargeldbesitz von den Merkantilisten im Europa der Frühen Neuzeit grosse Bedeutung beigemessen. Dies war auch der Grund, weshalb eine intensive Suche nach Bergschätzen in allen Regionen Kontinentaleuropas einsetzte, die Edelmetall vermuten liessen. Zugleich wurde versucht, deren Einfuhr zu begünstigen.

In **Italien**, das spätestens seit der **„Kommerziellen Revolution“** des späten Hochmittelalters über ein entwickeltes Geld- und Bankwesen verfügte, waren es Gasparo **Scaruffi** (1519-1584) und vor allem Bernardo **Davanzati** (1529-1606), welche die metallistische Theorie des Geldes entwickeln halfen. Diese geht davon aus, dass der Wert bzw. die Kaufkraft des Geldes wesentlich von dessen Fein-, d.h. Edelmetallgehalt, abhänge. **Davanzati** erwarb sich vor allem dadurch Verdienste, dass er erstmals Waren- und Geldbestand einander gegenüberstellte und die **Umlaufsgeschwindigkeit** des Geldes bereits als einen bestimmenden Faktor des Geldwertes ansah.

In **Spanien**, das in seinen überseeischen Kolonialgebieten, insbesondere in Peru und Mexiko, reichlich über edelmetallhaltige Bodenschätze verfügte und seine Kolonialpolitik stark daran orientierte, richtete sich die Aufmerksamkeit der merkantilistischen Ökonomen frühzeitig auf die Edelmetalle. Sie galt sowohl dem Bergbau als einem erheblichen Faktor für die spanische Wirtschaft als auch dem Edelmetall als Handelsgut und Basis einer quantitativ ausreichenden Geldmenge. Es deutet einiges darauf hin, dass man in Kreisen spanischer Wirtschaftstheoretiker allgemein früher mit den Zusammenhängen von Geldmenge, Umlaufgeschwindigkeit und Preisentwicklung vertraut war als in allen anderen europäischen Ländern, eventuell mit Ausnahme Italiens.

Auf der Iberischen Halbinsel machten sich die Auswirkungen der Einfuhren von Edelmetall aus der Neuen Welt auf das Währungssystem zuerst bemerkbar und so lag es für ökonomische Vordenker wie Martin de Azpilcueta **Navarro** von der Universität Salamanca nahe, über die diffizile Beziehung zwischen Knappheit und Kaufkraft des Geldes nachzudenken. Bei knappem Geld, schlussfolgerte er, seien Waren und Dienstleistungen billiger zu haben als etwa zu Zeiten, wenn gerade eine Silberflotte aus Übersee spanische Häfen erreichte. **Navarro** entwickelte so bereits zwölf Jahre vor dem Franzosen **Bodin** einen möglichen Ansatz für **eine Quantitätstheorie des Geldes**[9]. Ein weiterer Spanier, der sich mit der Geld- bzw. Quantitätstheorie auseinandersetzte, war der Jesuit Luis **Molina** (1535-1600).

Sieht man sich sodann die **englischen Merkantilisten** näher an, stellt man fest, dass sie den Produktionsfaktor Arbeit bzw. die „intelligente Organisation der Arbeit“ sowie die Kapitalbildung, also das Sparen, als gesamtwirtschaftlich besonders relevant ansahen. Dagegen scheint die Geldmenge für sie eine weitaus geringere Rolle gespielt zu haben als für die italienischen und spanischen Merkantilisten[10]. Dies hing wohl damit zusammen, dass Grossbritannien im 16. Jahrhundert noch keinen nennenswerten Bergbau besass[11]. Edelmetall musste also über den Aussenhandel oder durch die Kaperung spanischer Silberflotten „gewonnen“ werden. In der Zeit des Absolutismus/Merkantilismus führte die Ausweitung der politischen und militärischen Kräfte dazu, alle machtsteigernden Elemente zu forcieren, wozu auch das Edelmetall gehörte, denn je grösser der „Reichtum“, desto grösser die „Macht“. Für die Merkantilisten galt die Prämisse, die Reichtümer der Erde, also Rohstoffe und Edelmetallvorräte, seien konstant, d.h. man könne sie nur auf Kosten anderer erlangen. Damit war auch der **Handelskrieg** als „wirtschaftspolitische“ Massnahme legitimiert[12].

Der englische Merkantilismus wandte sich vorwiegend der Aussenhandelstheorie und ihrer monetaristischen Variante, dem **Bullionismus**, zu. Als Monetarist machte sich vor allem der Ratgeber von Königin Elisabeth und Begründer der Londoner Börse, Sir Thomas **Gresham** (1519-1579), einen Namen, der u.a. das heute noch nach seinem Namen bezeichnete „Gesetz“ formulierte, wonach bei den umlaufenden gesetzlichen Zahlungsmitteln mit

---

9 Blaich, Fritz: Die Epoche des Merkantilismus, Wiesbaden 1973, S. 16.

10 Starbatty, Joachim: Die englischen Klassiker der Nationalökonomie. Lehre und Wirkung (= Erträge der Forschung, Bd. 224), Darmstadt 1985, S. 116.

11 Blaich, Merkantilismus, S. 20.

12 L.c., S. 81.

unterschiedlichem Metallwert die relativ höherwertigen Münzen dazu tendieren, aus dem Geldkreislauf zu verschwinden. Andere Monetaristen, wie etwa John **Hales**, monierten die (auch in anderen Ländern festzustellenden) **Münzverschlechterungen**, die in England mit Heinrich VIII. 1543 eingetreten waren[13]. Die Reduzierung des Feingehalts der Münzen war seitdem eine bei Herrschern aller Couleur beliebte Methode, unter Inkaufnahme einer mehr oder weniger starken Inflation den Etat zu sanieren. Wir werden darauf zurückkommen!

Auch in **Frankreich** stand der Aspekt des allgemeinen Preisanstiegs infolge der Münzverschlechterung bereits im 16. Jahrhundert im Vordergrund monetaristischer Auffassungen, wie sie etwa von **Malestroict** (1566) formuliert wurden. Substantieller waren jedoch die Beobachtungen von Jean **Bodin** (1530-1596), der Malestroict nicht nur darauf hinwies, er habe bei der Beurteilung der Höhe des Geldwerts den Einfluss des (süd-)amerikanischen Silbers nicht berücksichtigt, sondern der als einer der ersten auch andere Faktoren ins Spiel brachte: Die Dominanz der Monopole (d.h. zu hohe Preise), externe Ereignisse (wie Kriege etc.), private Ausgaben der Höfe sowie letztlich auch Münzverschlechterungen[14].

Wirft man einen Blick auf die **deutschen Monetaristen**, so könnte man zu ihnen kurioserweise auch den Reformator Martin **Luther** zählen. Ähnlich den Bullionisten betrachtete er die Menge an Edelmetallen als Schatz und befürchtete, dass Deutschland, das selbst bedeutende Edelmetall-Bodenschätze besass, *„alle Welt reich machen und selbst Bettler bleiben"* müsse. Als *„Silber- und Goldloch"*, aus dem dieser Reichtum fliesse, sah er die Frankfurter Messe an, und solange dieses Loch nicht gestoppft sei, brauche man sich über die Verschuldung und „Auswucherung" von Stadt und Land nicht zu wundern[15]. Neben dem Reformator Luther war es (nicht minder kurios) der Astronom Nikolaus **Kopernikus** (1473-1543), der sich spätestens seit 1519 mit Münz- und Geldangelegenheiten befasste und sich in seiner 1526 erschienenen Schrift *„Monetae cudendae ratio"* für die Einführung einer einheitlichen Münze aussprach und sich mit der Bedeutung des „Schlagschatzes"[16]

---

[13] L.c., S. 14.

[14] L.c., S. 15.

[15] Zit. n. Blaich, Merkantilismus, S. 12 f.; vgl. Reymann, H.: Glaube und Wirtschaft bei Luther, Diss. Leipzig 1934.

[16] Schlagschatz: Münzgewinn, Spanne zwischen Nennwert einer Münze und Metallwert abzüglich Prägekosten.

auseinandersetzte. Für ihn war klar, dass die Kaufkraft der Münze nicht auf ihrem aufgeprägten Nominalwert beruhte, sondern auf ihrem Metallwert.

Je stärker eine Währung auf Metallbasis gestellt war, desto grösser war die Bedeutung, die dem Edelmetall als Münzbasis zukam. Hier schliesst sich die Frage an: Welchen Anteil hatte das **Metallgeld** am gesamten Geldvolumen im 17. und 18. Jahrhundert? Oder anders: Wie hoch war der Umlauf an Papiergeld in Deutschland? - Man wird davon ausgehen können, dass das Papiergeld im 17. überhaupt keine und im 18. Jahrhundert fast keine Rolle spielte. Der **Papiergeldumlauf** soll im ausgehenden 18. Jahrhundert in Preussen ca. 1-2 Prozent des Münzgeldumlaufes betragen haben[17], wenn man von den banknotenähnlichen Papieren, die zu Kriegszeiten da und dort emittiert und danach wieder eingestampft wurden, einmal absieht. Die Kaufleute verwendeten weiter den **Wechsel**. Im alltäglichen Kleinhandel war also keinerlei Papiergeld zu sehen, wenn man von den französischen Assignaten nach 1789 einmal absieht. Und selbst bei den Grosshandelsumsätzen wissen wir nicht genau, in welchem Umfang der Wechsel benutzt wurde.

Eine andere Frage ist diese: Was unternahmen jene Territorien, die keinen Bergbau und kein eigenes Edelmetall besassen, aber ihre Münze[18] versorgen wollten? - Sie besorgten es sich auf dem Markt oder beauftragten Geldfachleute, oft jüdische Kaufleute und Finanziers, mit dessen Beschaffung. Auch die Verpachtung der Münze war üblich. So verpachtete etwa der preussische König Friedrich II. die Leipziger Münzstätte an den Juden Veitel Ephraim[19]. Preussen besass keine eigenen nennenswerten Silber- und Goldgruben, war also auf die Edelmetallmärkte, insbesondere jene in Frankfurt/Oder und Leipzig, angewiesen[20]. Der preussische König war auch ein Musterbeispiel für trickreiches Verhalten bei Münzknappheit: Man **kippte** und **wippte**[21], kopierte ausländische gute Münzen, prägte nachträglich Jahre auf die Münze, in denen deren Kurswert noch höher war etc.[22] Solche und ähnliche Formen des Münzschwindels waren allgemein und weit verbreitet.

---

[17] Sprenger, Bernd: Das Geld der Deutschen: Geldgeschichte Deutschlands von den Anfängen bis zur Gegenwart, Paderborn et al. 1991, S. 153.

[18] Hier ist Münze als Institution, d.h. Prägeanstalt gemeint.

[19] Sprenger, Geld, S. 138.

[20] L.c., S. 135.

[21] Die Bezeichnung Kippen und Wippen (Kipper- und Wipperzeit) geht auf die unerlaubte Verwendung von Schnellwaagen (Münzwaagen) zum Auswiegen übergewichtiger Exemplare einer Geldsorte zurück.

[22] Sprenger, Geld, S. 111 ff.

Es war nur folgerichtig, dass die Merkantilisten, die in der Geldvermehrung und der Steigerung der Umlaufgeschwindigkeit Wohlfahrtswirkungen erkannten, vor deren Verringerung warnten, d.h. sie brandmarkten das Horten von Geld und verabscheuten „Sparstrümpfe". Die nachfragerelevante Geldausgabe für konsumtive oder sonstige Zwecke war jedoch an eine Bedingung geknüpft, nämlich daran, dass das erworbene Gut der inländischen „Manufakturkraft" entstammte. Der bedeutendste deutsche Merkantilist, Johann Joachim **Becher** (1635-1682), erwähnt in seinem Hauptwerk von 1668 einen reichen Mann, der 20.000 Reichstaler im Kasten herumliegen hatte, also dem Kreislauf entzog, selbst aber sechs Jahre lang in alter zerrissener Kleidung herumlief. Solcherlei Konsumverzicht und Geldhortung war der Wirtschaft nach seiner Auffassung abträglich.

3.2.3. Aktive Handelsbilanz und merkantilistische Aussenwirtschaftspolitik

Die Merkantilisten sahen Fragen der Beschäftigung und des Geldumlaufs in engstem Zusammenhang mit der Aussenwirtschaft. Während die *„Bullionisten"* und *„Monetaristen"* jedoch noch davon ausgegangen waren, ein Passivsaldo in der Handelsbilanz (mehr Importe als Exporte) sei in jedem Fall schädlich, sahen Merkantilisten wie Thomas **Mun** (1571-1641), dass trotz bilateraler passiver Saldi (Beispiel Indien, das mehr nach England exportierte als es von dort bezog) die gesamte Handelsbilanz dennoch aktiv sein konnte. Dies war z.B. dann der Fall, wenn Rohstoffe in England importiert, dort verarbeitet und als Fertigfabrikate wieder in andere Länder exportiert wurden.

Aber noch ein weiterer Punkt unterschied die Bullionisten von den Merkantilisten, nämlich die Erkenntnis, dass neben der Handelsbilanz auch die Zahlungsbilanz eines Landes existierte bzw. von Bedeutung war. Die Merkantilisten fragten sich, wie z.B. Dienstleistungen und Kapitaltransfers sich bilanziell niederschlugen, also etwa Zinsen für ausländisches Kapital, Zahlungen an ausländische Reeder oder Versicherungen, Geldtransfers an die Kurie, Subsidienleistungen und Militärhilfen, Zahlungen im Rahmen von Reisen etc. Gemeinsam ist den merkantilistischen Wirtschaftspolitiken eben ihr **staatswirtschaftlicher Charakter** mit dem Versuch, gesamtwirtschaftlich zu bilanzieren.

Es wurde bereits angedeutet, dass sich die merkantilistische Politik sehr stark an den anderen europäischen Nationen mass. Die **Richtlinien** für die praktische Ausgestaltung der Aussenwirtschaftspolitik konzentrierten sich dabei im wesentlichen auf folgende *fünf Punkte*:

a) Minimierung der Einfuhr von Fertigwaren,
b) Förderung der Einfuhr von Rohstoffen,
c) Minimierung der Ausfuhr von Rohstoffen,
d) Förderung der Ausfuhr von Fertigwaren,
e) Vergabe von Dienstleistungen an inländische Unternehmer und Institutionen.

Zur unbedingten Sicherung dieser Maximen bediente man sich eines umfangreichen Instrumentariums tarifärer und nicht-tarifärer Handelshemmnisse, wovon die meisten Instrumente heute noch im Rahmen besonderer wirtschaftspolitischer Förder- oder Protektionsmassnahmen eine beträchtliche Rolle spielen. Sie reichten von schlichten Verboten über scharfe Protektionismen, Kontingentierungen, Subventionen, Privilegien, Monopolverleihungen bis zur Befürwortung des Handelskrieges.

Darstellung 5: Tarifäre und nicht-tarifäre Handelshemmnisse

1. Tarifäre Handelshemmnisse
   1.1. Zölle, Steuern
   Landzoll, Wasserzoll, Pfundzoll (Akzise), Imposten, Umgeld (Ohmgeld)
   1.2. Gelder, Gebühren
   Weg-, Strassen- und Chausseegeld, Brückengeld, Flusskonzessionsgelder und Flossgebühren
2. Nicht-Tarifäre Handelshemmnisse
   2.1. Formale Handelsbeschränkungen
      2.1.1. Preisbezogene Massnahmen
      2.1.2. Mengenbeschränkende Massnahmen
   2.2. Administrative und sonstige Handelsbeschränkungen
      2.2.1. Bevorzugung von Untertanen bei staatlicher Auftragsvergabe; Diskriminierung des Auslands
      2.2.2. Handelsmonopole
      2.2.3. Einfuhrüberwachung, Schmuggelkontrollen
      2.2.4. Willkürliche Anwendung von Handelsvorschriften

3.2.4. Lohn- und Peuplierungspolitik

Nicht nur Fragen des Handels, der Beschäftigung und des Geldes wurden von den Merkantilisten im internationalen Kontext gesehen, sondern auch die Lohnpolitik. So begründeten sie etwa ihre Forderung nach einem niedrigen Lohnniveau im Inland mit dem Argument, nur so könne die Wettbewerbsfähigkeit der Exportgüter auf den internationalen Märkten gesichert werden. Freilich galt dies insbesondere für lohnintensive Branchen wie Textil und Papier und weniger für die kapitalintensiven Wirtschaftszweige Erzverhüttung und Bergbau. Die Argumente erinnern sehr an aktuelle Diskussionen um Industriestandorte. Die Frage war ebenso wie heute: Wie erreicht man niedrige Löhne? Die Einsicht der Merkantilisten in ökonomische Zusammenhänge führte immerhin zu der Erkenntnis, dass ein hohes Angebot an Arbeitskräften Druck auf die Löhne ausübte. Hierzu kam aber als zweiter wesentlicher Aspekt: die Nachfrage, denn der inländische Verbrauch (Becher: *„consumtio interna“*) war umso grösser, je zahlreicher und dichter die Bevölkerung war. In diesem Rahmen kam einer systematischen staatlichen Bevölkerungspolitik (*Peuplierung*) eine beträchtliche Bedeutung zu, und auch hier gab es wiederum ein ganzes Arsenal von **Instrumentarien**, um das Bevölkerungswachstum zu sichern:

- Verhinderung oder Erschwerung der Auswanderung sowie Lenkung räumlicher Mobilität durch administrative Hemmnisse, indem man etwa die Migration ohne behördliche Erlaubnis verbot,
- systematische Anwerbung bzw. Schaffung von Anreizstrukturen für Immigranten, z.B. durch materielle Hilfen (Grund und Boden, Handwerkszeug, Startkapital etc.) oder durch religiöse Toleranz (Beispiele: Salzburger, Hugenotten, Juden),
- Förderung von Eheschliessungen,
- Abschaffung des „Müssiggangs“ durch die vielen kirchlichen Feiertage und den sog. „Blauen Montag“ der Handwerksgesellen und Gründung von Arbeitshäusern.

3.3. Der dogmenhistorische Stellenwert der merkantilistischen Lehre

Fragt man schliesslich nach dem Stellenwert der wirtschafts- und gesellschafts“wissenschaftlichen“ Erkenntnisse der Epoche des Merkantilismus, so gilt die Feststellung, dass die entstandene **Handlungswissenschaft** zunächst mehr eine **Kunstlehre** als eine Wissenschaft im heutigen Sinne war, auch wenn man zeitgenössisch von Kaufmannswissenschaft sprach. **Ludovici** erwähnt eine *„Wissenschaft, die Handlung gehörig zu betreiben."*

Weitere Hauptvertreter des handlungswissenschaftlichen Schrifttums, die uns auch unter der Bezeichnung „Enzyklopädisten" begegnen und denen insbesondere die Handelsgeschichte wesentliche Erkenntnisse verdankt, waren *Jacques **Savary***, *Paul Jakob **Marperger*** und der Hamburger *Johann Georg **Büsch***.

Darstellung 6: Telegramme Merkantilismus und Kameralismus

TELEGRAMM MERKANTILISMUS: **Maxime:** Förderung der nationalen Wirtschafts- und Handelskraft durch staatliche Wirtschaftspolitik. Merkantilpolitische **Ziele im Aussenhandel:** a) Minimierung der Einfuhr von Fertigwaren. b) Förderung der Einfuhr von Rohstoffen. c) Minimierung der Ausfuhr von Rohstoffen. d) Förderung der Ausfuhr von Fertigwaren. e) Durchführung von Dienstleistungen möglichst durch inländische Unternehmer. **Wirtschaftslehre des Merkantilismus:** a) Geld und Beschäftigung: unterbeschäftigte Wirtschaft. Vermehrung der Geldmenge. Umlaufsgeschwindigkeit des Geldes. b) Theorem von der aktiven Handelsbilanz: Bullionisten (*„bullion"* = Edelmetallbarren). Wirtschaftlicher Wohlstand. Aktive Gesamthandelsbilanz. Dienstleistungen und Kapitalverkehr („unsichtbare Posten"). Aussenwirtschaftspolitik (s.o. „Ziele"). Instrumente. c) Lohn- und Bevölkerungspolitik: Forderung nach niedrigen Löhnen. Bevölkerungswachstum (Peuplierungsmassnahmen, *„consumtio interna"*. Abschaffung des Müssiggangs (Zucht- und Arbeitshäuser).

TELEGRAMM KAMERALISMUS: Begriff von *„camera"* = fürstliche Schatzkammer steht praktisch als Symbol für die Hebung der Steuerkraft als Grundlage der absoluten Machtausübung durch die Fürsten (deshalb auch *„Fürstenwohlstandslehre"*). Der Begriff umschreibt die spezielle Ausformung des Merkantilismus in den deutschen Kleinstaaten, ansonsten kaum Unterschiede zu den Merkantilisten. Das kameralistische Schrifttum kann als Sammlung von Erfahrungsgrundsätzen und Nützlichkeitsregeln angesehen werden, die auf die Bereiche Wirtschaft, Verwaltung, Gesetzgebung und Finanzen angewandt werden. Bedeutendstes Werk: der *„Politische Discurs"* (1668) von *Johann Joachim Becher* (1635-1682).

Ansätze zur späteren Volkswirtschaftslehre, insbesondere zur Finanzwissenschaft, ergaben sich aus der **Kameralwissenschaft** bzw. der **„politischen Ökonomie"**. Dies war jedoch eine recht unphilosophische Sammlung praktischer Massregeln für eine zweckmässige Einrichtung des Staatshaushalts. Die Klassiker schufen daraus - aufbauend auf dem geistigen Nährboden der Aufklärung und deren Philosophie - eine systematische Wissenschaft, in der dann die reine (rationale) Theorie dominierte.

Literatur:
Abel, Wilhelm: Massenarmut und Hungerkrisen im vorindustriellen Deutschland, 2. unveränd. Aufl., Göttingen/Zürich 1977; **Blaich**, Fritz: Die Epoche des Merkantilismus, Wiesbaden 1973; **Blaich**, Fritz: Merkantilismus, Kameralismus, Physiokratie. In: WiSt, Heft 3/1983, S. 141-145; **Braudel**, Fernand: Sozialgeschichte des 15.-18. Jahrhunderts. Bd. 1: Der Alltag, München 1985; Bd. 2: Der Handel, München 1986; Bd. 3: Aufbruch zur Weltwirtschaft, München 1986; **Gömmel**, Rainer: Die Entwicklung der Wirtschaft im Zeitalter des Merkantilismus 1620-1800, München 1998; **Kriedte**, Peter: Spätfeudalismus und Handelskapital. Grundlinien der europäischen Wirtschaftsgeschichte vom 16. bis zum Ausgang des 18. Jahrhunderts, Göttingen 1980; **Peters**, Lambert: Der Handel Nürnbergs am Anfang des 30jährigen Krieges. Strukturkomponenten, Unternehmen und Unternehmer, Stuttgart 1994; **Volckart**, Oliver (Hrsg.): Frühneuzeitliche Obrigkeiten im Wettbewerb: Institutioneller und wirtschaftlicher Wandel zwischen dem 16. und 18. Jahrhundert (= Contributions Jenenses Bd. 5) Baden-Baden 1997; **Wehler**, Hans-Ulrich: Deutsche Gesellschaftsgeschichte, Bd. 1: Vom Feudalismus des Alten Reiches bis zur Defensiven Modernisierung der Reformära 1700-1815, 2. Aufl., München 1989.

Prüfsteine:
1. Welche Auffassungen/Maximen entwickelte die merkantilistische Wirtschaftslehre hinsichtlich:
   a) Aussenhandel,
   b) Geld,
   c) Beschäftigung,
   d) Bevölkerung,
   e) „Wohlstand“?
2. Erklären Sie Ursprung und Inhalt des Begriffs Kameralismus!
3. Welches waren die bedeutendsten Vertreter des deutschen Merkantilismus/Kameralismus?

4. DIE PHYSIOKRATIE

4.1. Die Wirtschaftstheorie der Physiokraten

Physiokraten nannte man im 18. Jahrhundert Personen, denen es darum ging, ausgehend vom Naturrecht die natürlichen Gesetzmässigkeiten des Wirtschaftsprozesses aufzudecken. Auf der Basis dieser unabhängig von Raum und Zeit formulierten Vorstellungen gaben sie wirtschaftspolitische Ratschläge und benannten hierbei ganz bestimmte Prämissen. Beispielsweise nahmen sie unter den Produktionsfaktoren Arbeit, Kapital und Boden allein den letzteren, d.h. die Landwirtschaft, als **produktiv** an. Im Grunde war die Physiokratie eine Antwort auf den in Frankreich von Ludwigs XIV. Finanzminister Jean Baptiste Colbert vertretenen Merkantilismus (Colbertismus), der wiederum recht einseitig das Wachstum des städtischen Gewerbes mit höchster Priorität gefördert wissen wollte und mit zahlreichen markt-inkonformen Massnahmen, z.B. Preistaxen, die Agrarproduktion lähmte.

4.2. François Quesnay und das „*Tableau économique*"

François Quesnay, Hauptvertreter der französischen Physiokratie und Leibarzt Ludwigs XV. sowie von Madame Pompadour, forderte daher die Regierung auf, die landwirtschaftliche Produktion zu fördern und die Agrargüterpreise „einträglich" zu gestalten. Im einzelnen dachte er dabei an die Substitution technisch rückständiger Kleinbetriebe durch grössere, zu höherer Rentabilität bzw. Produktivität fähige Grossbetriebe, an die Schaffung eines freien, aber binnenländischen Getreidemarktes sowie an eine Steuerreform zur Förderung der Eigenkapitalbildung in der Landwirtschaft.

Dogmenhistorisch besonders hervorhebenswert ist Quesnays Entwicklung eines **Kreislaufmodells**, des sogenannten ***„Tableau économique"***, in dem die Volkswirtschaft in **drei Sektoren**, „Klassen" genannt, eingeteilt wird, und zwar in die Landwirtschaft bzw. die bäuerlichen Pächter als ***„classe productive"***, die Grundeigentümer (König und Grundbesitzer) als ***„classe distributive"*** (Aufgabe der Distribution, d.h. des Verteilens und Verwendens von Pachteinkünften) und die gewerbliche Wirtschaft als ***„classe stérile"*** (Handwerker, Kaufleute). Anhand dieser Sektoren werden gegenseitige Abhängigkeiten der Einkommensbildung und -verwendung aufgezeigt und in der Art eines Kreislaufs dargestellt. Das „*Tableau économique*" stellt somit die erste makroökonomische Darstellung eines Wirtschaftskreislaufs dar, auf welche die spätere wirtschaftstheoretische Forschung aufbauen konnte, etwa die Kreislauftheorie (Léon Walras), die Input-Output-Analyse oder das System der interindustriellen Beziehungen (Wassily W. Leontief).

Darstellung 7: Telegramm Physiokratie

TELEGRAMM PHYSIOKRATIE: a) **Ausgangspunkt:** Naturrecht. Naturgesetzlichkeit des Wirtschaftsprozesses. Ablehnung des Colbertismus. b) **Klassenschema/Sektorenmodell** von François **Quesnay** (1694-1774, Leibarzt Ludwigs XV. von Frankreich) („***Tableau économique***"): Übertragung der Kreislaufidee von der Medizin (Körperkreislauf) auf die Wirtschaft. Landwirtschaft ist „***classe productive***". Nur diese Klasse erzeugt einen Reinertrag oder Mehrwert. Grundeigentümer (König, geistliche und weltliche Grundbesitzer) sind „***classe des propriétaires***" bzw. „***classe distributive***". Ihre Aufgabe: Distribution, d.h. Verwendung der Pachteinkünfte zum Kauf von landwirtschaftlichen und gewerblichen Erzeugnissen. Gewerbliche Wirtschaft (Handwerker, Kaufleute) ist „***classe stérile***". Erzeugt keinen Mehrwert, sondern erhöht den Wert ihrer Güterproduktion nur um die aufgewendeten Kapital- und Lohnkosten c) **Bedeutung** des „***Tableau économique***" Physiokraten bildeten erste geschlossene Schule der Nationalökonomie. Darstellung von Geld- und Güterströmen. Erste makroökonomische Darstellung des Wirtschaftskreislaufs. Beeinflussung späterer theoretischer Ansätze: Input-Output-Analyse, Kreislauftheorie, Gleichgewichtsbedingungen der stationären Wirtschaft, Quantifizierung des Wirtschaftsprozesses, Theorie der Besteuerung. d) **Wirtschaftspolitische Forderungen**: Förderung der landwirtschaftlichen Produktion. Ausgewogene Getreidehandels- bzw. -preispolitik. Steuerreform mit dem Ziel der Bildung von Eigenkapital in der Landwirtschaft. Belastung der Grundeigentümer mit Steuer. e) **Weitere Forderungen**: Einführung neuer Produktionsmethoden. Aufhebung der Leibeigenschaft und der Zünfte. Unterrichtung der Bevölkerung in landwirtschaftlichen Dingen. Anlage von Mustergütern. Gewerbefreiheit.

Im Übrigen steckt auch der **Gleichgewichtsgedanke**, also die Gleichgewichtsbedingung einer stationären Wirtschaft sowie die Vorstellung eines allgemeinen volkswirtschaftlichen Gleichgewichts in diesem Modell, so dass man sagen kann, dass ein nicht unwesentlicher Teil der heutigen Wirtschaftstheorie auf Gedanken der Physiokratie zurückgeht. Dies lässt sich umso mehr behaupten, als damit auch ein wichtiger Impuls für die Quantifizierung bzw. **empirische Erfassung von Wirtschaftskreisläufen** erfolgte und die Finanzwissenschaft in ihren Grundüberlegungen zu einer **Theorie der Besteuerung** auf Gedankengut der Physiokratie basiert.

Literatur:
Blaich, Fritz: Der Beitrag der deutschen Physiokraten für die Entwicklung der Wirtschaftswissenschaft von der Kameralistik zur Nationalökonomie. In: H. Scherf (Hrsg.), Studien zur Entwicklung der ökonomischen Theorie III (= Schriften des Vereins für Socialpolitik, N.F. Bd. 115/3), Berlin 1983, S. 9-36; **Gömmel**, Rainer/**Klump**, Rainer: Merkantilisten und Physiokraten in Frankreich, Darmstadt 1994; **Institut National d'Etudes Démographiques** (Hrsg.): François Quesnay et la Physiocratie, Bd. 1: Préface, Etudes, Biographie, Bibliographie; Bd. 2: Textes annotés, Paris 1958; **Leontief**, Wassily W.: Hommage au docteur François Quesnay (1758-1958), Méré/Paris 1958; **Lüthy**, Herbert: François Quesnay und die Idee der Volkswirtschaft, Zürich 1959.

Prüfsteine:
1. Wer war François Quesnay und welche Vorstellungen hatte er von der Volkswirtschaft?
2. Was beinhaltete das *Tableau économique*?
3. Welchen Beitrag leisteten die Physiokraten zur Entwicklung der Wirtschaftswissenschaft?

EXKURS: DIE KLASSISCHE NATIONALÖKONOMIE

Der Prozess der frühen Industrialisierung brachte **neue Einsichten in ökonomische Zusammenhänge**, etwa zur Arbeitsteilung, zu den Grundprinzipien rationeller Fertigung oder über die Bedeutung verbesserter Verkehrsinfrastruktur. Auch die Rolle des Staates für die Wirtschaft sowie die ordnungs-, verteilungs- und währungspolitischen Überlegungen wurden einer gründlichen Revision unterzogen. Die Zeitgenossen sahen sich veranlasst, intensiver über die möglichen Folgen eines nie dagewesenen Bevölkerungszuwachses ebenso nachzudenken, wie über die Frage der Finanzierung maschinisierter Produktionseinrichtungen und den Versicherungsschutz des höherwertigen Anlagekapitals. Dazu kam die zunehmend erforderliche Ausrichtung auf den Geschmack der Nachfrager, also die Berücksichtigung „modischer" Entwicklungen. Solcherart gestaltete sich die wirtschaftliche und gesellschaftliche Realität zunehmend differenzierter und ähnliches lässt sich von den Natur- und Geisteswissenschaften sagen, die ja in der Zeit der Aufklärung geradezu **enzyklopädische** Züge trug. Es gab kaum ein Detail, das nicht das rege Interesse der Aufklärer gefunden hätte.

Darstellung 8: Die Entwicklung der Weltbevölkerung

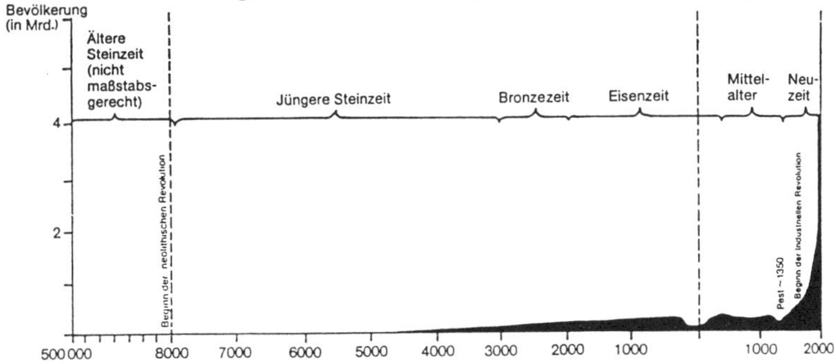

Quelle: Buhr, Hermann de/Regenbrecht, Michael: Industrielle Revolution und Industriegesellschaft, Frankfurt am Main 1983, S.7.

Der ideengeschichtliche Hintergrund der Industriellen Revolution ist neben dem Ursprung der modernen Naturwissenschaft (Newton)[23] durch die Anfänge der klassischen Nationalökonomie geprägt. Dabei manifestierte sich die weltanschauliche Position in dem Bestreben, das „natürliche System" der Wirtschaft zu konzipieren, d.h. durch die Überwindung des interventionistisch ausgeprägten Merkantilsystems zu einer neuen Wirtschaftsform, dem **„*Laisser-faire*-Liberalismus"** zu kommen. Aus dieser Position heraus besteht die Aufgabe des Staates ausser der Wahrnehmung einiger weniger Ordnungs- und Randfunktionen darin, den Dingen ihren Lauf zu lassen, da die uneingeschränkte Freiheit der Privatwirtschaft als der wirksamste Weg erscheint, ein Maximum wirtschaftlichen Wachstums zu erreichen.

Allerdings gehört die generelle Annahme, dass es bereits während der Industriellen Revolution eine laisser-faire-Politik gegeben habe, zu den heute von der wirtschaftshistorischen Forschung in Frage gestellten Dogmen. Die Industrielle Revolution lässt sich weniger aus äusseren Einflüssen erklären, sondern ist primär auf endogene (innere) Einflussfaktoren zurückzuführen, von denen bereits die Rede war, wie etwa auf die Wachstumsrate der Bevölkerung, den Grad der Kapitalausstattung, Veränderungen in der Technologie und der Organisation von Industrie und Landwirtschaft.

Insbesondere der **Bevölkerungsdruck** war allenthalben in den frühindustrialisierten Ländern spürbar und führte zu verstärktem Nachdenken über die

[23] Isaac Newton, 1643-1727: Mathematiker, Physiker, Astronom, Erfinder der Integral- und Differenzialrechung, Gravitationsgesetze, Erklärung der Gezeiten etc.

Ernährbarkeit der Bevölkerung. Die städtischen Behörden hatten zunehmend mit den Problemen der sozialen Peripherie zu tun, also mit Vagabunden, usw. und in diesem Zusammenhang mit überfüllten Gefängnissen, Armenhäusern, Findlingshospitälern und Irrenanstalten. **Gründe** für dieses dynamische Bevölkerungswachstum lagen im folgenden:

- Nachlassen der Virulenz von Krankheiten, wie z.B. den Pocken
- Verbesserung der Hygiene (öffentliches Gesundheitswesen)
- zunehmende Anwendung der Impfung
- verbesserte Lebensmittelversorgung (allerdings mit gravierenden regionalen Unterschieden)
- zunehmende Heirat im jüngeren Alter
- Verbesserung des medizinischen Wissens.

In Anbetracht des Missverhältnisses zwischen drastischer Bevölkerungszunahme und begrenztem Nahrungsspielraum sah sich der englische Landpfarrer Thomas Robert **Malthus** veranlasst, durch einen *„**Essay on Population**"* auf das in seiner Sicht dringlichste Gegenwartsproblem der Spezies Mensch um die Wende zum 19. Jahrhundert aufmerksam zu machen. Da er die „Kraft" der Bevölkerung als wesentlich stärker ansah als die „Kraft" der Erde, würde sich (trotz Massnahmen wie z.B. Kultivierung von Neuland) die Bevölkerung innerhalb von 25 Jahren verdoppeln. Für ihn war dabei unvorstellbar, dass die Vermehrung des Nahrungsspielraums mit gleicher Geschwindigkeit vor sich ging. Seine Aussage war also, dass sich die Bevölkerung Grossbritanniens im Laufe des nächsten Vierteljahrhunderts von 7 auf 14 Millionen verdoppeln und im nächsten Vierteljahrhundert auf 28, dann 56, dann 112 Millionen usw. steigern würde. Als Resultat dieser Entwicklung sah Malthus zunehmend Hunger, Verelendung, Massensterben infolge Krankheiten und Unterernährung und die Destabilisierung gesellschaftlicher Strukturen. Dieses Phänomen der zunehmenden Nichternährbarkeit einer stärker steigenden Bevölkerung wird auch als „**Malthusianische Falle**" bezeichnet.

Die tatsächliche Entwicklung zeigte dann jedoch, dass Malthus' Pessimismus nicht begründet war. Es gab einen Ausweg aus der Malthusianischen Falle, der in drei Faktoren begründet lag: der Auswanderung, der Industrialisierung und der im folgenden erläuterten Agrarrevolution (siehe Darstellung 16). Vor allem letztere sorgte für einen erheblich erweiterten Nahrungsspielraum.

Darstellung 9: Nahrungsmittelproduktion und Bevölkerungswachstum - Malthus' Prognose und die Wirklichkeit

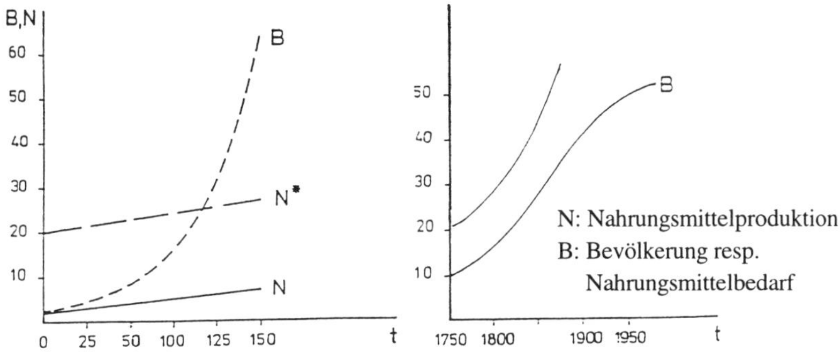

Quelle: Ott, Alfred E. /Winkel, Harald: Geschichte der theoretischen Volkswirtschaftslehre, Göttingen 1985, S. 89 ff.

Die moderne Wirtschaftswissenschaft basiert auf jenem liberal-klassischen Fundament, das im 18. und 19. Jahrhundert geschaffen wurde. Diese wichtige Phase ökonomischen Denkens ist verbunden mit den Namen von David **Hume** (1711-1776), Adam **Smith** (1723-1790), Robert **Malthus** (1766-1834), Jean-Baptiste **Say** (1767-1831), David **Ricardo** (1772-1823), Johann Heinrich **von Thünen** (1783-1850) und John Stuart **Mill** (1806-1873). Insbesondere Adam **Smith** lieferte mit seiner **Politischen Ökonomie** einen richtungsweisenden Ansatz zur **Theorie individueller Entscheidung**. Sie kann als Antwort auf den kollektivistisch orientierten Merkantilismus angesehen werden und verhalf dem *Liberalismus* zum Durchbruch. Dieser wiederum erfuhr ein halbes Jahrhundert später im **„Manchestertum“**[24] seinen höchsten und sich als **zu** hoch erweisenden Freiheitsgrad.

Smith sah vier **Prinzipien**, die einer liberal-individualistischen Wirtschaftsgesellschaft zugrunde liegen:

[24] Mit dem Begriff „Manchesterschule“ war ursprünglich zwischen 1820 und 1850 jene Gruppe von Mitgliedern der Handelskammer von Manchester gemeint, die eine Abschaffung der Getreidezölle in England forderten. Zu ihren führenden Vertretern gehörten Richard Cobden und John Bright.

Darstellung 10: Adam Smiths Grundprinzipien einer liberal-individualistischen Wirtschaftsgesellschaft:

a) Träger der wirtschaftlichen Handlungen ist das selbstbestimmende Individuum und nicht der Staat.
b) Daraus ergibt sich die wirtschaftliche Selbstverantwortung der Individuen (Risikobereitschaft; Bereitschaft, Konsequenzen zu tragen).
c) Darauf gestützt handeln sie nach der Leitnorm des Selbstinteresses (Eigennutz, d.h. zu seiner und der Familie Nutzen - unsichtbare Hand - Wahl des Staates).
d) Die freie Konkurrenz (Wettbewerbswirtschaft, u.a. in der Produktion).

Nach: Recktenwald, Horst Claus: Die Klassik der ökonomischen Wissenschaft. In: Issing, Ottmar (Hrsg.): Geschichte der Nationalökonomie, 2. Aufl., München 1988, S. 49-72.

Zu den wichtigen Komponenten der klassischen Nationalökonomie gehört also das **Selbstinteresse als Leistungsmotiv** im gesellschaftlichen und wirtschaftlichen Leben. Dies findet seine Grenzen in einem ethisch bestimmten Ordnungsrahmen und einem **System positiver Gesetze**. Tausch und Nutzen sind durch diesen Ordnungsrahmen gesteuert wie von **unsichtbarer Hand** (***invisible hand***). Dabei spielt das Eigentumsrecht (oder im weiteren Sinne die *property rights*) eine wesentliche Rolle, ebenso wie geordnete Hierarchien und Institutionen. Das Prinzip der **Arbeitsteiligkeit**, der auf Angebots- und Nachfragemechanismen beruhende **Marktpreis** sowie grundsätzliche Überlegungen zu den **Marktformen** gehören ebenso zum Repertoire der „Klassiker“ wie Einsichten in die Zusammenhänge zwischen Konsum, Investition, Sparen und Kapital im Kreislauf der Wirtschaft. Zusammenhänge zwischen **Geldmenge und Preisniveau**, die sich bei angenommener Vollbeschäftigung proportional verschieben, finden sich in der klassischen **Quantitätstheorie**. Auch die moderne **Aussenwirtschaftstheorie** verdankt der klassischen Nationalökonomie, insbesondere David **Ricardo** und John Stuart **Mill**, wesentliche Einsichten. So fand der Gedanke der Arbeitsteilung in der Freihandelstheorie bzw. in Ricardos Theorie der komparativen Kosten seinen Niederschlag, indem erkannt wurde, dass unter dieser Voraussetzung internationaler Handel auch bei relativem Kostenvorteil sinnvoll sein kann.

Selbstverständlich dachten die Klassiker auch über die **Rolle des Staates** nach, zumal sie ihn aus seiner bis dahin im Absolutismus und Merkantilismus bzw. Kameralismus dominanten Funktion lösen wollten. Sie billigten ihm durchaus Funktionen zu, die sogar - wenn man **Smith** folgt - über die des

„Nachtwächters" in jedem Fall hinausgehen sollten; doch andererseits wollte man dem Staat keine unmittelbare Eingriffsmöglichkeit in den Markt gewähren, forderte aber von ihm geradezu die Festlegung von Rahmenbedingungen zur Regelung des gesellschaftlichen und wirtschaftlichen Miteinanders[25].

Literatur:
Brandt, Karl: Geschichte der deutschen Volkswirtschaftslehre, Bd. 1: Von der Scholastik bis zur klassischen Nationalökonomie, Freiburg i. Br. 1992; **Gräfrath**, Bernd: John Stuart Mill: „Über die Freiheit". Ein einführender Kommentar, Paderborn 1992; **Kopf**, Peter: David Hume. Philosoph und Wirtschaftstheoretiker (1711-1776) (= Beiträge zur Wirtschafts- und Sozialgeschichte 25), Wiesbaden 1987; **Malthus**, Thomas R.: Principles of Political Economy, 2. Aufl. New York 1964; **Mill**, John Stuart: Principles of Political Economy, hrsg. v. J.M. Robson, Toronto 1965; **Say**, Jean Baptiste: Cours complet d' économie politique pratique, 3. Aufl., Paris 1852; **Ricardo**, David: Works and Correspondence, Bd. 1: On the Principles of Political Economy and Taxation, hrsg. von P. Sraffa, Cambridge 1951-1955; **Schumpeter**, Joseph Alois: Geschichte der ökonomischen Analyse, Göttingen 1965; **Smith**, Adam: Der Wohlstand der Nationen. Eine Untersuchung seiner Natur und seiner Ursachen. Hrsg. v. Horst Claus Recktenwald, München 1974, 3. Aufl. 1983; **Streminger**, Gerhard: David Hume. Sein Leben und sein Werk, Paderborn 1993; **Thünen**, Johann Heinrich von: Der isolierte Staat in Beziehung auf Landwirtschaft und Nationalökonomie, 3 Teile, Rostock 1826, 1850, 1863.

Prüfsteine:
1. Was meinte Adam Smith mit der *invisible hand*?
2. Was versteht man unter „Malthusianischer Falle"?
3. Welche Prinzipien liegen Adam Smiths Vorstellungen von der Wirtschaftsgesellschaft zugrunde?

---

25 Viele Überlegungen der Klassischen Nationalökonomie finden sich später in der Volkswirtschaftslehre wieder, nicht nur in der Neoklassik, die stark auf die ordnungstheoretischen Überlegungen der „Klassiker" aufbaut, sondern auch im Konzept der Sozialen Marktwirtschaft und in der Neuen Politischen Ökonomie.

5. Die Industriellen Revolutionen

Die spätabsolutistische und -merkantilistische Phase wurde allmählich von einer Entwicklung überlagert, die einen Paradigmenwechsel herbeiführte und 1789 in die Französische Revolution einmündete. Der Freiheits- und Gleichheitsgedanke fand nicht nur Eingang in Politik und Gesellschaft, sondern prägte auch zunehmend das Wirtschaftsgeschehen. Reformen waren angesagt. Die napoleonische Zeit brachte nicht nur die territoriale Flurbereinigung, die eine gewisse Vereinheitlichung des Wirtschaftsgebietes bedeutete, sondern eben auch die Freiheit für zahllose Leibeigene und von den Zünften reglementierte Gewerbetreibende und Handwerker.

Es wäre jedoch falsch, anzunehmen, die ökonomische Befreiungsbewegung sei nur von Frankreich ausgegangen. Viel früher hatte es die englische Wirtschaft fertiggebracht, sich von zünftigen Fesseln und absolutistischen Bindungen zu befreien. Dort waren die Ausgangsbedingungen für eine gewerblich-industrielle Entwicklung in einem Masse vorhanden, wie kaum sonst irgendwo auf der damaligen Welt. England verfügte über eine starke Seemacht und damit Handelsmacht. Es besass Kohle und Eisenerz, Wolle und Baumwolle sowie ein Netz von Kanälen, die es erlaubten, die Produkte transportkostengünstig zu befördern. Ferner stimmten die wirtschaftspolitischen Rahmenbedingungen. Das freie Unternehmertum wurde ebenso unterstützt wie die grossen Überseekompanien, die für bestimmte Segmente des englischen Kolonialterritoriums Privilegien und sonstige Hilfen seitens der Regierung erhielten. Nicht zuletzt verfügte Grossbritannien über eine leistungsfähige Landwirtschaft, die nicht nur Lohn und Brot für Millionen Zeitgenossen bedeutete, sondern auch eine Kapitalbasis für die gewerbliche und industrielle Entwicklung bot.

5.1. Die Industrielle Revolution in England

Bei der Betrachtung der frühen Industrialisierung Englands - und später aller industrialisierenden Staaten der Welt - sticht ein Phänomen besonders ins Auge: Es kommt zu einer auffällig ähnlichen demographischen Entwicklung (Darstellung 11). Sie ist gekennzeichnet durch eine ziemlich gleichbleibende und später fallende Geburtenrate bei gleichzeitigem, wesentlich stärkerem Sinken der Sterberate. Dieses Öffnen der „Schere", das am frühesten in England/Wales um die Mitte des 18. Jahrhunderts nachweisbar ist, wiederholte

Darstellung 11: Bevölkerungsentwicklung in England und Wales

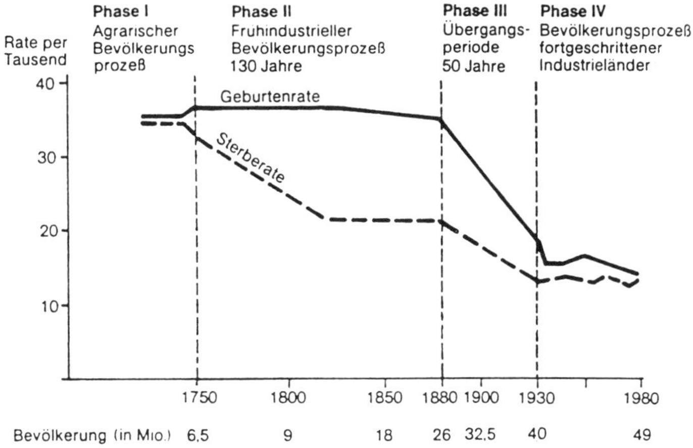

Quelle: Waterkamp, Rainer: Taschenbuch der Zukunftsforschung, Wiesbaden 1972, S. 28.

Darstellung 12: Geburten- und Sterberaten im Bevölkerungsprozess

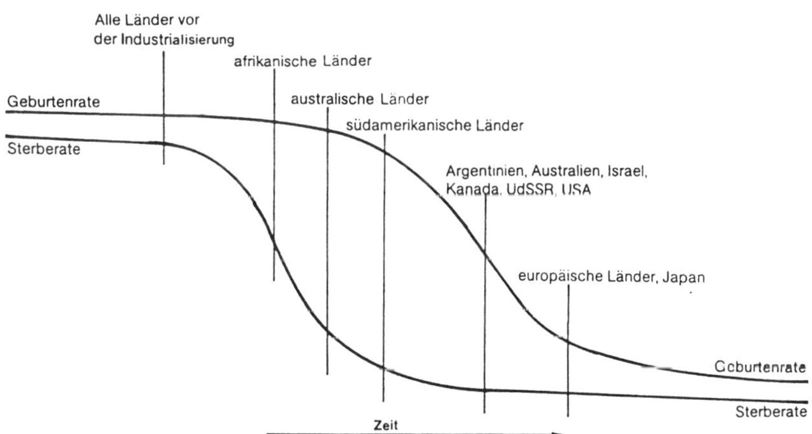

Quelle: Wingen, Max: Grundfragen der Bevölkerungspolitik, Stuttgart 1975, S. 153.

sich im Zuge der Frühindustrialisierung anderer Länder mit einer entsprechenden Zeitverzögerung. Wenn immer wieder festgestellt wird, dass das Bevölkerungswachstum in dieser Entwicklungsphase ähnlich stark sei wie das wirtschaftliche, so hängt dies mit der stark abnehmenden Mortalität zusammen. Den Grund dafür wird man in besserer medizinischer Versorgung ebenso sehen können wie in konsequenterer Hygiene, verbesserter Ernährbarkeit der Bevölkerung, d.h. auch generell im Zusammenwirken naturwissenschaftlicher, sozialer und wirtschaftlicher Faktoren.

5.1.1. Die Begriffe „Industrielle Revolution“ und Industrialisierung“

Die frühe Phase der Industrialisierung Englands umfasst grob den Zeitraum von 1760 bis 1830. Dass diese zeitliche Begrenzung einer gewissen Willkür unterliegt, ist allein daraus ersichtlich, dass auch in der modernen englischen Literatur keine einheitlichen Abgrenzungskriterien vorgeschlagen werden, die eine eindeutige zeitliche Fixierung zulassen. Ausserdem wird der Terminus Industrielle Revolution durchgängig nicht in einem engen technisch-ökonomischen Sinne als Revolution von Produktionsprozessen verstanden, sondern als komplexer Wandel, in dessen Verlauf technisch-wirtschaftliche Entwicklungen mit gesellschaftlichen und sozialen Veränderungen einhergehen.

Im folgenden werden zunächst einige Begriffe erklärt und wird den Bestimmungsfaktoren für das Entstehen der Industriellen Revolution nachgegangen. Ein weiterer Abschnitt befasst sich mit den Schwerpunkten der Industrialisierung, wobei speziell die Baumwoll- und Eisenindustrie Gegenstand der Betrachtung sein sollen, die sich in dieser Zeit als Englands „Schlüsselindustrien“ erwiesen. Schliesslich behandelt ein weiterer Teil die Auswirkungen der Industriellen Revolution, wobei auch soziale Fragestellungen zur Debatte stehen.

In der Literatur gibt es keine einheitliche Definition für den Begriff „Industrialisierung“. Man verbindet damit die Vorstellung hoher Arbeitsteiligkeit und maschinenorientierter Tätigkeit. Unter „Industrialisierung“ können ferner alle Vorgänge verstanden werden, *„die mit dem Aufkommen und der schliesslichen Durchsetzung des Fabriksystems zusammenhängen. Industrialisierung bedeutet die Frage nach der Entwicklung und dem Wachstum der Gewerbe und der Industrie selbst und den Veränderungen in der Gesamtwirtschaft und*

Gesellschaft, soweit sie durch die Industrie bestimmt sind"[26] (Hervorh. R.W.). Schliesslich kann die „Industrialisierung" eines Landes definiert werden „als die ununterbrochene Steigerung des Anteils des industriellen Sektors am Sozialprodukt"[27] (Hervorh. R.W.).

Darstellung 13: Unterschiede zwischen Manufaktur und Fabrik:

Manufaktur:
- Beibehaltung der Handwerkstechnik
- Geringere Arbeitsteilung
- Geringere Kapitalintensität
- Geringere Produktionsmengen
- Vorwiegend gelernte Arbeitskräfte

Fabrik:
- Einsatz von Maschinen
- Ausgeprägte Arbeitsteilung
- Hohe Kapitalintensität
- Massenproduktion
- Vorwiegend an- und ungelernte Arbeitskräfte

Der Begriff „Industrielle Revolution" umschreibt wie erwähnt nicht nur einen technisch-gewerblichen Vorgang, sondern komplizierte gesellschaftliche Zusammenhänge und dient so zur Kennzeichnung einer als Einheit geschenen historischen Erscheinung. Die Wortverbindung trat erstmals im Zusammenhang mit den sozio-politischen Ereignissen der Französischen Revolution auf, um *„sowohl technische Erfindungen als auch sozio-ökonomische Veränderungen im Gefolge dieser technisch-betriebsorganisatorischen Neuerungen zu charakterisieren"*[28]. Der Begriff wurde dann von Marx und Engels auf die englischen Verhältnisse bezogen und durch seine Verwendung als Buchtitel im Jahre 1887 von Arnold **Toynbee** zu einer „Standardformel" erhoben. Allerdings muss man sich fragen, ob der rasche Übergang von einer agrarisch

---

[26] Adelmann, Gerhard: Strukturwandlungen der rheinischen Leinen- und Baumwollgewerbe zu Beginn der Industrialisierung, in: VSWG 53 (1966), S. 162-184, hier: S. 162.

[27] Kuznets, Simon: Die wirtschaftlichen Vorbedingungen der Industrialisierung. In: Braun, Rudolf et al. (Hrsg.), Industrielle Revolution. Wirtschaftliche Aspekte (Neue Wissenschaftliche Bibliothek. Nr. 50), Köln et al. 1972, S. S. 17-34. Nettosozialprodukt: (= Volkseinkommen) = Wertschöpfung der Volkswirtschaft in einem Jahr (Produktionsseite) = Summe der Einkommen aus Arbeit, Kapital- und Bodennutzung (Einkommensseite); Kapitalstock = Jahresvolkseinkommen zu einem bestimmten Zeitpunkt.

[28] Salin, Edgar: Die neue Etappe der Industriellen Revolution. In: Idem: Lynkeus, Gestalten und Probleme aus Wirtschaft und Politik, Tübingen 1963, S. 346.

dominierten in eine industriell geprägte Gesellschaft als so kurzfristig angesehen werden kann, wie dies der Revolutionsbegriff insinuiert. Es zeigte sich, dass oft lange Vorbereitungsphasen, die gerade im Hinblick auf England bis ins 17. Jahrhundert zurückreichen, berücksichtigt werden müssen, so dass Zweifel am besonderen Charakter etwa der Periode von 1770 bis 1830 berechtigt erscheinen.

Darstellung 14: Die langen Wellen der Weltkonjunktur

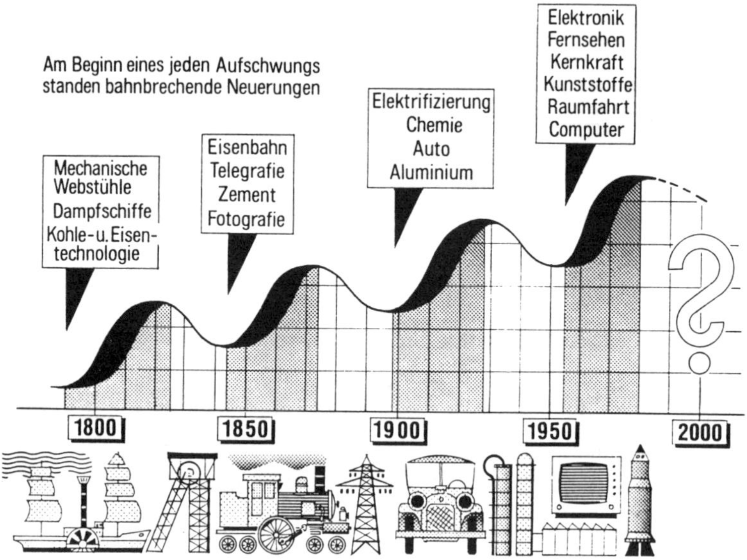

Buhr, Hermann de/Regenbrecht, Michael: Industrielle Revolution und Industriegesellschaft, Frankfurt am Main 1983, S. 79.

„Die Akzente wurden - für England wie später auch für die Nachfolgeländer - stärker auf einen allmählichen Übergang von langsamem ... zu schnellerem ... sozio-ökonomischem Wandel gelegt“[29]. Aus diesem Verständnis des Begriffes lässt sich ableiten, dass er als ein fortwährender Terminus zu verstehen ist, der bis in die Gegenwart reicht, denn immer wieder gibt es auch heute noch und in Zukunft Industrielle Revolutionen, etwa in den sog. „Schwellenländern“. Hier haben wir es mit der Gleichzeitigkeit des Ungleichzeitigen zu tun. Darüberhinaus spricht man von einer Ersten, Zweiten, Dritten

---

[29] Braun, Rudolf: Einleitung. In: Braun, Revolution, S. 9-12, hier: S. 10.

und Vierten Industriellen Revolution, wobei diese jeweils durch bestimmte Basisinnovationen geprägt sind. Während die Erste von der Dampftechnik getragen war, basierte die Zweite auf den neuen Wissenschaftsindustrien (Chemie, Elektrotechnik, Motor etc.), die Dritte auf entscheidenden Prozessinnovationen und die Vierte auf der digitalisierten Elektronik (Kommunikationsrevolution). Die Fünfte Industrielle Revolution findet soeben am Ende des zweiten Jahrtausends statt und wird getragen von biochemischen und gentechnischen Innovationen.

5.1.2. Allgemeine Charakteristik der englischen Wirtschaft am Vorabend der Industriellen Revolution

Wie jüngere englische Forschungen zeigen, stagnierte die britische Wirtschaft in den ersten Dekaden des 18. Jahrhunderts. Der einfache Bürger sah wenig an wirtschaftlichen Verbesserungen, die Schlussfolgerungen auf konstantes Wirtschaftswachstum zuliessen und die nicht durch eine einzige schlechte Ernte bzw. eine Epidemie wieder hinfällig sein konnten. Trotzdem lässt sich sagen, dass die Hauptvoraussetzungen für eine Industrialisierung in Grossbritannien bereits vorhanden waren, da die wirtschaftlichen, sozialen und ideologischen Bindungen der vorindustriellen Zeit bereits gebrochen und die herkömmlichen Lebensweisen und Beschäftigungsmuster so schwach waren, dass sie sich leicht auflösen liessen.

Grossbritannien genoss gegenüber anderen europäischen Staaten gravierende Vorteile:

- es besass keine Zünfte,
- das Territorium war relativ einheitlich,
- es besass eine starke Seemacht.

Ferner gab es dort bereits um 1750 einige blühende Industriezweige, wie den Schiffbau, die Eisenverhüttung und den am weitesten verbreiteten Gewerbezweig, die Herstellung von Wollstoffen. Andere wie Buchdruck, Papierherstellung, Glas- und Kupferindustrie entstanden im 16. und 17. Jahrhundert, so dass die arbeitsteilige Produktionsweise bereits üblich und relativ weit verbreitet war. Der grösste Teil der Gewerbe und Frühindustrien war noch ländlich orientiert, was nicht verwundert, da 60 bis 70 Prozent aller englischen Familien noch auf dem Land lebten und von der Landwirtschaft abhängig waren. Der typische Arbeiter war eine Art Dorfhandwerker oder Kleinbauer, der sich im Rahmen der Hausindustrie auf die Herstellung eines bestimmten Produktes spezialisierte und erst allmählich zur Lohnarbeit überging.

5.1.3. Determinanten des Industrialisierungsprozesses

5.1.3.1. Die Neuerungen in der Landwirtschaft

Wie inzwischen nachgewiesen ist, ging der Industrialisierung in Europa im allgemeinen ein Anstieg der landwirtschaftlichen Produktivität voraus. In Grossbritannien sind die landwirtschaftlichen Veränderungen durch zwei gegenseitig sich beeinflussende Entwicklungen gekennzeichnet und zwar durch:

- die Einführung neuer Anbau- und Verarbeitungstechniken und
- die beschleunigte Fortsetzung der bereits im 16. Jahrhundert begonnenen **Einhegungen (Enclosures)**.

Die neuen Anbaumethoden und Verarbeitungstechniken

Die neuen Anbaumethoden bestanden im wesentlichen in konstanter Feldbestellung und in der Fruchtwechselwirtschaft gegenüber der vorher herrschenden Dreifelderbewirtschaftung. Der Boden konnte nun, ohne ihn völlig zu erschöpfen, ständig bebaut werden, wobei die Fortschritte im Getreide-, Hackfrucht- und Wiesenanbau mit einer verbesserten Viehzucht bzw. Viehhaltung Hand in Hand gingen.

So sehr diese agrartechnischen Innovationen die Gesamtproduktion der Landwirtschaft verbesserten, so bleibt doch die Frage, ob daraus erhebliche Arbeitskräfteeinsparungen resultierten, wie dies von einigen Historikern behauptet wurde. Im Gegenteil erwies sich der Hackfrüchteanbau (z.B. Kartoffeln/Rüben) als äusserst arbeitsintensiv und eine arbeitssparende Maschinerie fand in der englischen Landwirtschaft auf breiter Basis erst im zweiten Viertel des 19. Jahrhunderts Eingang.

Die Einhegungen

Die englische **Agrarrevolution** vollzog sich demzufolge wohl weniger im technischen Bereich als in der Fortsetzung der Einhegungen, die in der zweiten Hälfte des 18. und zu Beginn des 19. Jahrhunderts einen planmässig durchgeführten und parlamentarisch sanktionierten Massenvorgang bildeten.

Darstellung 15: Einhegungen der Gemeindeländereien

Zeitraum:	Anzahl der Gesetze:	Eingehegtes Gemeinde land in acres:	Acres pro Jahr: (100 acres = 40ha)
1727-1760	56	74.518	2.192
1761-1792	339	478.259	14.946
1793-1801	182	273.891	30.432
1802-1815	564	739.743	6.643
Insgesamt:	1.385	1.765.711	

Quelle: Hausherr, Hans: Wirtschaftsgeschichte der Neuzeit, Weimar 1954, S. 291.

Die auf der offenen Flur zerstreut liegenden Grundstücke wurden zusammengelegt und eine Teilung der Wiesen, Weiden und des Gemeindelandes vorgenommen. Der grundlegende Gedanke war, die landwirtschaftliche Nutzfläche in Schafweide und Ackerboden aufzuteilen, wobei die besseren Bodenqualitäten dem Getreideanbau und die schlechteren der Schafzucht zugeführt wurden, um aus der Produktion von Getreide höhere Renditen bzw. Grundrenten zu erwirtschaften. Die daraus resultierende Rationalisierung des landwirtschaftlichen Betriebssystems wurde zusätzlich gefördert durch die von der Regierung garantierten hohen Preise für Getreide und andere Agrarprodukte, so dass das Einhegen ein immer besseres Geschäft wurde. Andererseits waren solcherlei Massnahmen auf Grund des raschen Bevölkerungswachstums unumgänglich.

Darstellung 16: Komponenten der Agrarrevolution im Überblick

- Verbesserung des Fruchtwechsels und der Zuchtmethoden
  Effizientere Güterverwaltung
  Einsatz von Hilfsmitteln und Maschinen
- Einführung der Kartoffel
- Auflösung der Allmenden
- Neulandgewinnung (z.B. Trockenlegen von Sümpfen)
- Steigerung der Bodenproduktivität durch Dünger
- Verbesserung der Verkehrsinfrastruktur und verstärkte
  Marktanbindung (Kommerzialisierung der Landwirtschaft)
- Verbesserte Lebensmittelversorgung in quantitativer und qualitativer Hinsicht

Wirkungen der Agrarrevolution

Unter der mit den Einhegungen verbundenen **Besitzumschichtung** und der Einführung des Sondereigentums an Grund und Boden litten vor allem die Kleinbauern, da sie das Recht verloren, ihr Vieh auf die Gemeindeweide zu treiben und weil die ihnen zugewiesenen Grundstücke von geringerer Beschaffenheit waren, als die, die sie vorher besessen hatten. Obwohl sich die Besitzumschichtung zahlenmässig nicht erfassen lässt, gilt als sicher, dass die Betriebseinheit bei den Einhegungen vergrössert wurde und durchschnittlich vier bis sechs alte Kleinbauernstellen umfasste. Daraus ist zu schliessen, dass viele Bauern ihr Stück Land veräusserten und als Landarbeiter auf den neu entstandenen grossen Gutskomplexen unterkamen. Andere fanden in der frühen Industrie ihr Ein- und Auskommen. Der oft vertretenen Ansicht, die Industrielle Revolution hätte ohne das Reservoir billiger Arbeitskräfte aus der Landwirtschaft nicht stattfinden können, widersprechen jedoch jüngere Forschungen. Danach stieg die Zahl der landwirtschaftlichen Bevölkerung im gleichen Ausmass wie die Bevölkerung in den Industriezentren und zeigte erst ab 1850 einen absoluten Rückgang.

Insgesamt gesehen hat die Agrarrevolution in England den Industrialisierungsprozess in dreierlei Hinsicht beeinflusst:

1. sie schuf die Nahrungsbasis für eine rasch anwachsende Bevölkerung, die sich zwischen 1751 und 1821 mehr als verdoppelte;
2. steigende Einkommen in der Landwirtschaft führten zu einer erhöhten Kaufkraft bzw. Nachfrage, die die Produktion bzw. das Angebot auf breiter Basis ankurbelte, und sie führte dazu,
3. dass die Industrialisierung erheblich von der Entwicklung in der Landwirtschaft profitierte; beispielsweise wurden die frühen eisenverarbeitenden Werkstätten von Grundbesitzern gegründet, die auch als erste Investoren Projekte zur Verbesserung des Transportwesens realisierten.

5.1.3.2. Das Wirtschaftswachstum

Die wirtschaftshistorische Forschung neigt dazu, den eigentlichen take-off der Industriellen Revolution in der Zeit zwischen 1782 und 1792 zu sehen, als die Handelsstatistiken Englands einen strammen Aufwärtstrend zeigten und eine gewaltige Beschleunigung des Wirtschaftswachstums stattgefunden haben musste. Diese Entwicklung ging einher mit einer bemerkenswerten Bevölkerungszuwachsrate. Stieg die Bevölkerung in der ersten Hälfte des 18. Jahrhunderts um insgesamt ca. 5 Prozent, so betrug die Steigerung zwischen 1751 und 1801 mit 49,2 Prozent nahezu das zehnfache, wobei allein in den zehn Jahren von 1791 bis 1801 ein Anstieg um 11 Prozent zu verzeichnen war[30]. Kein anderes europäisches Land erreichte in dieser Zeit ein derartiges Bevölkerungswachstum. Obwohl die ersten Schätzungen des Volkseinkommens Grossbritanniens keine präzisen quantitativen Analysen zulassen, gehen englische Wirtschaftshistoriker davon aus, dass zwischen 1770 und 1831 der Anteil der Landwirtschaft von über 40 auf unter 33 Prozent fiel, während der Anteil der Industrie von etwa 20 auf über 25 Prozent anstieg.

Einige Forscher führen dies auf die bedeutenden Erfindungen der 1780er Jahre in der Baumwoll- und Schwerindustrie zurück, während andere die Ursachen für diesen Wirtschaftsaufschwung primär den kumulativen Effekten einer wachsenden Nachfrage nach englischen Exportgütern zuschreiben. Im folgenden werden nun einige der Faktoren erörtert, die als bestimmend für das Wirtschaftswachstum in der Industriellen Revolution Grossbritanniens angesehen werden können.

Der Produktionsfaktor Kapital

Mit dem Prozess der Industrialisierung war die Bildung eines Kapitalstocks verbunden. Kapital konnte sowohl am (allerdings noch wenig entwickelten) Kapitalmarkt aufgenommen werden, oder aber, was die Regel war, durch die Unternehmen selbst generiert werden. Beispielsweise finanzierten sich die englischen Unternehmen der Baumwollindustrie in der zweiten Hälfte des 18. Jahrhunderts aus den erwirtschafteten Gewinnen (**Selbstfinanzierung, Gewinnthesaurierung**), die unabhängig von der jeweiligen Situation am Kapitalmarkt bzw. überhaupt ohne dessen Vorhandensein zur Verfügung standen. Ausserdem waren die ersten Textilmaschinen relativ einfache und billige Holzkonstruktionen, so dass die Unternehmer die Fabrikation verhältnismässig problemlos anlaufen lassen konnten, ohne sich übermässig zu verschulden.

---

[30] 1741-1751: 3,4 Prozent
1751-1761: 8,2 Prozent
1761-1771: 7,6 Prozent
1771-1781: 5,6 Prozent
1781-1791: 9,3 Prozent
1791-1801: 11,0 Prozent (berechnet nach Deane, Phyllis: The First Industrial Revolution, Cambridge 1965, S. 86).

Diese regelmässige Reinvestition des grössten Teils der Gewinne führte dann rasch zu einer erheblichen Kapitalformation, wobei jährliche Wachstumsraten des Kapitalstocks zwischen 15 und 20 Prozent besonders in der Textilindustrie nicht selten waren. Die Ansicht, dass der Kapitalbedarf während der Frühindustrialisierung dennoch relativ gering war, wird durch die Tatsache erhärtet, dass die englische Wirtschaft nach 1780 sowohl eine zunehmende Industrialisierung als auch hohe Kriegsausgaben (Krieg gegen Frankreich etc.) ohne ernsthafte Inflation finanzieren konnte.

Im Laufe des 19. Jahrhunderts erhöhte sich die volkswirtschaftliche Kapitalbildung schneller, d.h. den Arbeitskräften wurden in erheblich grösserem Umfang Kapitalgüter zur Verfügung gestellt. Dabei handelte es sich nun mehr um Sachkapital in Form von Anlagen (z.B. Maschinen, Motoren, Eisenbahnen etc.) im Unterschied zu den traditionellen Kapitalarten (Vieh, Gebäude, Lagervorräte etc.), die die vorindustrielle Zeit kennzeichneten. Dies bedeutete auch, dass in der Industrialisierungsphase ein erheblich grösserer Teil des volkswirtschaftlichen Gesamteinkommens für Kapitalgüter statt für Konsumgüter aufgewendet wurde. Darüber gibt die **Investitionsquote** Auskunft. Sie beschreibt das Verhältnis der Netto-Investitionen zum Volkseinkommen. Grosso modo wird man davon ausgehen können, dass die Investitionsquote vor der Hochindustrialisierung, also in Grossbritannien vor 1830, etwa fünf oder sechs Prozent betrug, wohingegen sie in einer industrialisierten Wirtschaft zehn oder zwölf Prozent ausmacht. Wichtig ist in diesem Zusammenhang die Tatsache, dass eine **Verlagerung des Kapitals** von weniger produktiven in produktive Verwendungsbereiche stattfand. Dies bedeutet, dass sich die **Kapitalrentabilität** steigerte. Bezeichnend ist insbesondere der Anstieg des Gewerbe- und Handelskapitals im Verhältnis zu Gebäuden und landwirtschaftlichem Kapital[31]. Und schliesslich ist an die **Kapitaleinsparungseffekte** zu denken. Dies lässt sich an ein paar Beispielen verdeutlichen. Der Kanalbau verschlang in Grossbritannien zwar zunächst beträchtliche Summen, jedoch konnten durch seine Realisierung Kapitalbindungskosten bei der Lagerhaltung oder im Güterverkehr ganz erheblich reduziert, somit Kapital eingespart bzw. produktiver genutzt werden. Die Investitionen in die Gasbeleuchtung, die in den 1820er und 1830er Jahren in englischen Fabriken eingeführt wurde, ermöglichte Nachtschichten und damit die wesentlich effizientere Nutzung des

---

[31] Deane, Phyllis: Die Industrielle Revolution in Grossbritannien 1700-1880. In: Cipolla, Carlo M./Borchardt Knut (Hrsg.): Europäische Wirtschaftsgeschichte. Bd. 4: Die Entwicklung der industriellen Gesellschaften, Stuttgart et al. 1985, S. 1-42, hier: S. 23 f.

Anlagekapitals. Hier sind wir bereits bei der nächsten wichtigen Determinante wirtschaftlicher Entwicklung angelangt, nämlich dem technischen Fortschritt.

Der technische Fortschritt

Es ist unbestritten, dass der technische Fortschritt von zentraler Bedeutung für das wirtschaftliche Wachstum während der Industriellen Revolution war. Dabei erhebt sich die Frage, warum die Erfindungen gerade damals erfolgten. David **McClelland** führt (gestützt auf Max Weber) die Durchsetzung technologischer Neuerungen im England des 18. Jahrhunderts auf eine seit langer Zeit herrschende hohe Wertschätzung wirtschaftlicher Betätigung der Bürger zurück, die ihren möglichen Ausgangspunkt im Calvinismus hatte. Der technische Fortschritt wurde im Textilgewerbe, Bergbau, Hüttenwesen, auf dem Transportsektor sowie in der Landwirtschaft und der Energieerzeugung wirksam. Dabei ist die Frage, ob die Revolutionierung der Technik auf eine einmalige Idee zurückzuführen war oder durch einzelne wirtschaftliche Erfordernisse hervorgerufen wurde. Sicher resultierte der technische Fortschritt zum Teil daraus, dass man sich ganz allgemein der mit ihm verbundenen Möglichkeiten bewusst wurde. Obwohl die meisten Erfindungen Zeit zu ihrer Verbreitung benötigten, wirkten sich die rasche Einführung des Puddleverfahrens[32] in der Eisenindustrie sowie die Neuerungen in der Textilindustrie unmittelbar positiv auf den Output dieser Wirtschaftszweige aus. Dabei hing die Einführung von Neuerungen primär von der Verfügbarkeit geeigneter Produktionsfaktoren und einem anpassungsfähigen Markt ab. Dass England im 18. Jahrhundert seiner Wirtschaft und Gesellschaft einen höheren Freiheitsgrad zubilligte als andere europäische Länder, ist unbestritten. Während sich in Frankreich zur Zeit des „ancien regime“ die Kapitalbildung noch weitgehend unter der Vormundschaft des Staates vollzog, verfügte England über ein höheres Mass an Unabhängigkeit sowie über eine freie, risikofreudige Unternehmerschaft.

---

[32] Verfahren zur Veredelung des Roheisens bzw. zur Gewinnung des Schweisseisens. In Puddelöfen wird Roheisen unter Zusatz von sauerstoffreichen Schlacken bis zur Oxydation der Nebenbestandteile verrührt (= gepuddelt). Es entsteht *Puddeleisen*, bei geringerer Entkohlung *Flussstahl*.

Das Wachstum der Nachfrage

Die These, dass Einkommen und Beschäftigung weitgehend von der Investitionstätigkeit abhängen und die Ausgaben der Verbraucher sich direkt auf die Gewinne auswirken und somit die Investitionen anregen, geht u.a. auf John Maynard **Keynes** zurück. Infolgedessen setzt Massenfertigung Massenkonsum und die Beherrschung eines ausgedehnten Marktes voraus. England verfügte über solche Märkte und hatte eine **starke Zunahme des Exports** in den letzten beiden Jahrzehnten des 18. Jahrhunderts zu verzeichnen, wobei die Nachfrage nach englischen Waren vor allem in den Kolonien Nordamerikas und in Westindien sehr stark war. *„Gegen Ende des 18. Jahrhunderts war Englands Baumwoll- und Metallindustrie fähig, ... nicht nur die europäischen, sondern auch alle anderen Märkte mit ihren konkurrenzlosen Produkten der Industriellen Revolution zu erobern“*[33].

Gleichwohl dürften die wichtigsten Wachstumsimpulse vom Binnenmarkt ausgegangen sein. Der entscheidende Bestimmungsfaktor für die Zunahme der Nachfrage war - wie erwähnt - ein vorher nie gekanntes **Bevölkerungswachstum**. So nahm die Bevölkerung während der Regierungszeit Georgs III. (1760 - 1820) von 7,5 auf 14 Millionen Menschen zu. Die Gründe dafür sind einerseits in der Generierung lebenserhaltender Faktoren (medizinischer Fortschritt etc.), andererseits z.B. in der Erhöhung der Produktivität der Landwirtschaft zu sehen.

Der Einfluss des Staates

Nach traditioneller Auffassung verdankt die Industrielle Revolution in England der Passivität des Staates weit mehr als seinem Eingreifen. Diese Ansicht stützt sich primär darauf, dass viele der restriktiven und dirigistischen staatlichen Wirtschaftsdirektiven, die teilweise noch aus dem Mittelalter stammten, in der Zeit zwischen 1760 und 1850 entschärft oder ganz aufgehoben wurden. Auch waren viele Beschränkungen seit jeher umgangen worden, so dass sie eher lästig als wirksam waren. Die Tendenz, die sich daraus zum Abbau der Schutzzölle entwickelte, nahm allerdings durch den Krieg mit Frankreich eine vorübergehend gegenläufige Richtung, so dass die Einfuhrzölle eine durchschnittliche Höhe von über 25 Prozent erreichten: *„Es gab während dieser Periode chronische Handelsdefizite, und man wird annehmen dürfen, dass die schwere Last des Protektionismus im Nachkriegsengland die Erholung der* *britischen Industrie behinderte und die durch den wirtschaftlichen Wandel bedingte soziale Not verschärfte*"[34]. Es zeigte sich somit, dass der Staat mit fortschreitender Industrialisierung tiefer und wirksamer in die Wirtschaft eingriff als je zuvor, so dass die traditionelle Auffassung vom Sieg des *laissez-faire* zu oberflächlich erscheint.

Andererseits darf nicht übersehen werden, dass die Regierung wesentlich zur Industrialisierung Grossbritanniens beigetragen hat. Im Unterschied zu anderen Ländern (wie etwa Frankreich), richtete sie die gesamte Aussenpolitik nach ökonomischen Zielsetzungen aus. Ihre Kriegsziele waren am Handel und, was auf das gleiche hinauslief, an der Flotte orientiert. Durch den Sieg über Frankreich erreichte Grossbritannien die faktische Monopolstellung unter den europäischen Staaten in den überseeischen Kolonien und eine einzigartige Monopolstellung als Seemacht. Es steht ausser Frage, dass der Krieg gegen Frankreich durch den hohen Eisenbedarf für den Kanonenbau und die Munitionsherstellung unmittelbar zur technologischen Neuerung und Industrialisierung beigetragen hatte, und dass Firmen wie Wilkinson ihren Aufstieg im wesentlichen Regierungsaufträgen verdankten. Ferner machte der britische Aussenhandel aus der Not der Kontinentalsperre von 1806 eine Tugend und eroberte sich die überseeischen Märkte, insbesondere Lateinamerikas und Westindiens. Die Engländer genossen in Brasilien 1815 sogar mehr Handelsprivilegien als die mutterländischen portugiesischen Kaufleute. Insofern muss man Napoleons Berliner Dekret sowie die anderen Handelsverbote englischer Waren auf dem Kontinent (Trianon etc.) als handelsstrategisch kurzsichtig bezeichnen. Frankreich hatte im 19. Jahrhundert keine Chance mehr, auf den englischen Überseemärkten Fuss zu fassen.

5.1.3.3. Veränderungen der Verkehrsinfrastruktur

Seit den 1760er Jahren bis etwa 1830 wurde das Verkehrswesen in Grossbritannien durch den Bau bzw. Ausbau von Flüssen, Kanälen und Strassen erheblich verbessert. Dabei lässt sich die Bedeutung dieser Verbesserungen der Verkehrs-Infrastruktur für den Industrialisierungsprozess Grossbritanniens nur schätzen. Ohne sie hätte die Industrielle Revolution nicht in dem Umfang bzw. erst im Jahrzehnt des Eisenbahn-Booms (1840-er Jahre) stattgefunden.

---

[33] Hartwell, Ursachen, S. 46.

[34] Deane, Phyllis: The First Industrial Revolution, Cambridge 1965, S. 276.

Wie aus den Berichten zeitgenössischer Reisender hervorgeht, genügte das britische Strassennetz zunächst nur mangelhaft den Bedürfnissen der Wirtschaft, da es ausschliesslich aus unbefestigten schmalen Wegen bestand. Durch den Bau von Schotterstrassen, die von Mautgesellschaften unterhalten wurden, verbesserten sich nicht nur die Transportgeschwindigkeiten und die Transportsicherheit; auch die Transportkosten gingen erheblich zurück. Dabei dürfte der Ausbau des Strassennetzes primär auf das ständig zunehmende Wachstum der Städte zurückzuführen sein und damit auf das Problem, die steigende Nachfrage nach Grundnahrungsmitteln und Kohle zu befriedigen. Das englische Strassennetz umfasste um 1815 bereits etwa 1.600 km gut präparierter Strassen.

Der Transport sperriger und schwerer Güter vollzog sich allerdings auf dem Wege einer ausgedehnten **Küstenschiffahrt**, die wesentlich auch der Versorgung Londons diente. Obwohl die Küstenschiffahrt zwischen den schottischen Häfen sowie Newcastle, Hull, Yarmouth und London ihre Bedeutung bis ins frühe 19. Jahrhundert beibehielt, war sie ein relativ unzuverlässiges und teures Transportsystem mit nur geringen Ladungskapazitäten.

So begann man mit dem **Bau von Kanälen**, der sich im wesentlichen in zwei Hauptphasen vollzog. Den ersten Boom in den 1760er Jahren leitete der Herzog von **Bridgewater** ein, als er seine Kohlengruben in Worsley mit Manchester durch einen 61 km langen Kanal verband, in dessen Bau er die gewaltige Summe von 250.000 Pfund Sterling investierte. Die Tatsache, dass die Kohlenpreise für die Endverbraucher in Manchester um die Hälfte zurückgingen, wirkte stimulierend für den Bau weiterer Kanäle und zeigt bereits deutlich, wie der Kanalbau im Sinne eines Abbaus der „sozialen Kosten“ wirkte. Überhaupt ist die enorme Nachfrage nach Kohle als neuer Energieträger der Haushalte und kleinen Industrien in den Städten als zentrale Kraft für die Entwicklung der Binnenschiffahrt zu sehen. Die zweite Phase, die sich zu einem „nationalen Kanalfieber“ (*national mania*) ausweitete, begann in den 1790er Jahren. Dabei lag die Initiative zum Kanalbau auf breiter Basis in den neuen Industriegebieten, so dass es primär Fabrikanten und Kaufleute waren, die den Kanalbau finanzierten. *„.... bis zum Ende des 18. Jahrhundert wurde das Binnenschiffahrtsnetz auf 2000 Meilen (= 3200 km) ausgedehnt, wovon 1/3 der Strecke aus schiffbaren Flüssen bestand“* [35] (Darstellung 18) Nach Schätzungen von Phyllis **Deane** wurden für den gesamten Ausbau des Binnenschiffahrtsnetzes 20 Millionen Pfund Sterling aufgebracht. Die Auf-

---

[35] Deane, Revolution, S. 75.

Darstellung 17: Die Zunahme der Verkehrsgeschwindigkeit

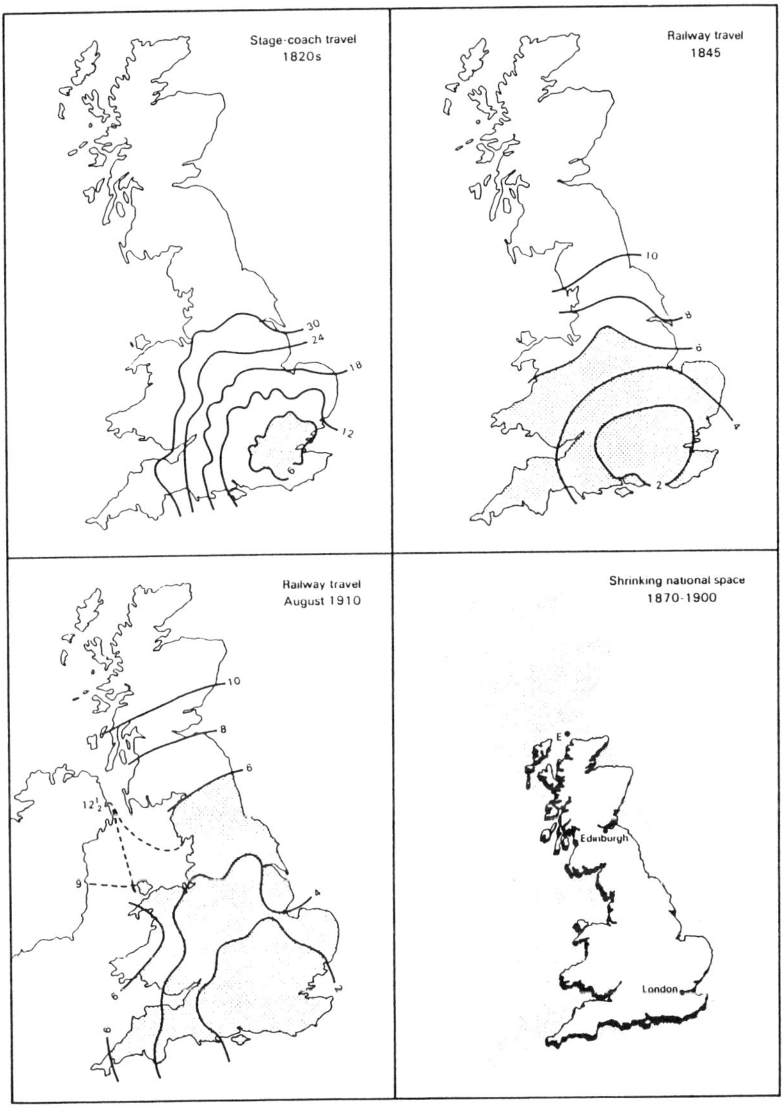

Quelle: Langton, John/Morris, R.J. (Hrsg.): Atlas of Industrializing Britain 1780-1914, London et al. 1986, S. 90.

bringung dieser Summe lässt sich nur dadurch erklären, dass neben staatlichen Mitteln und Zuschüssen grosser Unternehmen erhebliche Kapitalsummen von vielen kleinen Gewerbebetrieben im Wege des Erwerbs von Aktien eingesetzt wurden. Überhaupt wurde der stark zunehmende Einsatz von Beteiligungskapital im Bereich der öffentlichen Güter und der privaten Wirtschaft mehr und mehr zum Charakteristikum der industriellen Epoche, wobei auch hier die Entwicklung von Grossbritannien ausging und bald auf den Kontinent übergriff.Die Bedeutung der Kanäle für die Industrielle Revolution drückt **Clapham** so aus: *„In alle Teile Englands konnten nun die verschiedensten Materialien für den Strassen-, Brücken- und Hausbau sowie die Rohstoffe und Fertigerzeugnisse der Industrie transportiert werden. Ferner Vieh, die in der Landwirtschaft benötigten Düngemittel und viele Güter, deren Beförderung nur 50 Jahre vorher undenkbar gewesen wäre"*[36]. Gleichzeitig mit dem Kanalbau wurden die bestehenden Dock- und Hafenkapazitäten erheblich erweitert. Von 1775 bis zur Jahrhundertwende nahmen die Dock- und Hafenanlagen um das Dreissigfache ihrer ursprünglichen Fläche zu.

Zusammenfassend kann man sagen, dass die Revolutionierung des Transportwesens die Produktivität der gesamten Wirtschaft bereits wirksam beeinflusst hatte, bevor Veränderungen in anderen Industriesektoren in grösserem Ausmass sichtbar wurden. Ausserdem war sie der entscheidende Faktor, der die kostensenkenden Innovationen in anderen Bereichen überhaupt erst ermöglichte.

5.1.4. Schwerpunkte der Industrialisierung

Als Kern der ersten Industriellen Revolution wird generell die Entstehung der modernen, verarbeitenden Industrie angesehen. Vor allem die Baumwoll- und Eisenindustrie wurden stärker und früher als alle anderen Wirtschaftszweige von den umwälzenden Neuerungen in Technik und Organisation erfasst, die Grossbritannien zur ***„Werkstatt der Welt"*** machten.

5.1.4.1. Die Textilindustrie

Die Textilherstellung in England war zu Beginn der Industriellen Revolution durch die Verarbeitung von Wolle, Seide, Leinen und Baumwolle gekenn-

---

[36] Clapham, John H.: An Economic History of Modern Britain, 4. Auflage, Cambridge 1968, S. 79.

zeichnet, wobei die **Wollindustrie** über Jahrhunderte die dominierende Rolle im Wirtschaftsleben Englands spielte. Dies lag hauptsächlich daran, dass die **Schafzucht** in England einen hohen Stand entwickelt hatte, wodurch die Voraussetzung für qualitativ hochstehende Wollerzeugnisse gegeben war. Hier haben wir ein gutes Beispiel dafür, wie aus einem Agrargewerbe ein blühender Industriezweig wurde und wie wichtig zunächst der Primäre für die Entwicklung des Sekundären Sektors war.

Darstellung 18: England/Grossbritannien 1650-1850

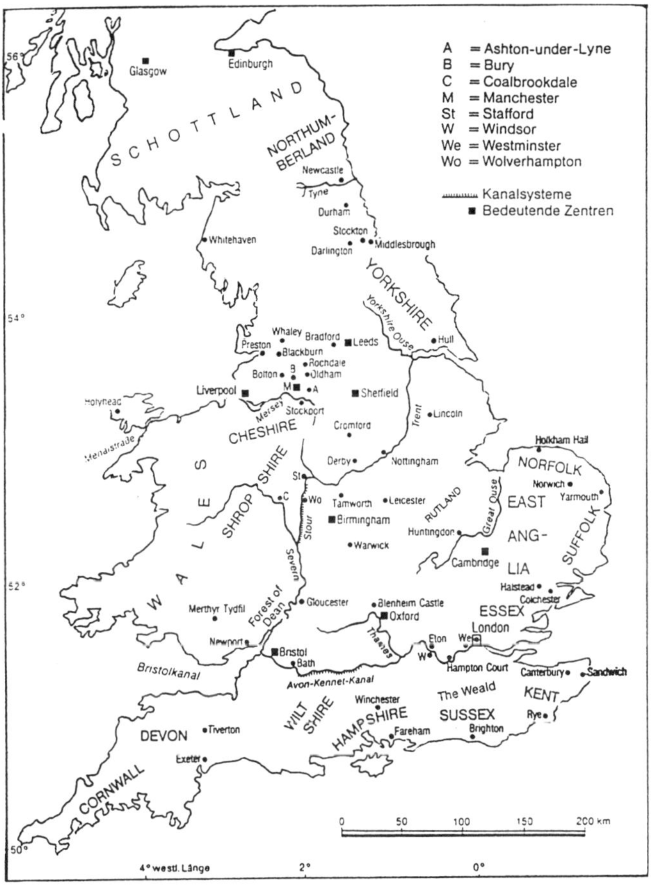

Quelle: Wilson, Charles: England 1650-1750. In: Handbuch der Europäischen Wirtschafts- und Sozialgeschichte. Bd. 4, S. 364-400, hier: S. 365.

Entwicklung der Baumwollindustrie

Demgegenüber war die Baumwollindustrie kaum entwickelt und konnte zunächst weder qualitativ noch preislich mit den feinen **indischen Baumwoll- oder Musselinstoffen** (leichtes Tuch, nach irakischen Staat Mosul benannt), konkurrieren, die mehr und mehr über die zahlreichen **Ostindiengesellschaften** nach Europa eingeführt wurden. Die Baumwollverarbeitung beschränkte sich zu Beginn des 18. Jahrhunderts auf die Herstellung von Barchent (Leinenkette mit Baumwoll-Durchschuss) und vollzog sich wie das Wollgewerbe im Rahmen der Hausindustrie.

Beide Gewerbezweige wurden fast ausschliesslich neben der Landwirtschaft in Zeiten geringer Beschäftigung als „Gelegenheitsarbeit“ betrieben. Die meisten Weber, ausser in Manchester, waren zugleich Bauern. Der Grund für die nur schleppende Einführung von Baumwollerzeugnissen lag darin, dass der Absatz der Waren durch hohe Importzölle bis 1774 behindert wurde. Ausserdem war die rohe Baumwolle, die grösstenteils aus der Levante (östlicher Mittelmeerraum), den amerikanischen Südstaaten oder den Westindischen Inseln stammte, im Pfundpreis teurer als die beste englische Wolle. Die im Inland hergestellten Erzeugnisse (Baumwolle wurde nur in Verbindung mit Leinengarn verwebt) waren ferner rauh, schwer zu nähen und zu waschen.

In den 1750-er Jahren verbesserten sich nun die Exportmöglichkeiten für Baumwollerzeugnisse erheblich. Zudem wurden neue Märkte auf dem Kontinent und in Übersee erschlossen. Ausserdem nahm durch das anhaltende Bevölkerungswachstum und den Einkommensanstieg auch die Inlandsnachfrage entsprechend zu. Es überrascht daher nicht, dass in den 1760-er Jahren Preise für Erfindungen ausgesetzt wurden, die die Produktivität der Spinner und die Garnqualität erhöhten. Begünstigend für die dann folgende sprunghafte Expansion der Baumwollproduktion wirkte sich der unbeschränkte Import von Rohbaumwolle aus Ostindien, Ägypten und den amerikanischen Südstaaten aus. Zwischen 1769 und 1860 stiegen die Importe von 3,9 Millionen auf 1,1 Milliarden Pfund jährlich. Allerdings blieben die Preise für Rohbaumwolle langfristig konstant und erst als die **nordamerikanischen Plantagen** mit stark erhöhtem Angebot an den Markt traten und durch Einsatz von Maschinen in den 1790-er Jahren die Produktivität gesteigert wurde, fielen die Preise für Rohbaumwolle bei weiter steigenden Importen. Der Absatz von Baumwollerzeugnissen nahm im Zeitraum von 1700 bis 1780 von einer auf vier Millionen Pfund jährlich zu und erreichte dann unter dem Einfluss der Maschinisierung ein Quantum von 22 Millionen Pfund im Jahre 1787.

Die Baumwollindustrie entwickelte sich in kürzester Zeit zu einem kapitalintensiv und arbeitsteilig betriebenen Sektor und zum bedeutendsten Wirtschaftszweig Englands (***leading sector***). Bereits 1815 hatte die Baumwollindustrie die Wollindustrie in England an Bedeutung weit übertroffen. Ihre Exporte betrugen zu diesem Zeitpunkt 40 Prozent aller Exporte des Mutterlandes gegenüber 18 Prozent der Wollindustrie.

Quantitative und qualitative Bedeutung der eingeführten Neuerungen

Die ersten wichtigen **Erfindungen** in der Textilindustrie waren John **Kay**'s bewegliches Weberschiffchen (***flying shuttle***, Schnellschütze 1733) und **Paul**'s **Krempelmaschine** (1760). Durch sie wurde in der Weberei der *Output* an gewobenem Stoff gegenüber den traditionellen Webapparaturen pro Zeiteinheit verdoppelt. Dagegen war das Spinnen weniger weit entwickelt, so dass die daraus resultierende Garnknappheit zu einem akuten Problem wurde. Mit **Hargreaves'** ***spinning-jenny*** (1770) vervielfachte sich dann die Garnmenge, die ein einzelner Arbeiter herstellen konnte. Ausserdem verringerten sich die Anschaffungskosten bei den kleinsten Maschinen (16 Spindeln) im Verhältnis von 6 : 1. Selbst die grössten Fabrik-Jennies mit 120 Spindeln waren derart einfach konstruiert, dass sie von nur einem Erwachsenen und mehreren Kindern bedient werden konnten. Mit der Erfindung von **Arkwrights Wasserspinnmaschine** (1769) konnte neben der Erhöhung der Garnausbeute auch die Garnqualität soweit verbessert werden, dass erstmals englischer Baumwollstoff, der kein Leinengarn mehr enthielt, herstellbar wurde. Die Reduzierung der Kosten pro Outputeinheit auf ein Hundertstel der ursprünglichen Kosten führt David **Landes** auf die generelle Arbeitskräfteeinsparung und den Ersatz von Fachkräften durch Hilfskräfte zurück. Kennzeichnend für Arkwright's Spinnmaschine war, dass sie von Anfang an für die Fabrik entwickelt wurde, da sie bereits für den Antrieb durch Wasserkraft bzw. später durch Dampfkraft konzipiert war. Dadurch wurde die Abkehr von der Heimindustrie eingeleitet.

Mit **Cromptons** Mule (*mule*: verzog und verzwirnte das Gespinst gleichzeitig und streckte es dann noch), die 1779 patentiert wurde, potenzierten sich die technologischen Vorteile von *jenny* und *frame* (Wasserantrieb), so dass um 1812 ein Spinnarbeiter in einer gegebenen Zeiteinheit ebenso viel Garn herstellen konnte, wie 200 Arbeiter vor dem Einsatz von Hargreaves' *spinning-jenny*. Allerdings entstand eine neue Disproportionalität dadurch, dass die Weber aufgrund der ununterbrochenen Garnzulieferungen weit hinter der Arbeitsleistung der Spinner zurückblieben. Die von **Cartwright** 1785 entwikkelte Webmaschine fand nur schleppend Verbreitung, was primär an ihrer anfänglichen technischen Unvollkommenheit lag. Ein funktionsfähiger **Maschinenwebstuhl** kam erst um 1820 auf den Markt, was dann allerdings unter grossen sozialen Spannungen geschah, da die Weber trotz sinkender Einkommen grösstenteils nicht bereit waren, ihre Selbständigkeit aufzugeben. Wie Landes ausführte, konnte ab 1825 ein Jugendlicher, der gewöhnlich die Maschine bediente, das 15-fache der Arbeit eines Handwebers bewältigen.

Ursachen und Wirkungen der Expansion

„Diese Entwicklungen veränderten den Charakter des ganzen Industriezweiges“, da man mehr und mehr dazu überging, *„das Spinnen in den Fabriken zu konzentrieren“*[37]. Der Anfang der Fabrikproduktion setzte praktisch ein, als die ersten Maschinen von Arkwright im Jahre 1771 in Betrieb genommen wurden. Nachdem jedoch Arkwright sein Patent 1785 verloren hatte und seine Erfindung für jedermann verfügbar wurde, kam es zur ersten grossen Investitionswelle in der Baumwollindustrie: *„Zahlreiche Spinnereien - zuerst wasser-, dann dampfbetriebene - wurden errichtet (1788 waren es wahrscheinlich 145), ganz zu schweigen von den vielen kleinen Krempel- und Spinnereiwerkstätten, den jenny-factories“*[38].

Zentrum der Fabrikgründungen war **Lancashire**, aber auch in Schottland und Nottinghamshire wurden zahlreiche Fabriken gegründet. Allein in der Stadt **Manchester** siedelten sich innerhalb von 15 Jahren (1786 - 1801) 50 Textilfabriken an, während die Bevölkerungszahl in zehn Jahren (1790 - 1800) von 50.000 auf 95.000 anwuchs. Nur 40 Jahre später war sie auf 350.000 Einwohner gestiegen. Die Perfektionierung von anderen für die Baumwollindustrie wichtigen Verarbeitungs- bzw. Veredelungsprozessen, wie der Bleich- und Färbetechnik, erhöhte deren Wachstumsrate und vergrösserte den Abstand zur Heimindustrie. Auch ermöglichte die erstmals 1785 von Watt und Boulton in der Baumwollindustrie eingeführte **Dampfmaschine** die Ansiedlung von Fabriken in Gegenden, in denen Wasserkraft nicht vorhanden war (**Territorialisierung des Gewerbes**).

Für den enormen Aufschwung der Baumwollindustrie lassen sich mehrere Ursachen anführen. Zunächst waren die Endprodukte nicht so neuartig, dass sie sich eine erste Nachfrage durch Veränderungen der Verbrauchsgewohn-

---

[37] Deane, Phyllis: Die Rolle des Staates. In: Braun, Revolution, S. 343-355, hier: S. 346.

[38] Crouzet, François: Die Kapitalbildung in Grossbritannien während der Industriellen Revolution. In: Braun, Revolution, S. 165-215, hier: S. 191.

heiten hätten schaffen müssen. Mit der Verbesserung der Garnqualität und den damit Hand in Hand gehenden Preissenkungen war der Weg für den Massenabsatz geebnet (Erschliessung unterer Einkommensschichten). Einen weiteren Aspekt bildet die Tatsache, dass Kosten und Risiko dieses neuen Industriezweiges durch eine weiterhin vorhandene Hausindustrie gestreut waren und an der Verbreitung der neuen Maschinen die ganze Gesellschaft Anteil hatte, so dass nur der kleinste Teil des Produktionszuwachses aus den Fabriken kam. Dies brachte den frühindustriellen Unternehmern beträchtliche Vorteile dadurch, dass sie bei schlechter Absatzlage die Produktion weitgehend auf die Fabriken konzentrieren konnten, so dass die Heimspinner und -weber die volle Last von Wirtschaftsdepressionen zu tragen hatten. Blühte das Geschäft wieder auf, war es aufgrund des Mangels an alternativen Beschäftigungsmöglichkeiten ein Leichtes, neue Arbeitskräfte anzuwerben. Auf diese Weise entging der Unternehmer den schlimmsten Auswirkungen von Wirtschaftskrisen, da er lediglich einen geringen Kostenanteil zu tragen hatte. Die äusserst starke Machtstellung der Unternehmer äusserte sich ferner darin, dass sie *„die Arbeitszeit einer grossen unorganisierten Arbeiterschaft, die hauptsächlich aus Frauen, Kindern und Halbwüchsigen bestand, beliebig einschränken oder verlängern konnten, denn die gesetzliche Regelung der Höchstarbeitszeit wurde erst nach 1850 wirksam“*[39].

Die starke **Konzentration** der Baumwollindustrie in Lancashire wird auf die günstigen geographischen Bedingungen der Region zurückgeführt. Zum einen wirkte sich das feuchte Klima positiv auf den Spinnprozess des Garns aus, andererseits war mit **Liverpool** ein Überseehafen mit zunehmenden Bedeutung im Handelsdreieck Liverpool-Afrika-Nordamerika vorhanden. Als wesentlicher Grund für das anhaltende Wachstum der Baumwollindustrie ist darüberhinaus das zur Verfügung stehende nahezu unerschöpfliche Arbeitsreservoir zu sehen. Frauen und Kinder konnten zu reinen Subsistenzlöhnen 12 bis 16 Stunden täglich in den Fabriken eingesetzt werden, während die Söhne der Handweber ihren Vätern die Arbeitsplätze wegnahmen und bereit waren, immer länger für immer weniger Geld zu arbeiten. Mit den daraus resultierenden Unternehmergewinnen wurden Anlagen und Maschinenausstattung laufend erweitert, was zur Folge hatte, dass sich der Gesamtoutput der Industrie zwischen 1820 und 1845 vervielfachte und das britische Volkseinkommen um 50 Prozent stieg, während die Löhne der Arbeiter (real) nahezu konstant blieben.

---

[39] Deane, Baumwollindustrie, S. 351.

Zieht man ein **Fazit**, so bildete die Baumwollindustrie eines der Hauptelemente der industriellen Umwandlung Grossbritanniens. Dies nicht nur, weil sie sich zur neuen Produktionsform in der Fabrik besonders eignete, sondern weil von ihr starke gesamtwirtschaftliche Impulse sowie Sekundäreffekte auf andere Wirtschaftssektoren ausgingen. Dagegen weist **Deane** darauf hin, dass man die direkte Bedeutung dieser Industrie für die erste Industrielle Revolution nicht überschätzen sollte. Denn Kohle verbrauchte sie erst spät in grösserem Umfang und neue Transportleistungen waren aufgrund ihrer starken regionalen Konzentration in Lancashire ebenfalls nicht erforderlich. Ausserdem wurden die Maschinen zunächst ausschliesslich aus Holz und meist in den Fabriken selbst von der eigenen Belegschaft gefertigt.

5.1.4.2. Die Schwerindustrie

Der Kohlenbergbau und seine Bedeutung für die Industrielle Revolution

Die Verwendung von Kohle für den Hausbrand war in Grossbritannien zu Beginn der Industriellen Revolution bereits weit verbreitet. Besonders die Bevölkerung Londons war seit Jahrzehnten von Kohle abhängig, die mit Küstenschiffen aus dem Norden transportiert wurde. Da jedoch die Entwaldung Grossbritanniens seit dem 17. Jahrhundert einen beängstigenden Umfang angenommen hatte, wurde Kohle anstelle von Holz auch in vielen Industriezweigen, z.B. bei der Herstellung von Eisensulfaten, Alaun (Doppelsalz, Kaliumaluminiumsulfat zur Färberei, Gerberei, blutstillend), Seife, Stärke, bei der Zuckergewinnung und im Brauereiwesen sowie in Farbwerken und Ziegeleien in zunehmendem Masse verwendet. Bereits um 1750 war die britische Industrie weitgehend von der Kohlenförderung abhängig, wobei Grossbritannien in Wales, in den Midlands, dem Norden und in den Tälern des Tyne und Wear die grössten westeuropäischen Kohlevorkommen besass (abgesehen vom deutschen Ruhrgebiet).

Um die Wende zum 19. Jahrhundert hatte sich auf dieser Grundlage, vor allem auch durch die steigende Ausfuhr nach Frankreich und den Niederlanden, eine der stärksten englischen Monopolorganisationen, die der Grubenbesitzer von Newcastle, gebildet. Allerdings waren die Fördermethoden äusserst primitiv, da der Kohleabbau von Hand durchgeführt wurde, und jegliche Sicherheitsvorkehrungen fehlten. Das dabei aufgetretene technische Problem, die Senkung des Wasserspiegels in den Stollen, wurde seit 1712 erfolgreich von der von **Newcomen** entwickelten **Dampfpumpe** gelöst. Auch die erstmals

1769 von James **Watt** (Modell im Deutschen Museum in München) weiterentwickelte Maschine wurde fast ausschliesslich zum Antrieb von Pumpen in Bergwerken eingesetzt. Auf diese Weise und auch im Hinblick auf den Kohletransport zu Häfen und Märkten, ebnete der Bergbau der Dampfmaschine den Weg und entwickelte mit der Eisenbahn in den 1830-er Jahren ein neues Transportmittel.

Die Entwicklung der Eisenindustrie

Die eisengewinnende und -verarbeitende Industrie Englands war bis über die Mitte des 18. Jahrhunderts hinaus durch ein äusserst begrenztes Wirtschaftswachstum gekennzeichnet, was grösstenteils auf Knappheiten im Rohstoff- und Energiesektor zurückgeführt werden kann. Durch die zunehmende Erschöpfung der Waldbestände war dieser Industriezweig um 1750 bereits in die entlegenen Waldgebiete des Lake Distrikt, in Teile von Süd- und Nordwales, sowie ins schottische Hochland vorgedrungen, da Hochöfen nur dort ausreichend mit Holzkohle versorgt werden konnten. Das Erz musste daher von weit entfernten Lagerstätten herangeschafft werden, während die Eisenhütten, in denen das Roheisen durch Erhitzen und Hämmern für den industriellen Gebrauch zu Schmiedeeisen verarbeitet wurde, häufig weit entfernt von den Schmelzöfen an Wasserläufen lagen. Zu diesen ungünstigen Produktionsbedingungen kam noch, dass Grossbritannien in der ersten Hälfte des 18. Jahrhunderts aufgrund zu geringen Outputs an Roheisen von Importen aus Schweden und Russland abhängig war.

Bereits 1709 gelang Abraham **Darby** das Verfahren zur Verhüttung von Eisenerz mit Koks. Jedoch kamen erst in den 1760er Jahren die reichen Kohle- und Eisenerzvorkommen Englands in kommerzielle Reichweite der Eisenindustrie, als immer mehr auf der Basis von Kohle operierende Hochöfen in Betrieb genommen wurden, deren Zahl zwischen 1760 und 1780 von 17 auf 81 stieg. Diese Entwicklung begünstigte die starke Konzentration der Eisenindustrie in den Bergbaugebieten, so dass sich im Jahre 1806 bereits 87 Prozent der gesamten englischen Roheisenproduktion in den Bergbaubetrieben vollzog.

Dabei erscheint erwähnenswert, dass zur Erstellung der erforderlichen Produktionsanlagen im Gegensatz zur Baumwollindustrie erhebliche Finanzierungsmittel erforderlich waren. So entstanden die 1789 gegründeten Bleanavon Eisenhütten mit einem Kostenaufwand von 40.000 Pfund Sterling. Wenn man ferner berücksichtigt, dass sich die Zahl der Schmelzöfen in Südwales von 14 im Jahre 1788 auf 197 um 1850 und in den Midlands im gleichen Zeitraum von 33 auf 220 erhöhte, lässt sich denken, welch enormes Ausmass die Kapitalformation in dieser Periode angenommen hatte.

Während von 1760 bis 1790 eine relativ geringe Nachfrage nach Eisen zu verzeichnen war, führte deren starke Ausweitung während der Napoleonischen Kriege kurzfristig zu hohen Wachstumsraten der Eisenindustrie. Sie war nun in der Lage, die Inlandsnachfrage zu decken und der zunehmenden Diversifizierung der Eisenproduktion zu entsprechen. Dies betraf in besonderem Masse die Maschinenbauindustrie, in der Eisen das Holz ersetzte, den Bausektor durch die Einführung von Eisenkonstruktionen für den Gebäude- und Brückenbau, den Werkzeugbau sowie die Herstellung von Haushaltsgegenständen.

Technische Neuerungen, die eine beträchtliche Ausstosssteigerung an Roheisen bewirkten, bildeten das 1829 in Schottland eingeführte Heissluftgebläse von **Neilson** (Einsparung von Brennstoff) sowie die Methode von Joseph **Hall**, den eisenabsorbierenden Sand in den Schmelzöfen durch andere Materialien (wie Schlacke) zu ersetzen (Einsparung von Metall). Als sich nach den Napoleonischen Kriegen auch andere Länder zu industrialisieren begannen, wurde Eisen zu einem wichtigen Exportartikel, so dass zwischen 15 und 20 Prozent der Gesamtproduktion im Ausland abgesetzt werden konnten. Zum führenden Eisenproduzenten der Welt entwickelte sich England jedoch erst im zweiten Viertel des 19. Jahrhunderts, als Preissenkungen und Qualitätssteigerungen die Erfassung breiter Nachfrageschichten ermöglichten. Der Anteil Grossbritanniens an der Weltgesamtproduktion von Roheisen stieg von 19 Prozent im Jahre 1800 auf 52 Prozent im Jahre 1840. Insbesondere der Eisenbahnbau begann seine Nachfrage nach Eisen zu entfalten. Im Zeitraum zwischen 1835 und 1847 dehnte sich die Länge des Schienennetzes von ca. 200 auf 6.500 Meilen aus.

Auf der Basis des Eisens kam es zur Herausbildung neuer Industriestandorte im schottischen Tiefland, in Südwales und im *Black country*, der Industrielandschaft um Birmingham.

5.1.5. Die Auswirkungen der Industrialisierung

5.1.5.1. Konjunktur und Wandel

Wie bisher gezeigt wurde, war die Industrielle Revolution durch einen anhaltenden, bis dahin beispiellosen, Prozess des Anstiegs von Investition und Produktion gekennzeichnet. Es wäre jedoch ein Irrtum, anzunehmen, der

Entwicklungsgang der Grossindustrie hätte sich in einer stetig aufsteigenden Linie vollzogen. Bereits vom Beginn des 19. Jahrhunderts an war die Produktion erheblichen Schwankungen unterworfen, so dass auf Perioden einer aufsteigenden Konjunktur in raschem Wechsel Wirtschaftsdepressionen folgten. Im Gegensatz zu den bereits in vorindustrieller Zeit aufgetretenen Wirtschaftskrisen, die jedoch aufgrund des kaum ausgebildeten Kreditverkehrs und einer wenig fortgeschrittenen Produktionstechnik nur schwache Ausmasse annahmen, brachten das Fabrikwesen, der freie Wettbewerb, die Ausbildung eines Weltmarktes und des Kreditverkehrs eine neue Form der vorübergehenden wirtschaftlichen Instabilität mit sich. Auf Produktionssteigerungen, Gründung neuer Unternehmen, erhöhte Kreditinanspruchnahme und Preiserhöhungen folgten gewöhnlich Preisverfall, Kreditbeschränkungen, Fabrikschliessungen und Entlassungen der Arbeiter. Diese etwa alle zehn Jahre aufgetretene Form der Wirtschaftskrise in England, die sich in hohen Arbeitslosenquoten und enormer sozialer Not widerspiegelte, ist bis in die 1870-er Jahre zu verfolgen und wird generell als Ergebnis der neuen Produktionstechnik gesehen.

Daraus erhebt sich die Frage, ob die Industrielle Revolution für die damalige Bevölkerung überhaupt Vorteile brachte? Konkreter: Wie unterschiedlich profitierten diverse Berufs- und Gesellschaftsgruppen von der Industriellen Revolution? Zunächst zu den Unternehmern.

5.1.5.2. Die Zeit der Pionierunternehmer

Die rapide zunehmende Nachfrage setzte die Unternehmer zunehmend unter Rationalisierungsdruck. Die Frage war: wie konnte man die Kosten weiter senken, um bei niedrigeren Preisen noch grössere Absatzmärkte zu erschliessen? Eine Möglichkeit bot die Nutzung der jüngsten Erfindungen.

So kam es, dass die neuen technischen Produktionsverfahren relativ schnell Verbreitung fanden, wobei die Patentrechte der Erfinder meist entschädigungslos ausgenutzt wurden, wie es vor allem Cort, Crompton und Hargreaves erfahren mussten. Ein Teil der Fabrikbesitzer waren ehemalige Kleinbauern; aber auch hausindustrielle Verleger, Kleinmeister und Arbeiter gehörten dem neuen Unternehmerstand an. Als Beispiel wären James **McConnel** und John **Kennedy** zu nennen, die als Spinnereiarbeiter ein Kapital von 1770 Pfund Sterling ansammelten, sich 1795 selbständig machten und 20 Jahre später die bedeutendsten Baumwollunternehmer Grossbritanniens wurden. Henderson nennt als Beispiel den Verleger John **Marshall**, der bereits 1803 mit 7000 Spindeln und 1000 Arbeitern der grösste Leinenproduzent Englands war.

5.1.5.3. Die Lage der Arbeiter

Marx und Engels sahen das Fabriksystem als das hervorstechendste Merkmal der ersten Industriellen Revolution, obwohl im frühen 19. Jahrhundert neben dieser industriellen Organisationsform das handwerklich und heimgewerblich organisierte System noch weit verbreitet war. Die Schwierigkeiten, die sich nun bei der Einführung der Fabrikarbeit für den Unternehmer auftaten, lagen bis zum Jahre 1815 primär an dem in der Baumwoll- und Eisenindustrie herrschenden **Arbeitskräftemangel**. Dadurch wird auch der relativ rasche Durchbruch arbeitssparender Neuerungen vor allem in der Baumwollindustrie deutlich.

Nach 1815 (dem Wiener Kongress und dem Ende der napoleonischen Kriege) änderte sich die Situation schnell, als 400.000 Soldaten den Arbeitsmarkt überschwemmten und die grossen Textilfabriken mehr und mehr Arbeitskräfte aus den ländlichen Gebieten und aus Irland anzogen. Dabei handelte es sich um Menschen, die für Fabrikarbeit völlig unvorbereitet waren und die sich vor allem der Disziplinierung regelmässiger Arbeit und der aus monotonen Routinehandlungen bestehenden maschinellen Produktionsweise unterwerfen mussten. Dazu kamen die aus heutiger Sicht enorm langen Arbeitszeit, die (Anfang des 19. Jahrhunderts) bis zu 80 Stunden wöchentlich betrug. Jedoch sollte man hinzufügen, dass diese Arbeitszeit bereits in den Manufakturen der vorindustriellen Periode üblich war. Störungen des Fabrikbetriebes vesuchte man mit scharfer Reglementierung, mit Strafen und Sanktionen, zu beseitigen. Dazu kam, dass die Arbeiter die Schuld sinkender Löhne, hervorgerufen durch das inzwischen aufgetretene **Arbeitskräfteüberangebot**, das durch Frauen- und Kinderarbeit noch verschärft wurde, den neuen Maschinen beimassen, so dass es zu Ausschreitungen gegen Maschinen und deren Erfinder kam, wie das Beispiel der Ludditen[40] in den Jahren 1811 bis 1816 zeigte.

Der hohe Anteil von Frauen und Kindern in den Fabriken ist mit darauf zurückzuführen, dass viele Familien an den Rand der **Subsistenzgrenze** gelangten und ihnen unter diesen Umständen nichts anderes übrigblieb, als

---

[40] Dabei handelt es sich um eine sozialrevolutionäre Bewegung, die sich in Banden organisierte und in Fabriken eindrang, um die vermeintlich arbeitsplatzvernichtenden Maschinen zu zerstören.

Verschärfungen der ihnen abverlangten Leistungsstandards bei geringem Lohn weiter hinzunehmen. Eigentlich jedoch war die Beschäftigung von Kindern über 12 bis 15 Stunden täglich kein Produkt der Industriellen Revolution, sondern war in England in seinen schlimmsten Formen bereits vor dem Industrialisierungszeitalter weit verbreitet und geht nicht zuletzt auf die Einstellung von Philanthropen zurück, die vom hohen Wert einer fleissigen Kindheit überzeugt waren. Die Kinderarbeit (nach den ersten Kinderschutzgesetzen nur mehr der Neun- bis Dreizehnjährigen) hielt über ein Jahrhundert an und noch 1875 arbeiteten in der Textilindustrie Grossbritanniens und Irlands annähernd 118.000 Kinder unter 13 Jahren.

Die Fabrikgesetzgebung

Die Geschichte des Arbeitsschutzes begann mit dem 1833 verabschiedeten Fabrikgesetz, nachdem eine Reihe parlamentarischer Untersuchungen über die Arbeitsverhältnisse von Kindern und Jugendlichen erschreckende Zustände in den Fabriken enthüllten. Neu an diesem Gesetz war gegenüber früheren Verordnungen, dass es für die gesamte Textilindustrie Geltung hatte und durch Fabrikinspektoren überwacht wurde. Es reduzierte die Arbeitszeiten für neun- bis dreizehnjährige Kinder auf acht, für Jugendliche von 13 bis 18 Jahren auf 12 Stunden und verbot die Nachtarbeit für beide Gruppen. Eine weitere Verbesserung brachte das Gesetz von 1844, das neben Arbeitszeitverkürzungen für Kinder auch die Frauenarbeit regelte, wobei allerdings gesetzliche Verbesserungen in anderen Industrien mit handwerklicher Produktion ausblieben. *„Die Arbeitszeit betrug hier viel mehr als 12 Stunden, Nacht- und Sonntagsarbeit war üblich, die Kinder wurden vom zartesten Alter an beschäftigt, Siechtum und frühzeitiges Hinsterben waren die Folgen“*[41].

Erst ab 1860 erfasste die Arbeiterschutzgesetzgebung alle anderen Industriebereiche und Betriebe mit mindestens 50 Arbeitern, wobei beispielsweise in der Töpferei neue Ofenkonstruktionen eingeführt werden mussten, um einen verbesserten Schutz vor den hohen gesundheitsschädigenden Temperaturen zu erreichen.

---

[41] Kulischer, Josef: Allgemeine Wirtschaftsgeschichte des Mittelalters und der Neuzeit. Bd. 2: Die Neuzeit, 2. Aufl., München 1958, S. 471.

Der Lebensstandard

Obwohl die Fabrikindustrie besonders nach den Napoleonischen Kriegen periodisch von Wirtschaftskrisen erschüttert wurde und die Fabrikarbeiter eine überbelastete Bevölkerungsschicht bildeten, deren Lebensverhältnisse die denkbar ungünstigste war, so muss die Frage gestellt werden, ob diese Missstände durch die industrielle Umwälzung hervorgerufen wurden.

War die Situation in England im letzten Drittel des 18. und zu Beginn des 19. Jahrhunderts durch mässige Lohnzuwächse bei stärker steigenden Preisen, d.h. durch sinkende Reallöhne gekennzeichnet, so änderte sich dieses Bild nach 1815. Die durchschnittlichen Reallöhne begannen zu steigen, wesentlich bedingt durch das Sinken der Lebenshaltungskosten bzw. Lebensmittelpreise. Im Vergleich dazu waren in Deutschland die Realeinkommen noch bis zur Mitte des 19. Jahrhunderts im Sinken begriffen.

Frauen erhielten weniger als die Hälfte, Kinder je nach Alter ein Siebentel bis ein Drittel des Lohnes eines Arbeiters. Dazu kommen die unzureichenden Wohnbedingungen in den Arbeiterbezirken der Industriestädte. Die Bevölkerungsvermehrung wurde für die Proletarisierung dadurch besonders wirkungsvoll, dass die „freie Zuschussbevölkerung" sich in den neuen Industrieorten wie Manchester, Liverpool, Glasgow, Birmingham und Leeds zusammenballte (Darstellung 19). Die Arbeiterviertel St. Giles in London, Klein-Irland in Manchester stellten im Grunde unhygienische Slums dar, in denen Trinkwasser, Waschgelegenheiten, Kanalisation und Mülldepots völlig fehlten.

Der Reallohnzuwachs bei den Arbeiterlöhnen lag weit unterhalb des Zuwachses der Produktivität von Gewerbe und Industrie. Cole nennt hierfür zwei Einflussfaktoren. Zum einen suchten mehr Fabrikarbeiter Stellen, als Arbeitsmöglichkeiten vorhanden waren, zumal neben Arbeitskräften aus der Landwirtschaft in grosser Anzahl Kinder den Arbeitsmarkt überschwemmten, so dass der niedrige Kinderlohn einen gewissen Lohndruck ausübte. Der andere Umstand war der äusserst intensive Wettbewerb zwischen den einzelnen Unternehmen. Da ständig neue Firmen entstanden, die mit den bereits bestehenden grösseren Unternehmen nur konkurrieren konnten, wenn sie durch Preisunterbietungen an Aufträge herankamen, wurden Arbeiter zu Hungerlöhnen verpflichtet.

Darstellung 19: Die englische Industrie 1715-1815

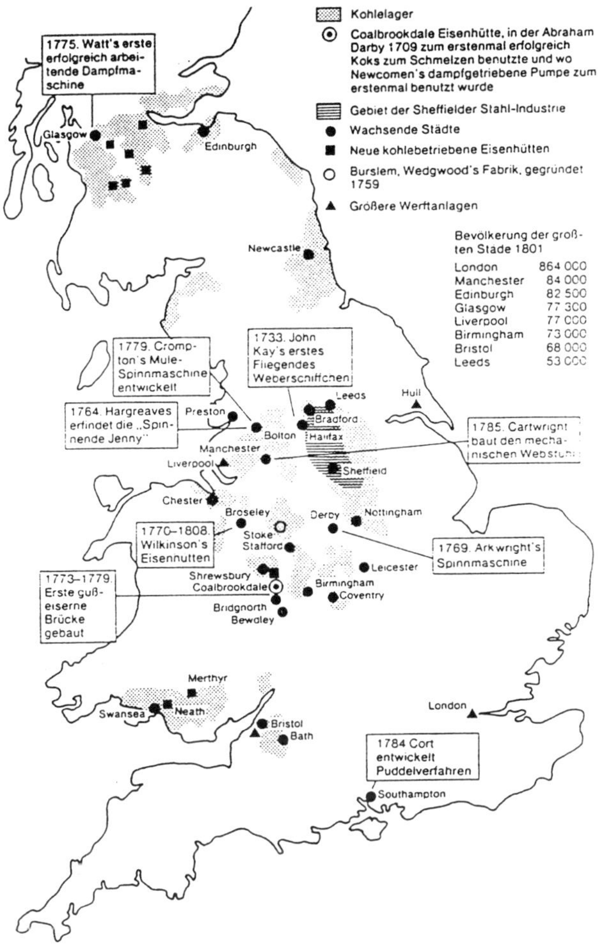

Quelle: Wende, Peter: Geschichte Englands, Stuttgart et al. 1985.

In der Landwirtschaft gestalteten sich die Verhältnisse regional sehr unterschiedlich. Während des Preisanstieges für Getreide und des Ausbaus agrarischer Flächen bis etwa 1820 war vor allem in Mittel- und Nordengland die Nachfrage nach Arbeitskräften besonders gross, so dass die Löhne steigende Tendenz aufwiesen. Nur im Süden Englands, wo die Konkurrenz anderer

Arbeitskräfte fehlte, waren die Löhne niedrig geblieben und die Differenz zu den erhöhten Brotpreisen wurde über die Armenkasse ausgeglichen.

Darstellung 20: Telegramm Industrielle Revolution:

Industrielle Revolution bezeichnet den **Übergang von der Agrar- zur Industriegesellschaft**, der durch das Zusammenspiel institutioneller, gesellschaftlicher und technischer Faktoren bewirkt wurde. Dieser Prozess begann in England um 1760 und erfasste seitdem fast alle Staaten der Welt. Im engeren Sinne bezeichnet der Begriff die Periode der Intensivierung und Vernetzung innovativer Komponenten, die ein nachhaltiges, sich selbst tragendes Wachstum und die Veränderung der Gesellschaftsstruktur herbeiführten. Ende des 19. Jahrhunderts wurde der Begriff Industrielle Revolution durch den englischen Historiker Arnold **Toynbee** zum universalhistorischen Schlüsselbegriff (Industrial Revolution, 1887).

• **Determinanten** des Industrialisierungsprozesses:
- Neuerungen in der Landwirtschaft (Anbaumethoden, Einhegungen, „Veredelung", Stallfütterung, etc.)
- Wirtschaftswachstum (Kapitalaufbringung, technischer Fortschritt, Nachfragewirkungen, Einfluss des Staates etc.)
- Institutionalisierung des Prozesses technischer Innovationen
- Revolution in den Naturwissenschaften
- Gegenseitiges „Aufschaukeln" kognitiver und technischer Prozesse mit dem Ergebnis zahlreicher bahnbrechender Erfindungen

• **Schwerpunkte** der Industrialisierung:
- Transportwesen (Chausseen, Kanäle, Strassen, Eisenbahn etc.)
- „*leading sectors*", z.B. Textilindustrie, Schwerindustrie

• **Auswirkungen** der „Industriellen Revolution":
- industrieller Wandel (Überproduktion, Liquidität, Konjunktur etc.),
- Dynamisierung des Unternehmertums (Konkurrenzdruck, Patentrecht etc.),
- Wandel der Arbeits- und Betriebsverfassung (Fabriksystem, -gesetzgebung, Lebensstandard, gewerkschaftliche Formation, neue soziale Klassen etc.),
- Einkommenszuwachs auf Grund gestiegener Produktivität,
- Massenproduktion, Kostenreduktion, Massenabsatz,
- die Beseitigung der Massenarmut, die Vergrösserung des realen Sozialprodukts insgesamt und pro Kopf,
- die Entstehung neuer Klassen und Klassengegensätze,
- die Erosion klassischer Wertvorstellungen und des Gesellschaftssystems,
- die Verfestigung der ungleichmässigen Entwicklung zwischen industriellen Sektoren sowie zwischen industrialisierten und nicht industrialisierten Ländern,
- steigendes Volkseinkommen und Einkommen pro Kopf.

5.1.5.4. Die Formierung einer Gewerkschaftsbewegung

Im Zuge der Industrialisierung gab es in England zunehmend Bestrebungen, das frühere Verbot der Arbeiterkoalitionen aufzuheben. Durch ein Gesetz von 1824 wurde die Zugehörigkeit zu Arbeiterverbänden der Strafbarkeit enthoben. Die sich lokal bildenden Gruppen pflegten neben ihrer Interessenwahrnehmung stark das gesellschaftliche Zusammensein und formierten sich erst allmählich zur überlokalen gewerkschaftlichen Gegenmacht. Die ersten Streiks, die sich zunächst primär gegen die Einführung von Maschinen reichteten, waren deshalb meist erfolglos, da sie infolge des Mangels einer dauerhaften Institution sowie verfügbarer Geldmittel äusserst mangelhaft organisiert waren. Sie erreichten erst in den 1850-er Jahren grössere Bedeutung, als die ständigen Gewerkvereine (zunächst die der Bergarbeiter, dann die der Maschinenbauer und Bauarbeiter) aufkamen.

Literatur:
Buchheim, Christoph: Industrielle Revolutionen. Langfristige Wirtschaftsentwicklung in Grossbritannien, Europa und in Übersee, München 1994; **Deane,** Phyllis: The First Industrial Revolution, Cambridge 1965; **Deane,** Phyllis/**Cole,** W. A.: British Economic Growth 1688-1959, Trends and Structure, Cambridge 1962; **Henderson,** William O.: Britain and Industrial Europe, 3. Aufl., Atlantic Highlands, N.J., 1972 Frankfurt am Main 1969; **Komlos**, John/**Artzrouni**, Marc: Ein Simulationsmodell der Industriellen Revolution. In: VSWG 81/3, 1994, S. 324-338; **Landes**, David S.: Der entfesselte Prometheus, Köln 1973; **Pierenkemper**, Toni: Umstrittene Revolutionen. Die Industrialisierung im 19. Jahrhundert, Frankfurt a. M. 1996; **Pollard**, Sidney: Peaceful Conquest. The Industrialization of Europe 1760-1970, Oxford 1981; **Pollard**, Sidney: Typology of Industrialization Processes in the 19th Century, Chur et al. 1990; **Porter**, Roy/**Teich**, Mikuláš (Hrsg.): Die Industrielle Revolution in England, Deutschland, Italien, Berlin 1998.

Prüfsteine:
1. Was ist das revolutionäre an der Industriellen Revolution?
2. Welche Merkmale weist die Industrielle Revolution Englands auf?
3. Wodurch war die sog. „Industrielle Revolution" charakterisiert? Nennen Sie drei Hauptmerkmale!
4. Welche Konzepte/Theorien der Industrialisierungsforschung sind Ihnen bekannt?

5.2. Die Industrielle Revolution und die Industrialisierung in Deutschland

5.2.1. Der Liberalismus

Der Liberalismus verlangte die Beschränkung der Staatsgewalt und jeder anderen Gewalt über einzelne Menschen. Die mit der Französischen Revolution Realität gewordenen Gedanken der Freiheit und Gleichheit, die bald auch in Deutschland Eingang fanden, hatten Konsequenzen für die Bindungen der Bauern, den Zunftzwang, den Handel und die staatliche Wirtschaftspolitik. Sowohl die Abhängigkeit der Bauern vom Grund- oder Gutsherrn (Leib- und Gerichtsherrschaft), die Verhinderung der freien Berufswahl durch Zünfte, die Privilegierung einiger Unternehmer durch den Staat oder die Verhinderung der freien Konkurrenz durch Absprachen waren im Sinne des Liberalismus Hindernisse für eine „natürliche Ordnung". Aus dieser Gesinnung erwuchsen die Reformen des 19. Jahrhunderts, da wichtige Impulse durch freie Entfaltung der Anlagen und Kräfte des Einzelnen, sowie Freiheit der Persönlichkeit auch auf die wirtschaftliche und soziale Ordnung einwirkten.

5.2.2. Die Zeit der Reformen

5.2.2.1. Die sogenannte „Bauernbefreiung"

Um die Wende vom 18. zum 19. Jahrhundert lebten 80 Prozent des deutschen Volkes auf dem Land. Es bestanden verschiedene **Agrarverfassungstypen** und -gebiete: **Grundherrschaft** im Süd- und Nordwesten, **Gutsherrschaft** im Osten und die mitteldeutsche Grundherrschaft. Sie unterschieden sich nicht zuletzt nach dem Grad der Bindung des Bauern an die Herrschaft, d.h. den Grund- oder Gutsherrn. Der Bauer lebte in doppelter Gebundenheit als Untertan eines Herrn und als Genosse einer Dorf- oder Markgenossenschaft (Wirtschaftsgemeinschaft).

Der Liberalismus verlangte die Beschränkung der Staatsgewalt und jeder anderen Gewalt über die Menschen. Das hatte Konsequenzen für die grund- und gutsherrlichen Bindungen der Bauern.

Die Bauernbefreiung führte nun zur Auflösung dieser Verhältnisse und der damit verbundenen Lasten und Verpflichtungen. Die **leib- und zehntherrlichen Beziehungen sowie die Patrimonialgerichtsbarkeit wurden aufgeho-**

ben. Auch die Aufhebung der alten Flurverfassung und die Neugliederung des Nutzlandes waren mit der Bauernbefreiung verbunden.

Im Königreich Preussen wurde die Bauernbefreiung - die in Frankreich bereits im 18. Jahrhundert stattfand - auf Initiative von Karl Reichsfreiherr vom und zum **Stein** umfassend durchgeführt. Die Beschränkung der persönlichen Freiheit wurde bereits durch das Oktoberedikt von 1807 aufgehoben, das Regulierungsedikt vom 14. September 1811 gestand allen gutsuntertänigen Bauern das Recht zu, sich 'freizukaufen', d.h. sich durch Abtretung eines Teiles ihres Landbesitzes an den Grund- bzw. Gutsherrn zu Eigentümern zu machen. 1816 wurde mit der Grundentlastung durch Verleihung des Eigentums und Wegfall aller Dienste und Abgaben gegen Entschädigung begonnen, der Kreis der Nutzniesser jedoch auf Inhaber von grossen und mittelgrossen Höfen beschränkt. Generell lässt sich sagen, dass die westlichen, unter französischem Einfluss stehenden Gebiete Deutschlands eher liberalisiert wurden.

Ausserhalb Preussens geriet in Deutschland nach 1815 die Bauernbefreiung ins Stocken, kam dann wieder in Bewegung und wurde fast überall nach 1848 zum Abschluss gebracht. Sie gliederte die Landwirtschaft in das liberale Wirtschaftssystem ein. Der Bauer war jetzt vollberechtigter Staatsbürger, jedoch weitgehend auf sich allein gestellt, d.h. auch aus der grundherrlichen Fürsorge entlassen. Die Abschaffung der traditionellen Verhältnisse erleichterte die Rationalisierung in der Landwirtschaft und damit die Erhöhung der Nahrungsmittelproduktion, die durch das Bevölkerungswachstum notwendig wurde. Nach und nach wanderten nun Bauern und freie Landarbeiter ab. Sie und die breite handwerklich-halbbäuerliche und unterbäuerliche Bevölkerung zogen in die schnell wachsenden Städte. Aus ihren Reihen rekrutierte sich teilweise die Fabrikarbeiterschaft, und zwar die Gruppe der ungelernten Arbeiter. So wurde der industrielle Aufschwung zu einem wesentlichen Teil durch die abgewanderte Landbevölkerung getragen[42].

Gleichzeitig entstanden jedoch durch die intensivierte Landwirtschaft neue Arbeitsstellen, da mit der Industriellen Revolution eine **Agrarrevolution** einherging. Sie war gekennzeichnet durch die Ausdehnung der landwirtschaftlichen Nutzfläche (Auflösung der Allmenden und Neulandgewinnung) und intensivere Nutzung des Bodens durch Einsatz von Düngemitteln, Meliorationsmassnahmen und Verbesserung der Anbaumethoden. So ging man zur verbesserten Dreifeldwirtschaft bzw. zum Fruchtwechsel über. Neue Pflanzen

---

42 Lütge, Friedrich: Deutsche Sozial- und Wirtschaftsgeschichte. Ein Überblick, Berlin et al. 1960, S. 392.

wurden angebaut (Kartoffeln, Mais) und die Ausstattung mit landwirtschaftlichen Geräten verbessert. Auch in der Viehzucht erhöhte man die Zahl der Tiere und die Leistung je Tier (Milch, Fleisch).

Wichtige Ergebnisse der Bauernbefreiung waren die Schaffung der Basis für die Steigerung der landwirtschaftlichen Produktion und die Veränderung der sozialen Struktur auf dem Lande.

5.2.2.2. Die Gewerbefreiheit

In den ersten beiden Dritteln des 19. Jahrhunderts wurde die obrigkeitlich-genossenschaftliche Gewerbeverfassung abgelöst durch eine Gewerbeordnung, die nicht mehr auf dem Prinzip der Solidarität, sondern dem der Konkurrenz[43] und der Leistung beruhte.
Die Gewerbefreiheit wurde ab 1806 im grössten Teil Preussens eingeführt. Sie bildete neben der „Bauernbefreiung" den zweiten Kern der preussischen Reformmassnahmen. Durch Edikte der Jahre 1810 und 1811 wurde das Konzessionswesen aufgehoben und der Gewerbebetrieb von der Zugehörigkeit zu einer Zunft oder Innung befreit. Gewerbefreiheit bedeutete also, dass jedermann berechtigt war, ein Gewerbe auszuüben. Wer wollte, konnte nun also Art, Umfang und Technik des ausgewählten Gewerbes selbst bestimmen. Dies war gleichbedeutend mit der Auflösung der Zünfte, der Beseitigung der Konzessionen und Privilegien sowie der Verringerung staatlicher Förderung und Reglementierung. Die Gewerbefreiheit erleichterte die Gründung von Handwerkerexistenzen, wobei dieser Vorgang nicht nur auf die liberale Gewerbegesetzgebung zurückzuführen war, sondern auch auf den zunehmenden Bevölkerungsdruck.

Die Überbesetzung der einzelnen Handwerkszweige führte dazu, dass ein Teil der Handwerker sich nun als Industriearbeiter verdingte. Neben den abgewanderten Bauern waren es also nun auch die Handwerker, die den Arbeitskräftebedarf der Fabriken deckten.

Wichtig ist in diesem Zusammenhang auf die regionalen Unterschiede der Durchsetzung der Gewerbefreiheit hinzuweisen. Auch hier setzte der Liberalisierungsprozess eher in den französisch beeinflussten Gebieten ein.

Die generelle Einführung der Gewerbefreiheit in Preussen erfolgte erst mit der Allgemeinen Preussischen Gewerbeordnung vom 17. Januar 1845. Andere

---

[43] Fischer, Wolfram: Das Verhältnis von Staat und Wirtschaft in Deutschland am Beginn der Industrialisierung. In: Braun, Revolution, S. 287-304, hier: S. 293.

deutsche Länder folgten später nach. 1869 kam es zu einer einheitlichen, an die preussische Gewerbeordnung angelehnten Regelung für das Gebiet des Norddeutschen Bundes, der sich 1872 auch die süddeutschen Länder anschlossen.

5.2.2.3. Die fehlende Einheit der Volkswirtschaft

In Deutschland hatte die merkantilistische Epoche (d.h. das 17. und 18. Jahrhundert) weder die politische noch die wirtschaftliche Einheit gebracht. Der Zusammenschluss von 39 „souveränen" Staaten zum **Deutschen Bund (1815)** bedeutete noch keine einheitliche Wirtschaftspolitik. Der Deutsche Bund, staatsrechtlich ein Verbund ohne Gesetzgebungsbefugnis, musste wirtschaftlich wie politisch die Aufgaben den einzelnen Staaten überlassen und somit gab es keine einheitliche deutsche Volkswirtschaft.

Eine gemeinsame Zollpolitik war zwar vom **Wiener Kongress (1814/15)** als Ziel formuliert worden, wurde jedoch erst später realisiert. Wir haben es also 1815 noch immer mit selbständigen Staaten zu tun, die eigene Masse und Gewichte hatten und unterschiedliche Zölle und Verbrauchssteuern erhoben. Zwischen Bayern und Thüringen, zwischen Sachsen und Brandenburg und überall sonst im interregionalen Handelsverkehr musste man Zölle, Strassen- und Brückengelder usw. bezahlen - eine Prozedur, die viel Zeit und Geld in Anspruch nahm und ein Handelshemmnis erster Ordnung darstellte.

Das **preussische Zollgesetz** von 1818 schuf nun zum ersten Mal in Deutsch-land ein grosses einheitliches Wirtschaftsgebiet, in dem die Binnenzölle (d.h. die im Landesinneren erhobenen Zölle) zwischen den einzelnen Provinzen entfielen. Dadurch wurde die Ausbildung einer einheitlicheren Volkswirtschaft möglich. Die Idee dazu stammte von Friedrich **List**. Weitere Versuche, auf wirtschaftlichem Gebiet eine Einigung herbeizuführen und sich zugleich Preussens Einfluss zu entziehen, führten zur Bildung von mehreren vorläufigen zollpolitischen Arrangements, z.B. dem Württembergisch-Hohenzollerischen (1824), dem Bayerisch-Württembergisch-Hohenzollerischen (1828), dem Preussisch-Hessischen und dem Mitteldeutschen Handelsverein etc. Aus einem komplizierten Geflecht territorialer Splitterstaaten und Teilinteressen ging dann 1834 der noch unvollständige Deutsche Zollverein hervor.

Darstellung 21: Die 39 Staaten des Deutschen Bundes I

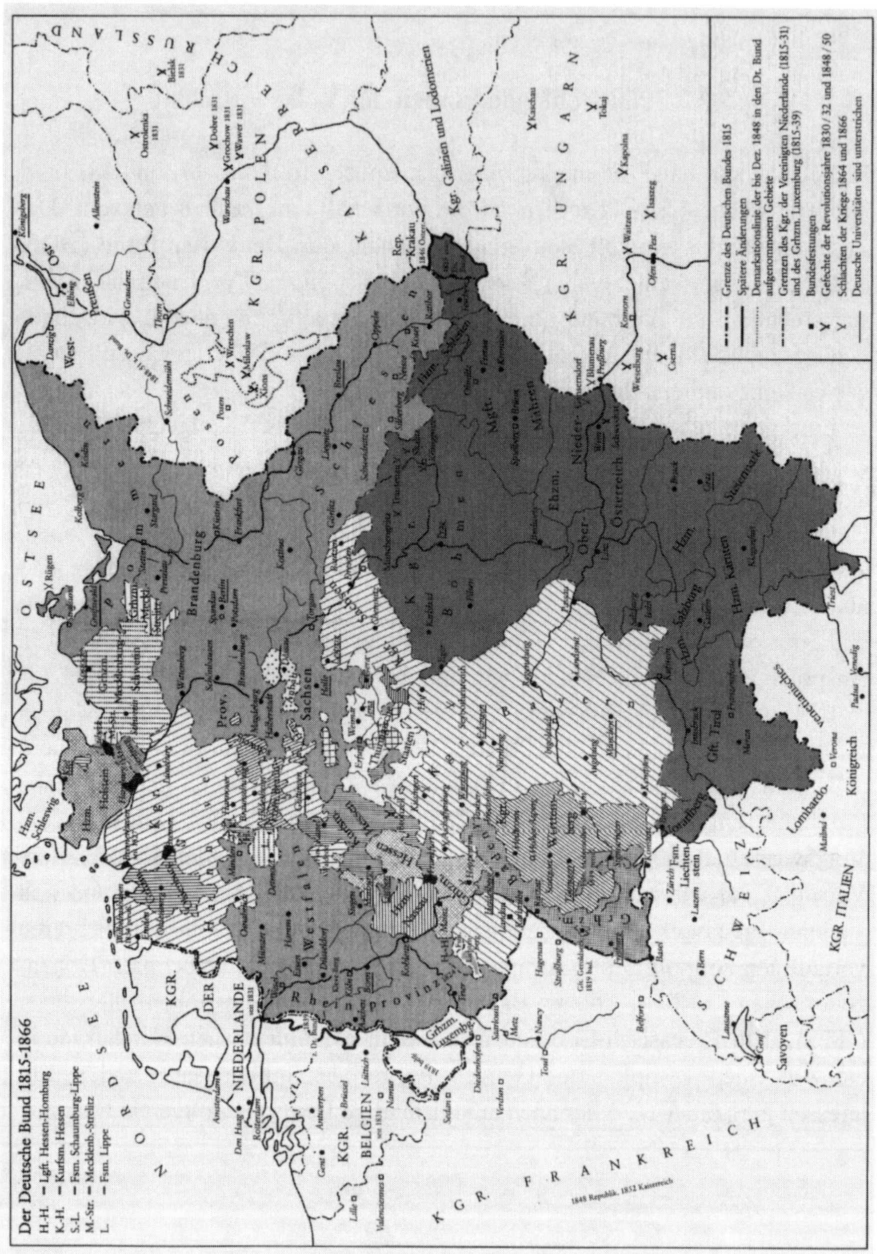

5.2.2.4. Der Deutsche Zollverein

Mit dem Zusammenschluss zum Deutschen Zollverein (einer Zollunion) verzichteten die Regierungen der meisten deutschen Staaten freiwillig auf Teile ihrer Rechte im Interesse der Gemeinschaft, ohne jedoch einen Staatenbund zu bilden. Es eröffnete sich jedoch die Möglichkeit einer Einigung Deutschlands über den engeren wirtschaftlichen Rahmen hinaus, gefördert durch das Wachstum des Handels und *„durch das alle Territorialgrenzen sprengende Wesen der Eisenbahnen“*[44].

Darstellung 22: Die 39 Staaten des Deutschen Bundes II

Bundesstaaten:	Einwohner:	Bundesstaaten:	Einwohner:
Kaiserreich und Königreiche			
Österreich	9.482.227	Anhalt-Dessau	52.947
Preussen	7.923.439	Anhalt-Bernburg	37.046
Königreich Sachsen	1.200.000	Anhalt-Köthen	32.454
Bayern	3.560.000	Schwarzburg-Sondershausen	45.117
Hannover	1.305.351	Schwarzburg-Rudolstadt	53.937
Württemberg	1.395.462	Hohenzollern-Hechingen	14.500
Grossherzog- und Herzogtümer:		**Fürstentümer:**	
Baden	1.000.000	Liechtenstein	5.546
Grossherzogtum Hessen	619.500	Waldeck	51.877
Holstein und Lauenburg	360.000	Reuss, ältere Linie	22.255
Luxemburg	214.058	Reuss, jüngere Linie	52.205
Braunschweig	209.600	Schaumburg-Lippe	24.000
Mecklenburg-Schwerin	358.000	Lippe	69.062
Nassau	302.769	Hessen-Homburg	20.000
Sachsen-Weimar	201.000	**Freie Städte:**	
Sachsen-Gotha	185.682	Lübeck	40.650
Sachsen-Koburg	80.012	Frankfurt	47.850
Sachsen-Meiningen	54.400	Bremen	48.500
Sachsen-Hildburghausen	29.706	Hamburg	129.800
Mecklenburg-Strelitz	71.769		
Holstein-Oldenburg	217.769	Gesamt	30.094.050

Quelle: Lutz, Heinrich: Zwischen Habsburg und Preussen, 2. Aufl., Berlin 1985, S. 20.

[44] Treue, Wilhelm: Wirtschaftsgeschichte der Neuzeit. Das Zeitalter der technisch-industriellen Revolution 1700 bis 1966, Stuttgart 1966, S. 526.

Von nun an konnte man eher von einem deutschen Wirtschaftsgebiet sprechen und Deutschland wurde gegenüber den anderen Staaten befähigt, eine gemeinsame Wirtschaftspolitik zu betreiben. 1835 kamen dann Baden, Nassau und 1836 Frankfurt/Main zum Zollverein[45].

5.2.3. Bedingungsfaktoren der industriellen Entwicklung

Neben den genannten Reformmassnahmen und der Vereinheitlichung des Wirtschaftsraums sind als wesentliche wachstumsfördernde Faktoren der Industrialisierung anzusehen:

1. Wachsende Ersparnisse, vermehrte Investitionen,
2. Innovationen sowie technologische und organisatorische Veränderungen in Landwirtschaft und Industrie,
3. ausreichende Faktorausstattung (Arbeit, [Human-] Kapital, Boden, technischer Fortschritt),
4. freies Unternehmertum (Abschaffung der Zünfte) und weniger „Staat“,
5. Markterschliessung; wachsender Aussenhandel, expandierender Binnenmarkt, zunehmender Wettbewerb.

Einer der wesentlichen Gründe für den vor allem im Vergleich zu England verspäteten Beginn der Industrialisierung Deutschlands war nicht das fehlende Kapital, sondern die geringe Investitionsbereitschaft und zwar nicht nur von seiten der potentiellen Kreditgeber aus Furcht vor dem Risiko, sondern oft auch von Seiten der frühindustriellen Unternehmer, denen das Schuldenmachen noch weithin als unsolide und moralisch verwerflich galt[46]. Das vorhandene Kapitalangebot wurde nicht ausgeschöpft[47], was aber auch mit der noch geringen Markttransparenz und einem noch unterentwickelten Kapitalmarkt bzw. Bankwesen zusammenhing.

---

[45] Die Reichsgründungsverträge und die Reichsverfassung von 1871, die das Reich zum Zoll- und Handelsgebiet machten und ihm die Zollgesetzgebung und die Aussenzollerträge zuwiesen, machten den Zollverein überflüssig. Es ist jedoch zu berücksichtigen, dass z.B. Hamburg bis 1888 nicht zum deutschen Zollgebiet gehörte.

[46] Klein, Ernst: Zur Frage der Industriefinanzierung im frühen 19. Jahrhundert. In: Kellenbenz, Hermann (Hrsg.): Öffentliche Finanzen und privates Kapital im späten Mittelalter und in der ersten Hälfte des 19. Jahrhunderts, Stuttgart 1971, S.118-128, hier: S. 118.

[47] Borchardt, Knut: Zur Frage des Kapitalmangels in der ersten Hälfte des 19. Jahrhunderts in Deutschland. In: Braun, Revolution, S. 216-236, hier: S. 226.

5.2.3.1. Die Bevölkerung

Ähnlich wie in Grossbritannien um die Mitte des 18. Jahrhunderts deutete sich auch in Deutschland seit den 1770er Jahren ein merklicher Anstieg der Bevölkerung an. Die Bevölkerung Deutschlands (in den Grenzen von 1914) betrug um 1800 etwa 24 Millionen. Bis 1870 war sie auf 40 Millionen angewachsen. Die Gründe für den Zuwachs lagen im Rückgang der Sterblichkeit (Mortalität), der zunehmend besseren Bewältigung von Hungersnöten und Seuchen und im medizinischen Fortschritt[48]. Mit dem Bevölkerungsanstieg kam es - verstärkt in der zweiten Hälfte des 19. Jahrhunderts - zu einer schnell zunehmenden Verstädterung: der relative Anteil der in ländlichen Siedlungen, Landstädten und Kleinstädten bis zu 2000 Einwohnern lebenden Bevölkerung sank erheblich, der der Mittel- und Grossstädte stieg an. Die sprunghafte Entwicklung, die einzelne Städte aufwiesen, stand im Zusammenhang mit der Erschliessung, Neugründung oder Erweiterung ihrer industriellen Bezirke. Die Binnenwanderung, vor allem vom überwiegend agrarischen Osten in den stärker industrialisierten Westen und generell vom Land in die Stadt (Landflucht) gab dem Urbanisierungsprozess einen zusätzlichen Schub.

Da der Bevölkerungszuwachs der ersten Jahrhunderthälfte wirtschaftlich nicht zu bewältigen war, führte er zu einer ständig wachsenden Verarmung (Zeit des **Pauperismus**; pauper = lat. arm) bestimmter, vom Strukturwandel besonders betroffener Schichten, die zu Beginn der 1840er Jahre dramatisch wurde. Der Bevölkerungsstau wurde zunächst durch den Abfluss der ersten grossen Welle deutscher Auswanderung (häufig nach Übersee) abgebaut. Dann aber stellte die in den 1850er Jahren in voller Breite einsetzende Industrialisierung eine steigende Zahl an Arbeitsplätzen zur Verfügung. Die Besetzung dieser neu geschaffenen Arbeitsplatze war - wie gesagt - oft mit der Wanderung zu den industriellen Standorten verbunden. Im Zuge der Industrialisierung bildete sich in Deutschland ein regionales Wohlstandsgefälle. Man spricht von einem West-Ost-Gefälle[49] im Königreich Preussen, von der Entleerung einiger ehemaliger Gewerberäume (z.B. in der Eifel) und vom relativen Zurückfallen von Regionen (z.B. grosser Teile Frankens).

---

[48] Impfung (gesetzlich aber erst seit 1874); Pocken; bessere Hygiene, Beseitigung des Kindbettfiebers (Ignaz Philipp Semmelweis (1818-1865) führte Desinfektionsmassnahmen ein).

[49] Borchardt, Knut: Regionale Wachstumsdifferenzierung in Deutschland im 19. Jahrhundert unter besonderer Berücksichtigung des West-Ost-Gefälles. In: Abel, W. et al. (Hrsg.): Wirtschaft, Geschichte und Wirtschaftsgeschichte. Festschr. F. F. Lütge, Stuttgart 1966, S. 325-339.

Darstellung 23: Geburten und Todesfälle im Kurfürstentum Sachsen und Leipziger Roggenpreise von 1764-1787

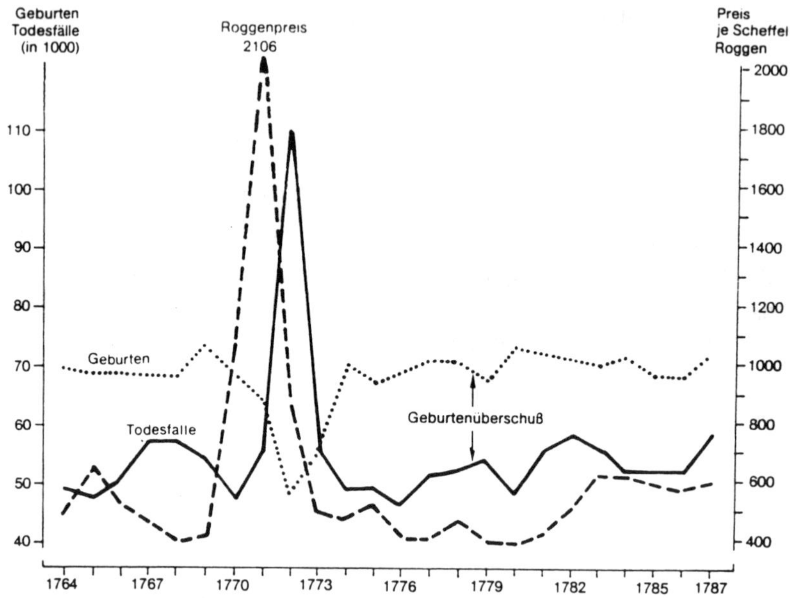

Quelle: Buhr, Hermann de/Regenbrecht, Michael: Industrielle Revolution und Industriegesellschaft, Frankfurt am Main 1983, S. 11.

5.2.3.2. Technische Neuerungen

Die Dampfmaschine überwand die Abhängigkeit von den geographischen und klimatischen Zufällen der Wasserkraft und gestattete zum ersten Mal, grosse Mengen effizienter Antriebsenergie an einem Ort zu konzentrieren. In Deutschland verwandte man die Dampfmaschine zunächst vornehmlich im Berg- und Hüttenwesen. Der Bau von Dampfmaschinen, -schiffen und -eisenbahnen führte zur technischen Verbesserung, Spezialisierung und Vergrösserung der Maschinenbauwerkstätten sowie zur Steigerung des Eisenbedarfs.

In der Metallproduktion wird die Gewinnung des Rohmetalles aus den Erzen nicht mehr mit Holzkohle, sondern mit Koks betrieben. Die Kapazität der einzelnen Hochöfen wurde erweitert und neue Verfahren zur Metallverarbeitung eingeführt (Reinigen des Roheisens mit Hochofengas [Gichtgase]),

Puddeln des Roheisens und Stahlherstellung durch Einpressen von Luft in ein mit Roheisen gefülltes Gefäss (Bessemer-Verfahren).

Der Maschinenbau brachte eine grosse Zahl von Neuerungen: Werkzeugmaschinen wie Dreh-, Hobel- und Bohrmaschinen, Textilmaschinen sowie Be- und Verarbeitungsmaschinen (z.B. Mühlen und Sägewerke). Im Textilgewerbe gab es ebenfalls wichtige Neuerungen, z.B. die Maschinenspinnerei im Bereich der Baumwolle und den mechanischen Webstuhl zur Gewebeherstellung. Die heranwachsende chemische Industrie gewann durch das Chlorbleichverfahren (Entfernung von Farbe aus Stoffen mittels Chlor), die Schwefelsäureproduktion, die Sodaherstellung und die Kohleverwertung mit dem Aufschwung der Textilindustrie an Bedeutung.

5.2.3.3. Der Ausbau des Verkehrswesens

Zu Beginn des 19. Jahrhunderts war das Verkehrswesen in Deutschland noch relativ schwach entwickelt. Die Verkehrssituation erlaubte es nicht, die Güterverteilung zufriedenstellend zu regeln. Der Ausbau eines durchgängigen Verkehrssystems war daher für die Ausbildung der Volkswirtschaft von grösster Bedeutung.

Der Chausseebau, also die Anlage von Landstrassen mit festem Steinunterbau, wurde erst unter Napoleon entscheidend weiterentwickelt, primär aus militärischen Gründen. In den ersten vier Jahrzehnten des 19. Jahrhunderts wurde das Schwergewicht auf die Verbesserung der Landstrassen gelegt, wobei die Initiative bei den einzelnen Staaten lag.

Das Aufkommen des Eisenbahnbaus brachte eine zunehmende Konkurrenz für die Strassen. Die erste deutsche Eisenbahn war sechs Kilometer lang und fuhr von Nürnberg nach Fürth (1835). Die erste bedeutende, längere Eisenbahnlinie verband Leipzig und Dresden. Es entstanden dann eine Reihe weiterer Bahnen: Berlin-Potsdam (1838), Braunschweig-Wolfenbüttel, München-Augsburg (1840), Mannheim-Heidelberg und Köln-Aachen-Antwerpen (1843), um nur die wichtigsten zu nennen. Schliesslich versuchte man die einzelnen Teilstrecken miteinander zu verbinden, um längere Durchgangslinien zu schaffen. Das Ergebnis des Eisenbahnbaus war die Bildung eines einheitlichen Verkehrsgebietes und eines einheitlichen Marktes. Erst mit der Schaffung eines Eisenbahnnetzes ist einem grossen Teil der modernen Industrie der Markt für einen Massenabsatz und damit der Massenproduktion gesichert worden.

Der Produktivitätseffekt der Eisenbahnen

Erst die Eisenbahnen ermöglichten den Austausch grosser **Massen** lebensnotwendiger Güter zwischen den einzelnen, nicht durch Wasserstrassen erschlossenen Regionen. Das war ziemlich neu. Bisher hatte ein reger Güteraustausch nur an den Meeresküsten und entlang der Flüsse und Kanäle stattgefunden. Nun konnten auf relativ leichte Weise auch grosse Teile der Bevölkerung im Landesinneren versorgt und deren Produkte an den erweiterten Markt gebracht werden.

Die beträchtliche volkswirtschaftliche Wirkung der Eisenbahnbauten lag darin, dass sie die Wirtschaft zu Investitionen anreizten und neues räumliches Wachstum entstehen liessen. Solche Investitionen mit ihren Einkommens- und Kapazitätseffekten schufen neue Agglomerationen und erhöhten auf diese Weise das Sozialprodukt pro Kopf der Bevölkerung an diesen Orten.

Günstig auf die Industrialisierung wirkte sich auch die deutliche Verbesserung der Infrastruktur im Rahmen der Eisenbahnerschliessung aus. Erst jetzt ergab sich auch abseits der Wasserstrassen und ausserhalb enger Regionen ein gewisser Ausgleich unterschiedlicher Produktionskosten und die Verringerung interregionaler Preisgefälle. Dadurch wurde die wirtschaftsgeographische Chancengleichheit der einzelnen Regionen und die Markttransparenz verbessert. Das Siegerland ist ein gutes Beispiel dafür, wie mit Hilfe der Eisenbahn die Standortnachteile eines Gebietes egalisiert werden konnten. Da das Siegerland über keinen nennenswerten Wasserweg verfügte, der die Verschiffung von Massengütern erlaubt hätte, brachte die Eisenbahnerschliessung eine erhebliche Aufwertung der Region und damit eine erheblich gesteigerte Wettbewerbsfähigkeit. Der Industrialisierungsprozess wurde dadurch stark angeregt[50].

Aber auch die natürlichen Wasserstrassen und die Kanäle hatten wegen der schlechten Verfassung der Landstrassen eine wichtige Funktion. Das Aufkommen der Dampftechnik brachte eine bedeutende Veränderung in der Schiffahrt. Die Verwendung der Dampfkraft für den Antrieb von Schiffen auf den Binnenwasserstrassen hat auch zur Intensivierung der wirtschaftlichen **Verflechtung** beigetragen.

---

[50] Kellenbenz, Hermann/Schawacht, Jürgen H.: Schicksal eines Eisenlandes, Siegen 1974, S. 115.

Darstellung 24: Das deutsche Eisenbahnnetz -
Lists Entwurf von 1833 und seine Realisierung bis 1850

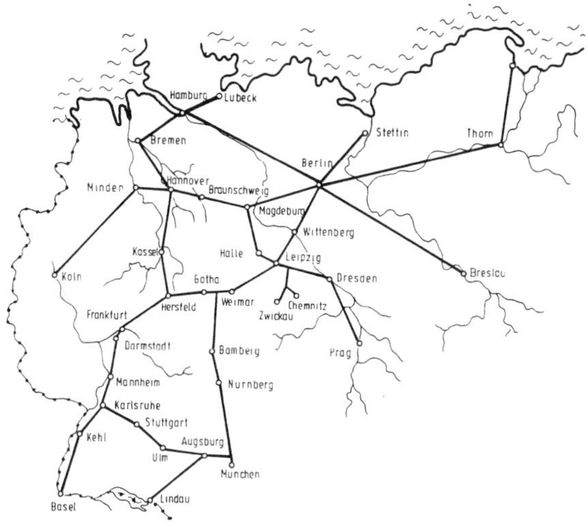

Entwurf Friedrich Lists von 1833

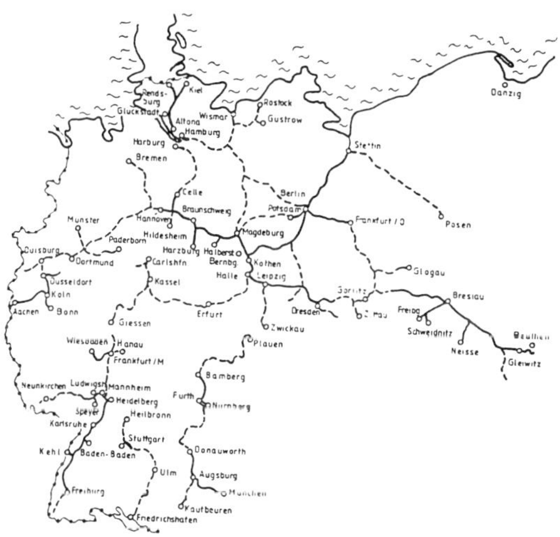

Bis 1850 eröffnete Eisenbahnstrecken

Quelle: Kellenbenz, Hermann: Deutsche Wirtschaftsgeschichte. Band 2: Vom Ausgang des 18. Jahrhunderts bis zum Ende des Zweiten Weltkriegs, München 1981, S. 120 f.

5.2.3.4. Nochmals in Kürze das Wesentliche...

Durch ihre bis dahin in Deutschland nicht gekannte Nachfrage nach Erzeugnissen der Eisen- und Maschinenbauindustrie veranlasste die Eisenbahn die deutschen Unternehmen zu beträchtlichen Investitionen in den betroffenen Wirtschaftsbereichen. Diese bildeten die treibende Kraft des Aufschwungs der deutschen Wirtschaft zwischen 1840 und 1880. In dieser Zeit betrug der Anteil der **Eisenbahninvestitionen** etwa 15 bis 25 Prozent des gesamten Investitionspotentials der deutschen Volkswirtschaft.

Der Bedarf der Eisenbahnen führte in den betroffenen Wirtschaftssektoren ausser zu einer quantitativen Ausweitung der Produktion und der Produktionsmittel auch zu einer wesentlichen Verbesserung der qualitativen Zusammensetzung des Produktionsapparates und des Arbeitspotentials. Mit Hilfe des Eisenbahnbaus wurde das Wachstum der Eisenindustrie und des Maschinenbaus entscheidend gefördert. Ohne die gleichzeitige Entwicklung dieser beiden Schlüsselsektoren aber wäre die Industrielle Revolution in Deutschland wahrscheinlich nicht oder nur in geringerem Ausmass möglich gewesen.

So war der Industrialisierungsprozess durch zahlreiche Wechselwirkungen gekennzeichnet. Der steigende Bedarf der Eisenbahn an Produkten der Metallindustrie förderte die Industrialisierung. Umgekehrt trug erst die steigende Nachfrage eben dieser Industrien dazu bei, die Nachfrage nach Transportleistungen zu erhöhen, was wiederum dem Eisenbahnbau zugute kam.

Weitere wichtige Faktoren für die Industrialisierung Deutschlands waren die durch den Eisenbahnbau geförderte Entwicklung des Grossbetriebs und die damit verbundene Verbesserung der „economies of scale and scope“ sowie der „economies of speed“. Zusammen mit dem Ausbau der Infrastruktur und der Neuorganisation des Kapitalmarktes förderten diese Faktoren das Wachstum der deutschen Volkswirtschaft.

Die vom Eisenbahnbau auf die Industrialisierung ausgehenden Impulse wurden von einer spürbaren Entlastung des Arbeitsmarktes begleitet. In den 60 Jahren vom Beginn des Eisenbahnbaus bis gegen Ende des 19. Jahrhunderts haben über 300.000 Menschen nichts anderes getan als Eisenbahnen gebaut oder in der Zulieferindustrie gearbeitet. Unter Berücksichtigung des multiplikativen Effekts der Eisenbahnausgaben kann man davon ausgehen, dass zwischen 1840 und 1870 ca. 5 Prozent der deutschen Bevölkerung ihren Lebensunterhalt der Eisenbahn verdankten.

Darstellung 25: Die Industrialisierung Mitteleuropas um 1860

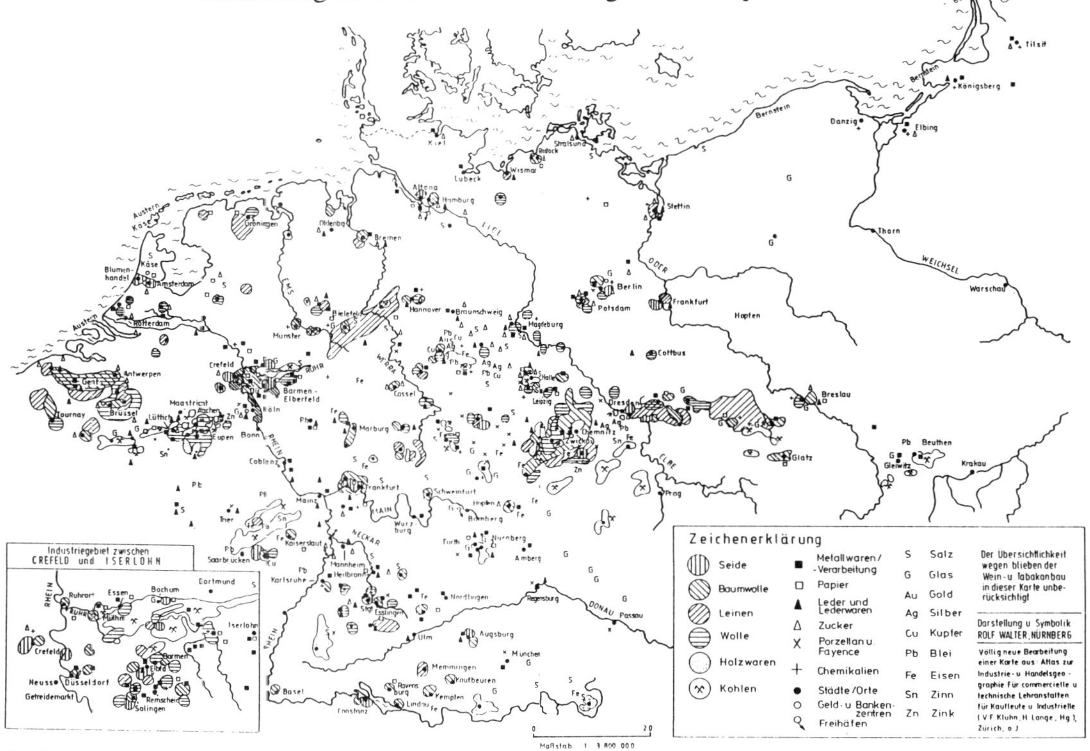

Quelle: Kellenbenz, Hermann: Deutsche Wirtschaftsgeschichte. Bd. 2: Vom Ausgang des 18. Jahrhunderts bis zum Ende des Zweiten Weltkriegs, München 1981, S. 72 f.

Neben diesen existentiellen Aspekten wirkte sich der Eisenbahnbau auch positiv auf die Ausbildungsqualität der Arbeiterschaft aus. Durch die hohen Anforderungen der Eisenbahn benötigte die Eisenindustrie erstklassig ausgebildete Arbeitskräfte. Nachdem zunächst für diese schwierigen Tätigkeiten meist Facharbeiter aus dem Ausland angeworben wurden, konnte in den 40er und 50er Jahren des 19. Jahrhunderts ein Stamm qualifizierter deutscher Arbeitskräfte herangebildet werden. Dieses Facharbeiterpotential hatte einen grossen Anteil an der positiven Entwicklung der deutschen Eisen- und Stahlindustrie weit über die 1860er Jahre hinaus; es trug wesentlich zum Aufstieg Deutschlands zur bedeutenden Industrienation bei.

5.2.4. Die wirtschaftliche Entwicklung in den einzelnen Wirtschaftszweigen

5.2.4.1. Die Landwirtschaft

Den Hauptsektor der deutschen Wirtschaft bildete bis gegen Ende des 19. Jahrhunderts die Landwirtschaft. Im Jahr 1800 waren 61 Prozent aller Erwerbstätigen im Agrarsektor beschäftigt, 1850 waren es noch 55 Prozent. Auch die Agrarexporte waren von ziemlicher volkswirtschaftlicher Relevanz. Erst nach 1870 wandelte sich Deutschland vom Agrar- zum Industriestaat.

Die Bauernbefreiung schuf die Möglichkeit, die landwirtschaftlichen Betriebe frei und marktkonform zu bewirtschaften und den wirtschaftlichen Gegebenheiten anzupassen. Dadurch jedoch, dass Agrarreform, Besitzverschiebungen, Regulierungen, Mobilisierung, Zersplitterung des bäuerlichen Landes und die Entstehung des Landarbeitertums die ländliche Gesellschaft veränderten, blieb die Landwirtschaft von schweren Krisen nicht verschont.

Die Getreidepreise erreichten zu Beginn des 19. Jahrhunderts nach einem 50-jährigen Anstieg ihren Höchststand. 1816 trat durch eine Missernte eine kaum dagewesene Verknappung des Getreides ein. Die Getreidepreise stiegen extrem stark und führten in weiten Teilen Europas zu Hungersnot und Auswanderung (Darstellung 26). In den frühen zwanziger Jahren waren die Ernten gut und die Preise sanken erheblich. Die dreissiger Jahre brachten eine Besserung der Lage auf dem agrarischen Absatzsektor. Mittelmässige Ernten, der Ausbau der Verkehrswege, die zunehmende Bevölkerungszahl, die gesteigerten Exportchancen und die Umstellung auf das freie Marktsystem trugen dazu bei.

Darstellung 26: Der Zusammenhang zwischen Getreidepreis und Auswanderung

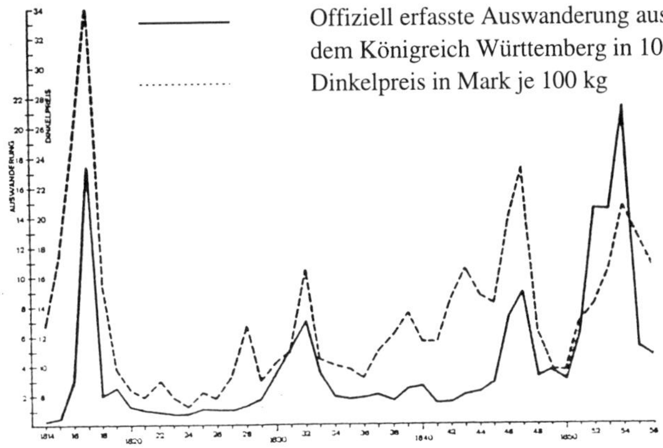

Quelle: Hippel, Wolfgang von: Auswanderung aus Südwestdeutschland, Stuttgart 1984, S. 149.

Die Krise in den vierziger Jahren erwuchs u.a. aus der Bodenspekulation und wurde 1844/46 durch schwere Missernten verschärft. Die entstandene Hungersnot wurde durch Cholera, Rinderpest und Überschwemmungen noch unerträglicher. Nach Überwinden dieser Krise stiegen bei zunehmender Produktion bis in die siebziger Jahre die Agrarpreise, da u.a. die Nachfrage nach Getreide stärker stieg als das Angebot.

Die bis zu Beginn des 19. Jahrhunderts vorherrschende Dreifelderwirtschaft war um die Mitte des Jahrhunderts durch die Fruchtwechselwirtschaft ersetzt worden. Von besonderer Bedeutung wurde der Anbau von Kartoffeln und Zuckerrüben. Der Rübenanbau förderte die Viehwirtschaft, da als Abfallprodukt Viehfutter anfiel. Neben der Vermehrung des Viehbestandes konnte das Gewicht je Tier gesteigert werden. Insgesamt hatte die Landwirtschaft einen wesentlichen Produktivitätszuwachs zu verzeichnen.

Die starke Entwicklung des Agrarsektors kann auf die folgenden Punkte zurückgeführt werden:

1. Ausdehnung und intensivere Nutzung des Produktionsfaktors Boden (Auflösung der Allmenden; Düngung)
2. Verbesserung der Anbautechnik
3. Erhöhung der tierischen Produktion (Anzahl der Schlachttiere)

4. Erhöhung der Leistung (Fleisch, Milch) je Tier
5. Erhöhter Kapitaleinsatz in der Landwirtschaft.

Dadurch war es möglich, eine stark wachsende Bevölkerung zu ernähren und der „Malthusianischen Falle“ zu entrinnen, d.h. den Nahrungsspielraum der demographischen Entwicklung anzupassen.

5.2.4.2. Gewerbe und Industrie

In den ersten Jahrzehnten des 19. Jahrhunderts lag der Schwerpunkt des Sekundären Sektors noch bei der handwerklichen Produktion. Der Anteil des Handwerks an der gewerblichen Produktion war jedoch zugunsten der industriellen Produktion laufend zurückgegangen. Die manuellen Verarbeitungsformen und -techniken wurden jedoch zunehmend durch die moderne, maschinenorientierte Fabriktechnik ersetzt. Andererseits haben erst die Erfindung von Kleinmaschinen und die Entwicklung des Verbrennungs- und Elektromotors dem Handwerk neue Entfaltungsmöglichkeiten geschaffen.

Die Entwicklung im Bergbau (Stein- und Braunkohle, Eisen- und Kupfererz) und im Hüttenwesen (Roheisenproduktion) ging bis etwa 1830 langsam voran, erlebte dann jedoch eine rasche Aufwärtsentwicklung durch die Einführung neuer Produktionsverfahren. Die Dampfmaschine ermöglichte im Montanbereich das Erreichen tieferer Schichten. Die teilweise Privatisierung erhöhte die Leistungsfähigkeit des Bergbaus. Der Kokshochofen war eine wichtige Neuerung im Hüttenwesen. Das neu eingeführte, bereits erwähnte „Puddle-Verfahren“ verkürzte die Arbeitszeit in der Eisenverarbeitung auf ein Siebentel und verringerte die Kosten erheblich, von der Qualitätssteigerung der Produkte einmal ganz abgesehen. In den sechziger Jahren verkürzte das „Bessemer-Verfahren“ die Arbeitszeit für die Umwandlung von Roheisen in schmiedbares Eisen auf ein Zehntel des „Puddle-Verfahrens“[51].

Grossgewerbe gab es ausserhalb des Textilgewerbes und des Berg- und Hüttenwesens noch bei den Maschinenfabriken. Sie lieferten für die Industrie Aggregate wie Dampf- und Textilmaschinen, Lokomotiven etc. Die Zentren der Schwerindustrie lagen in Oberschlesien, Sachsen, im Saargebiet und später im Rhein-Ruhr-Gebiet.

Die kleingewerblich betriebene Garn- und Leinenherstellung war um 1800 das grösste deutsche Gewerbe und besass ein erhebliches gesamtwirtschaftliches Gewicht. Die Marktlage verschlechterte sich jedoch nach den Napole-

---

[51] Treue: 19. Jahrhundert, S. 369 ff.

onischen Kriegen. In der Textilindustrie kam es dann unter der Führung der baumwollverarbeitenden Bereiche seit Ende der zwanziger Jahre zu einem mit vielen Umstellungen und Verdrängungseffekten verbundenen Aufschwung. Das Baumwollgewerbe war der erste Gewerbezweig, in dem sich die Maschine durchsetzte. Die Handspinnmaschinen wurden durch die produktiveren mit Wasser oder Dampf betriebenen Geräte ersetzt.

Die heranwachsende chemische Industrie gehörte ab 1870 nach der Zahl der Grossbetriebe, ihrer Qualitätserzeugung und Vielseitigkeit zu den bedeutendsten Industrien Deutschlands.

Schliesslich noch eine kurze Anmerkung zur **Industriefinanzierung**. Der Kaufpreis für eine Dampfmaschine von 100-200 PS betrug in den 1830er Jahren zwischen 15.000 und 25.000 Taler. Die Errichtung von mechanischen Spinnereien, Webereien, Bleichanstalten sowie Färbereien erforderte ein Kapital zwischen 15 000 und 50 000 Taler. Der durchschnittliche Arbeitslohn eines Textilarbeiters betrug ungefähr 200 - 300 Taler jährlich (1837). Da es in der ersten Hälfte des 19. Jahrhunderts noch kaum Kreditinstitute gab, die Industriefinanzierung betrieben, stellte die wichtigste Kapitalquelle zunächst die **Selbstfinanzierung** aus dem Gewinn (Gewinnthesaurierung) dar[52].

5.2.4.3. Der Handel

Die Lage des Handels nach den Napoleonischen Kriegen war gekennzeichnet durch das Übergewicht Englands, das auf der einen Seite durch hohe Schutzzölle die deutschen Waren von seinem Markt ausschloss, auf der anderen Seite aber eine mit allen Mitteln gestützte Exportpolitik betrieb. Durch den Zusammenschluss im Zollverein wurden die deutschen Staaten gegenüber dem Ausland aktionsfähiger.

Vor dem Abbau von Zollschranken und dem Eisenbahnbau bestanden Verflechtungen im deutschen Binnenhandel, die nach Begründung des Zollvereins noch wesentlich dichter wurden. Im Binnenhandel hatte das Getreide Bedeutung, aber auch der Vieh- und Wollhandel. Ein Teil des Aussenhandels ging über die deutschen Seehäfen an der Ost- und Nordseeküste. Hinzu kamen zahlreiche Austauschmöglichkeiten über Land nach den Niederlanden, Frankreich, Schweiz, Italien und Österreich.

Die Fertigwaren (Leinen-, Wollwaren) machten die Hälfte des Exports aus. Die Rohstoffe- und Halbfabrikate hatten einen Anteil von 30 Prozent, die

52 Klein, Industriefinanzierung, S. 120 ff.

Getreideausfuhr betrug etwa 8 Prozent. Mit etwa 50 Prozent hatten die Rohstoffe und Halbfabrikate beim Import die grösste Bedeutung. 20 Prozent der Einfuhr entfiel auf Fertigwaren und etwa ebenso hoch war der Anteil der Kolonialwaren (Zucker, Kaffee) am Import. Im Gebiet des Zollvereins hatten die Kolonialwaren, Rohstoffe und Halbwaren etwa einen Anteil von 75 Prozent an der Gesamteinfuhr. Die Ausfuhr wurde zu 70 Prozent von Nahrungsmitteln und Fertigwaren gedeckt.

5.2.4.4. Das Bankwesen

Im Bereich der langfristigen Kredite, speziell der Hypothekarkredite, die oft von Privatleuten gewährt wurden, fehlte im frühen 19. Jahrhundert die Markttransparenz, so dass sich die Vermittlung schwierig gestaltete. Hier spielten die Notare eine zunehmend wichtige Rolle[53] als Integratoren. Diesen Aspekt sollte man unbedingt einmal einer speziellen Untersuchung unterziehen.

Die Frage ist: Wie sah der Kapitalmarkt im 19. Jahrhundert aus? - Welche Möglichkeiten der Finanzierung eröffneten sich den soeben im Entstehen begriffenen Unternehmen? Eine Zeitlang ging man davon aus, dass die verspätete Industrielle Revolution in Deutschland auf Kapitalmangel, insbesondere auf Mangel an liquidem Kapital, zurückzuführen sei, doch hat Knut **Borchardt** 1976 diese These widerlegt.

Die Verschuldungsbereitschaft bzw. Kreditneigung war generell gering[54]. Es gab nur wenige Banken, zu deren Geschäft die **Industriefinanzierung** gehörte. Es waren dies vor allem Frankfurter Bankiers sowie das Kölner Quartett (Herstatt, Oppenheim, Schaaffhausen, Stein) sowie die Preussische Seehandlung, die Königliche Württembergische Hofbank in Stuttgart und die Königliche Bayerische Bank in Nürnberg. Nach 1848 kamen einige Kreditinstitute auf Aktienbasis hinzu. Zunächst war dies der Abraham Schaaffhausen'sche Bankverein in Köln (1848), die Disconto-Gesellschaft, die 1851 in Berlin zunächst als Genossenschaft gegründet und 1856 in eine KGaA umgewandelt wurde. Sodann sind zu nennen die 1853 in Darmstadt gegründete Bank für Handel und Industrie und 1856 die Norddeutsche Bank in Hamburg sowie die Allgemeine Deutsche Credit-Anstalt in Leipzig.

---

[53] Gömmel, Industriefinanzierung, S. 17 f., unter Bezug auf: Thul, Aloys: Entwicklung des Hypothekar-Kredits, 1930, S. 132.

[54] Gömmel, Industriefinanzierung, S. 5 f.

Durch den 1870 abgeschafften Konzessionszwang für Aktiengesellschaften entstanden zwar eine Vielzahl neuer Banken, doch wurden viele bald darauf in der „Gründerkrise“ insolvent. Einige überstanden die Krise und expandierten danach umso mehr. Zu ihnen gehörte die Deutsche Bank (Berlin, gegr. 1870), die Commerz- und Disconto-Bank in Hamburg (1870) sowie die Dresdner Bank (1872). Sie pflegten das Bankgeschäft bald universal.

Fragen wir uns einmal, wie Goethes Zeitgenossen vorgingen, wenn sie eine Firma gründen wollten oder kapitalbedürftig waren. Welche Möglichkeiten boten sich ihnen?

Zunächst lässt sich um die Mitte des 19. Jahrhunderts eine gewisse Gründungsaktivität beobachten. Aktiengesellschaften waren - wie erwähnt - noch zustimmungsbedürftig; der Staat hatte hier noch das letzte Wort. Jedoch begannen die Banken in verstärktem Masse, sich in das Gründungs- und Umwandlungsgeschäft einzuschalten. Eine Hauptschwierigkeit bestand jedoch latent: es fehlte an Zahlungsmitteln. Dieser Mangel konnte etwa dazu führen, dass Industriefirmen z.B. den Erwerb von Maschinen beglichen, indem sie eigene Aktien in Zahlung gaben. Doch nicht jeder Lieferant liess sich in Aktien auszahlen und die wenigsten Aktien waren bereits Inhaberaktien. Meist dürfte es sich um wenig fungible Namensaktien gehandelt haben.

Welche Erfahrungen gibt es mit der Finanzierung der Aktiengesellschaften im 19. Jahrhundert? - Unterschiedliche! Immerhin bot sich alternativ die Möglichkeit der Beteiligungsfinanzierung. Es war nicht einfach, den angemessenen Kapitalbedarf genau zu bestimmen. Oft gab die Antwort der Kapitalmarkt. Als 1840 etwa die Mechanische Baumwollspinnerei und -weberei Augsburg mit einem Grundkapital von 1,2 Millionen Gulden gegründet wurde und der Kurs der Aktien bald auf 70 Prozent fiel, entstand erheblicher zusätzlicher Kapitalbedarf in Höhe von 350.000 Gulden, wozu man die 1835 ins Leben gerufene Bayerische Hypotheken- und Wechselbank in Anspruch nahm sowie 15 weitere Kreditgeber[55]. Andere wiederum mussten Kapitalerhöhungen vornehmen, wie etwa die Stolberger Aktiengesellschaft für Bergbau, Blei- und Zinkfabrikation, die im Jahre 1855 ihr Grundkapital von zwei auf acht Millionen Taler vervierfachte und ausserdem Obligationen in Höhe von 21 Millionen Talern in Anspruch nahm. Darüber hinaus benötigte sie einen Kredit über 800.000 Taler. Man kann sich vorstellen, in welche Schwierigkeiten solche Unternehmen in Banken- und Kapitalmarktkrisen gerieten. Man wird jedoch nicht umhinkommen, einige Schwierigkeiten dem Gesetzgeber

---

[55] Gömmel, Industriefinanzierung, S. 8, gestützt auf Zorn.

anzulasten. So machte etwa das preussische Aktiengesetz von 1843 die Erteilung der Konzession von der Höhe des erforderlichen Kapitals abhängig, woraus natürlich eine starke Neigung zur Überkapitalisierung resultierte. Auch einer später nötigen Kapitalerhöhung, die wiederum genehmigungsbedürftig war, wollte man damit vorbeugen[56].

In den grossen neuen Investitionsbereichen wie dem Eisenbahnbau reichten herkömmliche Finanzierungsformen einschliesslich der Selbstfinanzierung zur Aufbringung nicht mehr aus. Hier erfolgte die Finanzierung hauptsächlich durch Gründung von **Aktiengesellschaften,** d.h. durch Beteiligungskapital. Bei der Emission der Aktien waren die Banken beteiligt, sodass sich eine gewisse Parallelität in der Entwicklung des Eisenbahn- und Bankwesens beobachten lässt. Noch 1870 bestand die Hälfte aller an der Börse gehandelten Wertpapiere aus Eisenbahnpapieren. Dazu kam, dass die Bereitschaft der privaten Kapitalgeber gross war, sich an den Emissionen der Eisenbahnpapiere zu beteiligen, hauptsächlich aus Spekulationsgründen. Der Staat förderte ebenfalls die Kapitalbildung, indem er die Aktien der Eisenbahnen mit einer Staatsgarantie ausstattete und für mündelsicher erklärte.

5.2.5. Die Soziale Frage

Die zunehmende Bevölkerung und das Überangebot an Arbeitskräften verschärfte die soziale Lage der Unterschicht. Am schlimmsten war die Situation im verlegerisch gebundenen Heimgewerbe, d.h. bei den Spinnern und Webern in Westfalen, Sachsen und Schlesien.

Die Frauen- und Kinderarbeit wuchs an, da die sozial abgestiegenen Handwerker und Arbeiter ihre Frauen und Kinder in die Fabriken schicken mussten, weil ihr eigener Lohn auch bei langer Arbeitszeit nicht zur Deckung des Familienunterhaltes ausreichte. Die unzureichende Vorsorge bei Krankheit, Alter und Invalidität verschärfte die Probleme. Einen Schutz der Arbeitenden gab es bis zur Mitte der 1830er Jahre nicht. Die schlechten Wohnverhältnisse und die am Rande des Existenzminimums sich bewegenden Ernährungsverhältnisse waren eine Folge der niedrigen und bis um die Mitte des Jahrhunderts sinkenden Realeinkommen.

Die Selbsthilfeorganisationen der Arbeiter, karitative Vereine und staatliche Massnahmen trugen zur Verbesserung der Situation wesentlich bei. Nach der

---

[56] L.c., S. 9, i. V. m. Blumberg, Horst: Die deutsche Textilindustrie in der industriellen Revolution, Berlin 1965, S. 174.

Jahrhundertmitte führte die zunehmende Industrialisierung dann zu einer deutlichen Verbesserung am Arbeitsmarkt und zur Bewältigung des Pauperismus.

5.2.6. Das Unternehmertum

Ein Merkmal der Industrialisierung war die Gründung arbeitsteiliger Fabriken und der Berufsstand des Fabrikanten. Viele Firmen von später internationalem Rang entstanden in der Zeit der Hochindustrialisierung: Krupp, Henkel, Mannesmann, Stinnes, Thyssen und Siemens usw. Einer der bedeutenden Pionierunternehmer war Friedrich Harkort (1792-1880). Er gründete die erste Maschinenfabrik an der Ruhr, wo er mit englischen Maschinen, Ingenieuren und Arbeitern Dampfmaschinen, hydraulische Pressen u.ä. baute.

Darstellung 27: Unternehmertypologie von Wolfgang Zorn

Wolfgang Zorn unterscheidet nach den Ausgangsstellungen zum unternehmerischen Wirken folgende fünf Herkunftstypen:

1. Feudale Grundbesitzer
2. Bürgerliche Gewerken, Fabrik- und Geschäftserben und bäuerliche Hofgutserben
3. Kaufleute und Bankiers
4. Handwerker und Techniker
5. Forscher

Quelle: Zorn, Wolfgang: Typen und Entwicklungskräfte deutschen Unternehmertums im 19. Jahrhundert. In: VSWG 44,1, 1957, S. 57-77, hier: S. 64ff.

Die Funktionen des Unternehmers wurden um die Mitte des 19. Jahrhunderts zunehmend aufgeteilt in Techniker, Kaufmann und Finanzmann.

In Anlehnung an Ernst **Heuß** empfiehlt es sich, als dynamische Unternehmer (Joseph A. Schumpeter) zum einen den initiativen Pionierunternehmer und zum anderen den spontan imitierenden Unternehmer zu unterscheiden. Beide, der innovierende und der bewahrende Unternehmertyp, sind für die verschiedenen Marktphasen und generell für die wirtschaftliche Entwicklung von grosser Bedeutung. Die selbständigen Unternehmer waren im 19. Jahrhundert weit überwiegend die Träger des Risikos und des Wirtschaftswachstums.

5.2.7. Konjunktur und Wachstum

Die Produktion landwirtschaftlicher Erzeugnisse hatte sich zwischen 1800 und 1850 etwa verdoppelt und pro Kopf gerechnet um ca. 30 Prozent gesteigert. Auch die gewerbliche Produktion wuchs schneller als die Bevölkerung. Der Beginn des Eisenbahnbaus, die Gründung des Deutschen Zollvereins, die Errichtung gewerblicher Grossbetriebe in der Textilindustrie und im Maschinenbau, die Beschleunigung der Produktionssteigerung im Kohlenbergbau und in der Eisenverarbeitung gelten als Anzeichen der **gesamtwirtschaftlichen Belebung**.

Die Zeit von 1830 bis 1870 ist von einem Aufwärtstrend gekennzeichnet; dieser weist jedoch Schwankungen auf. Der lebhafte Aufschwung nach der Revolution von 1848, begünstigt durch Goldfunde in Kalifornien und Australien, wurde 1857 durch eine Krise gebremst, die auf Überspekulationen und Überinvestitionen zurückzuführen war. Bei der Krise **1857-1859** handelt es sich um die **erste** eigentliche **Weltwirtschaftskrise**. Der Zusammenhang des deutschen Konjunkturzyklus mit den weltweiten Konjunkturbewegungen zeigte sich besonders ausgeprägt in dieser Krise. Der Rückschlag wurde überwunden, die Aufschwungsbewegung erst 1866/67 abgeschwächt und später durch die Gründerkrise vorübergehend gestoppt (1873).

Am Ende dieser Phase war Deutschland weitgehend wirtschaftlich integriert. Es war zwar immer noch ein **Agrarstaat**, aber die Grundlagen für die Entwicklung eines **Industriestaates** waren geschaffen und einige Industriezweige (Kohle- und Eisenproduktion, Textilindustrie) waren überwiegend zur industriellen Produktion übergegangen.

5.3. Die Industriellen Revolutionen und ihre Komponenten

Völlig zu Recht hat die jüngere Forschung auf die Pluralität der Entwicklung im Rahmen der Industrialisierung hingewiesen. Insbesondere hat man sich angewöhnt, von Industriellen Revolutionen zu sprechen. Dieser Plural ist Ausdruck der Tatsache, dass die Industrialisierungsmuster sich nicht nur von Land zu Land, sondern auch von Region zu Region wesentlich unterscheiden. Der Reigen der Möglichkeiten reicht hier von der im wesentlichen auf Eisen, Kohle und Dampf beruhenden „klassischen" Industriellen Revolution Deutschlands, über die auf starker Spezial- und Nischenproduktion basierenden Entwicklung in der Schweiz bis hin zur dänischen Version, bei der die Agrarindustrie im Vordergrund stand. Wiederum wesentlich anders verliefen die Industriellen Revolutionen in Belgien, den USA, Frankreich und Russland. Wie gesagt: Die länderspezifische Betrachtung ist ein noch bei weitem zu grobes Raster, denn innerhalb der Länder gab es eine Vielzahl regional höchst unterschiedlicher industrieller Ausprägungen, die jedoch bei genauerem Hinsehen eine spezifische Kombination immer wieder auftretender Merkmale aufwiesen. Diese seien im folgenden nochmals kurz zusammenfassend genannt:

Darstellung 28: Wesentliche Komponenten industrieller Entwicklung

- Stand der **vorindustriellen Entwicklung**

  - Ansammlung von **Humankapital** in der Bevölkerung (Know-how, Fertigkeiten, Realbildung etc.)
  - Dichtes Netz marktlicher **Verflechtungsbeziehungen** (Multiplikatoreffekte, sich selbst tragendes Wachstum etc.)
  - Nicht zu ungleiche Einkommens- und Vermögens**verteilung** (Verhinderung des Abflusses kaufkräftiger Nachfrage ins Ausland)

- Eröffnung von Wegen hin zu extensivem Wachstum
- **Übergang von extensivem in intensives Wachstum** (Zunehmend produktive Nutzung überschüssiger Ressourcen)
  Beispiele: Land in den USA
  Arbeitskraft in Europa und Japan
- Ausbau des Bildungs- und Ausbildungswesens
  (Entwicklung der Fähigkeit zu **Imitation** und **Adaption** bzw. ***catching up***)
- Gewährleistung von **Eigentums-, Besitz- und Verfügungsrechten**
- Gewährleistung **freier Unternehmerinitiative**
- Etablierung von **Kreditinstituten**
- **Keine** direkten **Interventionen** von Seiten des Staates

Literatur:

Borchardt, Knut: Die Industrielle Revolution in Deutschland, München 1972; **Braun**, Rudolf et al. (Hrsg.), Industrielle Revolution, Wirtschaftliche Aspekte, Köln/Berlin 1972; **Buchheim**, Christoph: Industrielle Revolutionen, München 1994; **Fremdling**, Rainer: Eisenbahnen und deutsches Wirtschaftswachstum 1840-1879. Ein Beitrag zur Entwicklungstheorie und zur Theorie der Infrastruktur, Dortmund 1975; **Fremdling**, Rainer: Technologischer Wandel und internationaler Handel im 18. und 19. Jahrhundert. Die Eisenindustrien in Grossbritannien, Belgien, Frankreich und Deutschland, Berlin/München 1986; Hahn, Hans-Werner: Geschichte des deutschen Zollvereins, Göttingen 1984; **Milward**, Alan S./**Saul**, B.S.: The Economic Development of Continental Europe 1780-1870, London 1973; **Siegenthaler**, Hansjörg: Industrielle Revolution. In: HdWW 4, 1988, S. 142-159; **Tilly**, Richard H.:Vom Zollverein zum Industriestaat. Die wirtschaftlich-soziale Entwicklung Deutschlands 1834 bis 1914, München 1990; **Wehler**, Hans-Ulrich: Deutsche Gesellschaftsgeschichte, Bd. 2, Von der Reformära bis zur industriellen und politischen 'deutschen Doppelrevolution' 1815-1845/49, 2. Aufl., München 1989.

Prüfsteine:

1. Was versteht man unter extensivem und intensivem Wachstum?
2. Was versteht man unter Agrarrevolution? Erklären Sie mögliche Zusammenhänge zwischen Agrarrevolution und Industrieller Revolution!
3. Erklären Sie den Zusammenhang zwischen demographischer und Getreidepreisentwicklung im 18. Jahrhundert!
4. Wie verlief die Bevölkerungsentwicklung zu Beginn der sog. Industriellen Revolution? (Graphische Darstellung erwünscht)
5. a) Welche konkreten Abhängigkeitsverhältnisse wurden im Rahmen der sog. „Bauernbefreiung“ aufgehoben? Nennen Sie drei!
   b) Welche Auswirkungen hatte die „Bauernbefreiung“?
6. Worum handelte es sich beim „Deutschen Zollverein“? Welches waren seine Vorläufer und wie lange existierte er?
7. Was unterscheidet die Manufaktur von der Fabrik? Zeigen Sie die Unterschiede anhand dreier Merkmale!
8. Wodurch wurde der Eisenbahnbau im 19. Jahrhundert finanziert? Nennen Sie drei Finanzierungsquellen!
9. Welche wesentlichen Komponenten sind bei der Erklärung der Industrialisierung heranzuziehen?

Exkurs: Kommunikation und Marktintegration

Durch die technisch-innovatorischen Errungenschaften im Zuge der Industrialisierung spielte die Kommunikation als marktintegrierende Kraft eine zunehmend wichtige Rolle. Dabei sei unter Kommunikation nicht nur die Mitteilung von Informationen zwischen Lebewesen und/oder Maschinen verstanden, sondern es soll der Begriff das Verkehrs- und Nachrichtenwesen mit einschliessen. „Kommunikationsfortschritt“ ist als die Summe derjenigen neuen Entwicklungen zu verstehen, die zu einer wesentlichen Erleichterung der realen und abstrakten Verbindung zwischen Sendern und Empfängern allgemein und zwischen Marktteilnehmern im Besonderen führte. Im Falle der ökonomischen Kommunikation können dies Verkäufer und Käufer sein, die am abstrakten (räumlich entfernten) ökonomischen Ort des Tausches oder am realen Markt (z.B. Grossmarkt, Börse etc.) miteinander in Verbindung treten. Die Wachstumsgeschwindigkeit des Bereichs „Kommunikation“ im 19. Jahrhundert legt es mithin nahe vom „Jahrhundert der Verkehrsrevolution“ zu sprechen.

Wollte man es - wofür vieles spricht - auch als Jahrhundert der Integration auffassen, wäre grundsätzlich nach den Bestimmungsfaktoren räumlicher Integration zu fragen. Es lassen sich vier wesentliche Kriterien oder Massstäbe herauskristallisieren, die es erlauben, räumliche Integration zu messen (nach Knut Borchardt):

a) die **interräumlichen Leistungsgefälle**, wobei vom Aspekt des Handels her hierunter die interregionalen Preisdifferenzen fallen, also letztlich auch die Lohn- und Einkommensgefälle sowie die Produktivitäts- und Qualitätsgefälle, die im Preisgefälle ihren Niederschlag finden (Preis- und Qualitätskonkurrenz).

b) Einen Anhaltspunkt für Integration bieten ferner die **Möglichkeiten** und Wahrnehmungsgrade **des Austauschs von Informationen und Wissen** (Ausgleich durch Faktorenwanderung, z.B. Spezialisten).

c) Die Höhe der **Transferkosten** für Güter (z.B. beim Massengütertransport), Kapital (Kapitaltransfer), Personen (Arbeitskraft-Mobilität) und Nachrichten (Transport von Kommunikations-Know-how) bieten einen weiteren Anhaltspunkt für die Intensität und den Grenznutzen räumlicher Integration (Transportkosten, Zölle, Strassengelder, Postgebühren etc.) und schliesslich können

d) gewisse mentale oder gesinnungs- und **verhaltensmässige** Unterschiede als schwer messbare Determinanten den Integrationsprozess fördern oder hemmen. Hierzu gehören politische und weltanschauliche Einstellungen wie etwa der Nationalismus, der z.B. in der Weimarer Zeit bei der Diskussion um eine Europäische Wirtschaftsunion eine wesentliche Rolle gespielt hat.

Diese Kriterien wurden bereits von den Zeitgenossen des 19. Jahrhunderts angesprochen. Am 23. Oktober 1828 schrieb ein berühmter Geist seiner Zeit z.B. folgendes: *„Mir ist nicht bange, dass Deutschland nicht eins werde; unsere guten Chausseen und künftigen Eisenbahnen werden schon das Ihrige tun. ... Es sei eins, dass der deutsche Taler und Groschen im ganzen Reich gleichen Wert habe; eins, dass mein Reisekoffer durch alle sechs und dreissig Staaten ungeöffnet passieren könne. Es sei eins, dass der städtische Reisepass eines weimarischen Bürgers von dem Grenzbeamten eines grossen Nachbarstaates nicht für unzulänglicher gehalten werde, als der Pass eines Ausländers. Es sei von Inland und Ausland unter deutschen Staaten überall keine Rede mehr. Deutschland sei ferner eins in Mass und Gewicht, in Handel und Wandel und hundert ähnlichen Dingen, die ich nicht alle nennen kann und mag."* Der berühmte Zeitgenosse, der hier seine Vorstellungen über die ökonomische und nationale Integration äusserte, hiess Johann Wolfgang von **Goethe**.

Unter den vielen genannten Aspekten seien einige wenige herausgegriffen und dabei besonders die Marktintegration ins Auge gefasst, deren Vorhandensein und Intensität sich etwa an Preiszusammenhängen aufzeigen lässt.

Versteht man den idealtypischen, vollkommenen Markt (mit vollkommener Konkurrenz) im Sinne Erich Gutenbergs gleichzeitig als den am meisten integrierten, so wäre es sinnvoll, die Integrationsintensität und Qualität eines Marktes an den fünf Merkmalen des vollkommenen Marktes zu messen. Vollkommenheitskriterien sind dabei

- die sachliche Gleichartigkeit der Güter,
- das Fehlen persönlicher Präferenzen sowie
- räumlicher und zeitlicher Differenzierungen zwischen den beiden Marktseiten und
- die Markttransparenz.

Die Marktintegration findet dabei, wie in der obigen Darstellung ersichtlich, ihren Ausdruck im Preis, dem bedeutendsten Massstab in marktwirtschaftlichen Systemen. Zusammenhänge von Konjunkturen und Preisen bilden damit Indikatoren für die ökonomische Integration. Dabei ist zu beachten, dass bestimmte Güter (z.B. Baumwolle, Weizen etc.) fungibler und dadurch schneller übertragbar sind als andere. Lange nach den Gütermärkten, doch noch vor dem Ersten Weltkrieg, nahm die Verflechtung der Kapitalmärkte rapide zu. Damit wurde die Übertragung von Trendwenden wahrscheinlicher, die Integrationskraft stärker[57].

Darstellung 29: Die Grosshandelspreise in Deutschland, Grossbritannien und Frankreich 1792-1913 (in Indexziffern)

1913 =100

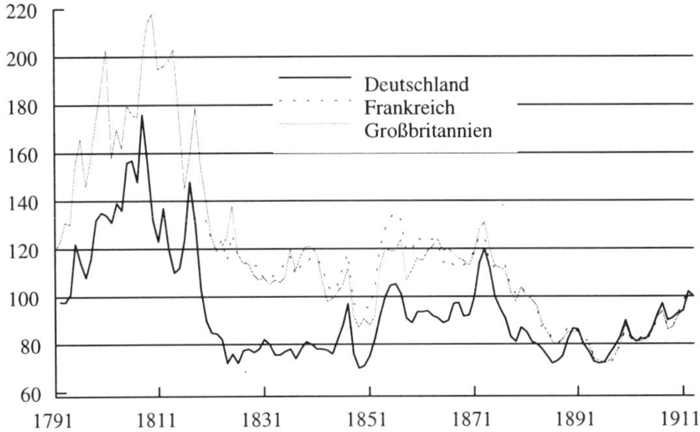

Quelle: Jacobs, Alfred/Richter, Hans: Die Grosshandelspreise in Deutschland von 1792 bis 1934 (= Sonderheft des Instituts für Konjunkturforschung. Nr. 37), Berlin 1935, S. 34, 82 f.

An zwei Beispielen soll versucht werden, eine im 19. Jahrhundert besonders auffällige preishistorische Erscheinung im Zusammenhang zu erklären. Als Beispiele dienen der Gütermarkt und der Kapitalmarkt.

---

57 Pohl, Hans: Aufbruch der Weltwirtschaft. Geschichte der Weltwirtschaft von der Mitte des 19. Jahrhunderts bis zum Ersten Weltkrieg (= Wissenschaftliche Paperbacks 24. Sozial- und Wirtschaftsgeschichte), Stuttgart 1989, S. 348 f.

Der Zusammenhang von Kommunikation und Integration am Beispiel des Getreidemarktes

Im 19. Jahrhundert vollzog sich „*neben der Abnahme der zeitlichen Preisunterschiede am gleichen Ort* (Spekulation, R.W.) *gleichzeitig ein ununterbrochener Rückgang der räumlichen Unterschiede in den Preisen im gleichen Zeitpunkt* (Arbitrage, R.W.)“. Die Preisausgleichswirkung des Eisenbahnbaus, also die Verbesserung der Getreideversorgung zwischen Überschuss- und Zuschussgebieten, lässt sich methodisch recht deutlich durch einen Vergleich der Preise in Hoch- und Niedrigstpreisgebieten und deren Entwicklung über einen langen Zeitraum zeigen:

Darstellung 30: Der Einfluss der Verkehrsentwicklung auf die Getreidepreise in Deutschland

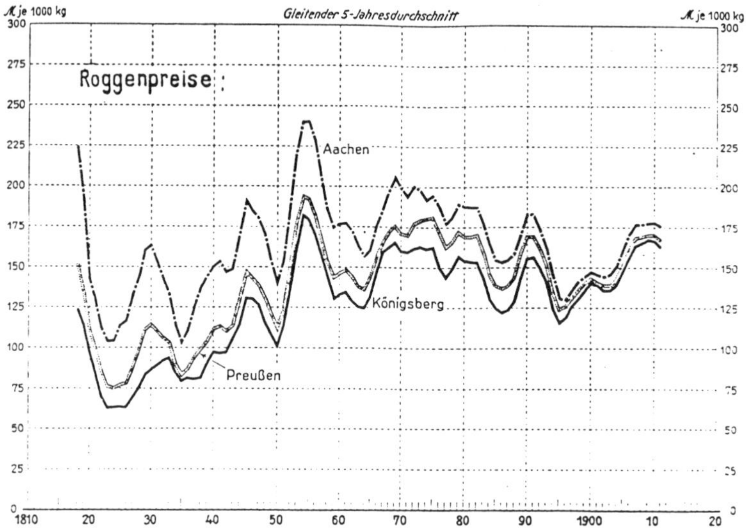

Datenquelle: Vierteljahreshefte zur Statistik des Deutschen Reichs 44 (1935), S. 291.

In der Zeit von 1816 bis 1860 hatte z.B. Aachen unter den wichtigsten preussischen Städten am häufigsten den höchsten Roggenpreis, Königsberg am häufigsten den niedrigsten. Je länger je mehr näherten sich diese Preise jedoch dem Landesdurchschnittspreis und „*es ist kein Zufall, dass die Bewegung...erst seit dem Ende der 1830er Jahre solche Stetigkeit bekommt; in diese Jahre fällt der Beginn des Eisenbahnbaus in Deutschland. - Der preussische Statistiker*

*Ernst **Engel** berechnete 1861, dass bei den üblichen Frachtsätzen für Chausseetransport die Fuhrkosten den Preis eines Zentners Roggen bei 60 bis 80 Meilen Entfernung verdoppelten* (d.h. bei ca. 450-600 km, R.W.). *Der Frachtsatz der Eisenbahnen von 2 Pfennigen je Zentner für die Meile* (ca. 7,5 km, R.W.) *ermöglichte die Versendung dieses Zentners Roggen auf die vierfache Entfernung* (ca. 1800-2400 km, R.W.) *und damit die Belieferung einer 11- bis 12fach grösseren Fläche, ehe sein Preis sich verdoppelt hatte"*[58]. Versucht man nun, diesen von Ernst Engel angesprochenen Zusammenhang von Preis und Raum graphisch zu erfassen, so ergibt sich die Darstellung 31.

Was darin veranschaulicht wird, könnte man den **„Eisenbahneffekt"** nennen, nämlich das Erreichen derselben Marktentfernung mit erheblich geringeren Transportkosten oder umgekehrt die Vervielfachung der Marktgrösse bei gleichbleibenden Transportkosten. Damit verbunden war die Erschliessung niedrigerer Einkommensschichten. Aber nicht nur die Transportkosten wurden wesentlich reduziert, sondern auch der Zusammenhang der Preisschwankungen, d.h. die Differenzen zwischen Höchst- und Niedrigstpreisgebieten gestalteten sich immer geringer, besonders auffällig im letzten Viertel des 19. Jahrhunderts. Die Preisausgleichswirkung des Verkehrs- und Nachrichtenwesens war derart, dass grosse Preisdisparitäten ganzer Warengruppen, wie sie noch im 18. und in der ersten Hälfte des 19. Jahrhunderts beobachtbar waren, kaum mehr eingetreten sind. Insbesondere ordneten sich die landwirtschaftlichen Erzeugnispreise dem volkswirtschaftlichen Preisgefüge ein und machten im wesentlichen die Konjunkturschwankungen des Preisniveaus ab 1870 mit.

[58] Walter, Rolf: Märkte, Börsen, Messen, Aussstellungen im 19. und 20. Jahrhundert. In: Pohl, Hans (Hrsg.): Die Bedeutung der Kommunikation für Wirtschaft und Gesellschaft, Stuttgart et al. 1989, S. 379-440, hier: S. 382 f.

Darstellung 31: Der Launhardt'sche Trichter

Wilhelm Launhardt (1832-1918) war als Professor an der Technischen Hochschule Hannover tätig. Das unten abgebildete Trichtermodell entwickelte er in seinem Werk „Mathematische Begründung der Volkswirtschaftslehre“ (Leipzig 1885). Seine zentrale Aussage: Die Grösse des Absatzgebietes ist eine Funktion des Preises ab Werk und der Höhe des Frachtsatzes. Ferner: Markt und Konkurrenz sind wegen der sich aus der geographischen Entfernung zwischen Anbieter und Kunden ergebenden Präferenzen unvollkommen.

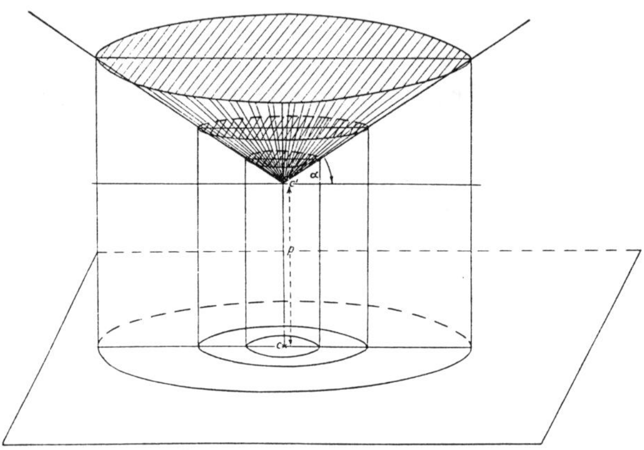

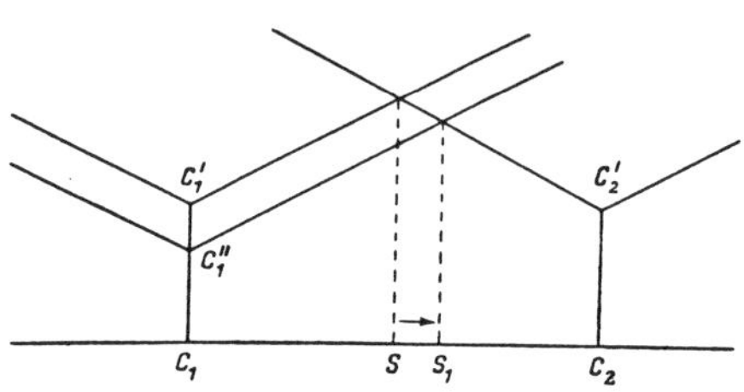

(1) $p_e = p + f \cdot e$ — e = Entfernung v. Produktionszentrum

(2) $\tan \alpha = f$ — f = Frachtsatz pro Mengeneinheit u. km (z.B. tkm)

p = „Ortspreis“

p_e = Preis in der Entfernung e v. Produktionszentrum

(3) Ein Punkt s bzw. s_1 der **Konkurrenzgrenze** muss der Bedingung

$p_1 + f_1 \cdot e_1 = p_2 + f_2 \cdot e_2$ genügen.

c1, c2 = Produktionszentren

c1', c1'', c2' = Produktionspreise ab Werk

Quelle der Abbildungen: Schneider, Erich: Einführung in die Wirtschaftstheorie, Tübingen 1961, S. 78/Fig. 27, S. 85/Fig. 33.

Derselbe Prozess, der sich so im regionalen und nationalen Raum abspielte, galt in ähnlicher Weise international und weltweit, wiederum besonders auffällig in den letzten drei Jahrzehnten des 19. Jahrhunderts: *„Ende der 1870er Jahre weitet sich infolge des sich immer mehr verbessernden überseeischen Verkehrs und des Nachrichtenwesens der europäische Getreidemarkt zum Weltmarkt, auf dem die Ernten neu erschlossener Überschussgebiete in der ganzen Welt die Getreidepreise beschleunigt zum Sinken bringen, so dass die sinkende Tendenz in den europäischen Zuschussgebieten sich fortsetzt. In Deutschland aber, das nach 1870 - für Roggen schon 20 Jahre früher - ebenfalls Zuschussgebiet ist, vermag diese sinkende Grundtendenz sich nicht durchzusetzen, da - besonders deutlich bei Weizen, Gerste und Hafer zu beobachten - die Einführung der Schutzzölle 1880 und mehr noch ihre Verdreifachung 1885 die deutschen Preise in den Jahren 1887 bis 1890 an die Weltmarktpreise heranführt.“* Die folgende Graphik verdeutlich dies.

Darstellung 32: Der Weizenpreis in Deutschland und im Ausland 1871-1913

1913 = 100

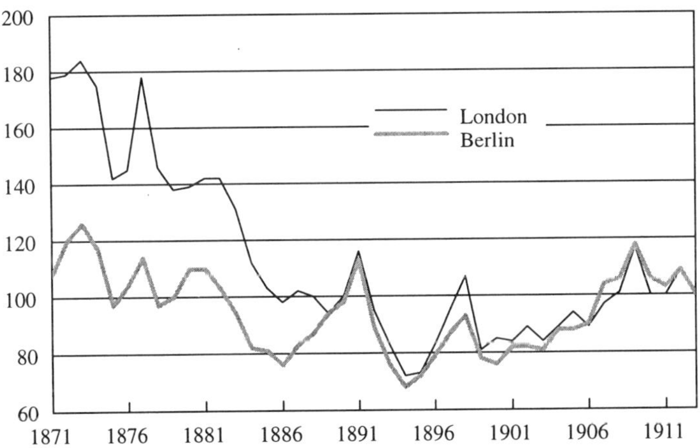

Datenquelle: Vierteljahreshefte zur Statistik des Deutschen Reichs 44 (1935), S. 298 f.

Darstellung des Zusammenhangs am Beispiel des Kapitalmarktes

Die am Beispiel eines Güter- bzw. Getreidemarkts beschriebene Marktintegration infolge verbesserter Kommunikation fand auch im Bereich der Kapitalmärkte statt. Die zunehmende Bedeutung des Bankensektors bei der Mobilisierung und Transformation von Aktienkapital ab der Mitte des 19. Jahrhunderts hing eng zusammen mit dem bereits im 18. Jahrhundert beginnenden Prozess der Durchsetzung der **Inhaberaktie** und der damit verbundenen Erleichterung der Übertragbarkeit durch Verzicht auf Zession. Neben diese Massnahmen zur Erleichterung des Kapitalverkehrs und zur Beschleunigung der Übertragungsmechanismen traten die umwälzenden Neuerungen in der Nachrichtentechnik, die für eine bis dahin nicht gekannte Markttransparenz sorgten.

So traten z.B. erstmals **Börsen-Blätter** als wichtige Kommunikationsmittel neben die politischen Tagesblätter und trugen so dem stark wachsenden Bedürfnis nach Information über den immer populärer werdenden Bereich „Börse" Rechnung, wobei diese Entwicklung Hand in Hand ging mit der „Marktreife" des **Telegraphen**. 1855 griff die Berliner Börsen-Zeitung erstmals auf Nachrichten aus *„Wolffs Telegraphischem Bureau"* zurück und brachte ab 1856 in der ersten Spalte die neue Rubrik *„Telegraphische Depeschen"*. Die Bedeutung des Telegraphen für die Herausbildung des Banken- und Börsensektors wurde meines Erachtens bislang zu wenig hervorgehoben. Die Innovationen auf nachrichtentechnischem Gebiet wurden begleitet von infrastrukturellen (Strassen-, Eisenbahn- und Kanalbau), verkehrstechnischen (Dampfschiffahrt 1816; 1827 Köln-Mainz; Regelmässigkeit) und administrativen Neuerungen (z.B. Rheinschiffahrtsakte 1831 und 1868; Währungs- und Münzordnung 1838; Einführung des metrischen Systems 1857). Hinzu kamen institutionelle (z.B. Credit Mobilier, Darmstädter Bank, Disconto-Gesellschaft) und finanztechnische Neuerungen sowie politische (Zollverein) und nicht zuletzt rechtliche Verbesserungen. Hierzu zählt insbesondere die einschneidende Neuregelung durch das Aktiengesetz von 1870, das die staatliche Konzessionspflicht bei der Gründung von Aktiengesellschaften aufhob und damit einen wesentlich leichteren Zugang zum Markt für Beteiligungskapital schuf und ein starkes Integrationshemmnis auf demselben beseitigte.

Die sich Ende des 19. Jahrhunderts durchsetzende **Telefonie** bewirkte eine weitere Intensivierung der Marktintegration, trug also mit dazu bei, dass die Preis- und Kursgefälle zwischen denselben wesentlich verringert wurden. Die

Möglichkeiten der Verdichtung des Weltkabelnetzes[59] und der damit verbundene Nachrichtenschnellverkehr steigerten die Markttransparenz weltweit erheblich, wobei freilich nicht alle Marktteilnehmer die Vorteile frühzeitiger Information in gleicher Weise nutzen konnten. - Jedenfalls verstärkte sich der Trend zur Globalisierung und Integration der Finanzmärkte.

Die Bedeutung der Arbitrageure, der Kommunikatoren zwischen den Orten unterschiedlicher Kurse, nahm in dem Masse ab, wie sich der Ausgleich von Angebot und Nachfrage am Kapitalmarkt der Zeitgleichheit annäherte. Der sukzessive Abbau der Arbitragemöglichkeiten und Informationsvorsprünge mit Hilfe der Technisierung hob den Informationsstand aller Marktteilnehmer an und nivellierte ihn gleichzeitig.

Ähnlich, wie bei den Gütermärkten (siehe Getreidemarkt) zu beobachten, wurde auch im Bereich der Kapitalmärkte deren zunächst lediglich regionale Bedeutung aufgehoben. Dies ist ein Prozess, der ohne die wirklich revolutionären Fortschritte im Bereich der kabelmässigen und kabellosen Kommunikationstechnik[60] nicht zu denken gewesen wäre.

Prüfsteine:

1. Die regionale Wirtschaftsentwicklung war im 19. Jahrhundert sehr unterschiedlich. Nennen Sie mögliche Gründe für diese Disparitäten!
2. Wodurch wurden die unterregionalen Disparitäten zum Ausgleich gebracht?
3. Erklären Sie den „Eisenbahneffekt" anhand des „Launhardt'schen Trichters"!
4. Anhand welcher Kriterien „messen" Sie den Integrationsgrad eines Wirtschaftsraumes? Beurteilen Sie anhand dieser Kriterien die Zu- oder Abnahme des Integrationsgrades im Deutschland des 19. Jahrhunderts!

---

59 Telegraphenleitungen weltweit: 1875: 400.000 km; 1905: 1,2 Mill. km; Übertragungsgeschwindigkeiten: 1805: Paris-Strassburg 1 Zeichen in 6 Minuten (= 0,02 Informationsbit/Sek.); 1835: Gauss/Weber-Telegraph: 7 Buchstaben pro Minute; 1915: Siemens/Halske-Telegraph: 1000 Zeichen pro Minute.

60 1915 Wellenfilter; 1935 Koaxialkabel (Kapazität: 1 Fernsehprogramm + 200 Ferngespräche); 1979: Erste Lichtwellenleiterstrecke (Glasfaser) in Deutschland; TAT 1 1956 32.000 Sprechkanäle. Lichtwellenleiter 800 Fasern von 0,125 mm Durchmesser; Faser-Bandbreite: 1 Gigaherz, d.h. 100 Fernsehprogramme; Fernsehen ab 5 MHz; Bewegtbild 1 MHz (Hz = Schwingungen/Sekunde).

6. Das Deutsche Kaiserreich 1871-1918

6.1. Von den „Gründerjahren" bis zum Ersten Weltkrieg

Darstellung 33: Wirtschaft und Gesellschaft 1871-1914

Charakterisierung der Epoche:
- Periode der Hochindustrialisierung
- Phase des Wandels vom Agrar- zum Industriestaat
- Starke nationalistische, imperialistische bzw. kolonialistische Prägung
- (Handelspolitische) Wende vom Liberalismus zum Protektionismus
- Institutionalisierung bzw. Organisation ökonomischer Interessen (Gewerkschaften, Kartelle, Verbände)
- Aufkommen industrieller Grossunternehmen und Grossbanken
- Systematische Anwendung wissenschaftlicher Erkenntnisse in der Industrie („Wissenschaftsindustrie"; Zweite Industrielle Revolution)

6.1.1. Die Einordnung in den langfristigen konjunkturellen Entwicklungszusammenhang

Um die gesellschaftliche und wirtschaftliche Entwicklung des letzten Drittels des 19. Jahrhunderts zu verstehen, sollte man zunächst versuchen, diese Phase in den langfristigen konjunkturellen Gesamtkontext einzuordnen. Dabei bietet sich eine Dreiteilung in die Phasen 1850 bis 1873, 1874 bis 1895 und 1896-1913 an. Im Falle der ersten und letzten Phase könnte man mit Arthur **Spiethoff** von „Aufschwungsspannen" und von der mittleren Phase als der „Stockungsspanne" sprechen. Die Aufschwungsspannen sind durch zyklische Wachstumsschübe charakterisiert, die länger andauerten und intensiver waren als die kurzen zyklischen Abschwünge. Trendmässig stiegen die Preise in den Aufschwungsperioden, was mit den Goldfunden in Kalifornien (zeitgenössisch sprach man vom *„Gelben Kalifornium-Fieber"*), Australien (1848) und Südafrika (1890) zusammenhing. Durch die Liquidisierung des Geldsystems (Banknoten), Industriekredite (credit mobilier) und Aktien („Demokratisierung des öffentlichen Kredits" [Sombart] etc.) war die Nachfrage in diesen

Perioden stark genug, um das Wachstum der Produktion bzw. die Erweiterung der Produktionskapazitäten im Allgemeinen zu tragen. Durch die spekulativen Investitionschancen, die - trotz hoher Zinsen - Gewinne erwarten liessen, wurde das Unternehmertum veranlasst, die erzielten Überschüsse zu einem erheblichen Teil zu reinvestieren und im Produktions- und Absatzbereich zu expandieren. Die Exportquote der deutschen Industrie stieg in den 1850er Jahren und auch von 1896-1913 beträchtlich.

Die Jahre 1874 bis 1895 (Stockungsspanne) wurden dramatisierend als die der „Grossen Depression" (Hans Rosenberg) bezeichnet. Dieser Ausdruck ist übertrieben, denn der langfristige Preisrückgang für Investitions- und Konsumgüter war zu einem erheblichen Teil das Ergebnis von Überinvestitionen in den Jahren 1871 bis 1873 sowie des technischen Fortschritts[61]. Doch wuchs die Wirtschaft auch in dieser Phase, wenn auch mit etwas abgeschwächter Dynamik, wobei man branchenmässig stark differenzieren muss. Insbesondere entwickelte sich das Wachstum der Schwerindustrie zwischen 1880 und 1890 beachtlich.

6.1.2. Die französischen Kontributionen

Eine Serie von Insolvenzen endete 1869 mit der einsetzenden Investitionskonjunktur, die auch in anderen Ländern zu beobachten war, aber in Deutschland nicht zuletzt durch die französischen Kriegsentschädigungs- und Kontributionszahlungen in Höhe von 5 Milliarden Francs zuzüglich Zinsen und Kontributionen von 0,57 Milliarden Francs, insgesamt also 5,57 Milliarden Francs (etwa 4,45 Milliarden Mark) einen zusätzlichen Impuls erfuhr. Der internationale Kapitalmarkt stellte diese Mittel in Form zweier französischer Anleihen problemlos bereit, ja beide Anleihen wurden weit überzeichnet, die zweite sogar um das zwölffache[62]. Interessant ist in diesem Zusammenhang, dass ein Drittel der Anleihen von Deutschen, vor allem von Berlinern, gezeichnet wurde, was vor dem Hintergrund der Effektivverzinsung von 7,8 bzw. 7,9 Prozent durchaus verständlich wird. Mit den französischen Zahlungen waren die deutschen, insbesondere preussischen Staatsanleihen abgelöst und ein erheblicher Teil dieser Mittel in Berlin eingesetzt worden, worin einer der

[61] Gömmel, Rainer: Entstehung und Entwicklung der Effektenbörsen im 19. Jahrhundert bis 1914, in: Deutsche Börsengeschichte. Hrsg. im Auftrag des Wissenschaftlichen Beirats des Instituts für bankhistorische Forschung von Hans Pohl, Frankfurt am Main 1992, S. 133-207, hier: S. 152.

[62] Gömmel, Effektenbörsen, S. 153.

wesentlichen Gründe für die Expansion der Hauptstadt in dieser Zeit zu sehen ist.

Im Gegensatz zu den Reparationen in der Weimarer Zeit stellte sich die Devisenbeschaffung für die französischen Zahlungen als unproblematisch heraus. 56,1 Prozent bestanden in deutschen, 29,0 Prozent in englischen, belgischen und holländischen Wechseln, 5,5 Prozent in französischen Goldmünzen, 4,8 Prozent in französischen Silbermünzen, der Rest aus französischen (2,5 Prozent) Banknoten und deutschen Noten und Münzen (2,1 Prozent)[63].

Darstellung 34: Die Verwendung der französischen Reparationszahlungen

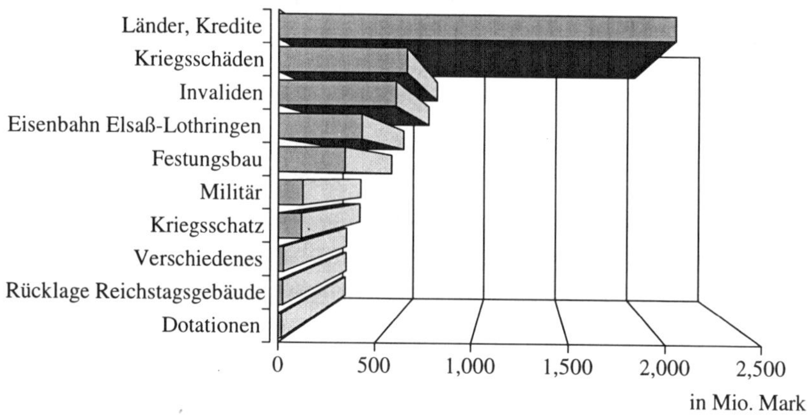

Datenquelle: Henning, Friedrich-Wilhelm: Die Industrialisierung in Deutschland 1800 bis 1914, 7. Aufl., Paderborn et al. 1989, S. 208.

Was schliesslich die Mittelverwendung anbelangt, so wurden, wie oben dargestellt, mit 46,4 Prozent Länder und Kredite bedient, 15,1 Prozent für Kriegsschäden ausgeglichen, 13,8 Prozent an Invaliden ausbezahlt, 9,8 Prozent zweigte man für die Eisenbahn Elsass-Lothringen ab, mit weiteren 7,8 Prozent betrieb man den Festungsbau, 2,9 Prozent erhielt das deutsche Militär, 2,7 Prozent (120 Millionen Mark) wanderten in den Juliusturm nach Spandau und der Rest diente einer Rücklage für das Reichstagsgebäude in Berlin (24

---

63 Berechnet nach Henning, Industrialisierung, S. 208.

Millionen Mark = ca. 0,5 Prozent) sowie für Dotationen und sonstige verschiedene Zwecke[64].

6.1.3. „Gründerkrise“ und Börsenturbulenzen

Die sog. „Gründerkrise“ war insbesondere im Bereich der Produktion viel stärker als die erste Weltwirtschaftskrise von 1857 und trug in einigen Regionen Deutschlands zu erheblicher Massenarbeitslosigkeit bei. In ihrem Gefolge kam es zu umfangreicher Emigration.

Darstellung 35: Die deutsche Auswanderung 1870-1914

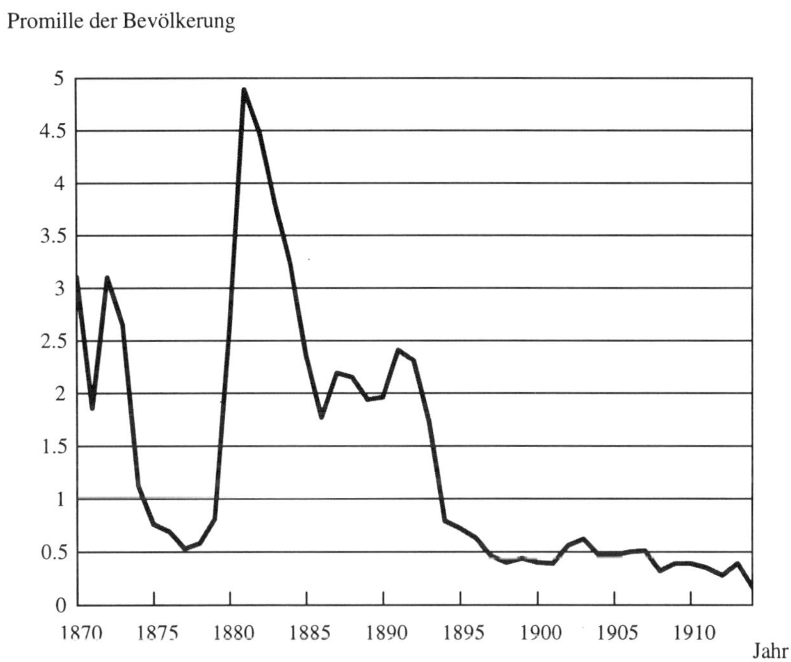

Quelle: Fischer, Wolfram: Deutschland 1850-1914. In: Handbuch der Europäischen Wirtschafts- und Sozialgeschichte. Bd. 5, S. 357-442, hier: S. 370.

[64] Berechnet nach L.c.

Der deutschen Wirtschaft und Gesellschaft waren in Form der französischen Reparationen Mittel zugeflossen, die über den erforderlichen Kapitalbedarf hinaus nach Anlage drängten. Neben sinnvollen Neuinvestitionen kam es dabei häufig zu rein spekulativen Anlagen besonders im Eisenbahn- und Schwerindustriesektor, die dann 1873/74 im grossen Börsenkrach (enorme Kursstürze und damit verbundene Kapitalentwertungen) der Gründerkrise ihr Ende fanden.

Darstellung 36: Neugründungen von Aktiengesellschaften in Deutschland 1871-1892

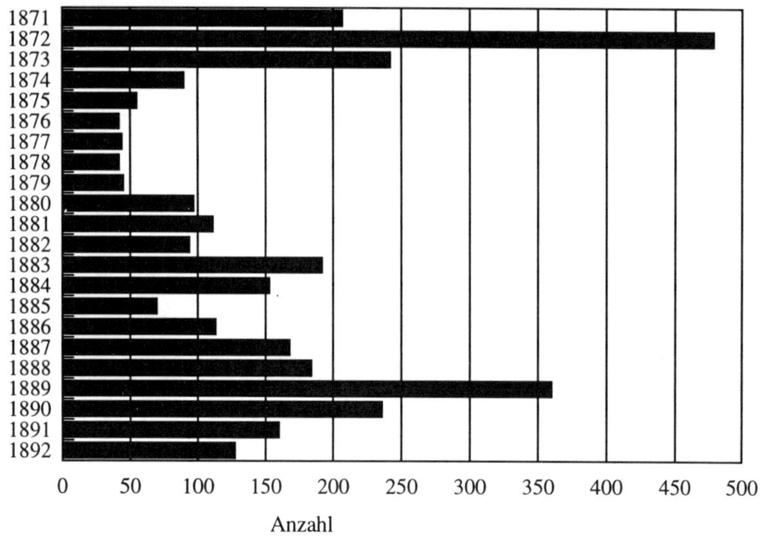

Datenquelle: Moll, Ewald: Statistik der Aktiengesellschaften. In: Handwörterbuch der Staatswissenschaften, Bd. 1, 4. Aufl., Jena 1923, S. 141-160, hier: S. 155.

Diese Krise war durch die Aktienrechtsnovelle vom 11. Juni 1870 wesentlich begünstigt worden, die das Konzessionssystem beseitigt hatte, d.h. die Gründung einer Aktiengesellschaft bedurfte nun nicht mehr der staatlichen Erlaubnis (Konzession). Damit erreichte auch das Aktienrecht seinen Höhepunkt, denn es entwickelte sich nun mehr und mehr zum Mittler zwischen Industrie und Banken[65].

In den Jahren 1871, 1872 und 1873 waren in Deutschland nicht weniger als 928 Aktiengesellschaften mit einem Gesamtkapital von 2,78 Millarden Mark gegründet worden. Diese Zahl erscheint umso beträchtlicher wenn man bedenkt, dass im industriell führenden Preussen von 1851 bis in die Mitte des Jahres 1870 295 Aktiengesellschaften mit einem Kapital von 2,4 Milliarden Mark gegründet worden waren, wobei 72 Prozent davon die Eisenbahn betrafen und 11 Prozent den Bergbau und die Hüttenbetriebe.

Darstellung 37: Aufgewandte Kapitalvolumina bei den Neugründungen von Aktiengesellschaften in Deutschland

Jahre	Anzahl der gegründeten Aktiengesellschaften	Aktienkapital pro Gesellschaft [Mill. Mark]
1871	207	3,65
1872	479	3,85
1873	242	2,25
1874	90	1,18
1875	55	0,83
1876	42	0,43
1877	44	0,99
1878	42	0,32
1879	45	1,27
1880	97	0,94
1881	111	1,80
1882	94	0,60
1883	192	0,92
1884	153	0,72
1885	70	0,76
1886	113	0,92
1887	168	0,76
1888	184	1,05
1889	360	1,12
1890	236	1,16
1891	160	1,56
1892	127	0,60

Quelle: Moll, Ewald: Statistik der Aktiengesellschaften. In: Handwörterbuch der Staatswissenschaften, Bd. 1, 4. Aufl., Jena 1923, S. 141-160, hier: S. 155.

65 Gömmel, Effektenbörsen, S. 153.

Die graphische Darstellung 36 der Neugründungen von Aktiengesellschaften in Deutschland 1871-1892 zeigt deutlich die zeitlichen Gründungsschwerpunkte, nämlich 1872, 1883 und 1889. Eine weitere Darstellung 37, welche überdies die Kapitalaufbringung pro Aktiengesellschaft zum Gegenstand hat, macht ebenfalls die auffällige Überzeichnung zu Beginn der 70-er Jahre deutlich.

Ein besonders beängstigendes Ausmass nahm die Kapitalmarktentwicklung zunächst in Österreich-Ungarn mit seinem Börsenzentrum Wien an. Dort trieb die Gründungsmanie ihre besonderen Blüten. Zwischen 1867 und 1873 hatten sich die Eisenbahngesellschaften um 185 Prozent vermehrt, die Industrie- und Baugesellschaften um über 970 Prozent und die Aktienbanken um 305 Prozent. Die grosszügige Handhabung des Konzessionswesens, gute Ernten in Ungarn und ein beträchtlicher Kapitalzufluss aus Deutschland (infolge der französischen Zahlungen) hatten diese übertrieben optimistische Entwicklung eingeleitet und im Frühjahr 1873 zu einem entsprechend dramatischen Zusammenbruch geführt, der mit Liquiditätsschwierigkeiten der Franko-Ungarischen Bank in Budapest und den Depotkündigungen bzw. Krediteinschränkungen der Österreichischen Credit-Anstalt begann und einige weitere seriöse Bankhäuser in Schwierigkeiten brachte. Zwischen dem 5. und 8. Mai 1873 kam es in Wien zu nicht weniger als 150 Zahlungseinstellungen, denen allein am Vormittag des 9. Mai weitere 120 folgten. Die Wertpapierkurse sanken drastisch in sich zusammen. Mithin sank der Kurswert sämtlicher österreichischen Aktien vom 31. März bis 28. Oktober 1873 von 2,714 Milliarden auf 1,546 Milliarden, was einer Minderung um durchschnittlich 43 Prozent entsprach. Besonders stark betroffen war der Baubereich mit einem Minus von 74 Prozent und der Bankensektor mit 58 Prozent Rückgang[66].

Im Oktober schwappte die Krise nach Berlin über, nachdem dort die Vereinsbank Quistorp & Co. failliert hatte. Der Kurswert von 444 deutschen Aktiengesellschaften sank 1873 gegenüber 1872 um 46 Prozent. Auch hier traf es den Bankenbereich besonders hart. Von den zwischen 1870 und 1872 gegründeten 107 Aktienbanken blieben bis Ende 1873 gerade noch 34 übrig[67].

Die Jahre 1873/74, die für alle Industriestaaten mit erheblichen Konjunktureinbrüchen verbunden waren, bildeten den Beginn einer Phase mit weniger starkem Wachstum, die sich - wie erwähnt - bis in die 90er Jahre hinzog.

---

66 Gömmel, Effektenbörsen, S. 155.

67 L.c., S. 156.

Den „Gründerjahren" 1871 bis 1873 war die „Gründerkrise" gefolgt. So bezeichnete man verschiedentlich den Zeitabschnitt bis 1879. Es ist jedoch festzuhalten, dass in diesen Jahren in Deutschland auch einige wichtige wirtschafts- und finanzpolitische Massnahmen ergriffen wurden, so z.B. 1875 die Gründung der Deutschen Reichsbank (bis 1945) als Zentralnotenbank durch Umwandlung der Preussischen Bank nach dem Reichsbankgesetz. Des weiteren wurde mit der Mark per 1. Januar 1876 eine **neue Währungseinheit** geschaffen, so dass der alltägliche Zahlungsverkehr erleichtert und die geldpolitische Heterogenität zurückgeführt wurde.

Darstellung 38: Die Münz-, Geld- und Bankreformen 1871-1876

Grundsätzlich: Übertragung der "Geldhoheit" von den Ländern auf das Reich durch die Reichsverfassung vom 16. April 1871.

Münzreform
Erste Reichsmünzen durch Gesetz über die Ausprägung von Reichsgoldmünzen am 4. Dezember 1871; Mark (100 Pfennig) neue Rechnungseinheit; Reichsgoldmünzen gesetzliche Zahlungsmittel im ganzen Reich. Aber: Münzen nach den alten Münzsystemen durften zwar nicht mehr geprägt werden, blieben jedoch vorerst in Umlauf. Faktisch gab es eine Doppelwährung, bestehend aus den Landeswährungen (vorwiegend auf Silberbasis) und der auf Gold basierenden Reichswährung. Kaiserliche Verordnung zum 1. Januar 1876: offizielle Einführung der Reichswährung (Mark) für das gesamte Deutsche Reichsgebiet. Aber: "Hinkende Goldwährung", da die alten Silbertaler (zu 3 Mark) in Umlauf blieben.

Papiergeldreform
Münzgesetz vom 9. Juli 1873, Art. 18: Ab 1. Januar 1876 dürfen nur noch Banknoten in Reichswährung (Mark) ausgegeben werden und in Umlauf bleiben. Zum selben Zeitpunkt ist das Staatspapiergeld der deutschen Länder einzuziehen.

Bankenreform
Entstehung der Reichsbank als Zentralnotenbank, aber: Erhaltung einer Vielzahl von Privatnotenbanken (insgesamt 32).
Die Reichsbank ging aus der Preussischen Bank am 1. Januar 1876 hervor. Sie sollte den Geldumlauf im Reichsgebiet regeln. Sie musste Barrengold zum Festpreis von 1.392 Mark/Pfd. Feingold ankaufen. Die Reichsbank stand unter Aufsicht und Leitung des Reiches (Reichskanzler). Das Kapital wurde von Privaten gehalten (1876: 8.177 Anteilseigner, 1913: 18.799).

6.1.4. Aktienkurse: Barometer der konjunkturellen Entwicklung

Die Aktienkurse reagieren recht sensibel auf das gesamtwirtschaftliche Geschehen sowie auf politische Strömungen und eignen sich deshalb in ganz besonderer Weise zur Einschätzung konjunktureller Entwicklungen. In ihnen spiegeln sich die Einschätzungen und Erwartungen des kapitalanlegenden Publikums wider.
Der Index der Aktienkurse an deutschen Börsen in den beiden Jahrzehnten 1870-1913 demonstriert nochmals eindrücklich, wie steil der Anstieg bis 1872 und wie tief der Fall nach 1873/74 war.

Die spätere Entwicklung zeigt, dass die Wirtschaft im Kaiserreich zwar von weiteren „Wellen" nicht verschont blieb; jedoch fielen diese, wie hier deutlich zu sehen ist, zunehmend moderater aus.

Darstellung 39: Aktienkurse in Deutschland 1870-1913

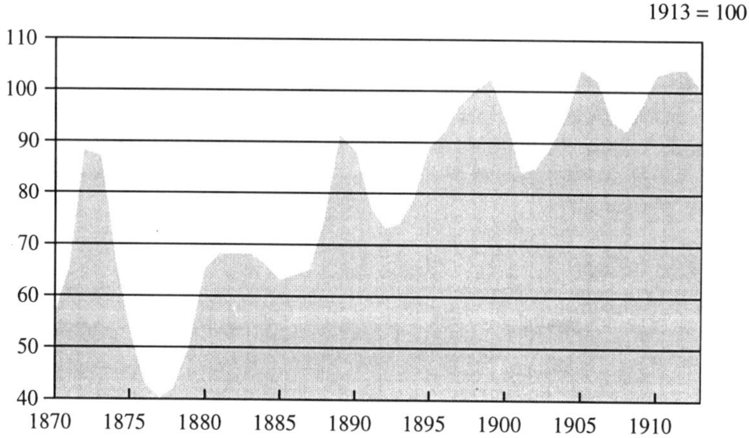

Quelle: Deutsche Bundesbank (Hrsg.): Deutsches Geld- und Bankwesen in Zahlen 1876-1975, Frankfurt am Main 1976, S. 295/Tab. 2.02.

6.1.5. Sektorale Betrachtung

6.1.5.1. Der Agrarsektor und die Schutzzollpolitik

Wir können unseren Stoff auf verschiedene Weise strukturieren: Man kann z.B. eine faktorale (Produktionsfaktoren Arbeit, Kapital, Boden und Technischer Fortschritt) und sektorale (Primärer, Sekundärer, Tertiärer Sektor) Betrachtung anstellen.

Wenn wir nun versuchen, den sektoralen Ansatz zu übertragen auf das Deutsche Kaiserreich, d.h. das Zweite Reich: wie sehen die einzelnen Sektoren aus? Wie ist der Primäre, also Landwirtschaft, Bergbau, Fischerei, Forstwesen etc. strukturiert? Welche Strukturveränderungen haben sich zwischen 1871 und 1918 ereignet? Nun, der Primäre Sektor erlebte in Deutschland zwischen 1850 und 1910 einen Rückgang von 55 Prozent (der insgesamt in der Wirtschaft Beschäftigten) auf 34 Prozent. Was aber sollte man noch wissen über den Agrarsektor im Kaiserreich? In Darstellung 32 wurden bestimmte Preisentwicklungen angedeutet. Was genau verbarg sich hinter diesen Entwicklungen? Die Antwort führt zu einem neuen Begriff: **Agrarschutzzollpolitik**.

Zunächst ist festzuhalten, dass die Agrarpreise in der Betrachtungszeit eine deutlich sinkende Tendenz aufwiesen. Das freute zwar die Masse der brotessenden Konsumenten, keineswegs jedoch die Bauern, die für ihr Getreide einen immer schlechteren Preis erhielten. In der Zeit der steigenden Getreidepreise war es für die Grossagrarier leicht, sich zum ökonomischen Liberalismus zu bekennen und den Freihandel gutzuheissen. Aber nun?

Bevor wir diese Frage der Reaktion der deutschen Landwirte auf den Preisverfall beantworten, sollten wir uns fragen, weshalb es zu dem Preisrückgang kam. Dazu muss man die Entwicklung in Übersee, insbesondere in den USA betrachten, daneben aber auch die Hauptgetreideexporteure Russland, Rumänien und Argentinien. Drei Dinge sollte man dazu wissen:

- Die USA dehnten ihre Getreideanbauflächen wesentlich aus.
- Sie produzierten kostengünstiger, produktiver.
- Die zusätzlich erwirtschafteten Mengen Getreide wurden nur zu einem Teil von der wachsenden amerikanischen Bevölkerung konsumiert. Entscheidend war, dass der Weizenverbrauch in den USA pro Kopf der Bevölkerung von 185 auf 160 kg jährlich fiel: es wurde mehr Fleisch gegessen. Dadurch wurden zusätzlich drei Millionen Tonnen Weizen für den Export frei.

Genügen diese Erklärungen allein schon, um den Getreidepreisverfall weltweit zu erklären? - Wohl kaum. Als Erklärungsfaktoren sind hinzuzufügen:

- die zunehmende Eisenbahnerschliessung und Senkung der Transportkosten über Land und über Meer (man erinnere sich an den Launhardt'schen Trichter),
- die unterschiedlichen Preise für die Nutzung von Ackerland (Pacht) (USA: 10 M/t Weizen, Deutschland 28 M/t),
- Russlands Vorteil: sehr billige Arbeitskräfte, die hart am Existenzminimum lebten.

Wir hatten uns eine Frage aufgespart: Wie reagierten die deutschen Agrarier auf die Agrarpreissenkungen im gobalen Massstab?

Während die russischen Bauern die Einkommensreduktion hinnahmen, die amerikanischen Farmer durch Maschinisierung bzw. Technisierung ihre Einkommen zu halten versuchten und die englischen Landlords sich auf rentablere Agrarbereiche konzentrierten, versuchten sich in Frankreich und Deutschland die Grossbauern politisch durchzusetzen, d.h. die Regierung zu Einfuhrzöllen auf ausländisches Getreide zu veranlassen. Wie war das möglich, Agrarschutzzölle durchzusetzen? - Dazu muss man wissen, dass das Reich über weit weniger Einnahmequellen verfügte, als etwa heutige Finanzminister. Das Reich war sehr stark auf die Länder angewiesen, die an das Reich sogenannte Matrikularbeiträge abführten. Die zweite wichtige Quelle der Reichsfinanzen waren die Zölle. So lag eine Zollerhöhung durchaus im Interesse der Reichsregierung. Dazu kam, dass Grossagrarier in der Regierung grössten Einfluss hatten, man denke nur an Bismarck selbst.

Das Merkwürdige aber war: auch die Industrie befürwortete Schutzzölle, obwohl der Teuerungseffekt die Realeinkommen ihrer Arbeiter schmälerte. Aber die Industrie hatte eben selbst unter der ausländischen Konkurrenz und Preisrückgängen infolge Überproduktionen zu leiden, so dass letztendlich Agrarier und Industrielle in Deutschland an einem Strang zogen und eine allgemeine Schutzzollpolitik ermöglichten. Dieser Übergang zum Protektionismus verlief in einzelnen Etappen. Während die Getreideeinfuhr nach 1865 zollfrei war, erhob man 1879 mit Wirkung ab 1. Januar 1880 (bis 1885) 10 Mark pro Tonne Weizen oder Roggen (dies entsprach einer Zollbelastung von ca. 5 - 6 Prozent (bei 175 M/t Roggen)). 1885 wurde der Zoll auf 30 M/t und 1887 auf 50 M/t angehoben, was einer Belastung von ca. 35 Prozent entsprach, bevor 1891 (bis 1906) die Zollpolitik wieder gelockert wurde, die jedoch ab

1906 erneut stärkere Belastungen mit sich brachte. Zu erwähnen ist ausserdem, dass neben Getreide auch Vieh stark besteuert wurde, wenn auch nicht ganz in dem Umfang wie das Getreide, so dass insgesamt gesehen die getreideanbauenden Agrarier im Vorteil waren.

Schliesslich sollen noch einige **wichtige trendmässige Entwicklungen** die Landwirtschaft des Kaiserreichs charakterisieren:

1. Die tierische Produktion nahm zwischen 1873 und 1913 wesentlich stärker zu (140 Prozent) als die pflanzliche (Kartoffeln, Zuckerrüben, Flachs etc. 65 Prozent) und die Getreideproduktion (56 Prozent).
2. In der Viehhaltung nahm die Schafhaltung stark ab und die Schweinemast stark zu.
3. Es wurden zunehmend Kunstdünger eingesetzt.
4. Die Landwirtschaft wurde zunehmend maschinisiert mit zwei wichtigen Effekten:
   - Arbeitseinsparung beim Drillen, Mähen, Dreschen und Bewältigung der Spitzenzeiten (Bestellung, Ernte),
   - Ertragssteigerung durch gleichmässigere Bebauung und Verarbeitung (z.B. Dreschen) bei gleichzeitiger Qualitätserhöhung.
5. Der Produktionswert je Arbeitskraft nahm in der Landwirtschaft zwischen 1873 und 1913 nur um 65 Prozent zu, d.h. die landwirtschaftliche Produktivität blieb hinter der im Sekundären und Tertiären Sektor zurück, weshalb es zu erheblichen Einkommensdisparitäten zwischen diesen Sektoren kam. Diese Zunahme der Realeinkommensunterschiede erklärt letztlich auch die beträchtliche Land-Stadt-Wanderung und die Verknappung der Arbeitskräfte auf dem Land in Phasen der Hochkonjunktur.

6.1.5.2. Der Sekundäre Sektor

Zunächst sollen ein paar Basisdaten die Gesamtentwicklung grob charakterisieren.

Der Anteil von Industrie und Handwerk an der Wertschöpfung aller Bereiche der Wirtschaft stieg 1850 - 1913 von 20 auf 40 Prozent, der Anteil dieses Sektors an der Beschäftigung erhöhte sich jedoch „nur“ von 25 auf 35 Prozent. Erst 1913 war die Zahl der in Industrie und Handwerk Beschäftigten so gross wie die Zahl der in Landwirtschaft, Forstwirtschaft und Fischerei Tätigen. Legt man den Anteil am Sozialprodukt als Massstab an, war bereits 1890 das Jahr, in dem der Sekundäre Sektor den Primären an Bedeutung übertroffen hatte[68].

Industrie und Handwerk verdreifachten etwa die Zahl ihrer Beschäftigten 1850 - 1913 (1,9 Prozent jährlich) und verzehnfachten ihre Wertschöpfung (durchschnittlich 3,8 Prozent jährlich). Sie führten damit aber noch nicht die Hitliste der „Top-Ten" unter den Wachstumsbereichen im Kaiserreich an: An der Spitze stand, wie oft genug betont, das Verkehrswesen mit durchschnittlich 3,3 / 6,4 Prozent jährlich, wie die folgende Darstellung zeigt.

Darstellung 40: Die durchschnittliche jährliche Zunahme der stärksten Wachstumsbereiche 1850 - 1913 (in Prozent)

Bereich:	Beschäftigte:	Wertschöpfung:
Verkehr	3,3	6,4
Bergbau	3,2	5,1
Industrie/Handwerk	1,9	3,8
HBV	2,6	3,2

Quelle: Borchardt, Knut: Die Industrielle Revolution in Deutschland 1750-1914. In: Cipolla, Carlo M./Borchardt Knut (Hrsg.): Europäische Wirtschaftsgeschichte. Bd. 4: Die Entwicklung der industriellen Gesellschaften, Stuttgart et al. 1985, S. 135-202, hier: S. 174.

Interessant ist ein weiterer Trend, der sich in industrialisierten Volkswirtschaften ab einem bestimmten Stadium abzeichnete, nämlich die Tatsache, dass das Wachstum der Produktionsgüterindustrie das der Verbrauchsgüterindustrie beträchtlich übertraf. Die Produktionsgüterindustrien (Metallerzeugung, Eisen und Stahl, Metallverarbeitung) wuchsen im Schnitt mehr als die Konsumgüterindustrien. Von 1880 bis 1900 verzehnfachte sich z.B. die Stahlerzeugung.

War die industrielle Entwicklung in der Zeit des Deutschen Bundes noch wesentlich vom Eisenbahnsektor getragen worden, kamen nun neue Wachstumsbereiche hinzu, die zum Einen aus der Kombination von Eisen und Kohle hervorgingen, zum Anderen aber auf bedeutende Basisinnovationen, wie etwa

[68] Borchardt, Knut: Die Industrielle Revolution in Deutschland 1750-1914. In: Cipolla, Carlo/Borchardt Knut (Hrsg.): Europäische Wirtschaftsgeschichte. Bd. 4: Die Entwicklung der industriellen Gesellschaften, Stuttgart et al. 1985, S. 135-202, hier: S. 172.

die Elektrifizierung oder die Grosschemie (die sog. „Erfindungsindustrien“) zurückzuführen waren.

Die regionalen Wachstumsschwerpunkte bildeten sich zunächst in den Kohlerevieren, so im Ruhrgebiet, an der Saar, im rheinischen Braunkohlerevier und in Oberschlesien. Die Gesamtförderleistung an Braun- und Steinkohle steigerte sich von 41 Millionen Tonnen (1873) auf 300 Millionen Tonnen (1913), also um 732 Prozent. In engem Zusammenhang damit ist der Erzbergbau zu sehen, denn Stahl entstand erst aus der Kombination von Eisenerz mit Kohle unter Einsatz fortschrittlicher Techniken. Durch die Hinzugewinnung der Erzminen in Lothringen, die Verbesserung des Land- und Flusstransports sowie den Einsatz des aus England übernommenen Thomas-Verfahrens (1879) war es möglich, die vorhandenen Ressourcen aufzuwerten und bestimmte Entwicklungspole zu industriellen Agglomerationszentren ersten Ranges auszubilden.

Einen weiteren sehr wachstumsträchtigen Zweig stellte die aufkeimende Elektroindustrie dar, die sich stark auf Berlin konzentrierte, wo 1907 52 Prozent aller in dieser Branche Beschäftigten tätig waren. Ebenfalls überdurchschnittlich wuchs die chemische Industrie. Ihre Entstehung und Fortentwicklung war in hohem Masse der Wissenschaft zu verdanken. In dieser Branche hatte die Geburtsstunde des „scientific management“ geschlagen und fanden in typischer Weise Ingenieure Eingang in die Leitungsebene der Unternehmen. Wesentliche Grundlage dieser „jungen“ Industrie bildeten die Düngererzeugung sowie die Herstellung von Teerfarben. Dadurch wurde auch die Säure- und Sodafabrikation stark angeregt. Später kam die synthetische und pharmazeutische Industrie hinzu.

Von ziemlicher Bedeutung war schliesslich auch die optische Industrie, wo in erster Linie die Erfindungen des gelernten Glasschleifers Joseph von **Fraunhofer** und des Physikers Ernst **Abbe** (Beugungstheorie) richtungsweisend wirkten. Abbe war seit 1866 der führende Kopf im Unternehmen von Carl Zeiss in Jena. Um die Qualität ihrer optischen Gläser noch zu steigern, engagierten Abbe und Zeiss den international angesehenen Chemiker und Glasmacher Friedrich Otto **Schott** (Erfindungen: Verbundglas, Beleuchtungsgläser etc.), der ihre Kenntnisse in idealer Weise ergänzte und den Grundstein für den Wohlstand einer ganzen Region legte.

Darstellung 41: Basisinnovationen

	Erfindung	Innovation	Jahre
Puddelofen	1783	1824	41
Kokshochofen	1713	1796	83
Lokomotive	1769	1824	55
Telegraphie	1793	1833	40
Photographie	1727	1838	111
Glühlampe	1800	1879	79
Telefon	1854	1881	27
Benzinmotor	1860	1886	26
Kunstdünger	1840	1885	45
Insulin	1889	1922	33
Penicillin	1922	1941	19
Düsenmaschine	1928	1941	13
Radar	1887	1934	47
Radio	1887	1922	35
Raketen	1903	1935	32

Quelle: Mensch, Gerhard: Das technologische Patt. Innovationen überwinden die Depression, Frankfurt am Main 1975, S. 190.

Die jüngere wirtschafts- und technikhistorische Entwicklung gibt - je mehr man sich der Gegenwart nähert - zunehmend Hinweise auf die Verkürzung der Zeit zwischen der Erfindung und deren Einführung in den Markt (erst dann spricht man von Innovation), d.h. der Marktreifezyklus verkürzt sich zusehends. Die Darstellung 41 zeigt an einigen typischen Beispielen, wie lange es dauerte, Inventionen in Innovationen überzuführen. Die Verkürzung der Zeitspannen hing u.a. mit der Professionalisierung des Produkt-Managements und des Marketings schlechthin zusammen. Eine wesentliche Rolle spielten hierbei infrastrukturelle und institutionelle Verbesserungen, insbesondere die Standardisierung und Beschleunigung von Arbeitsprozessen in den Entwicklungsabteilungen und Produktionsstätten großer, meist multinational agierender Industrieunternehmen.

Durch bessere Ausbildung im naturwissenschaftlichen und gewerblich-technischen Bereich (Technische Hochschulen, Berufs- und Fachschulen) wurde zudem Humankapital generiert, das die Adaptions- und Imitationsfähigkeit der jungen Industrieländer erhöhte und so ausländische Erfindungen im „importierenden“ Land schneller zu Innovationen transformieren ließ.

Darstellung 42: Von der Invention zur Innovation
(Dauer in Jahren)

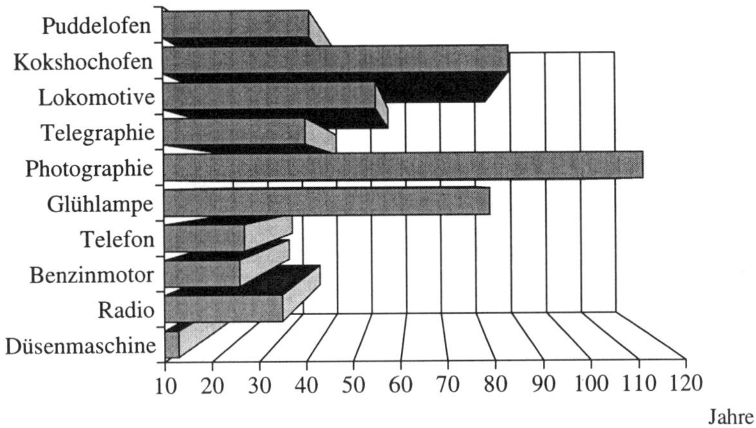

Datenquelle: Quelle: Mensch, Gerhard: Das technologische Patt. Innovationen überwinden die Depression, Frankfurt am Main 1975, S. 190.

6.1.6. Konzentrationstendenzen im Kaiserreich

Ein wesentliches Merkmal der Phase zwischen 1870 und 1914 ist die zunehmende Konzentration im Bereich der Wirtschaft in der Form vertikaler oder horizontaler Konzernierung bzw. Kartellierung. **Fusionen** im industriellen und Bankenbereich waren an der Tagesordnung. Die Kartell-Literatur wurde in dieser Zeit fast unübersehbar.

Kartelle sind „Kinder der Not". „Sie sind vertragsmässige, auf eine bestimmte Zeitdauer abgeschlossene Vereinigungen selbständig verbleibender Unternehmungen, welche verwandten oder annähernd gleiche Interessen verfolgenden Industriezweigen angehören, zu dem Zwecke, sowohl die Produktion, als den Absatz nach gemeinsamen Gesichtspunkten und im gemeinsamen Interesse zu regeln"[69]. Eine schärfere, vor allem in den USA übliche Form der Konzentration bildet der **Trust**. Hierbei handelt es sich um eine dauernde und organisch zusammengefasste Vereinigung von Unterneh-

[69] Riesser, Jacob: Die deutschen Grossbanken und ihre Konzentration im Zusammenhange mit der Entwicklung der Gesamtwirtschaft in Deutschland, 3. Aufl., Jena 1910, S. 135 (Hervorh. i. Orig. nicht beachtet).

men, die ihre Selbständigkeit einbüssten. Kartelle bildeten sich vor allem im Bereich derjenigen Industrien, die vertretbare, also fungible Massenartikel herstellten, wie z.B. die chemische oder die Montanindustrie.

Monopolisierungstendenzen sind wohl so alt wie die Wirtschaft als solche. Insofern sind auch die Klagen über die ökonomische Konzentration nicht etwa erst im 19. Jahrhundert entstanden. Gleichwohl setzte in der zweiten Hälfte des vergangenen Jahrhunderts die Konzentration in einer Intensität und Breite ein, wie sie die Wirtschaftsgeschichte bis dahin noch nicht hervorgebracht hatte.

Die Kartellbildung ist nicht zuletzt vor dem Hintergrund der internationalen Preisentwicklung und der weltweiten Wettbewerbssituation zu sehen. Oft waren die Kartelle Gegenreaktionen auf einen schmerzlichen Preisverfall, dem man durch Preisabsprache bzw. Preisvereinbarung, Festlegung von Produktionskontingenten oder durch Absprachen bezüglich des Absatzsegments zu begegnen suchte. In diesen Kontext gehören allgemein auch die **Verbandsbildungen** bzw. die Gründung von **Interessengemeinschaften**, letztere vielfach bereits vor 1870. Schon 1862 bestand das Kartell der rheinischen Weissblechfabriken sowie das Kölner Weissblechkomtor. Im Jahr darauf war die Deutsche Schienengemeinschaft entstanden. Auf das Jahr 1868 ging das deutsche Salinenkartell zurück und im Jahr 1870 sind die Anfänge des Kalisyndikats zu sehen.

Betrachtet man die wirtschafthistorische Entwicklung, so fällt auf, dass konjunkturelle Depressionen, überhaupt Krisensituationen, die Neigung zur Konzentration beträchtlich erhöhten. So lässt sich eben als Folge des Krisenjahres 1873 eine solche Tendenz feststellen. Auch wenn eine amtliche Statistik über die Gesamtzahl der in der deutschen Industrie existierenden Kartelle bis zu Beginn des 20. Jahrhunderts nicht existierte, so finden sich doch vereinzelt Zahlenangaben darüber. Im Jahr 1896 wird die Zahl der in der gesamten deutschen Industrie vorhandenen Kartelle mit 250 angegeben. Davon entfielen ca. 25 Prozent auf die deutsche Eisen- und chemische Industrie, ein Sechstel auf den Sektor „Steine und Erden“ und ein Neuntel auf die Textilindustrie. 1903 ist von 44 Kartellen (Konventionen, Syndikate) in der deutschen Eisenindustrie die Rede, wobei diese Zahl als absolutes Minimum anzusehen ist. Jedenfalls ging die Zahl der Betriebe in der Eisenindustrie bis Ende der 1880er Jahre von 218 auf 110 zurück, wobei man in diesem Zusammenhang auch vom **„Reinigungseffekt“ der Gründerkrise** sprach.

In der Elektroindustrie beherrschten 1901 zwei Gruppen den Markt: Siemens und AEG. Im Chemiebereich bildeten 1904 zwei Farbkartelle eine

„Interessengemeinschaft mit Gewinnausgleich“ (I.G.), aus der später (1925) die I.G. Farbenindustrie als grösstes deutsches Unternehmen hervorging.

Eine Denkschrift, die im Dezember 1905 dem Deutschen Reichstag vorgelegt wurde, nennt 385 inländische Verbände (Kartelle), davon 132 in der Ziegelindustrie, 62 in der Eisen- und Stahlindustrie, 46 in der chemischen Industrie, 31 in der Textilindustrie, 27 im Bereich der Industrie der Steine und Erden, 19 in der Kohlenindustrie, 17 in der Nahrungs- und Genussmittelindustrie, 11 in der Metallindustrie (ausser Eisen), 10 in der Glasindustrie, je 6 in der Papier- und der Leder- bzw. Kautschukwarenindustrie, 5 in der Holzindustrie, 4 in der Tonwarenindustrie, 2 in der Elektroindustrie und 7 in sonstigen Industriebereichen[70]. Diese Kartelle umfassten ca. 12.000 Betriebe.

In dem genannten Jahr 1905 umfassten die Kartelle branchenbezogen folgende Marktanteile:

Darstellung 43: Marktanteile von Kartellen (branchenbezogen) im Jahre 1905

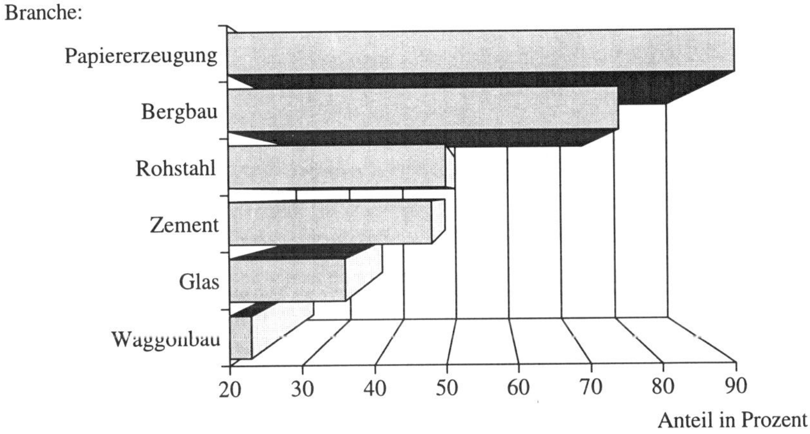

Datenquelle: Borchardt, Knut: Die Industrielle Revolution in Deutschland 1750-1914. In: Cipolla, Carlo M./Borchardt Knut (Hrsg.): Europäische Wirtschaftsgeschichte. Bd. 4: Die Entwicklung der industriellen Gesellschaften, Stuttgart et al. 1985, S. 135-202, hier: S. 183.

---

70 Riesser, Grossbanken, S. 137.

Die Darstellung 43 zeigt deutlich den unterschiedlichen **Kartellierungsgrad** und die Notwendigkeit einer entsprechenden Differenzierung bei der Beurteilung der Konzentration der Wirtschaft. *„1907 waren schätzungsweise 82 Prozent der produzierten Steinkohlen, 100 Prozent des Kalisalzes, 48 Prozent des Zements, 50 Prozent des Rohstahls, 905 des erzeugten Papiers, aber nur 5 Prozent der Leder- und Linoleumproduktion, 20 Prozent der Eisen- und Stahlwaren, 2 Prozent der hergestellten Maschinen und Apparate kartelliert. Insgesamt wird die Kartellierungsquote für 1907 auf 25 Prozent geschätzt. Im Weltkrieg und in der Zwischenkriegszeit nahmen diese Werte in der Regel zu"*[71].

Die Preispolitik der Kartelle führte zu Beginn des 20. Jahrhunderts in Deutschland zu einer intensiven Diskussion und zur Einbringung von Enqueten in die politischen Beschlussgremien. Leider wurde die Legalität von Kartellen 1897 durch das oberste Reichsgericht bestätigt, wohingegen in Amerika zur selben Zeit der Sherman Anti-Trust-Act Kartelle für ungesetzlich erklärte[72].

6.1.7. Gesamtwirtschaftliches Wachstum

Überblickt man die Phase der Zweiten Industriellen Revolution und versucht deren gesamtwirtschaftliche Wirkungen abzuschätzen, so stellt man fest, dass die Intensität des Wachstums in der Phase zwischen 1890 und dem Ersten Weltkrieg deutlich stärker zunahm. Dies kann kaum verwundern nach dem, was bereits über die unterschiedlich verlaufende konjunkturelle Entwicklung erwähnt wurde. Besonders auffällig war in diesem Zusammenhang der enorme Bedeutungszuwachs des Produktionsfaktors Kapital. Die Kapitalintensität erlebte bis dahin nie gekannte Wachstumsraten.

Auch das Bruttoinlandsprodukt stieg ab den 1890er Jahren steiler als zuvor. Im internationalen Vergleich wuchs es zwar immer noch schwächer als das der USA, war jedoch - insbesondere nach der Jahrhundertwende bis 1914 - deutlich stärker als das Bruttoinlandsprodukt Grossbritanniens (Darstellung 44), ohne damit der These vom „Aufholen" Deutschlands gegenüber England, das eine gänzlich andere ökonomische Grundstruktur aufwies, das Wort zu reden.

---

[71] Kocka, Jürgen: Unternehmer in der deutschen Industrialisierung, Göttingen 1975, S. 98.
[72] L.c., S. 97.

Darstellung 44: Entwicklung des Bruttoinlandsprodukts 1870-1913 in USA, United Kingdom und Deutschland

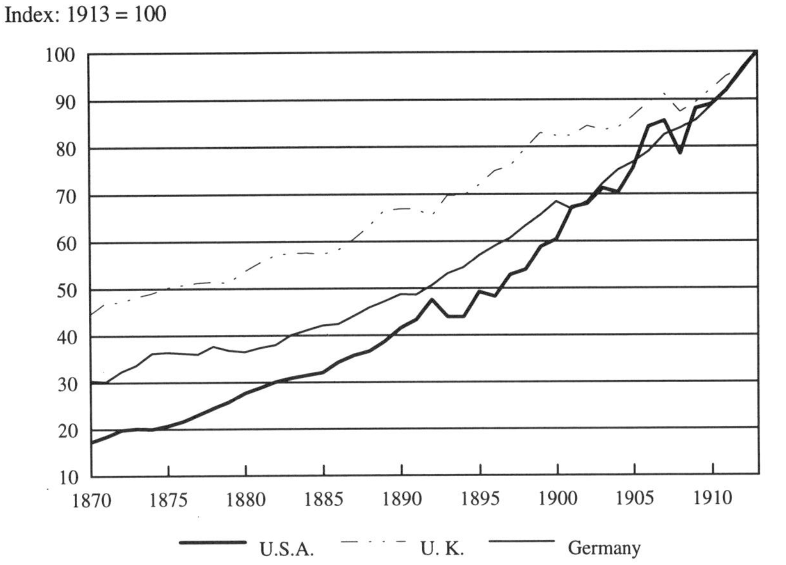

Datenquelle: Maddison, Angus: Measuring Long Term Growth and Productivity Change on a Macro-economic Level, in: Fremdling, Rainer/O'Brien, Patrick K.: Productivity in the Economies of Europe (Historisch-Sozialwissenschaftliche Forschungen. Band 15), Stuttgart 1983, S. 101-123, hier: S. 110 f.

6.1.8. Preis- und Einkommensentwicklung

Im späteren 19. Jahrhundert wurde - oftmals mit ideologischem Hintergrund - die Frage gestellt, ob der Durchschnitt der Beschäftigten real mehr oder weniger verdiente als im jeweils davorliegenden Zeitabschnitt. Um diese Frage zu beantworten, sollte man sich mindestens vier Indikatoren vor Augen führen:

1. die Entwicklung der Nominaleinkommen
2. die Preisentwicklung
3. die Zusammensetzung des Warenkorbs
4. die Kaufkraft bzw. das Realeinkommen.

Während die Nominaleinkommen in der ersten Hälfte des 19. Jahrhunderts nahezu konstant blieben, setzte nach 1852 ein deutlicher Aufwärtstrend ein, der zwar infolge der Weltwirtschaftskrise von 1857 wieder etwas abgeschwächt wurde, mit Beginn der 1870-er Jahre allerdings einen bis dahin nicht erreichten Sprung vollzog. Ebenso deutlich war der Abschwung nach 1873/74 bis etwa 1879, wonach bis 1895 eine moderate Einkommenszunahme und nach 1895 eine ganz erhebliche Nominaleinkommenssteigerung zu verzeichnen war.

Da die Wohlfahrt der Menschen nicht von ihrem Nominaleinkommen abhängt, sondern davon, was und wieviel sie damit anfangen können, d.h. wieviel sie real verdienen, sollte grundsätzlich die Realeinkommensentwicklung als Massstab der Beurteilung dienen. Da die Realeinkommen in der Regel nur durch entsprechende Gewichtung der Nominaleinkommen mit der Preis- und **Kaufkraftentwicklung** zu gewinnen sind, kommt letzterer eine besondere Bedeutung zu. Vereinfachend kann man den **Index der Lebenshaltungskosten** zur Gewichtung heranziehen, den der Regensburger Wirtschaftshistoriker Rainer **Gömmel** entwickelte und der bis ins Jahr 1810 zurückreicht (Darstellung 45).

Während seit den späteren 1820er Jahren eine langfristige Steigerung der Lebenshaltungskosten festzustellen ist, die mit dem Super-Preisauftrieb der frühen 1870er Jahre ein letztes Aufbäumen erfuhr, war die Zeit, die man mit „Depression“ umschrieb, nämlich die Jahre 1874 bis 1895, durch einen deutlichen Rückgang der Lebenshaltungskosten gekennzeichnet und dies bei deutlich steigenden Nominallöhnen. Zu deutsch: Die Reallöhne nahmen zum Vorteil der Konsumenten erheblich zu. Die Kaufkraft stieg wie noch nie - eine Entwicklung, die marxistische Darstellungen prompt widerlegte.

Die Entwicklung ab 1896 bis zum Ersten Weltkrieg zeigt zwar wieder einen deutlichen Anstieg der Lebenshaltungskosten. Genauso klar ist jedoch die noch wesentlich steilere Steigerungsrate der Nominaleinkommen, so dass auch in dieser Zeit ein - wenn auch nicht mehr ganz so gravierendes - Realeinkommenswachstum festzustellen ist. Mit anderen Worten: Die Arbeitnehmer waren in der Wilhelminischen Zeit zunehmend vermögender geworden.

Darstellung 45: Einkommen und Lebenshaltungskosten in Deutschland 1870-1913

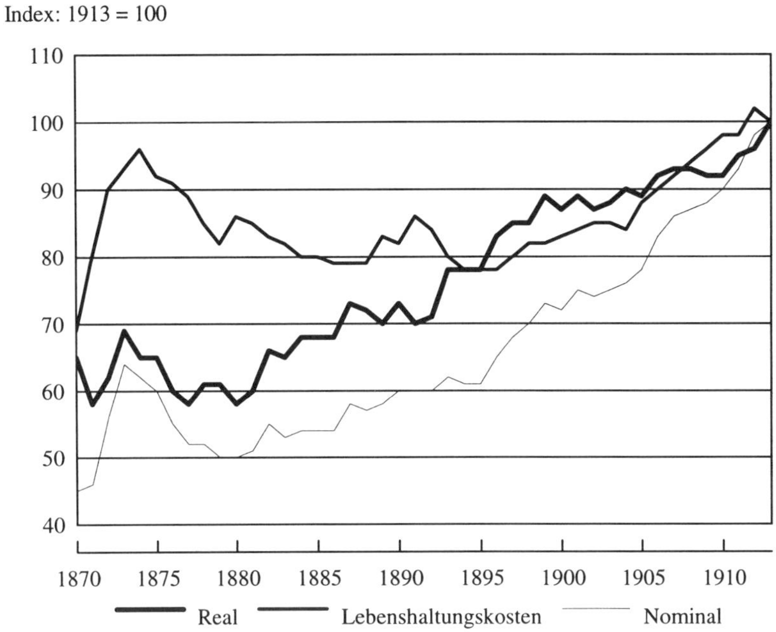

Datenquelle: Gömmel, Rainer: Realeinkommen in Deutschland. Ein internationaler Vergleich (1810-1914) (= Vorträge zur Wirtschaftsgeschichte. Heft 4), Nürnberg 1979, S. 28/Tab. 2.

6.1.9. Die gesetzliche Sozialversicherung

Zu den bedeutendsten Gesetzgebungswerken des wilhelminischen Reichs gehörte die - unter erheblichem innenpolitischen Druck - entstandene gesetzliche Sozialversicherung der Jahre 1883, 1884 und 1889. Sie wurde nach folgenden Grundsätzen konzipiert (nach Volker Hentschel):

1. Das *Versicherungs*prinzip galt anstelle des *Versorgungs*prinzips (staatliche Fürsorge und Versorgung)

2. Die *Selbstverwaltung* trat anstelle der *Reichsanstalt* (Dezentralisierung statt Zentralisierung)

3. Die Mittelaufbringung geschah unter *Beteiligung der Versicherten* anstelle der ausschliesslichen Finanzierung durch Arbeitgeber und Staat (Bewusstsein des *Anspruchsrechts* statt *dankschuldigem Wohlfahrtsempfang*).

Darstellung 46: Die gesetzliche Sozialversicherung

Gesetzliche Krankenversicherung

- Vereinheitlichung einer Vielzahl von Handwerks-, freien Hilfs-, Gewerksvereins-, Knappschafts- und ähnlichen Kassen.
- Versicherungs*zwang* für Arbeiter, die bislang in keiner Kasse waren.
- Beiträge: 2/3 Versicherte; 1/3 Arbeitgeber.
- Zunächst Mehrzahl der Kassen auf *Betriebs*ebene, später überwiegend *Orts*krankenkassen.
- 1919: Einrichtung neuer Betriebskrankenkassen verboten.

Gesetzliche Unfallversicherung

- Unternehmer haftete für alle Arbeitsunfälle, die in seinem Betrieb geschahen (Haftpflichtgesetz 1871: nur für jene, die er nachweislich verschuldet hatte).
- Versicherung wurde ausschliesslich mit Unternehmerbeiträgen finanziert.
- Trägerorganisationen waren Berufsgenossenschaften.
- Das Reich trat nur als subsidiärer Garant der Leistungsfähigkeit der Berufsgenossenschaften auf.

Gesetzliche Invaliditäts- und Altersversicherung

- Paritätische Beiträge der Versicherten und der Arbeitgeber
- Von vornherein auch staatliche Zuschüsse (in Höhe etwa eines Drittels der Leistungen)
- In öffentlich-rechtlichen Anstalten organisiert und von Reichsbeamten verwaltet. Den Beamten wurden paritätische Arbeiter-Unternehmer-ausschüsse als Kontrollorgane beigesellt.

Quelle: Hentschel, Volker: Deutsche Wirtschafts- und Sozialpolitik 1815 bis 1945, Düsseldorf 1980, S. 46ff.

Literatur:
Blaich, Fritz: Kartell- und Monopolpolitik im kaiserlichen Deutschland, Düsseldorf 1973; **Born,** Karl-Erich: Wirtschafts- und Sozialgeschichte des Deutschen Kaiserreichs (1867/71-1914), Stuttgart 1985; **Hentschel**, Volker: Wirtschaft und Wirtschaftspolitik im Wilhelminischen Deutschland. Organisierter Kapitalismus und Interventionsstaat? Stuttgart 1978; **Hoffmann**, Walther G.: Das Wachstum der deutschen Wirtschaft seit der Mitte des 19. Jahrhunderts, Berlin/Heidelberg/New York 1965; **Pohl**, Hans: Aufbruch der Weltwirtschaft. Geschichte der Weltwirtschaft von der Mitte des 19. Jahrhunderts bis zum Ersten Weltkrieg, Stuttgart 1989.

Prüfsteine:

1. a) Wodurch war der Preisrückgang bei Getreide im letzten Drittel des 19. Jahrhunderts bedingt? Nennen Sie drei Gründe!
   b) Wie reagierte man in Deutschland auf den Preisrückgang? (Stichwort genügt.)
2. Wodurch wurde der „Schwenk“ zum Protektionismus in den späten 1870-er Jahren motiviert?
3. Wie entwickelten sich Nominaleinkommen, Lebenshaltungskosten und Realeinkommen 1850 bis 1914? Nehmen Sie in diesem Zusammenhang Stellung zur Marx'schen Verelendungstheorie!
4. Welchen Finanzierungsquellen entstammten die französischen Reparationszahlungen? Wozu wurden diese Mittel im wesentlichen verwendet?
5. Skizzieren Sie die Veränderungen der sektoralen Struktur der deutschen Wirtschaft 1880-1914! (Trendmässiger Verlauf genügt.)
6. Erläutern Sie die Stichworte „Gründerkrise“ und „Neomerkantilismus“!
7. Welchen Grundprinzipien folgte das Sozialversicherungswerk der 1880-er Jahre?

6.2. Der Erste Weltkrieg

6.2.1. Das Wettrüsten vor 1914

Das Deutsche Reich hatte in den Jahrzehnten vor dem Ersten Weltkrieg eine ziemlich dynamische Wirtschaftsentwicklung durchlaufen und konnte den Abstand zur führenden Industriemacht Grossbritannien nicht nur aufholen, sondern in einigen wichtigen Bereichen wie beispielsweise der Eisen- und Stahlindustrie, der chemischen und der Elektroindustrie überholen. Das Volumen des deutschen Aussenhandels erreichte nahezu die britischen Ziffern, auch wenn der englische Handel weltweit verzweigter und nicht in dem Masse auf Europa beschränkt war wie der deutsche Handel. Vor Kriegsbeginn war Deutschland von der Aussenwirtschaft relativ abhängig, was etwa dadurch deutlich wird, dass 45 Prozent seiner Einfuhr 1913 aus Rohstoffen bestand. Zu seinen besten Kunden zählte Großbritannien.

Darstellung 47: Gesamt- und Militärausgaben des Reiches 1910-1919

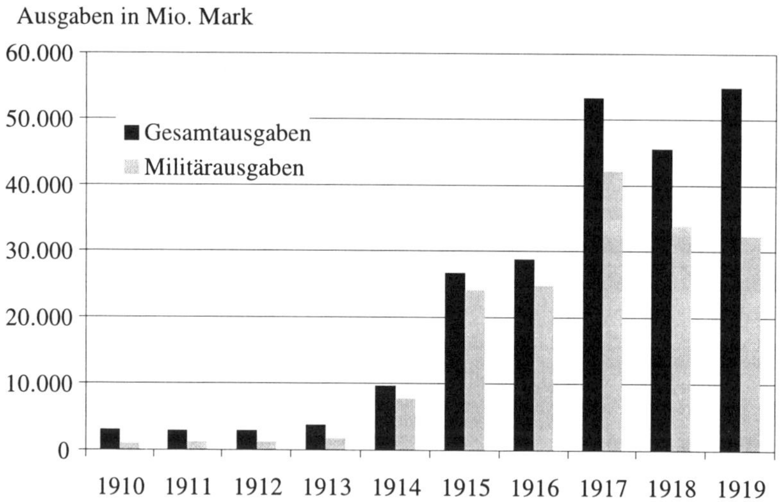

Datenquelle: Lapp, Klaus: Die Finanzierung der Weltkriege 1914-1918 und 1939-1945 in Deutschland, Diss. Nürnberg 1957, S. 67.

Eine Reihe von Krisen, u.a. die Balkan-Krisen, bewirkten in den Jahren vor dem Ersten Weltkrieg ein **allgemeines Wettrüsten** der europäischen Mächte.

Obwohl die **Militärausgaben** Deutschlands in den Friedensjahren 1910-13 schon über eine Milliarde Mark betrugen und damit nahezu der Betrag pro Jahr erreicht wurde, den der Krieg von 1870/71 im Ganzen gekostet hatte, nämlich 1,75 Milliarden Mark, so waren sie durchaus nicht höher als die der anderen Grossmächte. Bei Kriegsausbruch zeigte sich jedoch, dass die Vorstellungen hinsichtlich der Kriegskosten bald als völlig unrealistisch entlarvt werden sollten. Allein die Mobilmachung kostete über zwei Milliarden Mark[73]. Insgesamt kostete der Erste Weltkrieg ca. 165 Milliarden Mark oder anders ausgedrückt: die Kosten beliefen sich auf 98 Millionen Mark täglich[74].

6.2.2. Deutschlands Wirtschaft im Krieg

Sicher ist durch die bisherigen Ausführungen klar geworden, dass es zum Verständnis gesellschaftlicher und wirtschaftlicher Entwicklung nicht genügt, sich nur auf makroökonomische Daten zu stützen. Es ist wichtig, auch die gesellschaftlichen und politischen Hintergründe zu kennen, um langfristige Zusammenhänge zu begreifen. Dies gilt in ganz besonderem Masse für das Verständnis des 20. Jahrhunderts, in das man mit grösstem Optimismus blickte, das aber dann Kriege bringen sollte, deren Reichweite so gross war, dass man von Weltkriegen zu sprechen begann.

Vieles von dem, was in der Weimarer Zeit und unter dem Hitlerregime geschah, ist nur vor dem Hintergrund des Ersten Weltkrieges und dessen Folgen verständlich. Es darf wohl heute als unbestritten gelten, und dies wird zunehmend auch betont, dass die Hitler'sche Polemik niemals *die* Durchschlagskraft hätte haben können, wenn er nicht - und das tat er geschickt genug - das Diktat von Versailles, die Belastung der Wirtschaft durch die Reparationen, die Hyperinflation und die schweren ökonomischen Depressionen als sofort zündendes Argument gegenüber einer gebeutelten Wählerschaft hätte einsetzen können. Die wirtschaftliche Zerrissenheit und Instabilität als Folge des Ersten Weltkrieges erwies sich als fruchtbarer Nährboden für eine böse Saat, die zum Schlimmsten führte, was Menschen überhaupt erleben konnten. Aber zurück zur Zeit um 1914.

---

[73] Lapp, Klaus: Die Finanzierung der Weltkriege 1914-1918 und 1939-1945 in Deutschland, Diss. Nürnberg 1957, S. 66.

[74] Lütge, Überblick, S. 537.

Der Erste Weltkrieg bewirkte einen entscheidenden Wandel in der Struktur der Kriegswirtschaften. Durch die sich rasch fortentwickelnde Kriegstechnik, vor allem aber durch die neu angewandte Strategie der Materialschlacht, die in Bezug auf die Versorgung mit Kriegsmaterial in quantitativer und qualitativer Hinsicht immer grössere Anforderungen an die gesamtwirtschaftliche Produktionsleistung stellte, gewann die güterwirtschaftliche Problematik ein ganz besonderes Gewicht. Das Neue am Ersten Weltkrieg war also die völlige Änderung des Wirtschaftsablaufes, bedingt durch die Umstellung der Produktion auf kriegswichtige Güter. Ein veränderter Wirtschaftsablauf bedingte jedoch auch eine Veränderung der Planung und Lenkung der Volkswirtschaft und der damit verbundenen wirtschaftspolitischen Massnahmen. Diese Problematik wurde allerdings von der deutschen Regierung nicht richtig erkannt. Vor dem Ersten Weltkrieg wurde innerhalb des Generalstabes eine besondere Kriegswirtschaftspolitik oder Organisation der Wirtschaft für den Kriegsfall kaum in Erwägung gezogen. Die offizielle Konzeption beruhte auf dem **Schlieffen-Plan**, der im wesentlichen davon ausging, dass ein längerer Krieg für Deutschland unüberwindliche wirtschaftliche Schwierigkeiten mit sich bringen müsse und daher einem schnellen militärischen Vorgehen Priorität einzuräumen sei. Nach der ersten Marne-Schlacht im September 1914 wurde jedoch der Traum vom schnellen militärischen Sieg zerstört. Dies war gleichzeitig das Signal für die deutsche Kriegswirtschaft zum Umdenken.

Das Problem bestand - wie angedeutet - in erster Linie nicht darin, den Krieg finanziell durchzustehen, sondern die Schwierigkeit lag in der produktionsmässigen Bereitstellung des erforderlichen Kriegsbedarfs zur Truppenversorgung und in der Sicherung der Volksernährung. Erschwerend für die Umstellung der Produktion wirkte vor allem die **Blockade** der Entente-Mächte. Für das auf vielen Gebieten rohstoffabhängige Deutschland ergab sich sowohl eine Verknappung der Güterversorgung in nahezu allen Bereichen, als auch die Notwendigkeit, den privaten Konsum rigoros zu beschränken.

All diese Erkenntnisse gewann man offenbar erst im Verlauf des Krieges und erhielt Anstösse für eingehendere Untersuchungen bzw. Analysen der wirtschaftlichen Grundlagen der Kriegsführung. Es geht also zunächst darum, die Problematik darzustellen, die sich für die Volkswirtschaft im Ersten Weltkrieg durch die Umstellung der Marktwirtschaft auf die Kriegswirtschaft ergab.

6.2.3. Zwangseingriffe in die Wirtschaft

Nachdem klar wurde, dass der Krieg nicht nur, wie erwartet, einige Wochen dauern würde, stand man relativ unvorbereitet vor der Schwierigkeit der umfassenden Mobilisierung der industriellen Kapazität. Es ging darum, die industrielle Produktion von Friedensgütern auf Kriegsmaterial umzustellen, und dies nicht nur in Deutschland, sondern in allen beteiligten Industrieländern. Auf Grund der Fehleinschätzung der Länge und des Materialbedarfs des Krieges hatten die Firmen versäumt, grössere Vorratshaltung zu betreiben. Ihre Vorräte deckten in der Regel den Bedarf eines halben Friedensjahres. Da die Industrie die Umstellung nicht allein zu bewältigen vermochte, wirkte sie darauf hin, dass auch staatlicherseits **Bewirtschaftungsstellen** eingerichtet wurden, so z.B. eine **Kriegsrohstoffabteilung** und diverse **Kriegsgesellschaften**. Es ist nicht zu übersehen, dass in diesem Zusammenhang für einige Rüstungsunternehmen die Chancen zu umfangreichen Gewinnmitnahmen eröffnet wurden. Auf der anderen Seite ist jedoch festzustellen, dass das Produktionsvolumen durch Mangelsituationen in einigen Bereichen deutliche Grenzen hatte. Dazu gehörte in erster Linie der Rohstoffsektor, sodann aber auch der Arbeitsmarkt, der natürlich in erheblichem Mass durch Abgänge an die Front beeinträchtigt war und Im Übrigen war die gesamtwirtschaftliche Planung ausserordentlich mangelhaft.

Die deutsche Regierung sah bald, dass nur durch Zwangsmassnahmen das Problem der Güterversorgung in einer **Mangelwirtschaft** gelöst werden konnte. Im wesentlichen wurden auf die Initiative des Regierungspräsidenten von Ostpreussen, von Batocki, folgende **Massnahmen** ergriffen:

1. Einführung von Höchstpreisen
2. Kontrolle der Ein- und Ausfuhr
3. Einrichtung von Preisprüfstellen
4. Beschlagnahme einzelner Waren durch halböffentliche Kriegsgesellschaften
5. Verteilung der vorhandenen Vorräte nach einem Bezugsschein- und Lebensmittelkarten-System
6. Förderung der Ersatzstoffwirtschaft (Surrogate!)
7. Planmässige Organisation der Abfallwirtschaft
8. Einführung der Ablieferungspflicht, insbesondere für landwirtschaftliche Erzeugnisse.

Die Umstellung der Volkswirtschaft auf Rüstungsgüter hatte erhebliche **Störungen des gesamtwirtschaftlichen Systems** zur Folge (Darstellung 48). Dies galt umso mehr, als die Herstellung von Kriegsgütern nicht nur auf Kosten der Herstellung von Verbrauchsgütern, sondern von Investitionsgütern geschah. Das war z.B. dann der Fall, wenn eine Fabrik, die bisher Werkzeugmaschinen herstellte, völlig auf die Produktion von Waffen und Munition umgestellt wurde. Diese Art der Umrüstung wird auch als Breitenrüstung bezeichnet[75]. Die logische Folge war mit zunehmender Kriegsdauer ein erheblicher Rückgang der Zivilgüterproduktion. Aufgrund der Produktionsumstellung sank also im Ersten Weltkrieg das Produktionsvolumen zugunsten der Rüstungsindustrie rapide ab. Ausschlaggebend dafür war neben den genannten Faktoren der plötzliche Entzug gelernter Arbeitskräfte aus der zivilen Wirtschaft durch die Einberufung zum Militär.

Darstellung 48: Veränderung der industriellen Beschäftigungsstruktur während des Ersten Weltkrieges

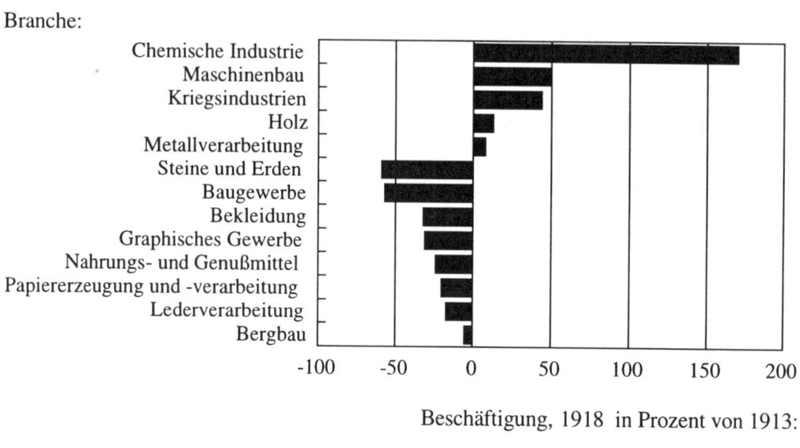

Datenquelle: Fischer, Wolfram: Bergbau, Industrie und Handwerk 1914-1970. In: Aubin, Hermann/Zorn, Wolfgang: Handbuch der deutschen Wirtschafts- und Sozialgeschichte. Bd. 2: Das 19. und 20. Jahrhundert, S. 796-844, hier: S. 800/Tab. 4.

[75] Das Gegenteil von Breitenrüstung ist die sog. Tiefenrüstung. Es handelt sich dabei um Produktionsstätten, die ausschliesslich für die Herstellung von Kriegsgütern errichtet werden, wie etwa im Falle der atomaren Aufrüstung der USA während des Zweiten Weltkrieg. In Deutschland galt dies bezüglich der Herstellung von Treibstoffen und synthetischem Kautschuk.

Trotz eines akuten Mangels an spezialisierten Arbeitskräften stieg die **Arbeitslosigkeit** der gewerkschaftlich organisierten Arbeiter im Zeitraum von Juli 1914 bis Ende August von 2,9 Prozent auf 22,4 Prozent. Dies hing eben mit dem rapiden Abbau der Arbeitsmöglichkeiten im zivilen Bereich zusammen. Im Bereich der **Steinkohlenindustrie** sank z.B. innerhalb eines Monats die Erzeugung auf die Hälfte ab, nämlich von 16,6 Millionen Tonnen im Juli 1914 auf 8,5 Millionen Tonnen im August. Hinzu trat nach den ersten Kriegsmonaten durch die **unzureichende Rohstoffversorgung** eine Verschlechterung der allgemeinen Produktionsbedingungen. Kohle, Eisenerz, Blei und Zink waren zwar in Deutschland in entsprechender Menge vorhanden, doch Metalle bzw. Edelmetalle wie Chrom, Antimon, Nickel, Aluminium, Zinn und Mangan mussten eingeführt werden. Die Textilindustrie deckte z.B. 95 Prozent ihres Bedarfs an Spinnstoffen wie Baumwolle, Jute, Seide und Hanf über das Ausland. Insbesondere bei der Jute gab es schon im Herbst nach Kriegsausbruch Produktionseinstellungen, was unverzüglich zu einer **Beschlagnahmung** der Bestände und zu ihrer Verwendung ausschliesslich für den Heeresbedarf führte.

Ähnliche Probleme ergaben sich bei der chemischen Industrie und in der **Landwirtschaft**. Durch die Blockade, d.h. das Abschneiden von wichtigen Rohstoffquellen und Weltmarktgütern durch Marinestreitkräfte (über Wasser und unter Wasser) der Entente-Mächte entfiel der Import von Chile-Salpeter. Dadurch war die Munitions- und Handelsdüngerversorgung gefährdet. Der **chemischen Industrie** gelang es allerdings mit Hilfe des **Haber-Bosch-Verfahrens**, Stickstoff synthetisch herzustellen. Die Produktion der Spreng- und Stickstoffindustrie konnte somit aufrechterhalten werden.

6.2.4. Landwirtschaft und Ernährung

Man kann sich leicht vorstellen, dass durch das Kriegsgeschehen die internationale Arbeitsteilung erheblichen Störungen ausgesetzt wurde. Dies hatte zur Folge, dass zunehmend Eigenversorgung (**Autarkie**) im Bereich der Lebensmittel angestrebt werden musste. Im Vergleich zu Deutschland gelang es in England beispielsweise, die Nahrungsmittelproduktion während des Krieges noch deutlich zu steigern. Wie sah es in Deutschland aus? Wie wir wissen, war zu Beginn des Krieges ein erheblicher Teil, nämlich ein Drittel aller Erwerbstätigen in der Landwirtschaft beschäftigt. Es handelt sich um etwa 11 Millionen Arbeitskräfte. Die Landwirtschaft war in der Lage, etwa 80 bis 90 Prozent des Nahrungsmittelbedarfs Deutschlands zu decken. Dies war aber nur dadurch möglich, dass in nicht unerheblichem Umfang Importe von Stickstoff, Phosphatdüngern und Futtermitteln erfolgte. Im Übrigen waren die deutschen Ostgebiete in einem bestimmten Umfang auf ausländische Saisonarbeitskräfte angewiesen. Da es jedoch - wie für den industriellen Bereich erwähnt - auch in der Landwirtschaft an Arbeitskräften mangelte und Im Übrigen die Düngemittelzufuhr unter den Kriegsereignissen zu leiden hatte, war es nicht möglich, die landwirtschaftliche Erzeugung in dem Masse zu steigern, wie es erforderlich gewesen wäre.

Ganz im Gegenteil, die landwirtschaftliche Erzeugung sank (Darstellung 49), so dass zum Teil dramatische **Versorgungsengpässe** auftraten. Dem wurde anfänglich versucht, durch **staatliche Höchstpreisverordnungen** Einhalt zu gebieten. Doch scheiterten diese staatlichen Massnahmen daran, dass **Graue und Schwarze Märkte** existierten, also Schwarzmarktpreise zum Massstab des Handels und Wandels wurden. Rationierungen und der Versuch, die Verteilung zentral zu erfassen und zu regeln, hatten die Entstehung Schwarzer Märkte nicht verhindern können.

Darstellung 49: Landwirtschaftliche Erträge vor und während des Ersten Weltkrieges

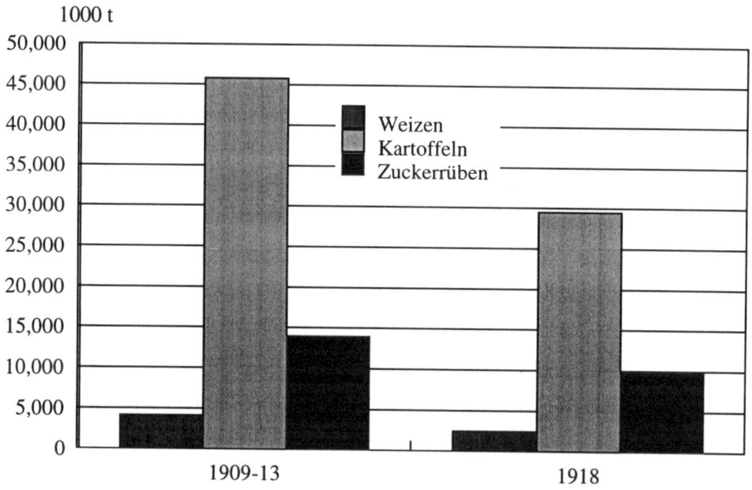

Datenquelle: Haushofer, Heinz: Die deutsche Landwirtschaft im technischen Zeitalter (= Deutsche Agrargeschichte. Bd. 5), Stuttgart 1963, S. 227.

6.2.5. Die Einkommensverwendung

Das Hauptproblem der Wirtschaft im Ersten Weltkrieg bestand darin, dass einerseits die über den Zusatzbedarf für Kriegsgüter entstandenen Einkommen als Nachfragefaktor in Erscheinung traten, gleichzeitig aber durch die Umstellung von der Friedens- auf die Kriegswirtschaft dem vorhandenen Einkommen nicht genügend Güter gegenüberstanden, so dass es zu **Güterknappheit** bei weiter vorhandener Liquidität kam. Diese Güterknappheit wurde dadurch verstärkt, dass das wachsende Heer einen erheblichen Mehrbedarf an Nahrungsmitteln hatte. So verbrauchte dasselbe nach amtlichen Angaben im Ersten Weltkrieg wöchentlich 27.085 Kilogramm Brot, 54.485 Tonnen Kartoffeln, über 7.913 Tonnen Fleisch, 615 Tonnen Zucker, 900 Tonnen Kaffee und 904 Tonnen Salz.

Im Umfang der Güterverknappung (Angebotsverknappung) durch den Mehrbedarf hätte die Regierung das Einkommen und damit den Konsum (die Nachfrage) beschränken müssen, um die Preisstabilität einigermassen zu gewährleisten. Zwar wurde der Konsum in der Tat durch **Lebensmittelkarten** rationiert, die Löhne und Preise jedoch nicht gesenkt. So kam es trotz zwangswirtschaftlicher Massnahmen zu Lohn- und Preisauftrieben und damit zu einer zunehmenden **Schwächung der Kaufkraft des Geldes**.

6.2.6. Das Inflationsproblem in der Kriegswirtschaft

Durch die zusätzliche Beschäftigung von bisher erwerbslosen Bevölkerungsteilen verschärfte sich das Stabilitätsproblem. So wurde z.B. durch das **„Hindenburg-Programm“ 1916** jedem männlichen Staatsbürger vom 17. bis zum 60. Lebensjahr ein Arbeitsplatz im Hilfsdienst, in der Kriegsindustrie oder in der Landwirtschaft zugewiesen. Diese zusätzlichen Einkommen verschärften die Differenz zwischen der Menge an Einkommen und Gütern. In der angelsächsischen Theorie wurde dieses Phänomen als die **„inflatorische Lücke“** bezeichnet und als typische Begleiterscheinung der Kriegswirtschaft identifiziert.

Ein weiterer Hauptgrund für die inflationäre Entwicklung im Ersten Weltkrieg war die Kriegsfinanzierung durch Geldmengenvermehrung. Anstelle eines Lohn- und Preisstopps wurden den Rüstungsarbeitern laufend höhere Löhne bezahlt, was erhebliche Preissteigerungen zur Folge hatte. Dagegen kamen die Festbesoldeten, Sparer und Rentner zu kurz. Sie mussten Kaufkraftverluste hinnehmen. Es kam zu einer Verzerrung der Lohnstruktur und es mangelte an einer entsprechenden güterwirtschaftlichen Deckung.

Darstellung 50: Not und Brot im Ersten Weltkrieg

- **Oktober 1914**: Einführung des sogenannten **K-Brots** (Kriegsbrot). Vorschrift über bestimmte Ausmahlungssätze und die Beimischung von Ersatzstoffen zum Mehl, z. B. Kartoffeln, Rüben o.ä.

- **Oktober 1915**: Wöchentlich zwei **fleischlose Tage** eingeführt, an denen Fleisch weder ge- noch verkauft noch in öffentlichen Gaststätten verzehrt werden durfte.

- **25. Januar 1915**: Als erste Lebensmittelkarte wurde die **Brotkarte** eingeführt, d.h. es wurde die jedem Haushaltsmitglied zustehende Menge Brot festgesetzt. Es folgten: Fettkarte, Fleischkarte, Milchkarte, Butterkarte usw. **Ergebnis**: Kompliziertes Zuteilungssystem nach physiologischen und sozialen Merkmalen, z.B. erhielten „Schwerstarbeiter“ mehr als „Schwerarbeiter“, Kinder und schwangere Frauen bekamen zusätzliche Milchrationen. Ungefähre **Durchschnittsrationen**: 225 Gramm Brot oder 200 Gramm Mehl je Kopf und Tag, 56 bis 68 Gramm Fettstoffe (Butter, Schmalz oder Margarine) je Kopf und Woche.

- Bezeichnendes Beispiel für Fehleinschätzungen und Mißwirtschaft im Nahrungsmittelbereich: Der „**Schweinemord**“. Herbst 1914: Verfütterungsverbot für Weizen und Roggen. Rationierung von Hafer und Gerste. Anfang 1915: Furcht vor Kartoffelknappheit, dem wichtigsten deutschen Volksnahrungsmittel, das angeblich in zu großer Zahl den Schweinen verfüttert wurde. Anordnung zur Zwangsschlachtung der Schweine. Es stellte sich heraus, daß man die Kartoffelernte unterschätzte und Im Übrigen der Fettmangel sich verstärkte.

6.2.7. Die Finanzierung des Ersten Weltkriegs und die Währungs- und Finanzpolitik

Die Mehrheit der Politiker und Finanzexperten in Deutschland waren 1914 der Meinung, die deutsche Kriegsfinanzierung solle durch **Anleihen** erfolgen und Steuern nur zur Deckung der Kriegsschuld-Zinsen erhoben werden. Die Bevölkerung wurde durch Plakate und andere Medien zur Zeichnung von Anleihen aufgerufen.

Man verzichtete im ersten Kriegsjahr 1914/15 auf die Einführung neuer bzw. höherer Steuern. Insgesamt deckte Deutschland nur ca. 6 Prozent der Kriegskosten durch Steuern (Einführung der allgemeinen Umsatzsteuer 1916), wohingegen dies in England zu 20 Prozent und in den USA zu 23 Prozent geschah. Frankreich hingegen beschritt ausschliesslich den Anleiheweg.

Für den ersten Bedarf im Rahmen der **finanziellen Mobilmachung** stand der im Juliusturm in Spandau liegende Kriegsschatz in Höhe von 120 Millionen Mark in Gold zur Verfügung, der aus den französischen Reparationen von 1870/71 stammte. 1913 hatte die Regierung aufgrund der Kriegsgefahr einen Silberschatz in gleicher Höhe angelegt.

Ausserdem wurden die Banknoten zu gesetzlichen Zahlungsmitteln erklärt (1909) und die Goldreserven seit 1911 aufgestockt.

Für die Mobilmachung reichte jedoch die gehortete Geldmenge kaum aus. Nach sieben Wochen sah sich das Reich veranlasst, die **erste Kriegsanleihe** aufzunehmen. Danach wurden regelmässig im Frühjahr und Herbst neue Anleihen aufgelegt. Insgesamt wurden zwischen 1914 und 1918 neun Kriegsanleihen begeben, und zwar Form von 5 Prozentigen Reichsanleihen ohne Tilgungsverpflichtung oder als 5-Prozentige (später 4,5-Prozentige) „Schatzanweisungen" mit verschieden langen Tilgungsfristen.

Durch die vier **Finanzgesetze** vom **4. August 1914** wurden für die Banken folgende Massnahmen getroffen:

1. Die Pflicht zur Einlösung von Banknoten der Reichsbank wie auch der Privatnotenbanken in Gold wurde aufgehoben.
2. Die Notensteuer wurde abgeschafft. Sie betraf bis dahin den Teil des Notenumlaufs, der die steuerfreie Notenausgabe (Goldbestand bis 550 Millionen Mark) überschritt.
3. Es wurden Darlehenskassen eingerichtet.
4. Die Reichsbank wurde ermächtigt, dreimonatige Schatzwechsel[76] des Reiches in ihre Notendeckung und Darlehenskassenscheine in ihre Bardekkung einzurechnen.

Das erste Gesetz galt als Massnahme gegen die Goldhortung. Die drei weiteren führten, gewollt oder ungewollt, zur Inflation. Es kam im Laufe des Krieges zu einer nie dagewesenen Aufblähung des monetären Volumens, wobei man von einer Verneun- bis Verzehnfachung des Geldumlaufs im Vergleich zu der Situation vor dem Krieg sprach. Die **Darlehenskassen** wurden eingerichtet, um für gewerbliche Zwecke Kredite zu beschaffen. Sie durften gegen Wertpapiere, die nicht als Sicherheit für die Refinanzierung bei der Reichsbank dienten, Darlehen gewähren. Die Geldmittel dafür lieferte die Notenpresse. Ausserdem durften die Darlehenskassen in der Höhe der gewährten Kredite sog. **Darlehenskassenscheine** ausgeben, die **als gesetzliche Zahlungsmittel** galten. Der ungehemmten **Inflation** wurde jedoch vor allem dadurch Vorschub geleistet, dass die Reichsbank kurzfristige Schatzwechsel in **unbeschränkter** Höhe rediskontieren und dafür Banknoten ausgeben durfte. Die unmittelbare Folge war eine **Geldmengenvermehrung ohne Golddekkung**.

---

[76] Keine Effekten, sondern Geldmarktpapiere. Solawechsel, ausgestellt von der Schuldenverwaltung. - Schatzanweisungen: nicht wechselmässige Zahlungsversprechen, 6-24 Monate.

Die **Gesamtverschuldung des Reiches** betrug schliesslich 1919 156,4 Milliarden Mark gegenüber 5,1 Milliarden Mark 1914, d.h. sie hatte sich um das 30-fache gesteigert.

Darstellung 51: Wirtschaftliche Daten zum Ersten Weltkrieg

	1914	**1915**	**1916**	**1917**	**1918**
Dollarkurs: Index 1913 = 100	102	116	132	157	143
Markkurs: Index 1914 = 100	(100)	86	76	64	71
Grosshandelspreise: Index 1913 = 100					
Lebensmittel:	108	151	162	188	228
Industriestoffe:	99	124	134	161	195
Inlandswaren:	106	142	154	186	228
Einfuhrwaren:	102	134	141	147	172
Gesamtindex:	105	142	152	179	217
Realwochenlöhne (Mark):					
Ungelernte Arbeiter:	23,03	19,15	17,50	17,58	23,65
Hauer u. Schlepper:	37,80	32,94	30,12	25,38	25,80
Buchdrucker:	30,76	24,46	19,18	15,62	17,11
Fundierte Reichsschuld: Index					
Goldmark = 100:	100	168	470	698	1190

Quelle: Petzina, Dietmar et al. (Hrsg.): Sozialgeschichtliches Arbeitsbuch. Bd. 3: Materialien zur Statistik des Deutschen Reiches 1914-1945, München 1978, S. 83.

Literatur:

Hardach, Gerd: Der Erste Weltkrieg 1914-1918, München 1973; **Kielmannsegg**, Peter Graf: Deutschland und der Erste Weltkrieg, 2. Aufl. Frankfurt am Main 1980; **Lapp**, Klaus: Die Finanzierung der Weltkriege 1914-1918 und 1939-1945 in Deutschland, Diss. Nürnberg 1957.

Prüfsteine:
1. Wie wurde der Erste Weltkrieg finanziert?
2. Erklären Sie die Entstehung der „inflatorischen Lücke"!
3. Welche finanzpolitischen Regelungen wurden zu Beginn des Ersten Weltkriegs getroffen?
4. Welche Zwangsmassnahmen wurden während des Ersten Weltkriegs ergriffen?

7. Die Weimarer Republik 1918-1933

7.1. Die turbulente Nachkriegszeit

7.1.1. Die Nationalversammlung und der Versailler Vertrag

Der verlorene Krieg und der Verlust weitreichender Marktbeziehungen dezimierten die Wirtschaftskraft Deutschlands erheblich. Es kam zu umfangreichen Vermögensminderungen durch den Verlust deutschen Auslandskapitals, durch die Abtretung wertvoller Gebiete und von Kolonialbesitz und durch den Verlust der Handelsflotte. Es galt nun, in den turbulenten Nachkriegswirren die politische und wirtschaftliche Struktur im Rahmen des Möglichen zu stabilisieren.

Am 19. Januar 1919 wurde die Nationalversammlung, erstmals unter Beteiligung von Frauen, gewählt und trat am 6. Februar in **Weimar** zusammen, da die Lage in Berlin noch nicht sicher genug schien. Zunächst wählte man Friedrich Ebert zum Präsidenten und er beauftragte Philipp Scheidemann mit der Regierungsbildung. Die SPD hatte keine absolute Mehrheit und musste daher eine Koalition mit dem Zentrum und der Deutschen Demokratischen Partei einhergehen.

Die Nationalversammlung hatte zwei Aufgaben zu bewältigen:

- Die **Ausarbeitung einer Verfassung**. Deutschland wurde eine parlamentarische Demokratie. An ihrer Spitze stand der Reichspräsident, der eine beträchtliche Machtfülle erhielt. Der Einfluss des Reichstages wurde gegenüber dem Kaiserreich erheblich ausgedehnt. Das Verhältniswahlrecht sorgte für ein Vielparteiensystem.
- Den **Abschluss eines Friedensvertrages**.

Dessen Bedingungen lösten in Deutschland jedoch Wogen der Empörung aus, worauf die Regierung zurücktrat. Der neue Kanzler Gustav Bauer (SPD) nahm die Versailler Verträge an. Die Bedingungen waren recht hart. Das Reich verlor 13,1 Prozent seines Vorkriegsgebietes und 10 Prozent der Bevölkerung. Deutschland musste auf 14,6 Prozent seiner anbaufähigen Fläche, 14,5 Prozent seiner Eisenerze und 26 Prozent seiner Kohlenförderung verzichten. Als

Sachleistungen waren alle Schiffe über 1600 Bruttoregistertonnen, ein Viertel der Fischereiflotte, ein Fünftel der Fluss- und Binnenschiffe u.a. auszuliefern[77].

Nach Artikel 264 bis 267 des am 28. Juni 1919 unterzeichneten Versailler Vertrages hatte Deutschland allen Ländern die einseitige, uneingeschränkte und unkündbare Meistbegünstigung bis zum 10. Januar 1925 einzuräumen. Es darf jedoch nicht vergessen werden, dass die Ausschaltung Deutschlands aus dem zwischenstaatlichen Handel auch seinen ehemaligen Partnern beträchtliche Nachteile bereitete, so dass diese sich zunehmend über politische Bedenken hinwegsetzten und die Beziehungen zu Deutschland wieder aufnahmen.

7.1.2. Die Erzbergersche Finanzreform 1919/1920

Hatte die Weimarer Verfassung Rechte und Pflichten von Staat und Bürgern neu und demokratisch formuliert, so ging es nun auch darum, die Verteilungspolitik, d.h. Finanzen und Steuern, dementsprechend neu zu organisieren. Dies geschah im Rahmen einer Finanzreform, die den Namen des Mitunterzeichners des Waffenstillstands von Compiègne und Finanzministers der Reichsregierung Bauer trug: Matthias **Erzberger**. Auf der Basis der Weimarer Verfassung schuf der agile Schwabe eine zentrale Steuerverwaltung und stärkte so die Finanzhoheit des Reiches. Damit war der konfliktträchtigen finanzpolitischen Beziehungsebene zwischen Reich und Ländern ein gesetzliches Regelwerk zugrundegelegt worden, das nicht nur die Staatseinnahmen insgesamt erhöhte, sondern auch bei der Verteilung zwischen Reich, Ländern und Gemeinden deutlich dem Reich Priorität einräumte. So flossen nach der Neuregelung von Reichsfinanzverfassung und Steuersystem dem Reich die gesamte Einkommensteuer, Körperschaftsteuer, Kapitalertragsteuer, Verbrauchsteuern, indirekten Abgaben sowie die Zölle zu. Zudem partizipierte das Reich mit 85 Prozent bei der Umsatzstuer, 80 Prozent bei der Erbschaftsteuer und erhielt 50 Prozent der Grunderwerbsteuer, deren andere Hälfte den Ländern ebenso zustand wie 20 Prozent der Erbschaftsteuer und 10 Prozent der Umsatzsteuer. Den Gemeinden standen neben der Grundsteuer die Gewerbe- und Vergnügungsteuer komplett zu. Darüberhinaus stärkten noch 5 Prozent der Umsatzsteuer die Gemeindehaushalte. In Umkehrung zur Situation im Kaiserreich waren nun Länder und Gemeinden „Kostgänger des Reiches" geworden. Der politische Preis dafür war die Schwächung der föderalen Struktur, die dann

---

[77] Stolper, Gustav/Häuser, Karl/Borchardt, Knut: Deutsche Wirtschaft seit 1870, 2. Auflage, Tübingen 1966, S. 88 f.

1934 mit der finanzpolitischen Allmacht des Reichs endgültig dahinsinken sollte.

In den letzten Monaten des Jahres 1919 wurde der Reichshaushalt ferner durch einige einmalige Abgaben gestützt, so durch **Kriegsabgaben** und das **Reichsnotopfer**.

Darstellung 52: Ergebnisse der Erzberger'schen Finanzreform

Grundanliegen
- Die nationale Gerechtigkeit kommt am Besten in einem sozialen Steuersystem zum Ausdruck.
- Zusammenfassung von 25 Nachkriegsstaaten in einem einheitlichen Finanzsystem.
- Die Einrichtung einer zentralen Reichsfinanzverwaltung für Reichs- und Landessteuern. Der föderale Staatsaufbau wich einem zentralen Staatsaufbau. Es entstand eine "materielle Finanzgemeinschaft" der öffentlichen Hand.
- Einkommensteuer und Staatshaushalte wurden zu einem herausragenden Instrument staatlicher Wirtschafts-, Sozial- und Konjunkturpolitik.

Gesetzgebung
1. Gesetz über die Reichsfinanzverwaltung (12.8.1919).
2. Steuerreformgesetzgebung.
3. Landessteuergesetz bzw. Finanzausgleichsgesetz.

Konkrete Maßnahmen:
- Die bisherige Länder-Einkommensteuer wurde durch eine einheitliche Reichseinkommensteuer ersetzt. Löhne und Einkommen wurden an der Quelle besteuert (Quellenabzug). Ferner wurden Körperschaft- und Ertragsteuern erhoben. Es erfolgten beträchtliche Tariferhöhungen.
- Fiskalische Soforthilfe zur Fundierung der schwebenden Reichsschuld versuchte man durch einmalige Sonderabgaben zu erreichen (abschliessende Kriegsbesteuerung). 1919: ausserordentliche Kriegsabgabe und Kriegsabgabe vom Vermögenszuwachs. 31.12.1919: "Reichsnotopfer" (10-65 Prozent vom Vermögen).
- Zölle in Goldmark statt in Papiermark erhoben.
- (indirekte) Umsatzsteuer von 0,5 auf 1,5 Prozent erhöht.
- 15 Prozent auf Luxusgüter.
- Genuss- und Lebensmittel stärker besteuert.
- Ausfuhrabgabe (Abschöpfung der Gewinne der exportierenden Wirtschaft).

Verteilung des Gesamtsteueraufkommens (nach dem Finanzausgleich, in Prozent)

	Reich	Länder	Gemeinden
vor der Reform	30	30	40
nach der Reform	39	23	38

7.1.3. Die Reparationsfrage

Das Jahr 1921 brachte eine Problematik mit sich, die die ganze Weimarer Zeit hindurch die Zeitgenossen in Atem halten sollte, nämlich die Reparationsfrage. Zunächst ging es darum, die Höhe der Schuld festzustellen. Die Ende April bis Anfang Mai tätige **Reparationskommission** (an der Deutschland nicht beteiligt war) ging zunächst von einer Schuld in Höhe von 132 Milliarden Goldmark aus. John Maynard **Keynes**, der später berühmte Nationalökonom („Economic consequences of the peace", 1919; „General theory", 1936) erklärte, dass diese Schuld dreimal so hoch sei, als sie Deutschland zu leisten vermochte[78]. Dieser Fragestellung, ob Deutschland die Reparationen überhaupt erbringen könne, hatte sich die Kommission und die Londoner Konferenz, die im Februar und März in der britischen Hauptstadt stattfand, jedoch kaum zugewandt. Die Forderungen wurden als sog. **„Londoner Ultimatum"** am 5. Mai 1921 an das Reich übergeben mit der Drohung, bei Nichtannahme das Ruhrgebiet zu besetzen, das zu dieser Zeit das bestentwickelteste Industriegebiet Deutschlands war. Der Londoner Zahlungsplan sah eine jährliche Leistung von zwei Milliarden Goldmark sowie 26 Prozent des Wertes der Ausfuhr vor[79]. Die Reparationen beinhalteten nicht nur Geld, sondern auch Sachleistungen.

Einige Tage nach dem Ultimatum, am 10. Mai 1921, kam es in Deutschland zu einem erneuten **Regierungswechsel**. Nachfolger der Reichskanzlers Konstantin **Fehrenbach** wurde wiederum ein Zentrumspolitiker, nämlich Joseph **Wirth**, dem die schwierige und undankbare Aufgabe zufiel, sich zunächst mit dem Londoner Ultimatum auseinandersetzen zu müssen. Unter seiner Regierung wurde es vom Reichstag angenommen und sein Kabinett versuchte, die Forderungen der Alliierten weitgehend zu erfüllen, weshalb seine Politik auch als **„Erfüllungspolitik"** Eingang in die Geschichtsbücher fand. Letztlich ging es seiner Regierung darum, das Verhältnis zu den Siegermächten zu bessern, diesen jedoch auch vor Augen zu führen, dass die überhöhten Forderungen nicht zu erfüllen waren. Im August 1921 schlossen die USA bemerkenswerterweise Friedensverträge mit Deutschland und Österreich. Die USA hatten den Versailler Vertrag nicht ratifiziert. Kurz darauf wurde die politische Szene durch die Ermordung Erzbergers erschüttert und im Jahr darauf war es der Mord an Walther Rathenau, der unmissverständlich

---

78 Stolper, Wirtschaft, S. 91.

79 Kaltefleiter, Werner: Wirtschaft und Politik in Deutschland. Konjunktur als Bestimmungsfaktor des Parteiensystems, Köln et al. 1966, S. 29.

deutlich machte, dass die extreme Rechte auch vor politischem Mord nicht zurückschreckte. Rathenau war einer der fähigsten Wirtschaftsexperten des frühen 20. Jahrhunderts. Er hatte bei der AEG die Wirtschaftspraxis kennengelernt und war wesentlich an den Verhandlungen um den Versailler Vertrag beteiligt.

Einen gewissen Lichtblick brachte im April 1922 der Vertrag von **Rapallo** zwischen Deutschland und der Sowjetunion, in dem beide Staaten auf die Aufrechnung der Kriegskosten und Kriegsschulden verzichteten. Darüberhinaus wurden ein Meistbegünstigungsabkommen und die Wiederaufnahme diplomatischer Beziehungen vereinbart.

7.1.4. Der Ruhrkampf

1922 kam es zu einem erneuten Regierungswechsel. Mitte November trat Joseph Wirth zurück, der die Sozialdemokraten an der Regierungsverantwortung beteiligen und nicht ohne sie regieren wollte. Dem Rücktritt des Kabinetts Wirth folgte am 14. November 1922 die Bildung eines bürgerlichen Minderheitskabinetts unter dem Parteilosen Wilhelm **Cuno** aus Suhl, dem Generaldirektor der Hamburg-Amerika-Linie (HAPAG). Er war derjenige, der eine Regierung mit „diskontfähiger Unterschrift" präsentieren wollte.

In seine Regierungszeit fiel als bedeutendstes Ereignis der **Ruhrkampf**. Deutschland war mit seinen Sachleistungen (Telegraphenmasten und Kohlelieferungen) in Rückstand geraten, worauf französische und belgische Truppen am 11. Januar 1923 das Ruhrgebiet besetzten. Im Gegenzug stellte Deutschland die Reparationsleistungen an Belgien und Frankreich ein und rief zum passiven Widerstand auf, der vom 13. Januar bis 26. September 1923 andauerte. Den Beamten wurde die Ausführung von Anordnungen der Besatzungsmächte untersagt und den Eisenbahnern verboten, Kohlen für Frankreich zu transportieren. Die Besatzungsmächte reagierten ihrerseits mit der Übernahme der beteiligten Betriebe und Institutionen und mit Verhaftungen der Streikenden bzw. deren Ausweisung ins nichtbesetzte deutsche Gebiet.

Für den Fiskus war dies eine ungeheure finanzielle Belastung, die mit ca. 40 Millionen Goldmark täglich zu veranschlagen ist. Diese Summe wurde benötigt, um die Streikenden zu unterstützen und die fehlenden Einnahmen aus diesem Gebiet auszugleichen. Monatlich ergab dies über die Hälfte der jährlich zu erbringenden Reparationsleistungen. Für Deutschland wurde es zunehmend schwieriger, diese Belastung durchzuhalten. Führende Leute der Wirtschaft und Politiker forderten daher zunehmend ein Einlenken. Reichskanzler Cuno war zu einseitig in seiner Widerstandsposition verharrt und so kam es zu einem erneuten Kanzlerwechsel. Gustav **Stresemann**, der Vorsitzende der Deutschen Volkspartei, übernahm am 13. August 1923 das Amt und bildete die erste „Grosse Koalition" aus SPD, Zentrum, DDP und DVP. Auf Länderebene, nämlich in Preussen, hatte es bereits im November 1921 eine „Grosse Koalition" unter dem SPD-Politiker Otto Braun gegeben.

Die Regierung Stresemann war bereit, den passiven Widerstand im Ruhrgebiet abzubrechen. Es kam zur Verhängung des Ausnahmezustandes und schliesslich zur grössten Inflation, die Deutschland je erlebt hatte. Noch während Stresemanns Kurzregierung wurden währungsstabilisierende Massnahmen ergriffen.

7.2. Die grosse Inflation

7.2.1. Die Inflation - das unbekannte Phänomen

Das Bild, das wir heute von der Geschichte der Weimarer Republik haben, verbinden wir mit der Vorstellung struktureller Schwäche, traditionellen Wertvorstellungen und insbesondere ungünstigen politischen Machtverhältnissen, insgesamt also ein Bild des Scheiterns. Zu diesem Bild gehört unabdingbar die grösste aller Inflationen, die Deutschland bis dahin erlebte.

Das Schreckgespenst „Inflation" identifiziert man in Deutschland gemeinhin mit zwei historischen Abschnitten: mit den Jahren 1914 bis 1923 und 1934 bis 1948. Gewiss gab es bereits in früherer Zeit, vornehmlich im frühen 17. Jahrhundert, in der Zeit der „Kipper und Wipper", Inflationen und entlang der historischen Wirtschaftsentwicklung den Versuch, durch übermässiges Ausprägen von Münzen und durch unverantwortlich hohe Geldausgabe die Staatsfinanzen auf Kosten derer zu finanzieren, die dann unter dem Preisauftrieb zu leiden und für das Missverhältnis zwischen Güter- und Geldkreislauf zu zahlen hatten.

Die Zeitgenossen des 19. Jahrhunderts, also des Jahrhunderts, in dem die Banknote erstmals in nennenswertem Umfang in Umlauf kam, hatten das Phänomen der Inflation kaum gekannt. Natürlich waren auch im 19. Jahrhundert Preisauftriebe zu verzeichnen. Diese waren jedoch durch Knappheiten im Gütersektor bedingt und nicht durch übermässiges Inanspruchnehmen der monetären Möglichkeiten. So ist auch zu verstehen, dass in den üblichen Enzyklopädien, Handbüchern und sogar in der Spezialliteratur des späten 19. und frühen 20. Jahrhunderts der Begriff „Inflation" überhaupt nicht auftaucht.

Das Wesen und die Gefährlichkeit eines Inflationsprozesses war also nicht in den Köpfen der Zeitgenossen, die vor dem Ersten Weltkrieg geboren wurden, und auch die Wirtschaftswissenschaft setzte sich damit kaum auseinander. Für die Bevölkerung der 20-er Jahre wurde der Terminus „Inflation" jedoch schlagartig zu einem Begriff, mit dem sich das persönliche und kollektive Schicksal verband.

7.2.2. Ursachen der Inflation

Die Inflation war eines der einschneidendsten wirtschaftlichen Phänomene des 20. Jahrhunderts. Gemäss der Wechselkurstheorie war sie auf den Verfall der Wechselkurse zurückzuführen, mithin auf die Reparationen. Indes stand schon während des Krieges der Geldmenge kein entsprechendes Güterangebot gegenüber.

Betrachtet man die Geldseite, so wurde hier der Anfang mit der Aufhebung der Golddeckung im August 1914 gemacht. Zur Bezahlung des kriegsrelevanten Aufwands änderte man die Reichsbankverfassung, gab also der Zentralbank Finanzierungsspielräume, d.h. die Möglichkeit, das Militäraufkommen zu kreditieren. Damit kam ein erhebliches Kaufkraftvolumen zusätzlich in den Wirtschaftskreislauf, welches, da es unabgeschöpft blieb, inflationistisch, d.h. aufblähend (*inflare* = aufblähen) wirken musste. Einer unbegrenzten Vermehrung der Zahlungsmittel stand damit nichts mehr im Wege. Man bediente sich zur Finanzierung des Krieges der Notenpresse und löste damit einen inflationären Impuls aus. Die Geldmenge wurde vermehrt, das monetäre Einkommen und damit auch die kaufkräftige Nachfrage erhöht. Diese versuchte der Staat durch die Ausgabe von Anleihen abzuschöpfen. Das gelang ihm aber nur in den ersten Jahren.

Unter den Möglichkeiten, die dem Staat zur Abschöpfung zur Verfügung stehen, stehen meist zwei im Vordergrund: eine freiwillige und eine erzwungene. Die freiwillige Alternative wurde bereits genannt: die **Anleihe**. Jeder Kapitalmarktteilnehmer, jedes Wirtschaftssubjekt, konnte selbst entscheiden, ob es dem Staat durch den Kauf einer von diesem zu verzinsenden Anleihe Geld leihen wollte oder nicht. Im Umfang des Kurswertes dieser Anleihe leistete der Käufer freiwilligen Konsumverzicht.

Die andere gängige Alternative hierzu, die erzwungene, bestand in Form der **Steuern**. Hier wird der Steuerzahler zum Konsumverzicht gezwungen. Neben der offenen Frage, ob dieser Weg überhaupt politisch durchsetzbar ist, zumal wenn es sich bei den Steuerzahlern ja um potentielle Wähler handelte (oder zumindest um etwa 50 Prozent der möglichen Wähler, denn alle Frauen zählten ja noch nicht dazu; die Frauen erhielten erstmals durch die Weimarer Verfassung von 1919 aktives und passives Wahlrecht), ist eine notwendige Bedingung, das das Steuersystem überhaupt weit genug entwickelt ist, um eine solche Besteuerung zu realisieren und damit verbunden die Frage, ob die erforderlichen Steuerbeträge in der in Kriegszeiten notwendigen Kürze der Zeit einhebbar sind. Dazu sollte man sich in Erinnerung rufen, dass das deutsche Steuersystem vor der Erzbergerschen Finanzreform nach dem Ersten Weltkrieg noch relativ schwach entwickelt war. Jedenfalls entschied man sich in Deutschland 1914 für die erste Alternative, also für die Anleihenfinanzierung und erst 1916 wurde Kaufkraft erzwungenermassen steuerlich abgeschöpft, aber bei weitem nicht in dem Masse, wie dies zur Stabilisierung der Währung erforderlich gewesen wäre. Dabei spielte natürlich auch die allgemeine Einschätzung der damaligen aktuellen Situation eine Rolle. Man war kollektiv fest davon überzeugt, den Krieg zu gewinnen und damit war logisch die Erwartung verbunden, der besiegte Gegner würde die Zeche, d.h. die Kriegsverschuldung, bezahlen. Welch ein Irrtum!

7.2.3. Verlauf der Inflation

Nach dem Waffenstillstand stellte man fest, dass die Mark am Dollar gemessen 40 Prozent ihres Wertes verloren hatte. Vom Kriegsbeginn bis zum Kriegsende war der **Banknotenumlauf** auf das Sechsfache und das **Buchgeld** auf das Fünffache gestiegen. Es gelang jedoch nicht, die inflatorische Entwicklung aufzuhalten. Auf das Reich kamen zu grosse Belastungen zu. Neben den Reparationen war die eigene Schuldenlast in Höhe von 153 Milliarden Mark, d.h. das 30-fache des Vorkriegsstandes, zu berücksichtigen. Die Lage wurde durch die Kosten der Demobilisierung verschärft. Hinzu kamen die Kosten der Ruhrbesetzung. Das Reich bediente sich vehement der Notenpresse, um seine Ausgaben zu decken und vermehrte damit die Geldmenge. Ein wesentlicher Indikator für den Verfall der Mark war - wie gesagt - ihre Relation zu stabilen Währungen, z.B. zum US-Dollar. Der Außenwert der Mark spiegelte die Erwartung des Auslandes auf den weiteren Verfall wider. Dabei wurde der Kurs jedoch auch von Spekulationen und politischen Ereignissen erheblich beeinflusst, die nun zu entscheidenden Faktoren der Preisbildung wurden. Der Vertrauensverlust in die Mark führte schließlich so weit, dass die Kaufleute ihre Geschäfte über Mittag schlossen, um die neuen Kurse zur Kenntnis zu nehmen und am Nachmittag mit neuen Preisen öffneten.

Schliesslich brannte jedem das Bargeld wie Feuer in der Tasche und es begann eine wilde **Flucht in die Sachwerte**. Die Umlaufgeschwindigkeit des Geldes hatte sich beängstigend erhöht. Der Zeitgenosse des Jahres 1923 lernte - um ein **Beispiel** zu nennen - innerhalb kürzester Zeit, was Inflation bedeutete. Es ist klar, dass jener Herr, der im Spätsommer 1923 ins Café ging, eine Tasse Kaffee für 5000 Mark bestellte und schliesslich 8000 Mark bezahlen musste, als der Kellner nach einer Stunde die Rechnung brachte, in seinem weiteren Leben die Währungs- und Preisentwicklung sensibler beobachtete und empfindlicher reagierte als ein stabilitätsverwöhntes Wirtschaftswunderkind der Nachkriegsgeneration.

Darstellung 53: Die jeweilige Verzehnfachung des Dollarkurses seit dem Kriegsausbruch

1 Goldmark = Papiermark	Datum	Dollarkurs in Papiermark	Zeitraum
1	Juli 1914	4,20	
10	Jan. 1920	41,98	5½ Jahre
100	3. Juli 1922	420,00	2½ Jahre
1000	21. Okt. 1922	4430,00	108 Tage
10000	31. Jan. 1923	49000,00	101 Tage
100000	24. Juli 1923	414000,00	174 Tage
1000000	8. Aug. 1923	4860000,00	13 Tage
10000000	7. Sept. 1923	53000000,00	30 Tage
100000000	3. Okt. 1923	440000000,00	26 Tage
1000000000	11. Okt. 1923	5060000000,00	8 Tage
10000000000	22. Okt. 1923	40000000000,00	11 Tage
100000000000	3. Nov. 1923	420000000000,00	11 Tage
1000000000000	20. Nov. 1923	4200000000000,00	17 Tage

Blaich, Fritz: Der Schwarze Freitag. Inflation und Wirtschaftskrise, 2. Aufl., München 1990, S. 163.

Die in den ersten beiden Jahrzehnten des 20. Jahrhunderts Geborenen lernten kennen, was Stefan **Zweig** einmal den *„Hexensabath der phantastischen Irrsinnszahlen von Billionen"* nannte und sie lasen Erich **Kästners** Gedicht *„Auf einer kleinen Bank vor einer grossen Bank"* wo es heisst:

„Uns erfreut das blosse Sparen,
Geld persönlich macht nicht froh.
Regelmässig nach paar Jahren
Klaut ihr's uns ja sowieso."

Sie erlebten den völligen **Verlust des Vertrauens**, von dem jede Währung der Welt lebt. Sie sahen mit eigenen Augen, wie grosse Unternehmen genötigt waren, zu den Bankfilialen Fahrer mit Lastkraftwagen oder Pferdefuhrwerken zu schicken, die dort das Papiergeld in Ballen aufluden. Kleine Betriebe beschäftigten Boten, die mit Waschkörben oder Kinderwagen zum Transport von Banknoten ausgestattet waren. Die **Berliner Handels-Gesellschaft** - eine der bedeutendsten Banken - stockte ihr Personal von 500 auf 1000 Angestellte auf, die man allein zur Zählung der vielen Nullen brauchte. Ein kurzer Streik der Belegschaft der Reichsdruckerei genügte bereits, um am 11. August 1923 die Versorgung des Grossraums Berlin mit Lohnzahlungsmitteln zusammenbrechen zu lassen[80].

[80] Blaich, Fritz: Der Schwarze Freitag. Inflation und Wirtschaftskrise, 2. Aufl., München 1990, S. 11.

7.2.4. Bekämpfung der Inflation und Einführung der Rentenmark

Wenn man in Geschichtsbüchern der damaligen Regierung den Vorwurf macht, sie habe eine schlechte Finanzpolitik betrieben, die öffentlichen Ausgaben zu wenig gedrosselt, die Steuern zu wenig erhöht oder eine zu kulante Steuerpolitik gegenüber der Grossindustrie zugelassen[81] zu haben, ist das theoretisch richtig, anderes wäre in der Realität sicher schwer zu verwirklichen gewesen. Eine konsequente Finanzpolitik hätte die von links und rechts bedrohte Demokratie möglicherweise gefährdet. Einschränkungen der Staatsausgaben hätten die Arbeitslosigkeit gefördert und damit die parlamentarische Linke radikalisiert, eine Erhöhung der Steuern, vor allem bei den Grossverdienern, hätte die Rechte empört. Dass die deutsche Regierung durch die Reparationspolitik der Siegermächte geschwächt wurde und man auch hier mehr Verständnis hätte aufbringen müssen, ist ex post leicht gesagt. Zu dieser Zeit glaubte jedoch das Ausland, allen voran Frankreich, dass Deutschland seine Wirtschaft und Währung absichtlich ruiniere, um den Verpflichtungen nicht nachkommen zu müssen.

Darstellung 54: Entwicklung des Binnen- und Aussenwertes der Mark 1914 - 1923

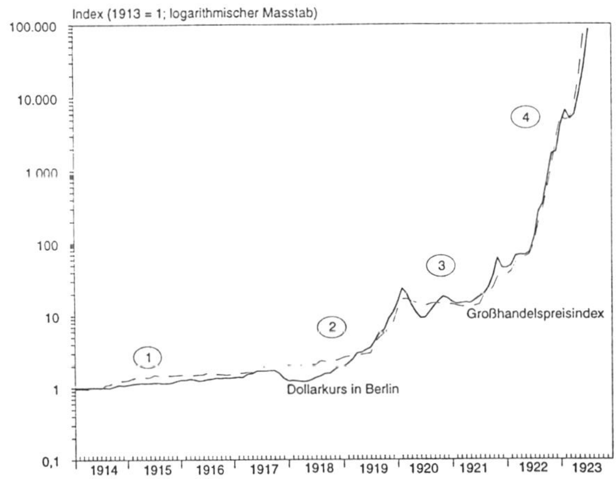

81 Diesen Vorwurf erhob beispielsweise Lütge, Überblick, S. 401.

Die Preise der öffentlichen Verkehrsmittel und der Versorgungsbetriebe sowie die Gebühren und Steuern folgten den allgemeinen Steigerungen nicht schnell genug und schädigten dadurch die öffentlichen Finanzen ganz erheblich. Der Vorsprung der Preise gegenüber den Löhnen vergrösserte sich immer mehr, das Geld verlor seinen Wert und man kehrte teilweise zum Tauschhandel zurück. Beschleunigt wurden die Massnahmen der Regierung durch das Gerücht, die Landwirtschaft wolle ihre Ernte nicht für wertlos gewordenes Geld auf den Markt bringen. An der weiteren Versorgung der Bevölkerung mit Lebensmitteln musste also ernsthaft gezweifelt werden. Im Übrigen wurde der defizitäre Haushalt des Reichs mangels Alternativen durch die Aufnahme schwebender Schulden gedeckt, d.h. durch die schrankenlosen Inanspruchnahme der Notenpresse. Im September 1923 beschloss die Regierung Stresemann, die Notenpresse stillzulegen und ihre Ausgaben rigoros einzuschränken.

Es hatte schon vor dem Herbst 1923 Versuche gegeben, die Währung wieder zu stabilisieren, insbesondere im Januar 1923, als sich 20 Tage nach dem Einmarsch der Franzosen im Ruhrgebiet der Dollarkurs nahezu verfünffacht hatte. Der Kurs konnte vorübergehend durch Intervention an den Devisenmärkten gesenkt und die Spekulation etwas eingedämmt werden, doch waren die Massnahmen ungeeignet, die Wurzeln der Instabilität endgültig zu beseitigen.

Dies gelang erst im November mit der Schaffung einer **provisorischen Zwischenwährung**. In der Rentenbankverordnung vom 22. Oktober 1923 realisierte man einen grossen Teil der Forderungen von Karl **Helfferich**, wählte allerdings nicht den Roggen als Wertgrundlage der neuen Währung, sondern griff auf die von dem damaligen Ernährungsminister Hans **Luther** vorgeschlagene **Rentenmark** zurück, die von der **Rentenbank** herausgegeben werden sollte. Am 15. November 1923 trat die Übergangswährung in Kraft und wurde im Verhältnis von einer Billion Mark zu einer Rentenmark umgetauscht. Das Verhältnis Rentenmark zu Dollar betrug 4,2 zu 1. Dies entsprach genau dem Stand des Dollars vor dem Krieg.

Die Reichsbank blieb zwar neben der Rentenbank bestehen, es wurde ihr jedoch untersagt, weiterhin Schatzanweisungen des Reiches und der Länder zu rediskontieren. Die Rentenbank erwarb eine auf Goldmark lautende **Grundschuld** an den Grundstücken, die dauernd land- und forstwirtschaftlichen oder gärtnerischen Zwecken dienten, sowie an den industriellen, gewerblichen und denen der Handelsbetriebe einschliesslich der Banken in Höhe von 4 Prozent des Wehrbeitrages. In Höhe der dadurch entstandenen Gesamtschuld von 3,2

Milliarden Goldmark gab sie **Rentenbriefe** aus, die auf je 500 Goldmark lauteten. Die Rentenbank berechtigte man nun, ein neues Zahlungsmittel mit der Bezeichnung Rentenmark herauszugeben. Diese Ausgabe war begrenzt durch die gegen die Grundschuld ausgegebenen Rentenbriefe, da gegen einen auf 500 Goldmark lautenden Brief nur 500 Rentenmark ausgegeben werden durften. Dabei lag die Höchstgrenze bei 2,4 Milliarden Rentenmark, von denen die Regierung (als Überbrückungsdarlehen) und die Reichsbank (für Industriekredite) je die Hälfte als Kredit erhielten. Das neue Geld wurde nicht als gesetzliches Zahlungsmittel angesehen, musste aber von den öffentlichen Kassen angenommen werden und diente im Zahlungsverkehr als Banknotenäquivalent. Die Rentenmark wurde also nicht an Stelle der alten Mark in Umlauf gesetzt und man konnte alte Marknoten nicht gegen Rentenmark eintauschen. Vielmehr war die Rentenmark ein zusätzliches Zahlungsmittel, das lediglich die Funktion einer Übergangswährung erfüllen sollte. Genau genommen wurde die **neue Währung (die Reichsmark)**, die die Papiermarkwährung (Mark) ablöste, erst durch das **Münzgesetz vom 30. August 1924** geschaffen. Mit diesem Gesetz wurde eine **Goldkernwährung** festgelegt. Die noch vorhandenen Papiermarknoten konnten im Verhältnis eine Billion Mark gleich eine Reichsmark umgetauscht werden, ebenso die Rentenmark im Verhältnis eins zu eins.

Die Stabilisierung im November 1923 war immerhin so weitgehend gelungen, dass im Dezember das Reich dem Reichsbankdirektorium nahelegte, den Rentenmark-Kredit an das Reich von 1,2 auf 1,6 Milliarden zu erhöhen. Dieser Vorschlag wurde jedoch abgelehnt, was zweifellos dazu beitrug, das Vertrauen der Bevölkerung in die Währung zu steigern. In den Monaten März und April 1924 drohte der Wechselkurs erneut zu sinken, woraufhin am 7. April ein radikaler Kreditstopp erging, den Reichsbankpräsident Hjalmar **Schacht** als entscheidenden Akt der Stabilisierung ansah.

Bei genauerem Hinsehen verbirgt sich hinter dem, was man als „Wunder der Rentenmark“ bezeichnete, ein psychologischer Kunstgriff, denn die Deckung war rein fiktiv: sie konnte weder zur Wechselkursregulierung im Ausland noch zur Verflüssigung im Inland verwendet werden.

7.2.5. Auswirkung der Inflation auf die Betriebswirtschaftslehre[82]

Bei der **Bilanzierung** und **Erfolgsrechnung** wurde bis zur Inflation das Hauptaugenmerk auf nominale Werte gerichtet. Man vernachlässigte den Realwert und ging von der Unveränderlichkeit der Preise aus, die jedoch zwischen Beschaffungs- und Umsatztag stiegen. Für die Kostenrechnung galt, die Wertminderung richtig zu erfassen und nicht als Gewinn, sondern als Vermögenswertveränderung in Erscheinung treten zu lassen. Das Arbeiten mit nominellen Werten musste zu Fehldispositionen führen. Diese Unzulänglichkeit hatte Fritz **Schmidt**, der Lehrer von Erich Gutenberg, erkannt. Er empfahl deshalb an Stelle der überlieferten geldmässig orientierten Rechnungslegung eine gütermässig-reale Erfolgsermittlung. Dazu schlug er eine **„Organische Tageswertbilanz“** vor, wobei mit „organisch“ der Zusammenhang bzw. das Eingebundensein der Unternehmung in die Wirtschaft und ihren Ablauf zum Ausdruck gebracht werden sollte. Schmidt ging von einem einheitlichen Bewertungs-Ansatz zu Tagesbeschaffungspreisen (am Umsatztag) aus. Die Differenzen zwischen tatsächlichen Anschaffungspreisen und Tagesbeschaffungspreisen fing er auf einem sog. Wertänderungskonto auf. Es ging also nicht nur um die Veränderung der Sachwertschwankungen, sondern auch um das Festhalten der Geldwertänderungen. Im Grunde sollte mit der organischen Bilanz das Auftreten von Scheingewinnen bzw. -verlusten verhindert werden.

7.2.6. Opfer und Gewinner der Inflation

Zu den Opfern gehörten alle Staatsgläubiger sowie die grosse Zahl der Kriegsanleihezeichner. Unter ihnen befanden sich weite Teile des Mittelstandes die während des Krieges dem Staat grenzenloses Vertrauen entgegengebracht hatten und nun immense Vermögensverluste erlitten. Damit war ein erheblicher Vertrauensverlust verbunden. Freilich gehörten auch private Gläubiger zu den Opfern. Die Rechtsprechung ging von dem **Grundsatz „Mark gleich Mark“** aus, so dass es möglich war, vor dem Krieg eingegangene Schuldverpflichtungen mit entwertetem Geld zu begleichen, wovon reichlich (nicht nur von Privaten) Gebrauch gemacht wurde. Getroffen wurden die Arbeiter und kleinen Angestellten, deren monetäre Reserven zusammenschrumpften und deren Reallöhne immer stärker hinter den Preisen zurück-

---

[82] Schmidt, Fritz: Betriebswirtschaftliche Konjunkturlehre (4. erweiterte Auflage der Arbeit: Die Industriekonjunktur - ein Rechenfehler!), Berlin et al. 1933, S. 99-108.

blieben. Es setzte das ein, was man später „Proletarisierung des Mittelstandes" nannte und worin man einen der Gründe für den späteren Erfolg des Nationalsozialismus sah.

Zu den Gewinnern gehörte einmal der Staat, der durch die Inflation einen erheblichen Teil seiner Schuldenlast loswurde, zum anderen die Industrie sowie Sachwertbesitzer, die auf Schuldenbasis ihre Anlagen erweiterten. Darüberhinaus gehörte das Ausland zu den Gewinnern, insbesondere die Angehörigen der Goldwährungsländer, die in dem besiegten Deutschland zu Schleuderpreisen aufkauften, was zu bekommen war; man sprach vom „Ausverkauf der deutschen Wirtschaft".

Gute Geschäfte konnte man in Deutschland mit auf Papiermark lautenden Darlehen des Staates machen. Industrielle nahmen kurzfristige Bankkredite auf und verwandelten sie in langfristiges Sachkapital. Bei Fälligkeit der Rückzahlung waren die Darlehen soweit entwertet, dass die damit angeschafften Anlagen kaum etwas gekostet hatten. Daran konnte auch der meist in den Zinsfuss einbezogene Entwertungsfaktor nichts ändern, da dieser meist weit hinter der realen Entwicklung zurückblieb.

7.3. Zwischen Reform und Krise: Die angeblich „Goldenen Zwanziger"

Wenn man von den „Goldenen zwanziger Jahren" spricht, meint man eher die kulturelle als die wirtschaftliche Blütezeit der Weimarer Republik. Die Wirtschaft durchschritt eine Phase der Reform und Konsolidierung und politisch konnte der Einfluss radikaler Elemente bzw. Parteien zurückgedrängt werden. Charakteristisch für die Zeit wurde auch die weitsichtige und erfolgreiche Aussenpolitik Stresemanns und der Versuch, der Abwicklung der Reparationen eine Plangrundlage zu geben.

7.3.1. Die Schlieben-Popitz'schen Reformen 1925

Die Finanz- und Steuerpolitik der Jahre 1921 bis 1925 wurde in hohem Maße durch die inflationäre Entwicklung und die Turbulenzen im Zusammenhang mit den Ereignissen zwischen Herbst 1923 und Anfang 1924 konterkariert.

Im April 1922 kam es zu einer kleinen Finanzreform unter Reichskanzler Wirth innerhalb derer die Vermögensteuer zu einer laufenden Reichssteuer ausgebaut wurde. Andere Steuern wiederum, wie z.B. die Verkehr- und Verbrauchsteuern und hier insbesondere die Biersteuer, die Zuckersteuer und das Branntweinmonopol wurden einer starken Modernisierung und Systematisierung unterzogen. Im Übrigen kam es zu einer wesentlichen Verbesserung der Steuergesetze aus den Jahren 1919/20.

Wie gesagt, es war schwierig, die mit der fortschreitenden Geldentwicklung einhergehenden Konsequenzen für die Besteuerung frühzeitig zu erkennen. Im Grunde hatte man die Probleme bis 1922 nicht erkannt. Vielmehr hielt man z.B. an der Annahme eines "dauernden gemeinen Werts" fest. In sog. Steuernotverordnungen seit dem Dezember 1923 sah man dann entsprechende Übergangsregelungen vor. Darin enthalten waren z.B. sofort und meist einmalig erhobene Sonderabgaben, um eine entsprechende Liquidität der öffentlichen Kassen zu sichern. Dennoch stand die junge Reichsfinanzverwaltung in den Jahren größter Inflation vor nahezu unlösbaren Problemen. An eine grundsätzliche Neugestaltung des Steuersystems war eigentlich erst nach der Konsolidierung der Währung zu denken. Mithin begann man dann erst 1925, das Steuersystem mit den wichtigsten Einzelsteuern der neuen stabilen Währungsordnung anzupassen. Diese umfassende Reformgesetzgebung des Jahres 1925 scheint in der Literatur oft auch als **Schlieben-Popitz'sche Reform** auf. Johannes Popitz war 1925 bis 1929 Staatssekretär im Reichsfinanzministerium und einer der wichtigsten reformerischen Köpfe der Finanzverwaltung in der Weimarer Republik. Zu den Gesetzen jener Reform im August 1925 zählte insbesondere ein neues Einkommensteuergesetz, das Körperschaftsteuergesetz, das Gesetz über die Vermögen- und Erbschaftsteuer sowie eine Reihe von Einzelgesetzen.

Parallel dazu wurde ein **Reichsbewertungsgesetz** verabschiedet, dessen Fortschrittlichkeit vor allem darin bestand, daß es das materielle Bewertungsrecht auf allen Ebenen der öffentlichen Hand (Reich, Länder und Gemeinden) zusammenfaßte und vereinheitlichte.

Immerhin stand ja noch das nicht unbeträchtliche Problem der Aufwertung alter Schuldverhältnisse an. Man kann sich leicht vorstellen, daß die Gläubiger (Besitzer von Geldforderungen) sich durch die Inflation schwer benachteiligt fühlten und sich nun zur Wehr setzten. Sie beobachteten, wie Schuldner, die ehemals in harter Währung aufgenommene Kredite später mit entwertetem Geld spielend zurückzahlten.

Es war die Justiz, die den alten Grundsatz „Mark gleich Mark'“ revidierte, d.h. die Rückzahlung von Schulden mit entwertetem Geld sollte nach dem Spruch des Reichsgerichtes in Leipzig vom 28. November 1923 nicht mehr als Tilgung der Schuld gelten. Es war jedoch den Gerichten überlassen, zu entscheiden, wie hoch der Rückzahlungsbetrag zu sein habe. Eine Prozeßlawine war die unabdingbare Folge. Um ihnen eine Vorstellung davon zu geben: Allein in Preußen wurden bis zum 20. Januar 1928 2,8 Mill. Aufwertungssachen bei Gericht anhängig gemacht.

Den krönenden Abschluß der Währungsreformmaßnahmen stellte - wie gesagt - das **Aufwertungsgesetz** vom 16. Juli 1925 dar. Für Schuldverhältnisse, die vor dem 1. Januar 1918 entstanden waren, sah es folgende Regelungen vor:

- 25 Prozent für Hypotheken u.a. Grundpfandrechte (d.h. aus 1000 Mark vor dem 1. Januar 1918 wurden nun 250 RM).
- 15 Prozent für Anleihen privatwirtschaftlicher Schuldner (also z.B. Industrieobligationen), zuzüglich bis zu 10 Prozent in Form eines „Genußscheins" für „Altbesitzer". Dies waren solche, die diese Wertpapiere spätestens seit dem 1. Juli 1920 besaßen.
- 15 Prozent für Schuldverschreibungen öffentlich-rechtlicher Unternehmen. Das waren z.B. Gas-, Wasser- und Elektrizitätswerke.
- Mindestens 12,5 Prozent für Sparkassenguthaben.
- Kontokorrenteinlagen (Sichteinlagen) und andere Bankguthaben wurden nicht aufgewertet, ebensowenig Reichsbanknoten, Reichs- und Darlehenskassenscheine, die von vielen in Erwartung einer Aufwertung.gehortet wurden.
- 15 Prozent für andere Vermögensanlagen (jedoch nicht für Staatsanleihen).
- Die Aufwertung von Staatsanleihen wurde durch das Anleiheablösungsgesetz (ebenfalls am 16. Juli 1925) geregelt. Demnach wurden Staatsanleihen (überwiegend waren es die Kriegsanleihen) im Verhältnis 40 : 1 gegen eine sog. Anleiheablösungsschuld umgetauscht, d.h. aus 1000 Mark Staatsanleihen wurden 25 RM Anleihcablösungsschuld.

Staatsanleihen im Betrag von unter 500 Mark wurden gar nicht eingelöst, es sei denn, der Besitzer gehörte einer einkommensschwachen Personengruppe an. Für diesen Fall war eine Barabfindung zwischen 8 und 15 Prozent vorgesehen.

Gewinne privater Schuldner aus der Inflationszeit wurden z.T. durch Sondersteuern abgeschöpft.

Im Grunde genommen erlangte die Reformgesetzgebung, insbesondere die Finanzverwaltungsreform von 1919/20 erst durch die Reformgesetze des Jahres 1925 ihre eigentliche Wirkung und Bedeutung.

7.3.2. Der Dawes-Plan

Um die Jahreswende 1923/24 nahm unter dem Eindruck des Ruhrkampfes, der Inflation und der Stabilitätsbemühungen der Regierung die Bereitschaft der Alliierten zu, sich erneut der Reparationsfrage zuzuwenden. Neu und wesentlich war dabei auch, dass man diese Problematik nicht mehr in erster Linie unter politischen Gesichtspunkten untersuchte, sondern Sachverständige konsultierte, die das Ganze unter wirtschaftlichen Kriterien zu analysieren und zu regeln versuchten. Im Dezember 1923 waren dazu zwei Ausschüsse ins Leben gerufen worden, von denen der wichtigere von Charles G. **Dawes**, einem amerikanischen Finanzpolitiker und Republikaner, der auch Vizepräsident der USA war, geleitet wurde. Er legte einen Plan vor, der dann die Grundlage für die Reparationskonferenz in London bildete und der nach seinem Namen Dawes-Plan genannt wurde. Die **Londoner Vereinbarung** wurde im **August 1924** unterzeichnet.

Der deutschen Regierung kam es bei dieser Konferenz vor allem darauf an, die **Räumung des Ruhrgebietes** zu erwirkten, da dessen Besetzung wie erwähnt zu einer immensen Kostenbelastung wurde. Eine Zusage für die Räumung erhielten die Vertreter deutscher Interessen auf einer geheimen Konferenz; danach sollte das Ruhrgebiet innerhalb eines Jahres geräumt werden. Im Grunde wurde die wirtschaftliche Erholung ganz Europas durch den Ruhrkampf bedroht, weshalb die angelsächsischen Mächte im Interesse ihrer Exportwirtschaft auf ein Ende des deutsch-französischen Konflikts drängten.

Was war nun Gegenstand des Dawes-Plans? Die Sachverständigen waren zu der Feststellung gelangt, die Leistungsfähigkeit Deutschlands läge bei normaler Wirtschaftslage bei 2,5 Milliarden Goldmark. Da man jedoch die damaligen Verhältnisse kaum als normal ansehen konnte, billigte man dem Reich eine Art „Schonzeit“ zu. So waren 1924/25 eine Milliarde Goldmark, bestehend aus 200 Millionen Goldmark **Eigenleistung** und 800 Millionen Goldmark Dawes-**Anleihe** zu leisten. Bei der Anleihe handelte es sich um einen **Stabilisierungskredit**. 1925/26 sollte die Leistung auf 1,22 Milliarden ansteigen, im Folgejahr 1926/27 1,5 Milliarden betragen, 1927/28 1,75 Milliarden und 1928/29 2,5 Milliarden Goldmark, also der Betrag des „Normaljahres“. Es war die Möglichkeit gegeben, die Leistungen im Falle eines starken Aufschwungs zu erhöhen.

Darstellung 55: Aufbringungsrechnung/Quellen Dawesplan (in Mio. GM)

Quellen / Jahre	Anleihe	Sonderbelastung Reichsbahn	Sonderbelastung d. dt. Industrie	Beförderungsteuer halt	Reichshaushalt	Σ
1. 1924/25	800	200	-	-	-	1000
2. 1925/26	-	595	125	250	250	1220
3. 1926/27	-	550	250	290	410	1500
4. 1927/28	-	660	300	290	500	1750
5. 1928/29	-	660	300	290	1250	2500
Insgesamt	800	2665	975	1120	2410	7970

Der Plan hatte, so realistisch seine Leistungen erscheinen mochten, einen gravierenden Nachteil: mit ihm wurde weiter wesentlich in die **Hoheitsrechte** des Reiches eingegriffen. Er bestimmte die Quellen, aus denen die Zahlungen aufzubringen waren. Einesteils sollte der **Reichshaushalt** belastet werden. Weiteres sollte die **Reichsbahn** beitragen, und zwar in Form von Obligationen; andererseits wurde eine Beförderungssteuer erhoben. Alle grossen deutschen **Industrieunternehmen** wurden mit 5 Milliarden und die Reichsbahn mit 11 Milliarden Mark durch Schuldverschreibungen belastet. Man wandelte die Bahn in eine autonome Körperschaft um und nahm in ihre Leitung ausländische Sachverständige auf. Auch der Status der **Reichsbank** wurde geändert. Man verwandelte sie in ein von der Regierung unabhängiges Institut und ordnete sie einem Gremium, das zur Hälfte aus Ausländern bestand, unter. Damit wollte man der Regierung die Möglichkeit nehmen, die Reichsbank in ein Instrument inflationärer Politik zu verwandeln. Neu war auch die Institution des **Reparationsagenten**. Er hatte die Verpflichtung, die Reparationen zu überwachen und der Reparationskommission Bericht über die Lage der deutschen Wirtschaft zu erstatten. Die Verpflichtung des Reiches war mit der Aufbringung der Reparationsleistung erfüllt. Der Reparationsagent hatte den Transfer vorzunehmen und dabei auf die Stabilität der deutschen Währung zu achten. War sie bedroht, so mussten die Beträge im Inland angelegt werden.

Als Reaktion auf die Realisierung des Dawes-Planes war die wachsende Bereitschaft des Auslandes, vor allem Amerikas zu sehen, Deutschland Darlehen zu gewähren. Da der Plan keine Gesamtsumme der Verpflichtungen nannte, wurde er in Deutschland von der Rechten angeprangert. Im Übrigen verurteilte man die Eingriffe in die Selbständigkeit des Reiches[83].

Im Vorgriff: Der Young-Plan

Die Initiative, den provisorischen Dawes-Plan durch endgültige Vereinbarungen zu ersetzen, war bereits 1927 vom Reparationsagenten ausgegangen. In Deutschland war man vor allem bestrebt, die Souveränität wiederzuerlangen. Die Franzosen hatten verlauten lassen, dass sie eine vorzeitige Räumung des Rheinlandes mit der endgültigen Lösung des Reparationsproblems verknüpfen wollten. Ausserdem hoffte man auf eine Herabsetzung der Beträge, die dann aber in der gewünschten Form nicht eintrat, weil die Entente an dem engen Zusammenhang zwischen Reparationen und Schulden an Amerika festhielt. Man machte Zugeständnisse an Deutschland von Zugeständnissen Amerikas abhängig[84].

Die Young-Plan-Konferenz begann im Februar 1929 in Paris unter dem Vorsitz des amerikanischen Bankiers und Managers Owen D. Young. In dieser Kommission waren im Gegensatz zur Dawes-Kommission auch deutsche Sachverständige (z.B. Reichsbankpräsident Schacht) vertreten.

Der neue Plan brachte den Fortfall der internationalen Kontrolle der deutschen Wirtschaft, der Reichsbahn und der Reichsbank. Allerdings beseitigte er mit dem Reparationsagenten auch den Transferschutz. Die Leistungen wurden mit den alliierten Schulden verknüpft, d.h. bei ihrem Nachlass sollten auch die Reparationszahlungen ermässigt werden. Der Young-Plan brachte für Deutschland zunächst eine Atempause von zwei Jahren. In dieser Zeit wurden die Zahlungen um 2,5 Milliarden Mark bzw. 1,7 Milliarden Mark herabgesetzt. Dann sollten die Annuitäten steigen und im Jahr 1965/66 ihren Höchststand mit 2,4 Milliarden Mark erreichen und von da an bis 1987/88 auf 898 Millionen Mark absinken. Die Beträge sollten nur aus dem Reichshaushalt stammen. Die letztendlich tatsächlich geleisteten Reparationen zeigt Darstellung 55.

An die Stelle der Aufsichtsorgane trat die Bank für Internationalen Zahlungsausgleich (BIZ) in Basel, die als Reparationsbank die empfangenen Beträge an die Gläubigerländer weiterleiten und als Zentralbank der Zentralbanken fungieren sollte.

Auf den Haager Konferenzen wurde über diesen Plan entschieden. Zum anderen konnte Stresemann eine Zusage für die Rheinlandräumung bis Juli

---

[83] Fischer, Wolfram: Deutsche Wirtschaftspolitik 1918-1945, 3. Auflage, Opladen 1968, S. 30.

1930 erhalten. Die Grosse Koalition wurde primär durch die Interessen an der Entstehung des Young-Planes zusammengehalten. Nach seiner Paraphierung schien das Band zwischen den Parteien gerissen zu sein. Die Weltwirtschaftskrise hatte sich schon auf die Finanzen ausgewirkt. Die immer grösser werdende Zahl von Arbeitslosen liess das Defizit der Arbeitslosenversicherung steigen und damit die Darlehen an sie wachsen. Eine Reform schien unabdingbar. Dabei standen sich die beiden Flügelparteien SPD und DVP mit fast feindlicher Haltung gegenüber. Die Sozialdemokraten verlangten eine Heraufsetzung der Beiträge. Die DVP lehnte das ab, nahm aber einen Kompromissvorschlag der Demokraten und den Zentrums an, den jedoch die SPD ablehnte. Daraufhin beschloss die Regierung zurückzutreten. Die Grosse Koalition war beendet.

7.3.3. Die wirtschaftliche Entwicklung 1924-1929

7.3.3.1. Die Landwirtschaft

Der Landwirtschaft war es möglich, während des Ersten Weltkrieges und der nachfolgenden Inflation rund 17,5 Milliarden Mark Schulden zu tilgen. Man könnte annehmen, dass sie nun gesichert in die Zukunft blicken konnte. Das war jedoch nicht so. Schon vor dem Weltkrieg gelang es ihr nicht mehr mit den drei Hauptagrarländern Kanada, USA und Argentinien Schritt zu halten. Gerade sie hatten während des Krieges ihre Erzeugung gewaltig ausgedehnt. Ihr Angebot drückte die Weltmarktpreise.

Die Landwirtschaft, primär die Grossbetriebe, nahmen zunächst Kredite auf, um zu rationalisieren. Die neue Verschuldung führte jedoch nicht wie erwartet zu einer Einnahmensteigerung. Die Weltmarktpreise sanken zu stark. Der deutsche Markt wurde von ausländischen Agrarprodukten überschwemmt. Das führte zu Zusammenbrüchen etlicher Grossbetriebe, besonders im Osten Deutschlands, die auf Getreide spezialisiert waren. Die Regierung sah sich gezwungen, Schutzzölle einzuführen. Das Hauptproblem der zunehmenden Verschuldung bestand darin, dass nun Kredite nicht zur Investitionen, sondern zur Deckung von Betriebsverlusten aufgenommen wurden.

Massnahmen der Regierung, die Landwirtschaft betreffend, bestanden nicht in einer Förderung der Produktionsumstellung, sondern in der Konservierung

---

[84] Stolper, Wirtschaft, S. 111 f.

des überkommenen Zustandes durch Entschuldungsaktionen, verschärfte Schutzzölle und Stützungskäufe.

7.3.3.2. Die gewerbliche Wirtschaft und die Industrie

Die **Rationalisierungswelle** in Deutschland traf primär die Industrie. Sie baute einen modernen Produktionsapparat auf, mit dem sie den Kampf um die Rückgewinnung ihrer Weltmarktanteile aufnehmen konnte. Vor allem erlangten die Unternehmen in jenen Wirtschaftszweigen führende Positionen, in denen sie schon vor dem Weltkrieg erfolgreich waren, so in der elektrotechnischen, optischen, chemischen Industrie, Textilindustrie und im Maschinenbau.

Darstellung 56: Die Produktion wichtiger Güter 1900-1932

	1900	1913	1919	1925	1930	1932
Steinkohle [Mill. t]	109,3	190,1	116,7	132,6	142,7	104,7
Roheisen [Mill. t]	7,5	16,8	6,3	11,6	11,6	5,3
Rohstahl [Mill. t]	7,6	17,7	7,9	13,8	13,5	7,2
Elektrizität [Mill. kwh]	246	2.533	5.067	9.915	16.101	13.423
Wohnungen [1000 Einh.]	-	-	57	179	311	141

Quelle: Bracher, Karl Dietrich//Funke Manfred/Jacobsen, Hans-Adolf: Die Weimarer Republik 1918-1933, 2. Aufl., Bonn 1988, S. 637.

Die **Elektrifizierung** schritt in erheblichem Masse voran und auch Steinkohle wurde in zunehmendem Masse gefördert. Dagegen gab es auch Industriebereiche, deren Dynamik bescheiden war - um nicht von Stagnation zu sprechen - wie etwa die Roheisen- und Rohstahlförderung. Der **Wohnungsbau** nahm einen gewaltigen Aufschwung (Darstellung 56), angeregt durch staatliche Subventionen. Die Strassen wurden verbessert und es entstand eine neue Handelsflotte.

Da die Rationalisierungen die Finanzkraft vieler Grossbetriebe überschritten, kam es zu vertikalen und horizontalen Zusammenschlüssen. Neben steuerlichen und technischen Gesichtspunkten war das **Streben nach Marktmacht** ein ausschlaggebender Faktor. Das freie Spiel der Kräfte wurde durch starke Kartellbildung beeinträchtigt. Man schätzte ihre Zahl in den zwanziger Jahren auf 2500.

7.4. Weltwirtschaftskrise 1929-1932

Ende 1928 zeigte sich eine Dämpfung der Konjunktur, die im Laufe des Jahres 1929 immer stärker die Form einer Krise annahm. Die Regierung stellte rückläufige Steuereinnahmen und **steigende Arbeitslosenzahlen** fest. War die Arbeitslosenziffer 1927 unter eine Million gesunken, so kletterte sie im Dezember 1928 auf zwei Millionen und erreichte im Februar 1929 3,3 Millionen. Die Investitionen gingen zurück und die Sparneigung vergrösserte sich. Allerdings wuchs das Volkseinkommen bis 1929 weiter an. In diesem Jahr verringerte sich das ausländische Kapitalangebot und ein **Abwandern von** in- und ausländischem **Kapital** war zu verzeichnen. Der Zustrom ausländischer Anleihen stockte seit April fast völlig. Das Ende des weltweiten Aufschwungs beschleunigte den Niedergang der deutschen Wirtschaftsentwicklung. Ein grober Fehler der damaligen Verantwortlichen bestand in der Handhabung ausländischer Kredite durch die deutschen Banken. Sie hatten kurzfristige ausländische Kredite in langfristige transformiert. Im Übrigen hatten sie durch die Inflation den grössten Teil ihres Eigenkapitals eingebüsst und während des Aufschwungs versäumt, dieses wieder aufzustocken. Ihre **Liquidität** war ausserordentlich gering.

Zogen die Ausländer nun ihre Kurzkredite zurück, musste es im deutschen Kreditwesen zwangsläufig zu erheblichen Engpässen kommen. Als die Emission ausländischer Anleihen ins Stocken kam, zeitigte dies erste Effekte; der abrupte Abzug der kurzfristigen Mittel sollte dann den Kollaps herbeiführen. Schon das Jahr 1930 konnte für die gesamte deutsche Wirtschaft als ein echtes Krisenjahr angesehen werden. Hier wirkten sich die leichte Verfügbarkeit über amerikanische Kapitalien und die Exportschwäche aus. Die Produktion schrumpfte, das Einkommen fiel und die Arbeitslosigkeit stieg. Hieran waren die **Kartelle** massgeblich beteiligt, die die Preise künstlich hochhielten, dafür aber die Produktion drastisch einschränkten.

Für den Ausbruch der Bankenkrise können Geldabzüge des Auslandes verantwortlich gemacht werden, die aufgrund des Rechtsrutsches in den **Septemberwahlen 1930** und des Zusammenbruchs der **Österreichischen Creditanstalt** entstanden. Die Lage wurde noch verschlechtert durch den Zusammenbruch eines grossen deutschen Textilkonzerns (**Nordwolle**), der bei der **Darmstädter- und Nationalbank** stark verschuldet war. Das Publikum zog daraufhin seine Einlagen zurück. Die Bank musste ihre schliessen. Nun setzte ein Run auf die anderen Banken ein, dem die Regierung nur durch Bankfeiertage entgegentreten konnte.

Eine wichtig Folge der Bankenkrise, bei der der Staat mit seinen gesamten Reserven zur Hilfe eilen musste, war, dass ein grosser Teil der Kreditinstitute unter staatlichen Einfluss kam und damit ein weiter Bereich der Industrie in die Abhängigkeit des Reiches geriet.

Darstellung 57: Auswirkungen der Weltwirtschaftskrise in Deutschland

- Abzug der Auslandskredite
- Zunehmende Kapitalflucht
- Bankenzusammenbrüche und Kapitalmarktschwäche
- Rückgang von Produktion und Aussenhandel
- Massenarbeitslosigkeit und soziale Verwerfungen
- Politische Auswirkungen

7.5. Die Auflösung der Weimarer Republik (1930-1933)

7.5.1. Brünings Deflationspolitik

Die Politik des neuen Kanzlers Brüning (29. März 1930 - 30. Mai 1932) bestand aus unpopulären, **deflatorischen Massnahmen,** z.B. der Kürzung von Beamtengehältern. Er wollte für einen ausgeglichenen Staatshaushalt sorgen. Über die Beamtenbesteuerung entstand die erste Krise. Der Reichstag akzeptierte sie nicht und wurde von Brüning aufgelöst. Die Besteuerung wurde dann mittels **Notverordnung** durchgesetzt. Im September 1930 kam es zu Reichstagswahlen, bei denen die radikalen Parteien, namentlich NSDAP und KPD, erheblich hinzugewannen.

Trotz **Lohnstopp** und **Preissenkungen** verschlechterte sich die Lage weiter. Die ausländischen Guthaben wurden verstärkt aus Deutschland abgezogen. Für Deutschland wurde es immer schwerer, den Reparationsverpflichtungen nachzukommen. Deshalb kam dem Reich das Angebot eines **Moratoriums** durch den amerikanischen Präsidenten **Hoover** sehr entgegen. Die Reparationsleistungen wurden Deutschland für ein Jahr erlassen. Brüning, der beabsichtigte, das Reich von der Reparationslast zu befreien, hatte so die Möglichkeit, weiter über eine Abänderung des Young-Planes zu verhandeln. Weiter konnte Deutschland mit seinen ausländischen Gläubigern ein Stillhalteabkommen abschliessen. Ausserdem führte man die **Devisenzwangswirtschaft** ein. Durch diese Massnahmen wurde der Abzug ausländischer Gelder gestoppt. Die Lage verschlechterte sich jedoch weiter und Ende des Jahres erklärte die Bank für internationalen Zahlungsausgleich den **Young-Plan** durch die Krise für **überholt**. Die Zahlungen sollten nach Ablauf des Hoover-Moratoriums nicht mehr fortgesetzt werden. Zur endgültigen Regelung wünschte die Regierung eine internationale Konferenz, die in Lausanne stattfinden sollte.

Durch den anhaltenden Abfluss von Kapital aus Deutschland, sei es durch die Abberufung von Krediten oder durch Reparationszahlungen, war ein Zahlungsbilanzausgleich zunehmend schwierig. Dem Goldstandard folgend musste nun im Inland eine **Deflationspolitik** betrieben werden, um durch erhöhte Exporte diesen Kapitalabfluss wieder auszugleichen. Der Gold- und Devisenbestand der Deutschen Reichsbank schrumpfte dennoch weiter zusammen, ebenso die Auslandsguthaben der deutschen Geschäftsbanken. Auch sehr starke Erhöhungen des Diskontsatzes als Kapitalanreiz brachte keine Abhilfe, im Gegenteil: eine Verteuerung der Kredite und ein damit verbundener Rückgang der Investitionstätigkeit mussten zu einer allgemeinen Flaute führen.

Die Folge dieser Flaute war ein gewaltiges Ansteigen der **Arbeitslosigkeit**. Diese Erscheinung konnte man auch in den USA, Italien, England und anderen Ländern beobachten, jedoch war wohl in Deutschland die Arbeitslosigkeit am höchsten. Die Ursache war eine grosse **Geldknappheit**, wobei Produktions- bzw. Industriekapazitäten noch teilweise unausgelastet vorhanden waren, so dass man bei einer Erhöhung der Geldmenge nicht gleich dessen Entwertung hätte befürchten müssen. Dennoch: aus Angst, eine Inflation auszulösen, unternahm Brüning jedoch nichts, diese Geldknappheit zu beseitigen, was möglicherweise eher einen Aufschwung bedeutet und einen Abbau der Arbeitslosigkeit bewirkt hätte.

Damit soll nun keineswegs behauptet werden, dass Brüning nicht versucht hätte, der Arbeitslosigkeit Herr zu werden. Seine Pläne scheiterten aber immer an dem Punkt, dass er sich zu keiner Geldschöpfung entschliessen konnte. Dies hätte eine völlige Umkehr der Wirtschaftspolitik bedeutet, wofür in der Wirtschaftstheorie damals noch wenig Verständnis vorhanden war. Es gab zwar Pläne von Wagemann und Lautenbach, die einen Weg aus dem Dilemma wiesen, sie waren jedoch zu der damaligen Zeit so revolutionär, dass man von dem Zentrumspolitiker Brüning deren Annahme nicht erwarten konnte. Die Aufgabe der staatlichen Finanzpolitik bestand für Brüning dann auch in erster

Linie in eiserner Sparsamkeit. Der Staat hatte auch in der Krisis seinen Etat in Ordnung zu halten, wennselbst dies nur unter den allergrössten Opfern möglich war.

So waren Brünings Programme, die die Wirtschaft beleben und der Arbeitslosigkeit Einhalt gebieten sollten, dadurch bestimmt, dass er der Wirtschaft das Geld, das ihr im Rahmen der Programme zufloss, durch Steuern und Sonderabgaben wieder entzog. Eine Nachfragesteigerung, die so dringend erforderlich gewesen wäre, wurde dadurch nicht erreicht. Das einzig Wirksame, wodurch Brüning Arbeitslosen eine Beschäftigung vermitteln konnte, war die Organisation des **freiwilligen Arbeitsdienstes**. Dieser wurde auch von den nachfolgenden Regierungen bis zum Zweiten Weltkireg beibehalten und ausgebaut.

7.5.2. Die wirtschaftspolitischen Massnahmen unter Papen

Nachdem am 30. Mai 1932 Brüning seinen Rücktritt erklärte, wurde Franz von Papen mit der Kabinettsbildung beauftragt. Unter seine Amtszeit fällt das erste Programm zur Erhöhung einer kaufkräftigen Nachfrage, das mit **Steuergutscheinen** finanziert wurde.

Papen ging so einen neuen Weg der Finanzierung seines Arbeitsbeschaffungsprogramms und dies war der entscheidende Punkt, der zu einer echten Wende in der Wirtschaftspolitik führte. Er ging jedoch nicht soweit, nun grosszügige Staatsaufträge zu vergeben, er dachte vielmehr an eine Förderung der Selbstheilungskräfte der Wirtschaft. Sein Programm sah vor allem eine Finanzierung von Ersatzinvestitionen vor, wobei nun endlich die Reichsbank zur Mitwirkung herangezogen wurde. Die Steuergutscheinaktion stellte den Anfang einer echten Geldschöpfung dar. Bei Bezahlung von fälligen Steuern wurden Gutscheine ausgegeben, auf die in den Jahren 1934 bis 1938 alle Reichssteuern bezahlt werden konnten. Dies war ein Vorgriff auf Steuererträge künftiger Jahre. Am 4. September 1932 wurde dann die Verordnung zur Belebung der Wirtschaft erlassen. In ihr war die angekündigte Steuergutscheinaktion enthalten. Im einzelnen umfasste sie Massnahmen zur Förderung von Ersatzbeschaffungen, Senkung der Löhne, Festsetzung der Höchstgehälter von Direktoren und leitenden Angestellten, in Betrieben, die staatliche Unterstützung beanspruchten, und eine Kontingentierung der landwirtschaftlichen Einfuhren. Das Programm Papens zeigte bald erste Erfolge.

Darstellung 58: Die Entwicklung der Aktienkurse seit 1928

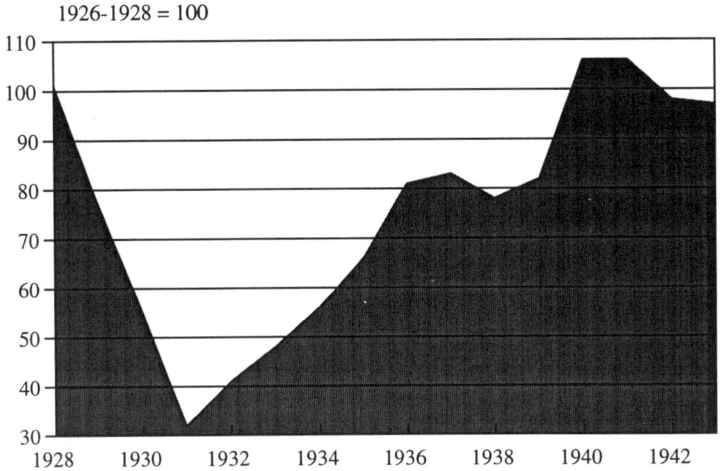

Quelle: Quelle: Petzina, Dietmar/Abelshauser, Werner/Faust, Anselm (Hrsg.): Sozialgeschichtliches Arbeitsbuch. Bd. 3: Materialien zur Statistik des Deutschen Reiches 1914-1945, München 1978, S. 98, 107.

Die Statistik bestätigt den Rückgang. In fast allen Bereichen lässt sich in den Monaten September und Oktober 1932 ein Stimmungsumschwung erkennen, der auf die Steuergutscheinaktion Papens direkt zurückgehen dürfte. So ist dafür besonders der **Umschwung an den Börsen** bezeichnend, wo der Aktienindex noch weit stärker kletterte, als die Produktion oder die Beschäftigung zunahmen. Dies zeigt deutlich, dass man der eingeschlagenen Wirtschaftspolitik relativ grosses **Vertrauen** entgegenbrachte.

Bei den **Reichstagswahlen** im Juli 1932 wurde die NSDAP die stärkste Fraktion. Auch die KPD gewann neue Stimmen dazu. Im August bot man Hitler die Mitarbeit als Vizekanzler in der Regierung Papen an. Hitler lehnte jedoch ab. Im September löste Papen den Reichstag nach einem erfolgreichen Misstrauensantrag auf. In den darauffolgenden Reichstagswahlen ging der Stimmanteil der NSDAP zurück, der der KPD stieg weiter. Die Regierung Papen konnte sich noch bis Anfang Dezember halten. Dann stellte sich ein Grossteil des Kabinetts gegen den Kanzler, der daraufhin zurücktrat.

7.5.3. Die Fortsetzung der Wirtschaftspolitik Papens unter Schleicher

Papens Nachfolger Kurt von Schleicher (2. Dezember 1932 - 29. Januar 1933) beabsichtigte, sich mit den Arbeitern und Gewerkschaften auszusöhnen und die NSDAP zu spalten. Er behielt die eingeschlagene Wirtschaftspolitik bei, was man schon daran sieht, dass er an Warmbold als Wirtschaftsminister festhielt. Unter Schleicher wurde am 15. Dezember 1932 durch den Reichspräsidenten eine Notverordnung zur Förderung der Arbeitsbeschaffung und zur ländlichen Siedlung erlassen, die gleichzeitig die Einrichtung eines **Reichskommissariats zur Arbeitsbeschaffung** vorsah. Dieses Reichskommissariat wurde **Gereke** unterstellt und sollte vor allem die verwaltungstechnischen Probleme der Arbeitsbeschaffung lösen.

Noch unmittelbar vor seinem Sturz verabschiedete die Regierung Schleicher am 28. Januar 1933 ein weiteres Arbeitsbeschaffungsprogramm, das sogenannte **Sofortprogramm**. Es umfasste 500 Millionen Reichsmark, die den Stellen, die bereits mit der Arbeitsbeschaffung beauftragt waren, als Reichsgarantie zur Verfügung gestellt wurden. Zur Finanzierung wurde wieder auf **Steuergutscheine** zurückgegriffen, obwohl die Mittel Papens noch nicht einmal zur Hälfte aufgebraucht waren. Neu im Programm Schleichers war die **Arbeitsbeschaffung** und deren Finanzierung. Man verliess sich nun nicht mehr nur auf die Privatinitiative, sondern ging auch an die Vergabe von öffentlichen Aufträgen. Dabei konnte der Unternehmer Wechsel auf den Auftraggeber ziehen - meist die Gemeinden oder Gemeindeverbände -, die von einem staatlichen Kreditinstitut akzeptiert wurden und somit bei der Reichsbank rediskontiert werden konnten. Man kann diese Wechsel schon als die Prototypen der späteren Arbeitsbeschaffungswechsel ansehen, die unter den Nationalsozialisten dann zur Finanzierung ihrer Arbeitsbeschaffungsprogramme üblich waren. Der Ausgangspunkt für Hitler war also sehr günstig: Er hatte bereits die Instrumente, um eine erfolgreiche Wirtschafts- und Finanzpolitik durchzuführen und es zeichnete sich bereits eine leichte Belebung der Konjunktur ab.

Schleicher wurde am 29. Januar 1933 gestürzt. Die Gründe hierfür waren einmal die Wiederaufnahme des Siedlungsprogramms und die Intrigen Papens, der mit Hitler paktierte. Nun gelang es, den Reichspräsidenten von Hindenburg zu überzeugen, man würde Adolf Hitler als Kanzler im neuen Kabinett so einrahmen können, dass er seine fanatischen Ideen nicht durchzusetzen in der Lage sei. Die nächsten Jahre zeigten den grossen Irrtum.

Literatur:

Blaich, Fritz: Der Schwarze Freitag. Inflation und Wirtschaftskrise, 2. Aufl., München 1990; **Buchheim**, Christoph et. al. (Hrsg.): Zerrissene Zwischenkriegszeit. Wirtschaftshistorische Beiträge. K. Borchardt zum 65. Geb., Baden-Baden 1994; **Feldman**, Gerald D.: The Great Disorder. Politics, Economics, and Society in the German Inflation, 1914-1924, New York/Oxford 1993; **Feldman**, Gerald D./**Holtfrerich**, Carl Ludwig/**Ritter**, Gerhard A./**Witt**, Peter-Christian (Hrsg.): Die deutsche Inflation. Eine Zwischenbilanz, Berlin, New York 1982; **Fischer**, Albert: Die Landesbank der Rheinprovinz in der Zwischenkriegszeit, Köln et al. 1997; **Holtfrerich**, Carl-Ludwig: Die deutsche Inflation 1914 bis 1923. Ursachen und Folgen in internationaler Perspektive. Berlin, New York 1980; **James**, Harold: Deutschland in der Weltwirtschaftskrise 1924-1936, Stuttgart 1988; **Kolb**, Eberhard: Die Weimarer Republik, 2. Aufl., München 1988; **Petzina**, Dietmar: Die deutsche Wirtschaft in der Zwischenkriegszeit, Wiesbaden 1977; **Wixforth**, Harald: Banken und Schwerindustrie in der Weimarer Republik (Wirtschafts- und Sozialhistorische Studien, Bd. 1), Köln et. al. 1995;

Prüfsteine:

1. a) Welche Ursachen hatte die Geldentwertung nach dem 1. Weltkrieg? Nennen Sie drei!
   b) Welche Rolle spielten die Reparationszahlungen in diesem Zusammenhang? (Hinweis: zwei kontroverse Auffassungen!)
2. Wie wurde die Ruhrbesetzung deutscherseits beurteilt, und wie reagierte die Reichsregierung (konkrete Schritte)?
3. a) Welche konkreten Änderungen brachte die Erzbergersche Finanzreform?
   b) Welche Ergebnisse hatte die Reform?
4. Zur Abwicklung der Reparationszahlungen wurden zwei Pläne entwickelt. Benennen und erläutern Sie sie kurz!
5. Diskutieren Sie Ursachen, Verlauf und Auswirkungen der Weltwirtschaftskrise!

8. Der Nationalsozialismus 1933-1945

8.1. Wirtschaftliche Entwicklung und Wirtschaftspolitik 1933-1939

8.1.1. Wirtschaftliche Zielvorstellungen der Nationalsozialisten

Ein eigenständiges, in sich konsistentes, geschlossenes Wirtschaftsprogramm der NSDAP gab es zunächst nicht. Im Parteiprogramm von 1920 ist keine klare Konzeption im Bezug auf wirtschaftspolitische Fragen zu erkennen. Gefordert wurden *„Die Abschaffung des arbeits- und mühelosen Einkommens"*, die *„Brechung der Zinsknechtschaft"*, die *„Verstaatlichung aller (bisher) bereits vergesellschafteten Betriebe"* bzw. Trusts und eine Bodenreform mit *„Abschaffung des Bodenzinses und Verhinderung jeder Bodenspekulation"*.

In der praktischen Politik der dreissiger Jahre sollten diese Punkte jedoch keine entscheidende Rolle spielen.

Die Wirtschaftspolitik selbst war für Hitler nur *eines von vielen Hilfsmitteln*, um seine politischen Ziele zu erreichen. Die eigentliche Wirtschaftslehre des Nationalsozialismus, die sich hinter den vagen Formulierungen des Parteiprogramms verbirgt, war von Gottfried **Feder**, dem Wirtschaftsexperten der NSDAP konzipiert worden. Seine Lehre geht aus von der Unterscheidung zwischen **schaffendem** Kapital (= Industriekapital) und **raffendem** Kapital (= Handels- und Finanzkapital). Dabei wurde das jüdische Kapital als das raffende deklariert, das die Macht an sich gerissen und das Volk der Zinsknechtschaft unterworfen habe. Ebenfalls von Feder stammt auch die Idee, staatliche Geldschöpfung zum Zwecke der Realisierung bestimmter Güter bzw. Projekte - in erster Linie Bauprojekte - zu betreiben. Eine Abkehr von den wirtschaftspolitischen Vorstellungen Feders kam 1932 mit der Entwickung eines neuen Wirtschaftsprogramms durch Gregor Strasser. Entscheidend an dem Programm war die Tatsache, dass nun die Arbeitsbeschaffung Vorrang erhielt. Hier sind wesentliche Punkte der später tatsächlich durchgeführten Arbeitsbeschaffungsmassnahmen bereits enthalten.

Politische Grundprinzipien, die die Wirtschaftspolitik des Nationalsozialismus in Theorie und Praxis beherrschten, waren der gewaltsame Erwerb von **Lebensraum** und die **Autarkie** im Rahmen einer Grossraumwirtschaft unter der politischen Führung Deutschlands.

8.1.2. Die wirtschaftliche Situation zur Zeit der Machtergreifung

Im Jahre 1928/29 endete die Aufwärtsentwicklung der deutschen Wirtschaft. In einer Weltwirtschaftskrise von bis dahin nicht gekanntem Ausmass sanken in allen Industrieländern Volkseinkommen, Produktion und Investitionen. Die Arbeitslosenzahlen schnellten in die Höhe. Im Winter 1931/32 erreichte die Krise in Deutschland ihren Höhepunkt und brachte auch im Sommer 1932 nur kleine Erleichterungen, bevor sie sich im Winter 1932/33 erneut zu verschärfen schien. Die industrielle Produktion sank 1932 gegenüber 1929 um 47 Prozent, wobei der Rückgang in der Investitionsgüterindustrie 70 Prozent und in der Konsumgüterindustrie 25 Prozent betrug. Im gleichen Zeitraum fielen die Preise unter dem Druck der schwachen Konjunktur und durch die deflationistische Politik der Regierung Brüning. Der Grosshandelspreisindex sank 1932 gegenüber 1928 um 31, der Lebenshaltungskostenindex um 21 Prozent.

Darstellung 59: Die Entwicklung der Grosshandelspreise in Deutschland 1931-1938

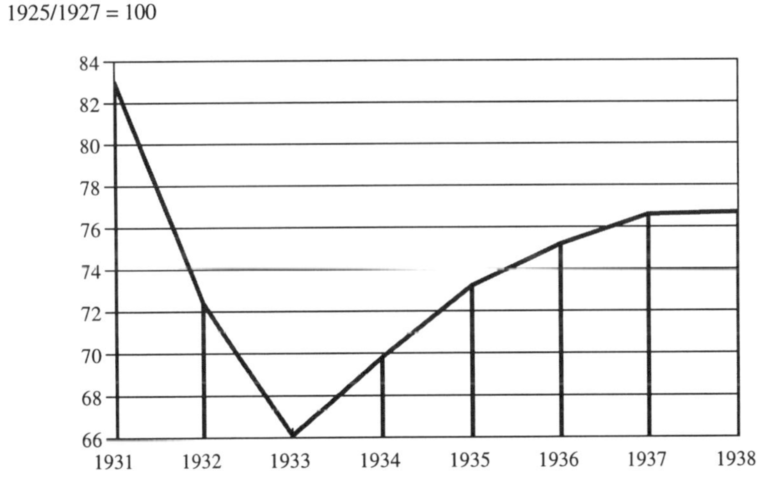

Quelle: Quelle: Petzina, Dietmar/Abelshauser, Werner/Faust, Anselm (Hrsg.): Sozialgeschichtliches Arbeitsbuch. Bd. 3: Materialien zur Statistik des Deutschen Reiches 1914-1945, München 1978, S. 237.

Das Volkseinkommen ging bedingt durch den Produktionsrückgang von 75,4 Milliarden RM auf 45,2 Milliarden RM zurück. Die Arbeitslosigkeit stieg von jahresdurchschnittlich 1,9 Millionen im Jahre 1929 auf 4,5 Millionen 1932. Heinrich **Brüning**, der im Frühjahr 1930 das Amt des Reichskanzlers übernommen hatte, vermochte die wirtschaftlichen Probleme in Deutschland nicht zu beseitigen. Seine Fiskal- und Wirtschaftspolitik, die äusserst konservative Grundzüge trug und auf ausgeglichene Budgets und Zahlungsbilanzen abzielte, hatte die Krise eher noch verschärft. Im Laufe seiner zweijährigen Regierungszeit gewann Brüning mehr und mehr die Einsicht in die Notwendigkeit aktiven staatlichen Eingreifens, wie dies von John Maynard Keynes bereits frühzeitig propagiert wurde, doch sah er mit Rücksicht auf die Aussenpolitik zunächst wenig Alternativen für die Durchsetzung einer neuen wirtschaftspolitischen Konzeption. Die fälligen Reparationen beschränkten den wirtschaftspolitischen Spielraum. Dem diesbezüglichen Druck seitens der Alliierten war nur durch eine aktive Handelsbilanz bzw. Aussenwirtschaftspolitik zu begegnen. Eine Möglichkeit, das Ziel zu erreichen, bestand in einer sparsamen Fiskalpolitik, die nur durch eine konsequente Dämpfung von Preisen und Löhnen realisiert werden konnte.

Ein starker deflationärer Effekt ging von dem Versuch aus, die Defizite - entstanden durch rückläufige Steuereinnahmen und gleichzeitg steigende Ausgaben für Arbeitslosenunterstützung - durch Ausgabensenkungen und Steuererhöhungen zu mindern. Mit Hilfe der Notverordnungen wurden Preis- und Kostensenkungen durchgeführt, um die gebundenen Preise, die in der Krise weniger stark gesunken waren, den Preisen auf den übrigen Märkten anzugleichen und die Unternehmer durch eine günstige Preis-Kosten-Relation zur Erweiterung der Produktion zu veranlassen.

Der spätere wirtschaftliche Aufschwung unter dem Nationalsozialismus hatte seine Grundlage zu einem grossen Teil in den Massnahmen der Regierung Brüning, die im Grunde eine gute Ausgangssituation für eine expansive Wirtschaftspolitik schuf, wie sie unter Papen und Schleicher begonnen und unter Hitler im grossen Stil fortgesetzt wurde. Von Papen brach mit der deflationistischen Wirtschaftspolitik seines Vorgängers und machte die Arbeitsbeschaffung zu einem wesentlichen Bestandteil seiner Regierungsarbeit. Die wesentlichen Punkte des Papenprogramms waren die Vergabe von Staatsaufträgen in Höhe von 300 Millionen Reichsmark, eine Lohnprämie für zusätzlich eingestellte Arbeiter (insgesamt 700 Millionen Reichsmark) und die **Ausgabe von Steuergutscheinen**, die bei Bezahlung von rückständigen Steuern in Höhe von ca. 40 Prozent ausgegeben wurden und mit denen künftige Steuern beglichen werden konnten. Diese Gutscheine konnten auch gehandelt bzw. eingelöst werden und erhöhten so die momentane Liquidität der Unternehmer auf Kosten späterer Staatseinnahmen. Von weit grösserer Bedeutung war jedoch der Einsatz von **Arbeitsbeschaffungswechseln**, mit denen öffentliche Arbeitsbeschaffungsprogramme vorfinanziert wurden. Die von den Unternehmen ausgestellten Wechsel wurden von den beauftragten Sonderkreditinstituten, z.B. der Gesellschaft für öffentliche Arbeiten A.G. (ÖFFA) akzeptiert. Die Wechsel konnten ein- oder mehrmals prolongiert werden (insgesamt bis zu fünf Jahren, wobei natürlich der Wechsel dann vom Geldmarkt- zum Kapitalmarktpapier wurde) und bei der Reichsbank diskontiert werden. Damit wurde der Geldumlauf erheblich ausgeweitet.

Unter der Regierung **Schleicher** war ein *„Reichskommissariat für Arbeitsbeschaffung“* eingerichtet worden, an dessen Spitze Günther **Gereke** stand. Gereke entwickelte das erwähnte **„Sofortprogramm“**, indem er - im Gegensatz zu Papen, der die indirekte Hilfe für die Wirtschaft bevorzugte - für direkte Massnahmen zur Arbeitsbeschaffung Mittel in Höhe von 500 Millionen Reichsmark zur Verfügung stellte. Zu weitergehenden Krediten für staatliche Direktmassnahmen fand sich Reichsbankpräsident Hans Luther nicht bereit.

Mit den im Rahmen dieser Programme ergriffenen Aktivitäten war der erste Schritt aus der Krise getan. Wesentlich dabei war nicht das Ausmass der Projekte, sondern dass bereits **Methoden** entwickelt worden waren, auf die das nationalsozialistische Regime zurückgreifen konnte und sie nur fortzuführen brauchte. Die Basis für die Überwindung der Wirtschaftskrise war von der Regierung Brüning geschaffen worden durch die Senkung von Löhnen, Preisen und Zinsen, die Einstellung der Reparationszahlungen, das Stillhalten ausländischer Gläubiger, eine aktive Handelsbilanz und die Einführung der Devisenkontrolle. Es ist René **Erbe** zuzustimmen, der einmal schrieb, Brüning *„schaffte die zahlungsbilanzmässigen Voraussetzungen dafür, daß eine 'autonome' interne Expansionspolitik überhaupt erfolgen konnte. Ferner hätte die von den Nationalsozialisten propagierte 'Mengenkonjunktur', d.h. die Produktionsausweitung bei weitgehend stabilen Preisen keinesfalls stattfinden können, wenn nicht die Brüning'sche Deflationspolitik die Lohnkosten auf einen für die Unternehmer günstigen Stand heruntergetrieben hätte“*[85].

---

[85] Erbe, René: Die nationalsozialistische Wirtschaftspolitik 1933-1939 im Lichte der modernen Theorie, Zürich 1958, S. 24.

8.1.3. Arbeitslosigkeit und Massnahmen zu ihrer Beseitigung

Es ist schwierig, bei der Beurteilung der nationalsozialistischen Politik eine klare Trennung zwischen den beiden Bereichen Arbeitsbeschaffung und Aufrüstung zu vollziehen. Während in der Öffentlichkeit nur die Anstrengungen im Kampf um die Wiederbelebung der Wirtschaft propagiert wurden, arbeitete Hitler von Anfang an auf sein politisches Ziel der *Erweiterung des Lebensraumes* hin, das er nur mit Krieg erreichen zu können glaubte. Im Reichskabinett betonte Hitler am 8. Februar 1933 den **Vorrang der Rüstung** vor allen zivilen Massnahmen: die nächsten fünf Jahre müssten der „**Wiederwehrhaftmachung** des deutschen Volkes" gewidmet sein. Jede öffentlich geförderte Arbeitsbeschaffungsmassnahme müsse unter dem Gesichtspunkt beurteilt werden, ob sie notwendig sei, also der „Wiederwehrhaftmachung" diene oder nicht. Dieser Gedanke habe immer und überall im Vordergrund zu stehen.

8.1.4. Pläne und Gesetzesinitiativen

In der Regierungserklärung vom 1. Februar 1933 kündigte Hitler zwei Vierjahrespläne an, in denen das grosse Werk der Reorganisation der Wirtschaft vollbracht werden sollte. Dem ersten Vierjahresplan, dessen Ziel es war, die Arbeitslosigkeit zu beseitigen und die Ernährung zu sichern, lag weder ein echter Plan zugrunde, noch war zu dessen Realisierung ein planwirtschaftlicher Apparat vorhanden. In den ersten Monaten blieb die neue Regierung ziemlich passiv. Zwischen Februar und Mai 1933 beschränkte sie sich auf die Ausführung des Sofortprogramms von Schleicher und Gereke, allerdings mit einer Ausrichtung auf rüstungswirtschaftliche Projekte und weitere kleinere Massnahmen wie z.B. die Aufhebung der KFZ-Steuer. Erst im Juni 1933 - nachdem sich Hitler die Zustimmung der Grossindustrie geholt hatte - begann eine eigenständige Wirtschaftspolitik des Nationalsozialismus mit dem ersten Gesetz zur Verminderung der Arbeitslosigkeit, dem sogenannten **Reinhardt-Plan**, benannt nach Fritz Reinhardt, dem Staatssekretär im Reichsfinanzministerium. Nach diesem Plan wurde eine Milliarde Reichsmark in Form von Zuschüssen, Darlehen oder Steuervergünstigungen bereitgestellt. Gefördert wurden vor allem Infrastrukturmassnahmen und der Wohnungsbau. Nicht finanziert wurden mit diesem Programm militärische Projekte, da die Reichswehr Mittel schon aus dem Sofortprogramm erhalten hatte.

Das Reinhardt-Programm verband indirekte Stützungsmassnahmen mit direkter staatlicher Auftragsvergabe mit dem Ziel der kurzfristigen Arbeitsbeschaffung, das deutlich an den Ausführungsverordnungen zu erkennen ist. Hier mussten z.B. 80 Prozent der Neueingestellten bisher unterstützte Arbeitslose sein, durfte die Mehrbeschäftigung der Betriebe nicht durch erhöhte Arbeitszeit ausgeglichen werden und mussten bei steuerabzugsfähigen Ersatzbeschaffungen die alten Maschinen verschrottet werden. Die durch das Programm begünstigte Arbeit musste von menschlicher Arbeitskraft ausgeführt werden, sofern maschinelle Hilfsmittel nicht unerlässlich waren.

Darstellung 60: Arbeitslosigkeit in Deutschland 1928-1938

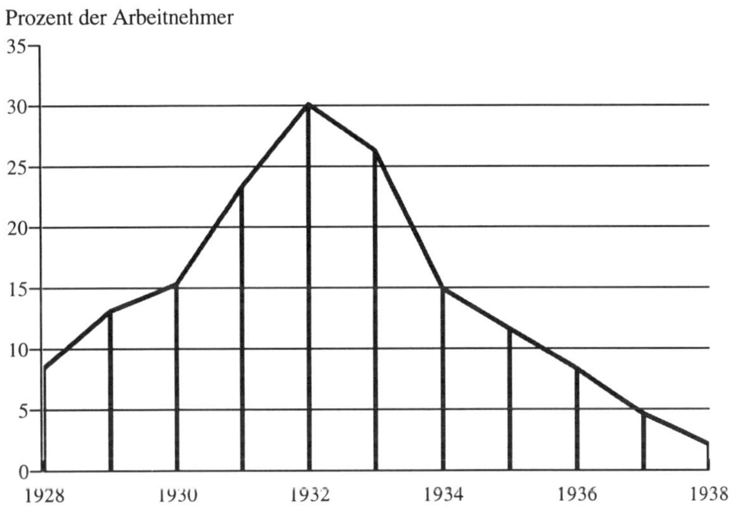

Datenquelle: Mitchell, B.R.: Statistischer Anhang 1920-1970.
In: Cipolla, Carlo M./Borchardt Knut (Hrsg.): Europäische Wirtschaftsgeschichte.
Bd. 5: Die europäischen Volkswirtschaften im zwanzigsten Jahrhundert,
Stuttgart et al. 1986, S. 413-492, hier: S. 440.

Am 21. September 1933 folgte das zweite Gesetz zur Verminderung der Arbeitslosigkeit. Es stellte 500 Millionen Reichsmark für Instandsetzungsarbeiten an privaten Wohnbauten und Steuererleichterungen für die Landwirtschaft und den privaten Wohnungsbau zur Verfügung. Hauptziel war es, die ersten Anzeichen einer Konjunktur und die gesunkenen Arbeitslosenzahlen über den Winter zu retten. Ebenfalls im Herbst 1933 setzte das Autobahnprogramm ein (Gesetz über die Errichtung eines Unternehmens Reichsautobahn vom 27. Juli 1933). In sechs Jahren sollten 7.000 km Autobahn gebaut werden, wofür 3,5 Milliarden Reichsmark zur Verfügung gestellt werden sollten.

Daneben wurde ein Rückgang der Arbeitslosenzahlen noch durch folgende Massnahmen erreicht:

- Wiedereinrichtung eines freiwilligen Arbeitsdienstes, der ab 1935 obligatorisch wurde
- Einführung der allgemeinen Wehrpflicht 1935
- Überdurchschnittlich hohe Einstellung von Arbeitskräften in Partei- und Staatsämtern.

Waren am 30. Januar 1933 noch 6,01 Millionen Arbeitslose registriert, so konnte im Verlauf der nächsten vier Jahre das Überangebot an Arbeitskräften praktisch vollständig abgebaut werden. Bereits 1936 trat ein Engpass im Bereich der Facharbeiter auf. Die obige Graphik (Darstellung 60) führt die Entwicklung des Arbeitsmarktes vor Augen.

Darstellung 61: Wachstum des realen Sozialprodukts 1928-1941

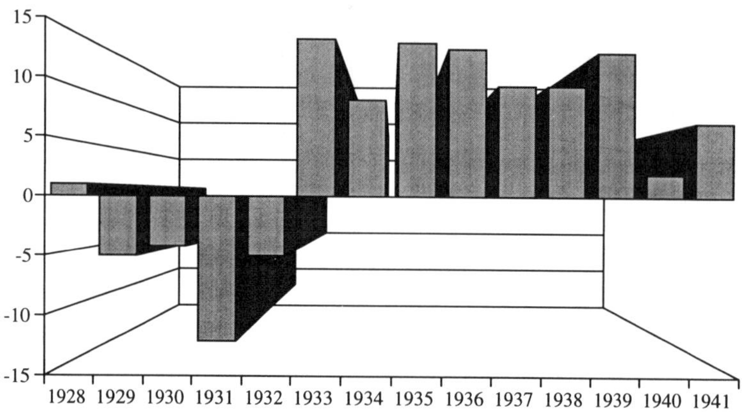

Quelle: Petzina, Dietmar/Abelshauser, Werner/Faust, Anselm (Hrsg.): Sozialgeschichtliches Arbeitsbuch. Bd. 3: Materialien zur Statistik des Deutschen Reiches 1914-1945, München 1978, S. 78.

Bereits 1933 ergab sich ein **Konjunkturumschwung**, denn die Massnahmen unter Papen und Schleicher und die Basis, die Brüning mit seiner Deflationspolitik dafür geschaffen hatte, zeigte zu diesem Zeitpunkt ihre Wirkung und wurde von den Nationalsozialisten weiter entwickelt und ausgebaut. Das **Volkseinkommen**, das 1928 75,4 Milliarden Reichsmark betragen hatte und bis 1932 auf 45,2 Milliarden Reichsmark zurückgegangen war, stieg wieder leicht auf 46,5 Milliarden an. Das reale Sozialprodukt je Einwohner begann wieder zu wachsen. Für das NS-Regime hatte dabei von Anfang an der massenpsychologische Effekt schrumpfender Arbeitslosenzahlen eine wesentliche Rolle gespielt, zunächst sogar eine grössere als das Ziel einer grundlegenden Gesundung der Wirtschaft. Darauf deutet jedenfalls das Absinken der Produktivität der deutschen Wirtschaft hin. Sozialpolitische Zielsetzungen hatten augenscheinlich Vorrang vor wirtschaftspolitischen genossen.

8.1.5. Aufrüstungsprogramm

Wie bereits erwähnt, bekam die gesamte Arbeitsbeschaffungspolitik mit der Machtübernahme Hitlers ein rüstungspolitisches Vorzeichen. Der Ausbau des Verkehrswesens - insbesondere der Autobahnbau - und die Förderung des Fahrzeugbaus geschahen in engem Zusammenhang mit strategischen Überlegungen. Bereits im Jahre 1934 verloren die Arbeitsbeschaffungsmassnahmen an Bedeutung in Relation zu den Rüstungsausgaben, die primär nicht der Wirtschaftsbelebung dienten, sondern die Vorbereitung eines Krieges zum Ziel hatten.

Von 1933 bis zum Ausbruch des Zweiten Weltkrieges wurden etwa 63-64 Milliarden Reichsmark direkt für die Rüstung ausgegeben. Im Vergleich dazu beliefen sich die Ausgaben für Arbeitsbeschaffungsmassnahmen, die überdies teilweise indirekt der Aufrüstung dienten, auf ca. 5-6 Milliarden Reichsmark. Dieses starke Ansteigen der Ausgaben für die Aufrüstung war ein wesentlicher Grund für die günstige wirtschaftliche Entwicklung. Nicht die relativ geringen Massnahmen der Arbeitsbeschaffung, sondern die expansive Rüstung ermöglichte den raschen Aufschwung der deutschen Wirtschaft. Nach 1935/36 war die explosionsartige Zunahme der Aufrüstung verantwortlich für den inflationären Druck in der Wirtschaft. Eine weitere Folge in der einseitigen Orientierung der gesamten Volkswirtschaft war die ungleichmässige Entwicklung einzelner Wirtschaftszweige. So erreichten z.B. die öffentlichen Investitionen in den Bereichen Wohnungsbau, Versorgung und öffentliche Verwaltung nicht mehr die Höhe von 1928, ganz im Unterschied zu allen anderen öffentlichen Investitionen.

Der Index der öffentlichen Investitionen (1928 = 100), der 1932 noch bei 47 lag, stieg bis 1939 real auf 377 (nominal 1932 = 36 und 1939 = 290). Der Anteil der öffentlichen Investitionen am Volkseinkommen stieg von 5,7 Prozent im Jahre 1932 auf 25,6 Prozent im Jahre 1939.

8.1.6. Finanzpolitik

Um die Investitionen im Rüstungsbereich sicherzustellen und die unmittelbare Aufrüstung finanzieren zu können, war die Umschichtung eines wachsenden Anteils des Sozialprodukts vom privaten Verbrauch zum Staat notwendig.

8.1.6.1. Steuerpolitik

In der Fiskalpolitik wurden bis 1936 expansive steuerpolitische Massnahmen eingeleitet. In der darauffolgenden Phase der Hochkonjunktur wurde eine konjunkturgerechte restriktive Fiskalpolitik bis auf wenige Ausnahmen nicht angewandt. An expansiven **steuerpolitischen Massnahmen** wurden eingeführt:

- die Ausgabe von **Steuergutscheinen**, die aus dem Papen-Programm übernommen wurden und eine spekulative Vorwegnahme einer zukünftigen Verbesserung der Haushaltslage bedeutete, die durch diese Aktion herbeigeführt werden sollte - wir erinnern uns, Steuergutscheine waren marktfähige Papiere, die im Zusammenhang mit der Einstellung Arbeitsloser ausgegeben wurden -;
- die **Steuerfreiheit für Ersatzbeschaffungen**, was zur Verbilligung von kurzfristigen Anlagegütern führte;
- die **Aufhebung der KFZ-Steuer**, wodurch die Automobilindustrie Impulse erhielt;
- gewisse **Steuersenkungen** (Umsatzsteuer und Grundsteuer) und der Erlass von Steuerrückständen, wenn dafür neue Investitionen vorgenommen wurden.

Bei all diesen Massnahmen spielte die Konsumförderung nur eine untergeordnete Rolle, da man den Konsum eindämmen wollte, um die Investitionsgüterindustrie nicht zu schwächen. Die Steuererhöhungen, die von Brüning eingeführt worden waren, wurden im Wesentlichen beibehalten. Da man einerseits nach 1936 auf Steuererhöhungen verzichtete, und andererseits auch die Aufrüstung nicht einschränken wollte, bewirkte das steigende Haushaltsdefizit inflationäre Entwicklungen.

8.1.6.2. Kreditpolitik

Die durch staatliche Massnahmen herbeigeführte Konjunktur der Jahre nach 1933 war vor allem möglich durch eine Kreditexpansion von bis dahin nicht gekanntem Ausmass. Nachdem Hitler im März 1933 Reichsbankpräsident **Luther**, der nicht zu einer grosszügigen Kreditausweitung bereit war, durch **Schacht** ersetzt hatte, erhielt die Kreditpolitik andere Akzente. Sie hatte, nachdem man sich einmal auf die Finanzierung von Arbeitsbeschaffung und Rüstungspolitik durch ***deficit spending***, also durch Verschuldung des öffentlichen Haushalts, festgelegt hatte, nur noch technische Probleme zu klären. Eine Finanzierung über Schatzanweisungen wurde zurückgestellt, da sich in der Bevölkerung damit unliebsame Erinnerungen an die Inflation verbanden und das Ausmass der Verschuldung in der Öffentlichkeit bekanntgeworden wäre.

Darstellung 62: Deutsche Rüstungsausgaben 1933 bis 1939

(Mio. RM)

	1933	1934	1935	1936	1937	1938	1939	1934/39
Reichskriegsministerium bzw. OKW		3	5	128	346	452	258	1.192
Heer	478	1.010	1.392	3.020	3.990	9.137	5.611	24.160
Marine	192	297	339	448	679	1.632	2.095	5.491
Luftwaffe	76	642	1.036	2.225	3.258	6.026	3.942	17.128
Σ	746	1.952	2.772	5.821	8.273	17.247	11.906	47.971
Mefo-Wechsel		2.145	2.715	4.452	2.688	-	-	12.000
Σ	746	4.197	5.487	10.273	10.961	17.247	11.906	59.971

Quelle: Barkai, Avraham: Das Wirtschaftsystem des Nationalsozialismus, Köln 1977, Neuausg. Frankfurt am Main 1988, S. 240.

Statt dessen forcierte man die Finanzierung über das System der „Vorfinanzierung“ mit Hilfe von Arbeitsbeschaffungswechseln, eine Finanzierungstechnik, die man aus der Zeit Papens übernahm. Die Arbeitsbeschaffungswechsel, die wie erwähnt, bis zu fünf Jahren prolongierbar waren, wurden zwar in dem dafür vorgesehenen Zeitraum zurückbezahlt. Aber in Höhe dieser Rückzahlung und weit darüber hinaus beschaffte man sich neuen Kredit mit nahezu gleichen Finanzierungsmethoden, insbesondere durch die sogenannten **Mefo-Wechsel**. Der Umlauf dieser Wechsel wird bis zu ihrer Einstellung auf ca. drei Millionen Reichsmark geschätzt. Im Jahre 1934 stiegen die Rüstungsausgaben sprunghaft an. Soweit die Ausgaben nicht durch das Steueraufkommen gedeckt waren, wurden sie eben durch die Mefo-Wechsel finanziert.

1933 wurde die Metallurgische Forschungsgesellschaft, auf die die Wechsel gezogen wurden, mit einem Kapital von einer Million Reichsmark gegründet. Gesellschafter waren die vier Rüstungsfirmen Krupp, Siemens, Deutsche Werke bzw. Gutehoffnungshütte und Rheinmetall. Auf diese Scheinfirma zogen Unternehmen, die Anspruch auf eine Zahlung aus Rüstungsaufträgen hatten, einen Wechsel, der juristisch als Handelswechsel galt und somit von der Reichsbank diskontiert wurde (siehe Darstellung 64, S. 183). Durch die Tatsache, dass die Wechsel bis zu fünf Jahren prolongierbar waren, wurden sie allerdings zu mittelfristigen bzw. langfristigen Finanzierungswechseln, deren volkswirtschaftlicher Effekt im wesentlichen in einer beträchtlichen Kreditschöpfung bestand.

Darstellung 63: Die Metallurgische Forschungsgesellschaft mbH

• Vorstand:	1 Vertreter Reichswehrministerium 1 Vertreter Reichsbank
• Personal:	Reichsbankmitarbeiter
• Gesellschafter:	Krupp, Siemens, Rheinmetall, Deutsche Werke (Gutehoffnungshütte)
• Kapital:	1 Mio. RM in 4 Anteilen von je 250.000 RM
• Zweck:	Akzeptstelle für (prolongierbare) 3-Monats-Wechsel, ausgestellt für Warenlieferungen
• Charakter:	Mefo-Wechsel = „als Warenwechsel getarnte, mittelfristige Finanzwechsel“ (Hans Möller)

Der Grund für diese Art der Finanzierung war wie schon bei den Arbeitsbeschaffungswechseln die Verschleierung der tatsächlich eingegangenen Verschuldung des Reiches. Der Umfang der Finanzierungswechsel wurde auch erst nach dem Kriege bekannt. Insgesamt wurden mit dieser Methode 12 Milliarden Reichsmark für die Rüstung aufgebracht, was ungefähr 20 Prozent der Rüstungsausgaben entspricht. Die Finanzierung über Mefo-Wechsel sollte - so die Vereinbarung zwischen Reichsbankpräsident Schacht und dem Reichsfinanzminister v. Schwerin-Krosigk - bis Frühjahr 1938 beendet sein und die Rückzahlung oder Umwandlung in langfristige Schulden nach fünfjähriger Laufzeit im Jahre 1939 beginnen. Zu diesem Zeitpunkt wurden 2

Milliarden Reichsmark fällig, die vom Reich nicht eingelöst werden konnten, was mit ein Grund war, dass Schacht, der sich gegen eine uferlose Kreditausweitung ausgesprochen hatte, vom Amt des Reichsbankpräsidenten zurücktrat.

Darstellung 64: Die Funktionsweise der Mefo-GmbH

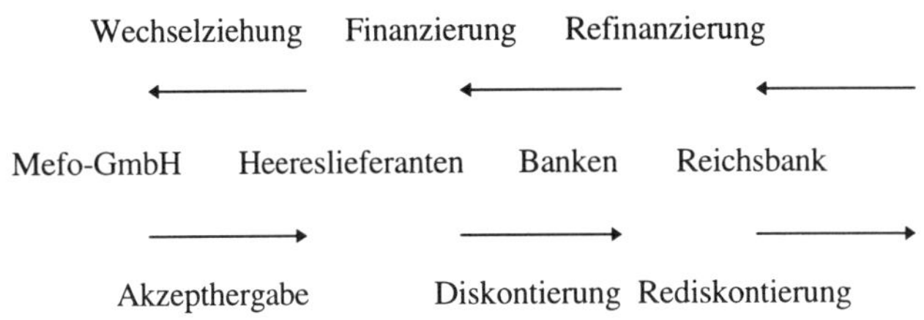

Die Anleihepolitik im Dritten Reich war der Versuch, die liquiden Gelder, die sich aus den steigenden Gewinnen der Unternehmen ergaben, vom Markt abzuschöpfen, um eine unerwünschte Nachfrage nach Konsumgütern zu bremsen. Nach dem Willen Hjalmar Schachts sollten die Anleihen der Konsolidierung der kurzfristigen Schuld dienen, in Wirklichkeit aber traten sie neben die schwebende Reichsschuld und riefen zusätzliche Geldschöpfung hervor. Schwebende Reichsschulden sind solche, deren Rückzahlung nach Vorlage des Schuldtitels erfolgen sollte, also z.B. Schatzanweisungen. Nach einer Emissionssperre, einer Erweiterung der Bankenkontrolle 1934 und einer Zwangskonversion 1935, konnten die Anleihen unabhängig vom Publikum bei den Banken untergebracht werden. 1938 wurde die Rüstungsfinanzierung über die Mefo-Wechsel aufgegeben und durch Lieferschatzanweisungen ersetzt, die bei der Reichsbank nicht diskontfähig, dafür aber lombardfähig waren.

Als Folge der verschiedenen Finanzierungsmethoden erhöhte sich die gesamte Staatsschuld von 14 Milliarden Reichsmark 1933 auf 41,7 Milliarden Reichsmark im Jahr 1938, wobei der Anteil der schwebenden Reichsschuld von 21 Prozent auf 43 Prozent anstieg. Gefährlich an der starken Verschuldung war nicht so sehr die absolute Höhe, sondern die starke Geschwindigkeit der Erhöhung. Der starke Anteil der kurzfristigen Verschuldung und die Technik der Begebung der Anleihen, die im sogenannten **rollenden Verfahren** die Gelder, die sich bei den Kapitalsammelstellen anhäuften, abschöpfte und in Reichsanleihen umwandelte.

8.1.7. Aussenwirtschaft

8.1.7.1. Binnenwirtschaftliche Expansion ohne aussenwirtschaftliche Integration

Durch die Rüstungspolitik der nationalsozialistischen Regierung und die sich daraus ergebende Wiedereingliederung von Millionen Arbeitslosen in das Wirtschaftsleben entwickelte sich in Deutschland eine verstärkte Nachfrage. Die Folge war eine **Binnenkonjunktur**, die gekennzeichnet war durch eine relativ rasche Expansion der Kaufkraft und des Rohstoffbedarfs der Wirtschaft.

Darstellung 65: Die Steigerung der deutschen Rohstoffversorgung 1933 - 1936

	1933	1936	
	Inlandsprod./-förderung in t:		Steigerung in Prozent:
Blei (aus dt. Erz)	52.000	60.000	15
Zink (aus dt. Erz)	106.000	130.000	23
Aluminium	18.900	97.500	416
Eisenerz	2.550.000	6.812.000	167
Eisenerz (Fe-Gehalt)	928.700	2.140.000	130
Steinkohle	110 Mill.	158 Mill.	44
Treibstoffe und Öle	95.000	2.039.000	123
Kunstseide	28.700	46.100	60
Zellwolle	4.000	46.300	1.057

Quelle: Blaich, Fritz: Wirtschaft und Rüstung im „Dritten Reich", Düsseldorf 1987, S. 72.

Die Verflechtung mit den internationalen Märkten konnte nicht in dem Tempo wieder hergestellt werden, wie die binnenwirtschaftliche Entwicklung in Deutschland verlief. Probleme, die sich daraus ergeben, wurden noch verstärkt durch die Abwertungen seitens der wichtigsten Welthandelsländer (England 1931, USA 1933). Die seit 1933/34 wieder steigenden Rohstoffpreise auf dem Weltmarkt verteuerten die Produktion in Deutschland, somit ebenfalls die deutschen Exporte und damit reduzierte sich auch der Handelsbilanzüberschuss. Die Gold- und Devisenbestände der Reichsbank nahmen ebenfalls drastisch ab. 1934 wies die **Handelsbilanz** mit 373 Millionen Reichsmark erstmals wieder einen negativen Saldo auf, d.h. sie wurde vorübergehend wieder passiv. Für die Überwindung dieser Handels-, bzw. Zahlungsbilanzkrise, die aus der Entwicklung der Binnenkonjunktur entstand, gab es nur zwei Mittel: Abwertung oder Devisenzwangswirtschaft. Eine Abwertung wollte man deshalb nicht vornehmen, da dies eine Vergrösserung der deutschen Auslandsschuld bedeutet hätte. Deshalb entschied man sich für die totale Bewirtschaftung des Aussenhandels.

Bereits 1931 waren von der Regierung Brüning Devisenbeschränkungen angeordnet worden, die sich jedoch nicht exporthemmend auswirkten, solange die Inlandsnachfrage stagnierte und die Welthandelspreise auf ihrem tiefen Niveau verharrten. Erst mit der konjunkturell steigenden Nachfrage machten sie sich bemerkbar. Weiter versuchte man die aussenwirtschaftlichen Probleme durch ein im Juni 1933 erlassenes Transfermoratorium, also durch die befristete Stundung von Schulden (Zahlungsaufschub) für den Kapitaldienst auf Auslandsschulden zu lösen. Durch die Errichtung einer Konversionskasse wurde der Schuldentransfer ausschliesslich eine Sache des Deutschen Reiches. Im Juni 1934 wurden schliesslich die Auslandsforderungen in reine Markforderungen umgewandelt, d.h. der ausländische Gläubiger konnte seine Forderungen nur noch durch den Kauf deutscher Waren zum Inlandspreis erhalten. Da das deutsche Preisniveau um 30-40 Prozent über dem Preisniveau des Weltmarktes lag, bedeutete dies eine drastische Verringerung der deutschen Auslandsschulden. Die Schwierigkeiten in der Zahlungsbilanz konnten aber auch mit all diesen Massnahmen nicht beseitigt werden.

8.1.7.2. Der „Neue Plan“

Erst mit dem Neuen Plan des Wirtschaftsministers und Reichsbankpräsidenten Hjalmar Schacht gelang es, die drohende Wirtschaftskrise abzuwenden, ohne die expansive Rüstungspolitik einschränken zu müssen. Mit der Einführung des Neuen Planes vollzog sich ein grundsätzlicher Wandel im deutschen Aussenhandel. Die wichtigsten Merkmale der neuen deutschen Aussenwirtschaft waren Importbeschränkung, Exportförderung, die Bilateralisierung und die Verlagerung des Aussenhandels.

Aussenhandelskontrolle

Um die Einfuhr bei den zur Verfügung stehenden Devisen möglichst effizient zu gestalten, wollte man sie vor allem auf die notwendigsten Güter beschränken, was gleichbedeutend war mit einer Konzentration des Imports auf

Rohstoffe für die Rüstungsindustrie und auf Lebensmittel. Aus diesem Grund wurden staatliche Überwachungsstellen für den Import geschaffen, die jede geplante Einfuhr genehmigen mussten.

Wesentlich wichtiger als die Importkontrollen waren die Massnahmen der Exportförderung. Um die Wirkung der eigentlich notwendigen, jedoch nicht durchgeführten Abwertung zu erreichen, wandte man differenzierte Wechselkurse im Aussenhandel an. Es wurden Preisprüfstellen errichtet, die Ausfuhrsubventionen in Höhe der Differenz zwischen dem deutschen Exportpreis und dem ermittelten Konkurrenzpreis anderer Exportländer zahlten. Durch dieses Dumping-Verfahren gelang es der deutschen Industrie, die ausländische Konkurrenz bei wichtigen Produkten zu unterbieten. **Finanziert** wurden diese Subventionen durch eine Exportumlage der inländischen Industrie, die zusammen mit der Bevorzugung der Exportindustrie bei der Rohstoffzuteilung die Wirtschaft zum Export anreizen sollte.

Bilateralisierung und Verlagerung des Aussenhandels

Neben diesen Kontrollmassnahmen wurde der Abschluss von **zweiseitigen Handelsabkommen** forciert. Mit Hilfe von Verrechnungs- und Clearingabkommen wollte man einen „Aussenhandel ohne Devisen“ ermöglichen. Ziel dieser Verträge war die **Globalkompensation** zwischen Export und Import in den Handelsbeziehungen mit einem bestimmten Land. Zu diesem Zweck wurden in beiden Ländern sogenannte **Clearingstellen** eingerichtet, die den Zahlungsverkehr zwischen den Handelspartnern regelten, d.h. der deutsche Exporteur wurde nicht mehr von einem Vertragspartner bezahlt, sondern bekam den Erlös direkt von der deutschen Clearingstelle, ebenso wie der deutsche Importeur den Kaufpreis für Importe dorthin zahlte. Unter dem von Schacht propagierten Motto „Kaufe bei deinem Kunden“ wurden diese Verträge bald bestimmend für den Aussenhandel. Die Clearingabkommen bestanden zwar schon seit 1932, sie kamen jedoch erst voll zur Geltung, nachdem sie mit den Einfuhrkontrollen verbunden wurden. Gleichzeitig wurde eine **Bilateralisierung des Aussenhandels** erreicht, da der Staat nun die Handelspartner nach strategischen und politischen Gesichtspunkten auswählen konnte. Als Folge der staatlichen Eingriffe ging der Handel mit Westeuropa und den USA zurück, während an ihre Stelle Südosteuropa, Nordeuropa und Südamerika traten. Der Anteil der südosteuropäischen Staaten stieg in den Jahren 1932 - 1938 an der Einfuhr von 5,1 Prozent auf 9,8 Prozent und an der Ausfuhr von 3,2 Prozent auf 7,8 Prozent. Der Anteil Westeuropas und der

USA sank im gleichen Zeitraum an der Einfuhr von 33,3 Prozent auf 24,5 Prozent und an der Ausfuhr von 44,6 Prozent auf 30,3 Prozent.

Darstellung 66: Stichworte zur deutschen Aussenwirtschaft in den dreissiger Jahren

- Abwertungen England 1931 / USA
- Passive Handelsbilanz
- Devisenzwangswirtschaft
- Transfermoratorium
- Konversionskasse
- Umwandlung von Auslandsforderungen in reine Markforderungen
- „Neuer Plan"
- Importbeschränkung
- Exportförderung
- Bilateralisierung
- Verlagerung des Aussenhandels

Was bewirkte der „Neue Plan"?

Der Erfolg des Neuen Planes zeigte sich in dem **Überschuss der Handelsbilanz** 1935 von 111 Millionen Reichsmark. Darüber hinaus konnte durch die staatliche Kontrolle eine Umstrukturierung der Einfuhr auf rüstungswichtige Rohstoffe erreicht werden. Hemmend wirkte sich die Tatsache aus, dass durch den kompensatorischen Handel keine Devisen für eine Importsteigerung zur Verfügung standen. Auch wiesen die relativ schwach industrialisierten Länder, aus denen Agrarprodukte und Rohstoffe importiert wurden, eine mangelhafte Aufnahmekapazität für deutsche Fertigwaren auf.

Die **Gold- und Devisenbestände** der Reichsbank, die 1932 noch knapp eine Milliarde Reichsmark betragen hatten, sanken bis Ende 1934 auf 84 Millionen Reichsmark. Ein Niveau, das im Laufe der weiteren Jahre nicht mehr wesentlich überschritten wurde. Für die Rüstungsproduktion war wichtig, dass man auf dem indirekten Weg des zentralisierten Rohstoffeinkaufs und der Rohstoffverteilung die Produktion im Inland lenken und somit den nationalsozialistischen Zielen unterordnen konnte. Der deutsche Export konnte in den nächsten Jahren einen stärkeren Anstieg verzeichnen, als der Welthandel und der europäische Aussenhandel.

Zu der neuen Konzeption des deutschen Aussenhandels schreibt **Petzina**: *„Der Neue Plan unterschied sich von der Wirtschaftspolitik der vorausgegangenen Jahre bereits dadurch, dass er über punktförmige Eingriffe hinaus ein größeres Gesamtkonzept - die Hinordnung der Wirtschaft zu den staatlichen Zielen der Rüstung und der Absicherung der Binnenkonjunktur - erkennen ließ und zugleich neue Instrumente der Steuerung ... schuf"*[86].

Darstellung 67: Indikatoren der deutschen Wirtschaftsentwicklung 1932 - 1936

	1932	1936	Zuwachs in % Σ	pro Jahr
1. BSP in lfd. Preisen (Mrd. RM)	58	83	43	9,5
2. BSP in festen Preisen von 1928 (Mrd. RM)	71,9	101,2	41	9,0
3. NSP in lfd. Preisen (Mrd. RM)	50,8	78,9	55	11,6
4. VE pro Kopf d. Bev. (RM, lfd. Preise)	633	922	46	9,8
5. Prod.-Index v. Ind. u. Handw. (1913 = 100)	72,8	137,1	88	17,2
6. Beschäftigte insges. (Jahresdurchschnitt) Mio.	12,6	17,1	36	8,0
7. Arbeitslose insges. (Jahresdurchschnitt) Mio.	5,6	1,6		
8. Nettoinvestition in lfd. Pr. (Mrd. RM)	- 2,1	9,0		
9. Privatkonsum in lfd. Pr. (Mrd. RM)	44,9	51,9	16	3,6
10. Öffentl. Ausg. für Waren u. Dienstl. (Reich, Länder u. Gem. in lfd. Pr. (Mrd. RM)	9,5	21,9	130	18,7
11. Index der Grosshandelspreise (1925/27 = 100), letztes Jahresviertel	67,8	75,8		
12. Index der Lebenshaltungskosten (1925/27 = 100), letztes Jahresviertel	82,3	86,4		

Quelle: Barkai, Avraham: Das Wirtschaftsystem des Nationalsozialismus, Köln 1977, Neuausg. Frankfurt am Main 1988, S. 232.

8.1.8. Unabhängigkeit nach Plan - der Vierjahresplan

Im Frühjahr 1936 kam es trotz aller staatlichen Eingriffe erneut zu einer ernsthaften Aussenhandels- und Devisenkrise. Mit die wichtigste Ursache war die Verschlechterung der *terms of trade*. Bis 1933 hatte die deutsche Wirt-

[86] Petzina, Dietmar: Autarkiepolitik im Dritten Reich - Der nationalsozialistische Vierjahresplan, Stuttgart 1968, S. 19.

schaft von dem durch die Weltwirtschaftskrise bedingten niedrigen Preisniveau auf dem Weltmarkt profitiert. Danach stiegen die Preise für Rohstoffe und Nahrungsmittel, während die Preise für Fertigwaren auf einem Tiefstand verharrten. Durch ein Sinken der landwirtschaftlichen Erzeugung wurden die Situation noch verschärft. Da mehr Devisen zur Sicherung der Ernährung der Bevölkerung benötigt wurden und durch die knappe Rohstofflage auch die Fortführung der langfristigen rüstungspolitischen Programme und damit die Grundprinzipien der nationalsozialistischen Politik überhaupt gefährdet wurden, setzte 1936 mit dem Vierjahres-Plan eine umfassende **Kontrolle** der Wirtschaft ein.

Die **Autarkie** sollte auf dem Gebiet der Rohstoffe und der Lebensmittel gefördert werden und Deutschland für den Fall eines Krieges möglichst unabhängig von Einfuhren aus dem Ausland gemacht werden. Um dies zu erreichen, sollte vor allem die inländische **Ersatzstoffproduktion** gefördert werden, insbesondere der Ausbau der synthetischen Treibstoffproduktion, die Ablösung von Kautschuk durch synthetischen Gummi und eine Verbesserung der Eisenversorgung durch Selbsterzeugung. Der wirtschaftliche Aspekt der Ersatzstoffherstellung, die Rentabilität, spielte für Hitler und **Göring**, der **Beauftragter für den Vierjahres-Plan** war, keine Rolle. Nicht zuletzt aus diesem Grund kam es zwischen Göring und Schacht, der langfristig eine Wiedereingliederung der deutschen Wirtschaft in die Weltwirtschaft anstrebte, zu Differenzen, die Schacht schliesslich veranlassten, als Reichswirtschaftsminister und Beauftragter für die Kriegswirtschaft im Herbst 1937 zurückzutreten.

Von Hitler wurden als Richtziel für den Vierjahres-Plan folgende Forderungen aufgestellt:

1. Die deutsche Armee sollte in vier Jahren einsatzfähig sein.
2. Die deutsche Wirtschaft musste in vier Jahren kriegsfähig sein.

Hier zeigte sich, dass der Nationalsozialismus zielstrebig auf einen Krieg hinarbeitete, dass er ihn bewusst in die politische Planung mit einbezog, um seine Ziele der Grossraumwirtschaft und des Aufstiegs Deutschlands zu einer Grossmacht zu erreichen.

Durch Schwerpunktbildung sollte eine eindeutige Ausrichtung der Wirtschaft auf die Rüstung erfolgen. Der Vierjahresplan stellte eine relativ plan- und ziellose Verfolgung verschiedenartiger Wirtschaftsvorhaben dar, ohne jede Gesamtvolks- oder einzelwirtschaftliche Rücksichtnahme. Sein Zweck war die Erfüllung von Augenblicksforderungen und des Sofortbedarfs im Dienst totaler Kriegsvorbereitungen.

Beeinträchtigt wurde die Effizienz des Vierjahresplanes noch durch Kompetenzstreitigkeiten zwischen den bereits bestehenden und den neu geschaffenen Organisationen. Besonders charakteristische Merkmale des Vierjahresplanes waren ausserdem - die Respektierung der privaten Wirtschaft (**Wirtschaftsführer**, Krupp etc.), worin sich die Wertschätzung der Nationalsozialisten für die Unternehmer spiegelt. Hierin bestand ein wesentlicher Unterschied zu kommunistischen Systemen.

Es kam zu einer Kooperation von Staat und Grossunternehmertum zur Verwirklichung der Autarkiepläne. Das Interesse der privaten Wirtschaft korrespondierte mit dem Interesse des nationalsozialistischen Regimes an der Militarisierung. Der Industrie gelang es dadurch, ihren Einfluss auf die Wirtschaftspolitik zu verstärken. Der Industrie wurde vieles ermöglicht, etwa auch der Aufbau eines **Zwangsarbeitssystems** (z.B. VW, Daimler u.a.).

Darstellung 68: Das Wirtschaftswachstum 1933 - 1939

[in Mrd. RM]	**1933**	**1934**	**1935**	**1936**	**1937**	**1938**	**1939**
Bruttosozialprodukt:	58	66	73	81	91	115	129
Volkseinkommen:	46,5	52,7	59,1	65,8	73,7	82,1	89,8
Neuanlageninvestitionen:	2,7	4,2	7,1	9,8	11,0	15,8	17,0
davon öffentlich:	2,5	3,6	5,7	7,2	8,0	11,2	12,5
Ersatzinvestitionen:	4,0	4,5	5,0	5,5	6,0	6,5	
Wehrmachts-Mehrausgaben gegenüber Vorjahr:	-	2,2	1,4	4,8	0,7	6,3	

Quelle: Boelcke, Willi A.: Die deutsche Wirtschaft 1930-1945: Interna des Reichswirtschaftsministeriums, Düsseldorf 1983, S. 220.

Der wirtschaftliche Erfolg des Vierjahresplanes bestand in einer erheblichen Steigerung der Rohstoffproduktion, so dass es bis weit in den Zweiten Weltkrieg hinein nicht zu erheblichen Engpässen in der Versorgung kam. Gleichwohl war die Autarkie in bezug auf die Ernährung und die rüstungswichtigen Rohstoffe zu Kriegsbeginn nicht sichergestellt.

8.2. Die Wirtschaft im Zweiten Weltkrieg 1939-1945

Die wirtschaftliche Lage zu Beginn des Zweiten Weltkrieges lässt sich ungefähr folgendermassen charakterisieren:

- Die **Autarkisierung** der Wirtschaft wurde in kurzer Zeit relativ weit vorangetrieben. Durch die Erweiterung der synthetischen Produktion und die Anwendung neuer industrieller Fertigungsverfahren wurden die Lücken in der Versorgung zwar teilweise geschlossen, aber ganz autark war Deutschland auch zu Beginn des Krieges nicht. Die Lebensmittelversorgung war nur zu ca. 80 Prozent gesichert. Besonders gravierend war aber die **Unterversorgung** mit industriellen Rohstoffen wie Mineralölen, Eisenerz, Buntmetallen und Textilien.

Darstellung 69: Die deutsche Selbstversorgung mit Lebensmitteln 1927/28, 1933/34 und 1938/39

(Prozent des Eigenverbrauchs, gerundet)	1927/28	1933/34	1938/39
Sämtliche Lebensmittel:	68	80	83
Brotgetreide:	79	99	115
Kartoffeln:	84	90	91
Fleisch:	91	98	97
Fette:	44	53	57

Quelle: Barkai, Avraham: Das Wirtschaftsystem des Nationalsozialismus, Köln 1977, Neuausg. Frankfurt am Main 1988, S. 235.

- In der **Produktionsgüterindustrie** waren die Kapazitäten stark ausgebaut worden. Der Investitionsgüterindex in diesem Bereich betrug im Jahre 1936 nicht ganz 116 (Basis 1928 = 100) und stieg bis 1939 auf 256. Besonders die Schwerindustrie erfuhr eine starke wirtschaftspolitische Förderung.
- Die **Rationalisierung** der Industrie wurde durch Typisierung, Normung und richtige Wahl der optimalen Betriebsgrösse vorangetrieben, so dass eine Produktivitätssteigerung erzielt werden konnte. Insgesamt stieg das Produktionsvolumen von 1936 bis 1939 um 27 Prozent.

Für wirtschaftspolitische Fragen waren bei Kriegsausbruch drei verschiedene Organisationen zuständig:

- Das Reichswirtschaftsministerium, das nach dem Rücktritt Schachts im Jahre 1937 von Walther **Funk** übernommen wurde.

- Das Wehrwirtschafts- und Rüstungsamt der Wehrmacht unter General Thomas
- Die **Behörde Hermann Göring**, die im Rahmen des Vierjahresplans geschaffen wurde. Im August 1939 übernahm Göring auch den Vorsitz des Ministerrats für die Reichsverteidigung und am Jahresende das Amt des Generalbevollmächtigten der Wirtschaft. Görings Ziel war eine Zusammenfassung der gesamten Kriegswirtschaft zu einem einheitlichen Apparat. Allerdings stiess er dabei auf den Widerstand der anderen Organisationen.

Kennzeichnend für die gesamten Kriegsvorbereitungen war die Ausrichtung der Kriegsproduktion auf **„Breitenrüstung"** (damit ist gemeint eine Vielfalt von Rüstungsgegenständen). Die Produktion war so gelenkt worden, dass zwar der verfügbare Bestand an Rüstungsmaterial sehr hoch, dafür aber das Rüstungspotential, d.h. die auf langfristige Produktion ausgerichteten Investitionen in der Basisindustrie relativ niedrig waren. Ein Zeichen dafür ist beispielsweise die Tatsache, dass man die langfristige Entwicklung von neuen technischen Geräten vollkommen vernachlässigte. Diese Art der Kriegsvorbereitung hing eng zusammen mit der Ausrichtung der deutschen Rüstung an der Konzeption des **Blitzkrieges**.

8.2.1. Die Strategie des Blitzkrieges

Die Blitzkriegstrategie bedeutete, dass man einen möglichst grossen einsatzbereiten Vorrat an Waffen haben und eine äusserst flexible Wirtschaftspolitik betreiben musste, um sich auf Änderungen in der Kriegsführung des Gegners besser einstellen zu können. „Tiefenrüstung" hätte diese wirtschaftliche **Flexibilität** auf jeden Fall behindert. Deutschland hatte bis zum Kriegsbeginn stark genug gerüstet, um im Verhältnis zum Rüstungsstand der Gegner einen kurzen Krieg zu gewinnen. Für den Fall eines langen Krieges, in dem die Massenproduktion die entscheidende Rolle spielt, waren kaum Vorbereitungen getroffen. Wie man sieht, hatte man aus dem Ersten Weltkrieg nichts gelernt.

8.2.1.1. Die erste Kriegsphase bis 1941

In der ersten Kriegsphase ging das Blitzkrieg-Konzept voll auf. Die eroberten Gebiete wurden jeweils in die Produktion eingegliedert, vorzugsweise in die Grundstoffindustrie. Auf diese Weise gelang zunächst die Sicherung des Rohstoffbedarfs. Die gesamte Rüstungsproduktion betrug 1941 noch unter 20 Prozent der industriellen Produktion.

Darstellung 70: Der Anteil der Rüstungsproduktion an der gesamten industriellen Produktion 1938-1944

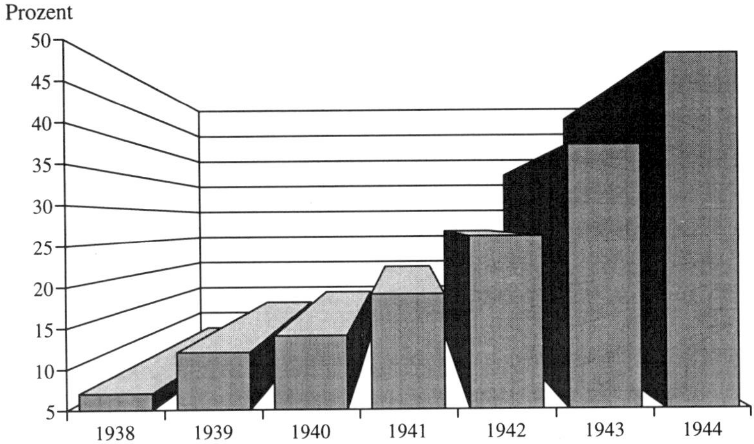

Datenquelle: Henning, Friedrich-Wilhelm: Das industrialisierte Deutschland 1914-1992, 8. Aufl., Paderborn 1993, S. 177.

Die industriellen Kapazitäten waren bei weitem nicht voll ausgelastet, was sich in dem nur geringfügigen Ansteigen der Arbeitszeit pro Beschäftigtem und dem bis zuletzt vorherrschenden Einschichtbetrieb zeigte. Die durchschnittliche wöchentliche Arbeitszeit stieg von 1939 bis März 1943 in der Industrie von 47,8 auf 49,1 Stunden. Die Reallöhne begannen erst nach 1941 zu sinken, da die Lebenshaltungskosten stärker stiegen als die Nominallöhne (Darstellung 70) Nun reagierte auch der Kapitalmarkt empfindlich (Darstellung 58).

Auch kam es in der Wirtschaft zunächst nicht zu weitreichenden Produktionsumstellungen. Man erreichte durch Schwerpunktverlagerungen zwischen den Sektoren der Rüstungsproduktion eine für die einzelnen Feldzüge jeweils spezifische Produktionsausweitung. Die gesamte Industrieproduktion stieg von 1938 bis 1941 kaum an. Die Konsumgüterproduktion nahm nur unwesentlich ab (Darstellung 72).

Darstellung 71: Einkommen und Lebenshaltungskosten in Deutschland 1933-1944

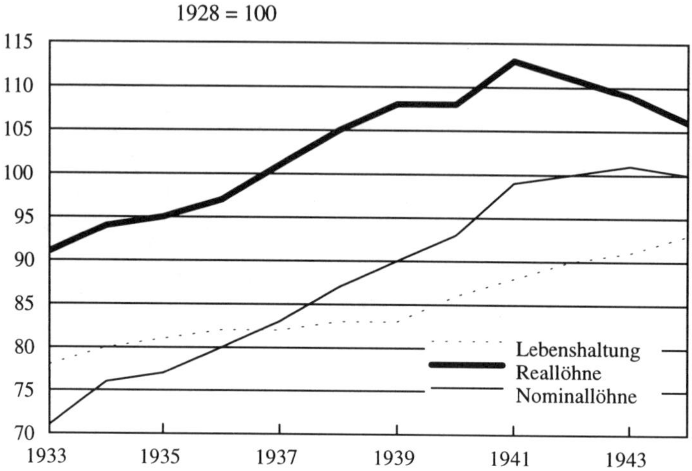

Datenquelle: Petzina, Dietmar/Abelshauser, Werner/Faust, Anselm (Hrsg.): Sozialgeschichtliches Arbeitsbuch. Bd. 3: Materialien zur Statistik des Deutschen Reiches 1914-1945, München 1978, S. 98, 107.

Solange man militärische Erfolge sah, glaubte man die Produktion auf dem zivilen Sektor nicht stoppen zu müssen. Der Kapazitätsausbau für die Rüstung wurde sogar gebremst, da man mit der baldigen Besetzung der russischen Industriegebiete rechnete. Die Industrieorganisation beruhte in dieser Zeit mehr auf Improvisation als auf konsequenter Planung. Das Nebeneinander von verschiedenen Organisationen und das Fehlen einer zentralen Entscheidungsinstanz erlaubte keine Abgrenzung der Vollmachten und führte damit zu einem kräfteverschleissenden Kompetenzkampf. Auch in den besetzten Gebieten wurde die Wirtschaft nicht systematisch ausgebaut, sondern man beschränkte sich auf die wirtschaftliche Ausbeutung.

Durch die Rückschläge in Russland Ende 1941, die auf einer völligen Unterschätzung der russischen Rüstungsproduktion beruhten, stieg der Materialverlust. Der Einsatz an Soldaten musste verstärkt werden und die Produktion wurde forciert, wodurch sich der Facharbeitermangel in der Rüstungsindustrie verschärfte. Als im Dezember 1941 noch die USA in den Krieg eintraten, konnte die Blitzkriegskonzeption nicht mehr gehalten werden. Mit dem Frühjahr 1942 begann eine neue Epoche der deutschen Rüstungsindustrie - mit der Umstellung auf die eigentliche Kriegswirtschaft.

Darstellung 72: Die Entwicklung der Industrieproduktion 1928-1944

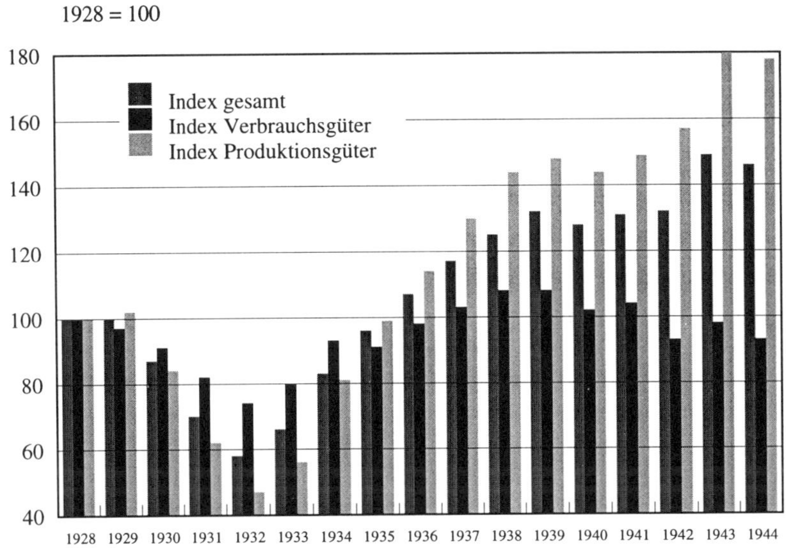

Datenquelle: Petzina, Dietmar/Abelshauser, Werner/Faust, Anselm (Hrsg.): Sozialgeschichtliches Arbeitsbuch. Bd. 3: Materialien zur Statistik des Deutschen Reiches 1914-1945, München 1978, S. 98, 107.

8.2.1.2. Die Kriegswirtschaft ab 1942

Unter **Albert Speer**, der die meisten Ämter des im Februar 1942 bei einem Flugzeugunfall verunglückten Fritz Todt übernahm, erfuhr die industrielle Rüstungswirtschaft eine organisatorische Neugestaltung. Das Amt für zentrale Planung wurde geschaffen, in dem man die Aufträge der Wehrmacht, die bis dahin von jeder Waffengattung selbst an private Firmen vergeben wurden, zentralisierte. Die Unternehmen selbst fasste man zu Ausschüssen und Ringen zusammen. Die **Ausschüsse** stellten Zusammenschlüsse der Betriebe der

Rüstungsendfertigung (wie z.B. Panzer, Waffen usw.) dar. Die **Ringe** vereinigten die **Zulieferindustrie** (z.B. Elektrotechnik). Durch diese Zusammenschlüsse von Betrieben gleicher Fertigung unter autoritativer Führung sollte der Ausbau rationeller Beziehungen zwischen den Zulieferungsindustrien und den Betrieben der Endfertigung erreicht werden. Industrielle Selbstverantwortung wurde insoweit eingeführt, als die Unternehmen für technisch und wirtschaftlich rationelle Produktionsmethoden und bessere Ausnutzung der Kapazitäten zu sorgen hatten.

Da man aber die bisher bestehenden Organisationen nicht auflöste, ging ein beträchtlicher Teil der Effizienz wieder verloren. Dadurch, dass jeder Betrieb in mehreren Organisationen vertreten war, konnte die beabsichtigte Koordination nicht erreicht werden. Trotz dieser Hindernisse stieg der Index der Rüstungsendfertigung (Basis 1940 = 100) von 101 im Jahre 1941 auf 146 im Jahre 1942 und 229 im Jahre 1943, was wesentlich auf die von Albert Speer initiierte Einführung der Massenfertigung zurückzuführen war. Die erreichte Rationalisierung zeigte sich auch in einer erheblichen Materialeinsparung je Erzeugungseinheit. Weitere Erfolge zeigten sich in der Steigerung der Arbeitsleistungen und der technischen Neugestaltung und Vereinfachung des Rüstungsgeräts. Mit Ausnahme der landwirtschaftlichen Produktion, des Transportwesens und des Arbeitseinsatzes wurden schliesslich alle Sektoren unter Speer zusammengefasst.

Mit der schwieriger werdenden militärischen Lage entstand ein Engpass im Bereich der Arbeitskräfte. Durch den Einsatz von Frauen, Kindern und ausländischen Arbeitskräften und die Steigerung der Arbeitszeit versuchte man die Schwierigkeiten zu überwinden. Drastische Beschränkungen im Konsumgüterbereich konnten nun nicht mehr umgangen werden. Unwichtige Konsumgüter wurden aus der Produktion genommen und die Betriebe auf Rüstungsfertigung umgestellt. Der Index der Konsumgüterproduktion fiel von 100 (1941) auf 90 (1944), wobei allerdings noch die teilweise erhebliche qualitative Verschlechterung der Produkte berücksichtigt werden muss. Der eigentliche Zusammenbruch der Versorgungswirtschaft setzte erst im Herbst 1944 ein. Mit der Einführung der **totalen Kriegswirtschaft** konnte man die Rüstungsproduktion noch auf einen Index von 285 im Jahre 1944 bringen (1940 = 100). Doch stiess man dann an die Grenzen der Rohstoffversorgung und der Kapazitäten.

8.2.2. Die Kriegsfinanzierung

Der Zweite Weltkrieg hat nach Schätzungen von Fritz Federau in Deutschland einen Geldbedarf von 657 Milliarden Reichsmark verursacht. Davon waren durch Steuereinnahmen 185 Milliarden, (das sind 29,2 Prozent) durch Einnahmen aus Besatzungsgebieten bzw. Kontributionen 85 Milliarden (13,9 Prozent) und 45 Milliarden (5,8 Prozent) aus sonstigen Einnahmen gedeckt. 342 Milliarden Reichsmark (51 Prozent) mussten also durch **Neuverschuldung** aufgebracht werden.

Durch die Beschränkung der Konsumproduktion vor und während des Kriegs war es bereits zu einer „Umwandlung von Sachkapital in Geldkapital"[87] gekommen, wobei vor allem das Geldkapital auf Sparkonten zunahm. Um diese Divergenz zwischen Geldmenge und Gütermenge zu beseitigen, musste die überschüssige Geldmenge abgeschöpft werden. Die Folgen waren Erhöhung von Verbrauchssteuern, forcierte Gewinnabschöpfung und Steuerbegünstigungen für „eisernes Sparen".

Auf dem Kapitalmarkt herrschte wegen der rapiden Abnahme der privaten Kreditnachfrage grosse Liquidität, so dass die Banken ihre Mittel zwangsläufig in Schatzwechseln, unverzinslichen Schatzanweisungen oder Liquiditätsanleihen anlegen mussten. *„Die staatlichen Geldtitel nahmen eine beherrschende Stellung unter den Geld- und Kapitalanlagen der Kreditinstitute ein"*[88]. Bei der Begebung der Wertpapiere bediente man sich der sogenannten „geräuschlosen Finanzierung", indem man eine öffentliche Auflegung der Anleihen nicht zuliess. Hitler wollte eine „finanzielle oder ökonomische Volksabstimmung" vermeiden. Besonders bemerkenswert ist noch die Zunahme der kurzfristigen Verschuldung. Von der gesamten Schuldenzunahme durch Anleihebegebung in Höhe von 334 Milliarden Reichsmark bestanden 117 Milliarden aus lang- und mittelfristigen und 217 Milliarden aus kurzfristigen Schulden. Durch die Preis- und Lohnfestsetzungen konnte die Geldwertstabilität bis Mitte 1944 weitgehend gesichert werden. Dann allerdings war die „zurückgestaute Inflation" nicht mehr aufzuhalten, der Geldüberhang drängte auf den Schwarzen Markt und das Vertrauen in die Währung verschwand völlig.

---

[87] Federau, Fritz: Der Zweite Weltkrieg. Seine Finanzierung in Deutschland, Tübingen 1962, S. 35.

[88] L.c., S. 39 f.

8.3. Resümee

Als am 30. Januar 1933 Hitler und die Nationalsozialisten die Macht ergriffen, waren expansive Massnahmen zur Überwindung der Arbeitslosigkeit bereits in Gang gesetzt worden. Unter Papen und Schleicher war die aktive Arbeitsbeschaffung durch den Staat und ihre Vorfinanzierung durch Arbeitsbeschaffungswechsel und Steuergutscheine in die wirtschaftspolitische Praxis eingeführt worden. Dies waren genau die Massnahmen, die die Nationalsozialisten später benutzten, um den Konjunkturaufschwung zu erreichen. Die Methoden wurden übernommen und konsequent in ungleich grösserem Ausmass weitergeführt. Auch die im Dritten Reich werbewirksam propagierten Verkehrsinvestitionen, wie etwa der Autobahnbau, lagen 1933 bereits in detaillierter Planung vor.

Von Anfang an war die gesamte Wirtschaft dem Ziel der Vorbereitung auf den Angriffskrieg untergeordnet. Spätestens seit 1937 strebte man ihn kurzfristig an. In der kurzen Zeit, die zur Verfügung stand, konnte dieses Ziel nur bei weitgehender Beschränkung der Konsumenteninteressen und extremer direkter Eingriffe des Staates in die Wirtschaft erreicht werden.

In den ersten Jahren bestand kein Widerspruch zwischen der allgemeinen Wirtschaftsbelebung und der Aufrüstung, da freie Produktionskapazitäten vorhanden waren. Konjunkturpolitisch richtig war auch die Finanzierung des Aufschwungs durch *deficit spending*. Das Wirtschaftsgeschehen während der ganzen Phase des Dritten Reiches wurde dominiert von politischen Zielsetzungen und den daraus resultierenden Erfordernissen. Im Vordergrund stand die Bewältigung von momentanen Schwierigkeiten. Sie wurden gelöst durch dirigistische Eingriffe in die Wirtschaft, wobei aber kaum die Konsequenzen bedacht wurden oder eingeschätzt werden konnten, die sich daraus ergaben.

Probleme, die immer wieder auftauchten, waren nicht so sehr das Ergebnis mangelhafter wirtschaftspolitischer Fähigkeiten oder Einsichten, sondern sie ergaben sich aus den übersteigerten Forderungen, die an die Wirtschaft gestellt wurden, da die Nationalsozialisten nicht bereit waren, die politischen Ziele den Erfordernissen der Währungs- und Wirtschaftsstabilität unterzuordnen. Es galt also der Primat der Politik, d.h. der Wirtschaft wurde eine ausschliesslich dienende Funktion zugebilligt.

Durch die Belebung der Binnenkonjunktur und ihre Finanzierung durch Kreditschöpfung ergaben sich Probleme im Aussenhandel. Die Folge waren Importbeschränkungen und Rohstoffbegrenzungen. Die Übernachfrage nach Produkten als Resultat der Konsumbeschränkung führte zu Kontingentierungen und Rohstoffzuteilungen, die Übernachfrage nach Arbeitsplätzen zur Unterbindung des freien Arbeitsplatzwechsels. Solange noch Unterbeschäftigung herrschte, war die Währungsstabilität durch die Kreditfinanzierung nicht gefährdet. Dies änderte sich erst durch Weiterführung und Verstärkung des *deficit spending* nach Erreichen der Vollbeschäftigung.

Das Ansteigen des Lohn- und Preisniveaus versuchte man durch ein allgemeines Stoppsystem zu verhindern. Der durch Benachteiligung der Konsumgüterindustrie entstandene Kaufkraftüberhang wich auf andere Bereiche aus, so dass hier ebenfalls Knappheitserscheinungen auftraten und die Kontrolle weiter ausgedehnt werden musste, bis man schliesslich alle wichtigen Rohstoffe und Güter der vollen Preis- und Mengenbewirtschaftung unterworfen hatte. Weiter wurden zur Drosselung der privaten Nachfrage eine Emissionssperre erlassen und die Kapitalmarktmittel abgeschöpft.

Durch wirtschaftspolitische Prioritäten und die ab 1936 erreichte umfassende Kontrolle bzw. Lenkung der Wirtschaft gelang schliesslich die Absicherung der Rüstungsexpansion und die Vorbereitung auf den Krieg. Die Kosten der Kriegsvorbereitungen und des Krieges wollte man sich von den Besiegten zurückbezahlen lassen. Man riskierte bewusst den Ruin der deutschen Volkswirtschaft in der Hoffnung, sie durch Eroberungen wieder sanieren zu können.

Literatur:

Barkai, Avraham: Das Wirtschaftsystem des Nationalsozialismus, Köln 1977, Neuausg. Frankfurt am Main 1988; **Barkai**, Avraham: Vom Boykott zur „Entjudung". Der wirtschaftliche Existenzkampf der Juden im Dritten Reich 1933-1943, Frankfurt/M. 1988; **Benz**, Wolfgang u.a. (Hrsg.): Enzyklopädie des Nationalsozialismus, Stuttgart 1997; **Blaich**, Fritz: Wirtschaft und Rüstung im „Dritten Reich", Düsseldorf 1987; **Corni**, Gustavo/**Gies**, Horst: „Blut und Boden": Rassenideologie und Agrarpolitik im Staat Hitlers, Idstein 1994; **Fischer**, Albert: Hjalmar Schacht und Deutschlands „Judenfrage" (Wirtschafts- und Sozialhistorische Studien, Bd. 2), Köln et al. 1995; **Harrison**, Mark (Ed.): The Economics of World War II. Six Great Powers in International Comparison, Cambridge U. P., Cambridge 1998; **Herbst**, Ludolf: Der Totale Krieg und die Ordnung der Wirtschaft. Die Kriegswirtschaft im Spannungsfeld von Politik, Ideologie und Propaganda 1939-1945, Stuttgart 1982; **Kopper**, Christopher: Zwischen Marktwirtschaft und Dirigismus. Bankenpolitik im „Dritten Reich" 1933-1939, Bonn 1995; **Mommsen**, Hans/ **Grieger**, Manfred: Das Volkswagenwerk und seine Arbeiter im Dritten Reich. Düsseldorf 1996. **Petzina**, Dietmar: Autarkiepolitik im Dritten Reich - Der nationalsozialistische Vierjahresplan, Stuttgart 1968; **Wistrich**, Robert: Wer ist wer im Dritten Reich? Ein biographisches Lexikon, Frankfurt/M. 1989.

Prüfsteine:

1. Wie wurden öffentliche Investitionen in den 1930-er Jahren finanziert? (Oder allgemein: welche Möglichkeiten der Finanzierung öffentlicher Investitionen sehen Sie?) Nennen Sie drei!
2. Worum handelt es sich bei den sog. „Mefo-Wechseln“? Erläutern Sie!
3. Wie entwickelte bzw. veränderte sich das Geld- und Bankwesen während der nationalsozialistischen Herrschaft und welche Rolle spielten Schacht und Funk?
4. Skizzieren Sie die Arbeitsbeschaffungspolitik der Nationalsozialisten in ihren wesentlichen Grundzügen!
5. Welche Änderungen und Regelungen gab es im Geld- und Bankwesen zwischen 1933 und 1939?
6. Wie wurde der Zweite Weltkrieg finanziert und welche Auswirkungen hatte dies auf die Geldwertstabilität?
7. Welche konkreten wirtschaftlichen Massnahmen wurden im Rahmen der „totalen Kriegswirtschaft“ nach 1943 ergriffen? Nennen Sie drei!

9. Westdeutschland 1945 bis 1989

9.1. Die Entwicklung 1945 bis 1948/49

9.1.1. Die politische Entwicklung

9.1.1.1. Unmittelbare Nachkriegssituation

Mit der bedingungslosen Kapitulation der deutschen Streitkräfte am 7./8. Mai 1945 hatte das „Dritte Reich“ aufgehört zu existieren. Politisch und wirtschaftlich lag Deutschland zerstört am Boden, ein Gebilde ohne Haupt und Glieder, von den Siegermächten vollständig besetzt. Die Menschen versuchten zu überleben, das Notwendigste an Nahrungsmitteln, Kleidung, Unterkunft zu organisieren. Diese Situation wurde noch durch die Masse der rund 15 Millionen Vertriebenen und Flüchtlinge im zusammengeschrumpften Gebiet zwischen Oder-Neisse und Rhein verschärft. Ein Drittel des deutschen Volksvermögens, zwei Fünftel der Verkehrsanlagen, ein Fünftel des Wohnraums und ein Fünftel der Produktionsmittel waren zerstört. Noch über zehn Millionen deutsche Gefangene lebten in Lagern mit der Hoffnung auf Heimkehr.

Die oberste Regierungsgewalt übten nach Kriegsende in ganz Deutschland die Vereinigten Staaten, die Sowjetunion, Grossbritannien und Frankreich als Besatzungsmächte aus, die das Land in den Grenzen von 1937 gemäss den Beschlüssen von Teheran und Jalta in vier Besatzungszonen gliederten, wobei Gross-Berlin aufgrund der verschiedenen Sektoreneinteilung ein Sonderstatus zugedacht war. Durch den Alliierten Kontrollrat in Berlin sollte eine einheitliche Besatzungspolitik bis zum Abschluss eines Friedensvertrages erfolgen. Im Falle unüberbrückbarer Gegensätze im Kontrollrat, der vom 30. August 1945 bis zum Auszug des sowjetischen Vertreters am 20. März 1948 unter der Voraussetzung einstimmiger Beschlüsse sehr schwerfällig funktionierte, hatte jeder Militärgouverneur in seiner Zone das Recht zu eigenen Entscheidungen gemäss den Weisungen seiner Regierung.

Darstellung 73: Die Konferenzen der Alliierten

Teheran 1943:
Roosevelt, Stalin, Churchill.
Deutschland soll in fünf selbständige und zwei weitere Gebiete unter alliierter Kon trolle zerlegt werden.
Jalta 4.-11. Februar 1945:
Völlige Entwaffnung, Entmilitarisierung und Zerstückelung Deutschlands, soweit dies die Alliierten für künftigen Frieden und Sicherheit für notwendig erachten.
Potsdam 17. Juli -2. August 1945:
Truman, Stalin, Churchill/Attlee.
Deutschland ist als wirtschaftliche Einheit zu behandeln;
Deutschland wird zunächst unter alliierte Kontrolle gestellt;
das deutsche Volk erhält die Möglichkeit zum Wiederaufbau.

9.1.1.2. Potsdamer Abkommen und Entschädigungsforderungen

Mit dem Potsdamer Abkommen vom 2. August 1945 sollte Deutschland für die grausamen Verbrechen während der Nazizeit zur Verantwortung gezogen werden. Das Abkommen entsprach nur teilweise dem vom amerikanischen Staatssekretär Henry Morgenthau entwickelten und nach ihm benannten Plan, der eine Rückstufung Deutschlands in ein Agrarland vorsah. Gleichwohl enthielt es politische und wirtschaftliche Forderungen an das zerstörte Deutschland.

Die Ergebnisse der Potsdamer Konferenz ermöglichten eine Festigung der russischen Machtausübung in den von der Roten Armee besetzten Gebieten. Die im **Osten** unter fremder Verwaltung stehenden deutschen Gebiete (24 Prozent des Reichsgebietes von 1937) umfassten 25 Prozent der landwirtschaftlichen Nutzfläche und 24 Prozent der Forstgebiete des Deutschen Reiches. Die Besetzung Oberschlesiens bedeutete einen schwerwiegenden Einschnitt für Deutschlands Bergbau und Schwerindustrie, zumal dorthin ganze Produktionsstätten wegen der andauernden Luftangriffe in Westdeutschland ausgelagert und vor Kriegszerstörungen auch bewahrt geblieben waren.

Der amerikanische Präsident Truman und der britische Premierminister Attlee sagten Stalin in Potsdam zu, bei einer Friedensregelung die sowjetische Forderung auf Abtretung Ostpreussens mit Königsberg an die Sowjetunion und die Anerkennung der Westgrenze Polens an der Oder-Neisse-Linie zu unterstützen, lehnten jedoch eine bindende völkerrechtliche Verpflichtung vor Abschluss eines Friedensvertrages mit Deutschland ab. Die Grenzregelung östlich der Oder-Neisse-Linie blieb einem Friedensvertrag vorbehalten. Das Saarland war zuvor unter französische Schutzherrschaft gestellt worden.

Aus wirtschaftlicher Perspektive bestimmte das Potsdamer Abkommen über das verlorengegangene Agrargebiet hinaus Entschädigungen in Form von Reparationen und Produktionsbeschränkungen. Ferner sah es die Entflechtung der Konzerne als wirksame Garantie gegen künftige Bedrohungen durch Deutschland vor. Die deutsche Industrie sollte nicht mehr in der Lage sein, Kriegsmaterial zu produzieren. Eine Bestimmung des Abkommens forderte strenge Kontrollen und Herstellungsbeschränkungen bei Metallen, Chemikalien, Erzeugnissen des Maschinenbaus und anderer Produkte. Nähere Ausführungsbestimmungen dazu erliess der Kontrollrat erst nach langwierigen Auseinandersetzungen im **Industrieplan** vom **28. März 1946**. Danach war vorgesehen:

a) die Konfiskation des deutschen Auslandsvermögens,
b) die entschädigungslose Übergabe der deutschen Kriegs-, Luft- und Handelsflotte als Kriegsbeute,
c) die Durchführung der Demontage von Industrieanlagen sowie
d) die Entflechtung und Dezentralisierung der deutschen Volkswirtschaft.

Aus Versorgungsgründen kam man in Potsdam überein, ganz Deutschland während der Besatzungszeit als wirtschaftliche Einheit anzusehen und die Bereiche Finanzen, Verkehr, Transportwesen, Aussenhandel und Industrie unter der Aufsicht des Kontrollrates deutschen zentralen Verwaltungsstellen zu übergeben. Dazu kam es durch die sich verschärfenden Ost-West-Kontroversen jedoch nicht. Eine einheitliche Besatzungspolitik blieb aus.

9.1.1.3. Zusammenschluss der Westzonen als Vereinigtes Wirtschaftsgebiet

Auf der Konferenz der alliierten Aussenminister vom 25. April bis 12. Juli 1946, welche die Deutschlandfrage ausklammerte, liessen die Sowjets wissen, dass sie in dieser Frage mit keiner anderen Regelung - ausser unter kommunistischen Vorzeichen - einverstanden waren.

In der öffentlichen Rede des amerikanischen Aussenministers Byrnes am 6. September 1946 in Stuttgart zeigten sich die USA und Grossbritannien einig, ihre Zonen zu einem wirtschaftlichen Ganzen zu verschmelzen, um den kommunistischen Einfluss in Europa einzudämmen und eine Verbesserung der

Versorgung im hungernden Deutschland herbeizuführen. Eine deutsche Souveränität war hier noch nicht vorgesehen. Das Besondere an dieser Rede war, dass damit erstmals von amerikanischer Seite die Deutschen selbst angesprochen waren. Darüber hinaus wurde die Abtretung des Ruhrgebietes und der linksrheinischen Gebiete von Deutschland an Frankreich abgelehnt, der Regelung der Saarfrage aber im französischen Sinne - nämlich das Saarland wirtschaftlich Frankreich einzugliedern - entsprochen.

9.1.2. Die wirtschaftliche Entwicklung vor der Währungsreform

9.1.2.1. Zurückgestaute Inflation

Die Inflationen der frühen 20-er Jahre und die nach dem Zweiten Weltkrieg unterscheiden sich vor allem dadurch, dass die erstere eine sogenannte offene und die letztere eine sogenannte verdeckte Inflation war. Von offener Inflation spricht man, wenn die Verschlechterung des Geldwertes ganz offensichtlich ist, und zwar in Form fortschreitender Preis- und Lohnsteigerungen. Man hat sich ja angewöhnt, nach der Geschwindigkeit dieses Prozesses Begriffe aus dem Pferdesport zu verwenden und spricht von schleichender, trabender und galoppierender Inflation. Der offenen steht die verdeckte bzw. oft auch zurückgestaut genannte Inflation gegenüber. Die Entwicklung der Geldwertverschlechterung ist hierbei nicht offen erkenntlich, da staatliche Eingriffe (Lohnstopp, Preisstopp) das Lohn- und Preisniveau festschreiben und die reale Entwicklung unklar bleibt. Natürlich hängen mit solcherlei Massnahmen, die nicht marktkonform sind, vielerlei staatliche Lenkungsanstrengungen zusammen, beispielsweise die Rationierung, Produktionsregulierung, Devisenbewirtschaftung, Bezugsscheinsysteme, Festschreibung von Lieferverpflichtungen usw. Regelmässig hat man es in diesem Zusammenhang dann mit der Herausbildung sogenannter grauer oder schwarzer Märkte zu tun, die sich dem Zugriff der Planungs- und Überwachungsorgane entziehen.

Kurze Retrospektive

Die wirtschaftliche Entwicklung in Deutschland nach 1945 wird nur verständlich, wenn man sich die zurückgestaute Geldentwertung in den Jahren der nationalsozialistischen Herrschaft zwischen 1933 und 1945 vor Augen hält. Auf die Hyperinflation der 20-er Jahre, also die offene Inflation, wurde bereits eingegangen. Jedoch scheint es angebracht, auf die zurückgestaute Inflation zum besseren Verständnis nochmals kurz einen kritischen Blick zu werfen.

Darstellung 74: Die „zurückgestaute“ Inflation

- Instrumentalisierung der Reichsbank 1933 ff.
- Aufweichung der Deckungsvorschriften im Reichsbankgesetz
- Geldwert staatlicher Willkür ausgesetzt
- „geräuschlose“ Kriegsfinanzierung
  (Hitler: „keine finanzielle Volksabstimmung“)
- Geldabschöpfung direkt bei den Kreditinstituten
- Hohe Liquidität und wenig Güterangebot
- Formell kurzfristige Verschuldung war tatsächlich langfristig
  (Problem der Fristenkongruenz)
- Dazu noch: Zufluss des Besatzungsgeldes
- Extremes Missverhältnis zwischen Güter- und Geldversorgung
- Schwarzmarktproblematik
- Zigarettenwährung

Die Entwicklung begann mit der Zug um Zug erfolgten **Instrumentalisierung der Reichsbank**, die in der Weimarer Zeit dem politischen Einfluss weitgehend entzogen war, in der Hitler-Zeit jedoch zunehmend wieder, unter Verlust ihrer Unabhängigkeit, unter den Einfluss der Politik geriet. Etappen dieser Entwicklung waren die Bankgesetznovelle vom 27. Oktober 1933, die mit dem Generalrat eines von drei Reichsbankorganen beseitigte und sich damit von ausländischem Einfluss freimachte. Aufgrund dieser Novelle wurden die Mitglieder des Reichsbankdirektoriums nur mehr durch den „Führer“ ernannt und abberufen. Ein weiterer wesentlicher Schnitt erfolgte dann am 20. Januar 1939, als die Reichsbank durch eine Verordnung Hitlers angewiesen wurde, der Regierung jeden von ihr verlangten Kredit zu geben. Das war gleichbedeutend mit der völligen Entmachtung der Reichsbank (und ihrer Aufgabe als Hüterin der Währung).

Durch das Gesetz über die Deutsche Reichsbank vom 16. Juni 1939 wurde dann die deutsche Notenbank der uneingeschränkten Hoheit des Reiches unterstellt. Sie war als juristische Person des öffentlichen Rechts von diesem Zeitpunkt an dem „Führer und Reichskanzler“ unmittelbar verantwortlich. In ihrer Organisation etablierte man das sogenannte „Führerprinzip“, d.h. der Präsident der Deutschen Reichsbank, der dem Regime untergeordnet und ihm gegenüber völlig weisungsgebunden war, hatte die alleinige Entscheidungsbefugnis über anstehende Entscheidungen, wobei er pro forma jedoch die übrigen Direktoriumsmitglieder anzuhören hatte, die ebenfalls politisch indoktriniert waren. Finanztechnisch von ziemlicher Relevanz war die Neuregelung der sogenannten Deckungsvorschriften im Reichsbankgesetz, das nunmehr keinerlei Bestimmungen über die Noteneinlösung mehr enthielt, dafür aber als Notendeckung allgemeine Wechsel, Schecks, Reichsschatzwechsel (also Anweisungen auf den Staatsschatz), innerhalb eines Jahres fällige Reichsschatzanweisungen, amtlich notierte festverzinsliche Wertpapiere, Lombarddarlehen sowie Gold- und Devisenbestände zuliess. Unter den Wechseln waren solche minderer Güte und mit schwachen Akzepten. Jedenfalls wurde aus der Reichsmark eine reine Papierwährung und der Geldwert war von diesem Zeitpunkt an völlig der staatlichen Willkür ausgesetzt.

Darstellung 75: Die geräuschlose Kriegsfinanzierung

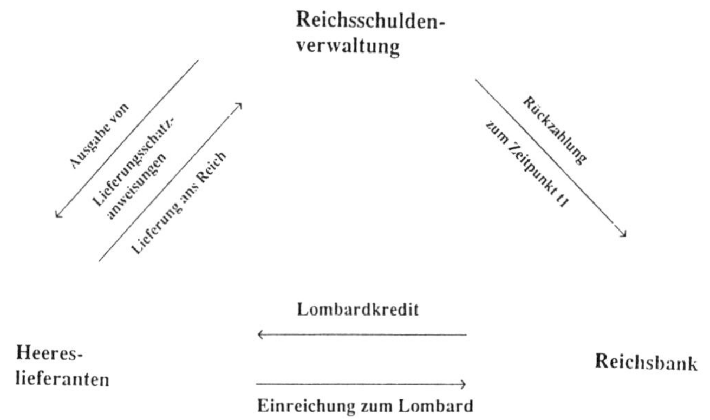

In diesen Zusammenhang gehört auch die sogenannte **„geräuschlose Kriegsfinanzierung“**, mit Hilfe derer die NS-Führung den offenen Markt umging. Dies war auch die einzige Möglichkeit, wenn man bedenkt, dass das sparende Publikum in hohem Masse durch die 1923-er Inflation sensibilisiert war und eine offene Inflation in jedem Fall das Vertrauen in die Staatsführung erheblich erschüttert hätte. Es ging also darum, öffentliche Mittel in beträchtlichem Umfang durch ein lautloses, sogenanntes rollendes Verfahren, zu beschaffen, keineswegs eine nur für den Nationalsozialismus typische Erscheinung. Lutz Graf Schwerin von Krosigk wies vielfach darauf hin, dass Hitler eine „finanzielle Volksabstimmung“, d.h. die Begebung öffentlicher Anleihen strikt vermeiden wollte und schildert die tatsächlichen Vorgänge: *„Der Sparer wurde unmittelbar, ohne es zu merken, Gläubiger des Reiches. Charakteristisch war weiter die zunehmende Entmaterialisierung. Die Reichsschuldverschreibungen wurden in Reichsschuldbuchforderungen umgewandelt. Deutschland hat durch die Sammelverwaltung als einziges Land in seinem Schuldenwesen das Wertpapier als gegenständliche Urkunde fast vollständig beseitigt. Auch diese Änderung wurde kaum bemerkt, da der Eigentümer der Sammelanteile durch börsenmäßigen Verkauf über sie verfügen konnte“*[89].

Die Reichsregierung schöpfte also die Einkommen der Bevölkerung nicht direkt ab. Man holte sich das Geld also nicht unmittelbar über die Begebung von Reichspapieren, sondern direkt bei den Kreditinstituten, die ohnehin auf einer beträchtlichen Geldmenge sassen, da etwa Konsumkredite aufgrund der Rationierung aller Güter kaum nachgefragt wurden, Geld also gehortet wurde, wobei gleichzeitig das Horten von Geld für Nichtbanken unter Strafandrohung verboten war.

Die genannten Massnahmen waren allesamt geeignet, Preisauftriebsprozesse, d.h. Inflationen langsam zurückzustauen. Neben diesen direkten Kreditaufnahmen bei den Banken, überwiegend in festverzinslichen Schatzanweisungen und Reichswechseln, existierte eine breite Palette von Finanzierungsinstrumenten. Sie reichte von sogenannten Arbeitsbeschaffungswechseln und Sonderwechseln (ÖFFA und MEFO) bis hin zu sogenannten Liquiditätsanleihen bei Sparkassen und Versicherungen. Steuergutscheine, Lieferschatzanweisungen sowie Solawechsel der Golddiskontbank gehören in diesen Zusammenhang nationalsozialistischer Finanzinnovationen, die alle dasselbe Ziel hatten. Die formell kurzfristige Verschuldung war jedoch tatsächlich und unter Verletzung grundsätzlicher Bankregeln eine recht langfristige. Aus dem Bankbereich kennt man das Problem unter der Bezeichnung *Fristenkongruenz*. Man kann sagen, dass der Geldumlauf durch diese Kreditinjektionen der Zunahme der Wirtschaftstätigkeit vorauseilte, und dass sich die Wirtschaft seit 1933 trotz wachsender Beschäftigung monetär immer mehr verflüssigte.

[89] Schwerin v. Krosigk, Lutz Graf von: Staatsbankrott. Die Finanzpolitik des Deutschen Reiches 1920-1945, Frankfurt am Main et al. 1974, S. 297.

Die „Stunde Null"

Dies sollte man wissen, wenn man die Situation begreifen will, wie sie am **8. Mai 1945** in Deutschland vorherrschte, in der sogenannten **„Stunde Null"**, in der in den westlichen Zonen die USA auf den Plan traten, die zunächst die Wirtschafts- und Gesellschaftspolitik stark bestimmen sollten. Die politischen und ökonomischen Strategien der Alliierten fanden in Hunderten von Plänen ihren Niederschlag, die in unterschiedlicher Weise die politische und ökonomische Zukunft Deutschlands gestalten sollten. Der Bogen spannt sich hier vom sogenannten **Morgenthau-Plan** bis zum **Marshall-Plan**. Es ist keine Frage, dass die USA ihre Vorstellungen auch gegenüber den anderen Westalliierten durchzusetzen verstanden. Es galt vor allem, und dies wurde insbesondere seit Beginn des Jahres 1946 deutlich, für den Bereich der Währungssanierung.

Das **strategische Ziel**, insbesondere der Amerikaner, wurde spätestens im Sommer 1947 klar: die Rekonstruktion Deutschlands und Europas im Sinne der **Marktwirtschaft** und der **Westintegration**. Konkret zur Währung existierten jedoch zunächst keine genauen Pläne bzw. sie wurden nicht beachtet, wie etwa die Vorschläge der amerikanischen Nationalökonomen Howard Ellis und Gottfried Haberler, die unter dem Titel „Recommended policies for the Allied Military Government in Germany" aus den Jahren 1943/44 vorlagen. Aufgrund jüngerer wirtschaftshistorischer Untersuchungen ist davon auszugehen, dass die Rolle des Assistenten des Finanzberaters im Stab von General Clay, Edward **Tenenbaum** bisher etwas unterschätzt wurde. Tenenbaum war massgeblich mit der Planung und Durchführung der deutschen Währungsreform betraut und hatte sich gegen erhebliche Widerstände auf deutscher und alliierter Seite, ja selbst manchmal gegen den Willen Washingtons, durchzusetzen. Er war einer derjenigen, die sich vor und mit Ludwig Erhard für einen scharfen Währungsschnitt und die Schaffung der D-Mark einsetzten. Seinen Namen sucht man leider in Geschichtsbüchern bis heute vergeblich.

Eckhard Wandel schreibt über diese Anlaufphase nach der „Stunde Null": *„Ganz allgemein erwarteten die Alliierten einen schnellen Verfall der Reichsmark und eine unkontrollierbare Inflation. Mit der Direktive JCS 1067 vom April 1945 hatte die amerikanische Militärregierung sogar noch ausdrücklich Weisung erhalten, sich nicht in die deutschen Währungsfragen einzumischen. Die Reichsmark wurde als 'Hitler money' abqualifiziert. Dennoch wollten selbst die strengsten Anhänger des Morgenthau-Planes* *einen finanziellen Zusammenbruch Deutschlands verhindern, denn damit wären die Besatzungskosten in die Höhe geschnellt. Im Potsdamer Abkommen war dann zwar eine gemeinsame Politik der Alliierten hinsichtlich Währung, Banken und Besteuerung festgeschrieben worden, woraus folgte, daß die Währungsreform zu den Aufgaben des Alliierten-Kontrollrats gehörte, doch zunächst einigten sich die vier Siegermächte lediglich auf die Verwendung eines einheitlichen Besatzungsgeldes, das nach amerikanischen Vorlagen gedruckt wurde"*[90].

Der ohnehin hohe Bargeldumlauf in Deutschland bis Anfang 1946 bekam noch zusätzlich durch den Zufluss des Besatzungsgeldes ein erhebliches inflatorisches Element, so dass es zunächst darum ging, die ungezügelte Erweiterung des Geldvolumens zu bekämpfen. In diesen Zusammenhang gehört die Massnahme, dass die Besoldung der Besatzungstruppen von Reichsmark auf die jeweilige heimische Währung, d.h. also Dollar, Franc und Pfund umgestellt wurde. Durch die Abtrennung verschiedener Teile vom Reichsgebiet sowie durch Guthabenblockierungen gelang es, den gewaltigen **Geldüberhang** von über 300 Milliarden Reichsmark um etwa 138 Milliarden Reichsmark zu reduzieren. Im Frühjahr 1947 betrug das Geldvolumen dann „nur" noch 173 Milliarden Reichsmark. Selbst dieser verminderte Bestand an Liquidität stellte immer noch das 3½ fache des Volkseinkommens vom Herbst 1946 dar, was etwa der Hälfte des Volkseinkommens von 1936 entsprach. Wir haben es also in typischer Weise mit einem extremen Missverhältnis zwischen Güter- und Geldversorgung zu tun. Oder anders ausgedrückt: der Geldüberhang war zwar kleiner geworden, aber die Überschuldung des Staates war ebenso extrem wie die Überliquidität des privaten Sektors, d.h. die Währung war einem zunehmenden Vertrauensverlust durch die zurückgestaute Inflation ausgesetzt und erforderte zügiges Handeln.

Die Bedarfsdeckung erfolgte weitgehend ausserhalb der Bewirtschaftung und des offiziellen Handels, d.h. die grauen und schwarzen Märkte blühten. Es gibt Schätzungen, wonach der Umfang des Schwarzmarktes, der über Reichsmark als Zahlungsmittel abgewickelt wurde, mengenmässig, also in Gütertransaktionen gemessen, 10 Prozent betrug, andererseits jedoch 80 Prozent des umlaufenden Geldes auf diesen Schwarzmarkt strömten, so dass die Preise völlig aus den Fugen gerieten. So ist zu erklären, dass beispielsweise Grund-

[90] Wandel, Eckhard: Die Entstehung der Bank deutscher Länder und die deutsche Währungsreform. Die Rekonstruktion des westdeutschen Geld- und Währungssystems 1945-1949 unter Berücksichtigung der amerikanischen Besatzungspolitik, Frankfurt am Main 1980, S. 96.

güter wie Nahrungsmittel und Fette bis zum hundertfachen über dem offiziellen Stopppreis gehandelt wurden. Die unten angeführten Beispiele verdeutlichen die hohen Differenzen zwischen dem letzteren und dem Schwarzmarktpreis Anfang 1947. Auf dem **„grauen“ Markt** erfolgten Kompensationsgeschäfte, d.h. der direkte Tausch von Waren unter Verzicht auf das Geld als Medium.

Darstellung 76: Offizielle Preise und Schwarzmarktpreise 1946/1947

	Offizieller Preis 1947 jeweils in RM	Schwarzmarkt-Preise 1946/47	
1 kg Fleisch	2,20	60-80	
1 kg Brot	0,37	20-30	
1 kg Kartoffeln	0,12	4	
1 kg Zucker	1,07	120-180	
20 Zigaretten	2,80	70-100	(US-Zigar.)
		50	(Franz. Zigar.)
1 l Speiseöl	2,50	150-180 (1946)	
1 kg Butter	4,00	350-550	
1 Flasche Wein	2,00	30-40	
1 Stück T-Seife	0,35	30-50	

Quelle: Rothenburger, Karl-Heinz: Die Hungerjahre nach dem Zweiten Weltkrieg, Boppard 1980, S. 131.

Überhaupt haben wir es 1946 mit merkwürdigen Erscheinungen zu tun. Die Industriekapazität war auf 20 Prozent gesunken und trotz gleichzeitiger Beschäftigungsquote von offiziell 90 Prozent betrugen die Arbeitsleistungen nur die Hälfte des Vorkriegsjahres 1938. Es gab kaum Arbeitslose, da es wegen des fehlenden Angebots (zu offiziellen Preisen wenigstens) kaum möglich war, mit dem Arbeitslohn den Lebensunterhalt der Familie zu bestreiten, so dass die westdeutsche Bevölkerung dauernd umhersuchte. Der Wirtschaftspublizist Volkmar **Muthesius** schreibt in seinen Erinnerungen 1973 dazu folgendes: *„Noch heute ... empfinden meine Frau und ich als das bedrückendste Faktum jener Zeit den Zwang, sich ununterbrochen mit der Frage beschäftigen zu müssen, woher und auf welche Weise man sich etwas zu essen beschaffen könne. Dieser Zustand hat etwas Erniedrigendes an sich, etwas Entwürdigendes: die Konzentration der Gedanken auf die Deckung elementarsten Lebensbedarfs setzte den geistig gesunden Menschen gewisser-*

maßen in der eigenen Achtung herab - auch ein Symptom der psychischen, man könnte sogar sagen der moralischen Schäden, welche die Inflation anrichtet. Wer dies nicht selbst erlebt hat, vermag wohl kaum zu verstehen, daß solche Erinnerungen noch nach Jahrzehnten bedrückend sind“[91].

Darstellung 77: Vergleich ausgewählter Grössen 1936-1946

	1936	1939	1946
Bevölkerung	58	60	66
Volkseinkommen (Mrd. RM in Preisen von 1936)	58,7	76	32
Produktionsindex der Industrie (1936 = 100)	100	116	27
Kartoffelernte (Mio. t)	36	40	22
Brotgetreide (Mio. t)	9,2	10,3	5,5
Schweinebestand (Mio. Stück)	18,3	19,4	7,5
Beförderte Güter (Mio. t, nur Reichsbahn)	439	547	180

Quelle: Stolper, Gustav/Häuser, Karl/Borchardt, Knut: Deutsche Wirtschaft seit 1870, 2. Auflage, Tübingen 1966, S. 236; Winkel, Harald: Die Wirtschaft im geteilten Deutschland 1945-1970, Wiesbaden 1976, S. 20.

Statistisch gesehen stellte sich die Situation so dar: die Bevölkerung stieg von 1939 bis 1946 von 60 auf 66 Millionen, das Volkseinkommen hatte sich jedoch im selben Zeitraum von 76 auf 32 Milliarden Reichsmark (gemessen in Preisen von 1936) verringert. Rückgängig war auch der Produktionsindex der Industrie sowie - wie erwähnt - die Versorgung mit Gütern des täglichen Bedarfs, etwa Kartoffeln, Brot, Schweinefleisch usw. Es verwundert nicht, dass in dieser schweren Zeit sich merkwürdige Währungen, wie z.B. die **Zigarettenwährung** als zwar unerlaubter, aber realistischer Wertmassstab durchsetzten (1 Camel = 1 Reichsmark). Sie war nicht nur ein universelles, billiges und einheitliches Tauschmittel unter den Besatzungstrppen, sondern wurde auch unter der Bevölkerung allgemein als Währung, also als Medium zur Transaktion verwendet. *„Sie war in der Lage, alle Geldfunktionen zu erfüllen und eroberte sich ihren Platz überall neben den bestehend gebliebe-*

---

91 Muthesius, Volkmar: Augenzeuge von drei Inflationen. Erinnerungen und Gedanken eines Wirtschaftspublizisten, Frankfurt am Main 1973, S. 102f.

nen Währungssystemen und Geldformen.“ Der Wirtschaftswissenschaftler Günter **Schmölders** sagte einmal sehr richtig, es sei der Vorzug der Zigarettenwährung gewesen, dass die Geldeinheit automatisch aus dem Verkehr verschwand, nachdem sie ihren Dienst als Tauschmittel getan hatte und ihrer eigentlichen Bestimmung, d.h. also dem Konsum, zugeführt worden war. Sie sei zwar als Währung sehr kostspielig, aber inflationsfest und erstaunlich kursstabil gewesen. Keine Währung der Welt habe eine derart wirksame unerbittliche und zuverlässige Geldmengenregulierung aufzuweisen gehabt.

9.1.2.2. Währungsreformgespräche

Eine erste Runde von Währungsreformgesprächen wurde gegen Ende des Jahres 1945 im Alliierten Kontrollrat eingeleitet. Der Erfolg war gering, da die vier Besatzungsmächte wenig Interesse daran zeigten, das deutsche Geldwesen zu sanieren. Immerhin entschieden sich die Amerikaner jedoch, eine umfassende Bestandsaufnahme der Währungssituation in Deutschland zu veranlassen, die später dann in dem sogenannten Colm-Dodge-Goldsmith-Plan (CDG-Plan) ihren Niederschlag fand. Der Originaltitel lautete: „*A Plan for the Liquidation of War Finance and the Financial Rehabilitation of Germany.*“ Seine Verfasser, Gerhard Colm, Josef Dodge und Ray Goldsmith, waren drei amerikanische Wirtschaftswissenschaftler. Der wichtigste unter ihnen war wohl Josef **Dodge**, seit Anfang 1946 Finanzberater von General Lucius D. **Clay**. Dodge war es auch, der im November 1945 in Heidelberg mit Alfred Weber zusammentraf, der ihm den Rat gab, 95 Prozent der bestehenden Reichsschuld abzuschreiben und der ihn ermutigte, Alfred Manes Buch über „*Staatsbankrotte, wirtschaftliche und rechtliche Betrachtungen*“ zu lesen. In diesem Buch war auch die Rede von der Annullierung der russischen Staatsanleihen Anfang Februar 1918, so dass man sich hier auf sowjetische Erfahrungen bzw. die vergleichbaren Vorgänge dort stützen konnte. Mitte Dezember 1945 fand in Frankfurt am Main auf Einladung von Dodge eine Konferenz mit deutschen Finanzwissenschaftlern statt: Zu diesen gehörten beispielsweise Wilhelm Matthes, Heinrich Hartlieb, Rudolf Müller, Otto Veith, Hans Gerloff, Hans Möller, Paul Binder, Otto Pfleiderer, Robert Noell von der Nahmer, Fritz Terhalle und Heinz Sauermann.

Darstellung 78: Die wichtigsten Komponenten des Colm-Dodge-Goldsmith-Plans

1. Offenlegung der monetären Folgen von Krieg und Zusammenbruch, die durch den aufgeblähten Geldüberbau verborgen sind;
2. Erhöhung des Arbeitsangebots und Unterstützung in der Wiederherstellung der Arbeitsdisziplin, da die Zahl derjenigen, die durch Verwendung ihrer angehäuften Mittel in teilweiser oder vollständiger Untätigkeit leben können, erheblich reduziert wird;
3. Wiederherstellung der Sparwilligkeit; Geld soll wieder ein Wertaufbewahrungsmittel werden;
4. Steigerung der Bereitwilligkeit und Notwendigkeit auf seiten der Bauern und anderer Produzenten, gegen Bargeld zu verkaufen;
5. Verminderung des Schwarzmarkthandels sowie der Schwarzmarktpreise und - gewinne sowie ihrer demoralisierenden und politisch gefährlichen Wirkungen;
6. Umkehrung der tendenziellen Auflösung Deutschlands in ein System örtlich beschränkter Tauschwirtschaften und Wiederherstellung der Grundlage für eine funktionierende Geldwirtschaft;
7. Schaffung der Grundlage für eine kontrollierte Wiederausweitung des Geld- und Kreditvolumens und dadurch eines Beitrags zur Erhöhung der Produktion;
8. Liquidation der finanziellen Hinterlassenschaft von Krieg und Zusammenbruch und Förderung der Entwicklung einer friedlichen demokratischen deutschen Wirtschaft und Gesellschaft.

Im Januar 1946 folgte eine Beratung des amerikanischen Expertenteams mit deutschen Bankiers zu Währungsfragen. In diesem Zusammenhang wurde der frühere Reichsbankpräsident Hjalmar Schacht, der zwar als ausgewiesener Finanz- und Währungsexperte galt, jedoch aus politischen Gründen und auch weil er zu dieser Zeit in Nürnberg vor Gericht stand, nicht konsultiert.

Die Planung der Währungsreform war ausserordentlich schwierig. Zuverlässiges statistisches Zahlenmaterial war entweder lückenhaft oder kaum auffindbar. Insgesamt waren es nicht weniger als 218 Reformvorschläge, die im Laufe der Zeit erarbeitet wurden, von denen etwa 30 von Colm, Goldsmith und Dodge in die engere Wahl gezogen wurden. Die drei Amerikaner berieten 10 Wochen lang nicht nur mit deutschen Währungsfachleuten, sondern konsultierten auch britische, französische, russische, österreichische und tschechoslowakische Sachverständige. Immerhin gelang es den Experten, bereits Anfang April 1946 eine erste Fassung des Entwurfs vorzulegen. Eine zweite Fassung folgte am 14. Mai, und schliesslich präsentierte Clay am 20. Mai 1946 die letzte Ausformulierung. Der Plan galt für ganz Deutschland und enthielt wesentliche Bestandteile dessen, was später im Rahmen der Währungsreform wirklich durchgeführt wurde. Der Plan umfasste über 200 Seiten und enthielt eine komplette Bestandsaufnahme der finanziellen Struktur im Nachkriegsdeutschland. Der Plan, der am 26. Juni 1946 vom State Department gebilligt wurde, bildete die Gesprächsgrundlage für die zweite Gesprächsrunde zur Währungsreform im Alliierten Kontrollrat, die im September 1946 begann. Grundsätzliches Einverständnis mit dem CDG-Plan kam nicht nur aus Paris und London, sondern auch aus Moskau. Elementare Meinungsunterschiede gab es hinsichtlich der Frage, wie scharf der beabsichtigte Währungsschnitt erfolgen sollte. Dieselbe Problematik kennen wir ja aus dem Jahre 1989/90.

9.1.2.3. Die Interessenlage der Alliierten

Die Interessenlage der Alliierten war höchst unterschiedlich. Die **französische Militärregierung** stellte sich zunächst einer radikalen Währungsreform entgegen. In Paris war man der Auffassung, dass Deutschland mindestens ebenso stark unter der Inflation leiden sollte wie Frankreich. Ausserdem konnte man sich in französischen Regierungskreisen **nicht** mit dem Gedanken anfreunden, Deutschland gemäss dem CDG-Plan vollständig **von der Staatsverschuldung** zu **befreien**.

Auch die **Briten** wandten sich gegen eine allzu radikale Form, da bei ihnen die Befürchtung vorherrschte, die geforderte oder erwünschte Kontrolle der deutschen Wirtschaft sei damit nicht mehr möglich. Auch wurde von seiten Grossbritanniens daran gedacht, dass eine scharfe Währungsreform einen zu starken Eingriff in das Privateigentum bedeutet hätte, was mit den konservativen Vorstellungen der britischen Militärregierung völlig unvereinbar war. Und schliesslich ist festzuhalten, dass Grossbritannien eine überhöhte Geldumlaufmenge in Deutschland nicht einmal unrecht sein konnte, denn die damit steigenden Preise bedeuteten einen relativen Wettbewerbsvorteil der britischen Anbieter auf dem deutschen Markt und die Bekämpfung eines unangenehmen Mitwettbewerbers.

Die **Sowjetunion** war dem amerikanischen Plan sehr gewogen und orientierte sich später an ihm im Rahmen ihrer eigenen Währungsreform. Nach Ansicht von Tenenbaum stammten eine Reihe konstruktiver Vorschläge von den Sowjets auch wenn die Viermächte-Währungsverhandlungen dann an ihrem Widerstand scheiterten, und zwar wegen eines relativ nebensächlichen Problems, nämlich dem Notendruck. Die Sowjets bestanden auf den Druck der neuen Zahlungsmittel in Leipzig und Berlin, wobei die Amerikaner befürchteten, die Russen könnten die Notenpresse unkontrolliert oder womöglich zu ihrem eigenen Vorteil bedienen und bestanden auf einen einzigen Druckort, nämlich Berlin. Mit Beginn des Jahres 1947 wurde eine gewisse Verzögerungstaktik der Sowjets auffällig; möglicherweise war man in Moskau der Auffassung, ohne eine Währungsreform würde die Zeit für die Sowjets arbeiten. Die sowjetische Militärregierung ging nun stärker daran, scharfe Preiskontrollen einzuführen und das sozialistische System anstelle der Privatwirtschaft zu setzen. In diesen Kontext gehört auch die Auflösung verschiedener Finanzinstitute und die Verstaatlichung der Kreditwirtschaft, der Ersatz des Privatbankprinzips durch das Staatsbankprinzip und die Preisfunktion durch Kontrollen und Rationierung. Vor diesem Hintergrund erschien natürlich eine Währungsreform wenig dringlich, um nicht zu sagen, unnötig. Dadurch wäre aus sowjetischer Sicht nur die Aufbringung der deutschen Reparationen und die Finanzierung der Besatzungskosten zusätzlich erschwert worden. Schliesslich wäre natürlich auch an die 12 Milliarden RM Kassenreserven zu denken, die im Besitz der Sowjets waren und die mit der Währungsreform **wertlos** geworden wären.

Die Aussenministerkonferenz in Moskau im Frühjahr 1947 stand schon ganz unter dem Eindruck währungspolitischer Diskrepanzen zwischen den beiden Lagern, wobei nunmehr die Frage in den Vordergrund drängte, wie sich die drei Westzonen auf das Währungsvorhaben einstellen sollten. Es wurde immer klarer, dass die sowjetische Zone bald Ausland sein würde, wobei mit dem Verlust der Reichsmark das letzte wirkliche Bindeglied zwischen den vier Zonen verschwand. Man kann jedoch nicht sagen, dass diese Trennung etwa leichtfertig herbeigeführt worden wäre, denn gerade Tenenbaum hat in seinen Niederschriften deutlich gemacht, wie gross der Wunsch war, die Sowjetunion in die Vereinbarungen einzubinden. Eine endgültige Entscheidung fiel im September 1947 in Washington. Vor dem Hintergrund der Tatsache, dass zur Herstellung und zum Transport der neuen Banknoten etwa neun Monate eingeplant werden mussten, wird möglicherweise auch die sowjetische Verzögerungstaktik verständlich. Und als dann im Herbst 1947 Gerüchte in Umlauf kamen, wonach die Sowjets bereits begonnen hätten, in Leipzig Noten drucken zu lassen, sahen sich die Amerikaner gezwungen, das Währungsreformvorhaben voranzutreiben, so dass ein regelrechter Wettlauf um die Währungsreform begann. Im Übrigen unterstrichen Äusserungen von Marschall Sokolowski im Alliierten Kontrollrat, dass die Sowjets sehr wohl über die Reformvorhaben in den westlichen Zonen Bescheid wussten. Die Währungsverhandlungen waren damit festgefahren und scheiterten endgültig mit dem Auszug der Sowjets aus dem Alliierten Kontrollrat am 20. März 1948.

Dies war den anderen Alliierten zu diesem Zeitpunkt gewiss nicht mehr unerwünscht, so dass in Washington die **Operation „Bird Dog"** anlaufen konnte. Währungsfragen waren schliesslich auch Gegenstand des **Konklave von Rothwesten**, das am **5. April 1948** stattfand und das auf Veranlassung des Wirtschaftsausschusses der Bizone zustande gekommen war. Bei der **Bizone** handelte es sich um die Zusammenlegung und wirtschaftliche Integration der amerikanischen und der britischen Besatzungszone. Sie war am 1. Januar 1947 nach Unterzeichnung des Doppelzonenabkommens (Ende 1946 durch die britischen und amerikanischen Militärgouverneure) entstanden. In dieser Bizone entstanden deutsche Zweizonenverwaltungen für Wirtschaft, Ernährung, Landwirtschaft, Finanzen, Arbeit, Verkehr und Post. Am 29. Mai 1947 erhielt die Bizone eine parlamentarische Basis in Form eines Wirtschaftsrates in Frankfurt am Main, der durch Delegierte der Länderparlamente gebildet wurde. Durch den Anschluss Frankreichs im Jahre **1948** wurde aus der Bizone dann die **Trizone**.

9.1.2.4. Die Währungsreform

Mit den unüberbrückbar gewordenen Meinungsverschiedenheiten zwischen den Ost- und Westalliierten, dem Ende der sowjetischen Mitarbeit im Kontrollrat und der wirtschaftlich unhaltbaren Situation in Deutschland beschlossen die drei Westalliierten die Reform der Währung per **20. Juni 1948**.

Der Währungsreform ging der Aufbau der Landeszentralbanken nach amerikanischem Vorbild voran. In Frankfurt a.M. nahm am **1. März 1948** die **Bank deutscher Länder** als Bank der Banken, d.h. als Spitzeninstitut der Landeszentralbanken ihre Tätigkeit auf. Die Beschlüsse zu Fragen der Währungspolitik wurden im Zentralbankrat, in dem die Präsidenten der elf Landeszentralbanken vertreten waren, gefasst. Mit der Schaffung des neuen Zentralbanksystems wurde die Umstellung der Währung auf ein neues Zahlungsmittel, die Deutsche Mark, ermöglicht. Die wesentlichen Komponenten der von den Militärregierungen der USA, Grossbritanniens und Frankreichs gemeinsam verkündeten Währungsreform werden in der Übersicht benannt (Darstellung 79).

Darstellung 79: Massnahmen und Folgen der Währungsreform 1948

1. Streichung der Verbindlichkeiten des Deutschen Reiches
2 .Erlöschen der Nostro-Guthaben der Geldinstitute
3. Abwertung der Forderungen und Verbindlichkeiten im Verhältnisvon 10 : 1 (bzw. 10 : 0,65) für Einlagen
4. Einbussen durch Wertminderung von Hypotheken auf zerstörten oder beschädigten Grundstücken
5. Verlust der Verfügungsmöglichkeit über Aktiva ausserhalb des Währungsgebietes, insbesondere der sowjetischen Besatzungszone und der verlorenen Ostgebiete
6. Starke Reduzierung des Debitorenbestands der Geldinstitute, da die Schuldner die Zeit des flüssigen Geldes vor der Währungsreform zur Rückführung ihrer Reichsmarkkredite nutzten
7. Entstehung neuer Verbindlichkeiten der Notenbanken und der Landeszentralbanken dadurch, dass Bevölkerung, Wirtschaft und öffentliche Hand mit neuem Geld ausgestattet und entsprechende Guthaben in Deutsche Mark eingeräumt werden mussten.

Durch das Umtauschverhältnis von 10 : 1 und nur teilweiser Freigabe der gutgeschriebenen neuen Währung wurden schliesslich aus 100 RM nur 6,50 DM. Komplizierter verlief die Umstellung für Banken und Versicherungen. Als Ausgleich für die Forderungen gegenüber dem Staat wurden den öffentlichen Institutionen neue Schuldtitel als Ausgleichsforderungen gegenüber den Ländern zugestanden. Darauf wird gleich nochmals zurückzukommen sein.

Mit der Währungsreform in den Westzonen und der kurz darauf folgenden in der russisch besetzten Zone kam auch die Teilung Deutschlands offen zum Ausdruck. Das Bestehen zweier verschiedener Währungen, zweier gegensätzlicher Wirtschaftsordnungen sowie die politische Grenzziehung zwischen den östlichen und westlichen Sektoren Berlins Ende 1948 machten auch dem Aussenstehenden eine frühzeitige Entwicklung von zwei deutschen Staaten deutlich. Die Währungsreform lieferte Stalin den Vorwand, alle Versorgungswege mit Ausnahme der Luftwege von und nach Westberlin vom 23. Juni 1948 bis 11. Mai 1949 illegal zu blockieren. Damit wurde die westliche Solidarität sowie die Standhaftigkeit der Westberliner auf eine schwere Probe gestellt.

Darstellung 80: Die vier Gesetze der Währungsumstellung

1. Währungsgesetz vom 20. Juni 1948:
   Umtausch von 60 RM im Verhältnis 1:1; Übergangshilfen
2. Emissionsgesetz vom 20. Juni 1948:
   Ausschliessliches Recht der Notenausgabe für die Bank deutscher Länder; Begrenzung des Umlaufs an Noten und Münzen auf 10 Mrd. DM
3. Umstellungsgesetz vom 27. Juni 1948:
   Regelung der Altguthaben und -forderungen;
   Umtausch im Verhältnis 10:1, davon 50 Prozent freigegeben, der Rest vorläufig auf Festkonten eingefroren;
   zur Finanzierung der freigegebenen Mittel erhalten die Geschäftsbanken Gutschriften in Höhe von 15 DM pro 100 DM Sichteinlagen und 7,50 DM pro 100 DM Termin- und Spareinlagen; bezüglich des Restes: Ausgleichsforderungen
4. Festkontengesetz vom 4. Oktober 1948:
   Ersatzlose Streichung von 70 Prozent der laut Umstellungsgesetz gebundenen DM-Guthaben, 20 Prozent fortan frei verfügbar, 10 Prozent zur Anlage in Wertpapieren verwendbar

9.1.2.5. Die Ausgleichsforderungen

Es ist nun die Frage, welcher Instrumente sich der Wirtschaftsrat zur Sanierung der westdeutschen Finanzwirtschaft bediente. Hierzu gehören in erster Linie die sogenannten Ausgleichsforderungen. Die Ausgleichsforderungen waren Schuldtitel der öffentlichen Hand und stellten ein finanztechnisches Hilfsmittel zur Reform der Währung 1948 dar.

Zunächst zu Begriff und Wesen dieser Ausgleichsforderungen. Es wurde bereits erwähnt, dass die gewaltige Verschuldung des nationalsozialistischen Regimes („geräuschlose Kriegsfinanzierung") vor allem über Geldinstitute erfolgte, so dass sich in den Bilanzen der kreditierenden Unternehmen - wozu Geschäftsbanken und die Deutsche Reichsbank ebenso gehörten wie Versicherungsunternehmen und Bausparkassen - erhebliche Posten an verbrieften und unverbrieften Forderungen gegen das Deutsche Reich niederschlugen. Diese Forderungen betrugen im Durchschnitt etwa 60 Prozent des Vermögens dieser Unternehmen. Etwa 75 Prozent der Gesamtverschuldung des Deutschen Reiches entfielen auf derartige Verbindlichkeiten.

Wie konnte es dazu kommen? Normalerweise wären die Einlagen im Aktivgeschäft zur Kreditgewährung bzw. zur Ausreichung von Hypotheken, den Kauf von Wertpapieren usw. zins-, bzw. gewinnbringend reinvestiert worden. In der Kriegszeit jedoch fehlten alternative Anlagemöglichkeiten im kurz-, mittel- und langfristigen Bereich, so dass die Kreditinstitute praktisch gezwungen waren, ihre Finanzmittel in Reichswerten anzulegen. Durch die allgemeine hohe Liquidität im Kriege und die darniederliegende Wirtschaft fehlte es an Nachfrage nach Krediten und Hypothekendarlehen. Andererseits hatten die Kreditinstitute ihren Einlegern im Rahmen des Passivgeschäftes natürlich Zinsen zu bezahlen und suchten Gegenposten, die diese Zinszahlung ermöglichten und in der Tat gab es hier kaum einen anderen Ausweg als dem Deutschen Reich Mittel zur Verfügung zu stellen.

Die Folge all dieser Umstellungsregelungen war das Entstehen einer Lücke auf der Vermögensseite der Bilanzen und eben diese Lücke wurde durch den Posten Ausgleichsforderungen geschlossen, d.h. der Fehlbetrag in der Bilanz wurde per Umstellungsstichtag abgedeckt. Gesetzliche Grundlage für diese Währungsumstellung der Finanzinstitute war das sogenannte **Umstellungsgesetz** vom 27. Juni 1948 mit den entsprechenden Durchführungsverordnungen. Im Rahmen dessen waren zur technischen Durchführung sogenannte **Umstellungsrechnungen** individueller Art vorgesehen, die der Bestätigung durch die Bankenaufsichtsbehörde bedurften. Die personelle Zuständigkeit lag bei zehn deutschen Vertretern des Währungsausschusses und einer Gruppe alliierter Experten, deren Aufgabe es war, die Währungsreform durchführungsreif zu machen. Der Begriff **Ausgleichsforderungen** beinhaltet also sowohl die **Aufgabe** (den Ausgleich der Bilanzen der Finanzinstitutionen) als auch den **Inhalt** (Geldforderung gegen die öffentliche Hand); trotz seiner Wichtigkeit erfreut sich der Fachterminus dieses speziellen Sanierungsinstrumentes jedoch einer erstaunlichen Unbekanntheit.

Dem Charakter nach sind die Ausgleichsforderungen also **Buchforderungen gegen den Staat**, die in die Schuldbücher des Bundes und der Länder eingetragen wurden und sich gegen das Bundesland richteten, in dem das Finanzinstitut seinen Sitz hatte. Der Begriff Ausgleichsforderungen ist auch nicht zu verwechseln mit dem Begriff Deckungsforderungen der Geldinstitute und der Bundespost, die erst später in Verbindung mit dem Lastenausgleichsgesetz entstanden. Sie dienten der Deckung von Entschädigungsansprüchen der Vertriebenen für Sparguthaben, Altsparanlagen sowie für Berechtigte aus dem Lastenausgleich allgemein. Sie waren erst 1980 restlos getilgt.

Ausgleichsforderungen = Buchforderungen gegen den Staat
Ausgleich = Ausgleich der Bilanzen der Finanzinstitutionen/Banken
Forderung = Geldforderung gegen die öffentliche Hand

Der **Gesamtbetrag** der Ausgleichsforderungen der Bank deutscher Länder nach der Umstellungsrechnung vom Stand 31. Dezember 1948 betrug 5429 Millionen DM. Davon entfielen auf die Auszahlung der Kopfbeträge 2782 Millionen, auf die Auszahlung der Geschäftsbeträge 472 Millionen, auf die Ausgabe neuer Kleingeldzeichen 28 Millionen, auf die Erstausstattung von Post, Eisenbahn und Besatzungsmächten 1087 Millionen sowie auf die Versorgung der Landeszentralbanken mit Zentralbankgeld 960 Millionen. Zur Überbrückung von Liquiditätsschwierigkeiten waren die Landeszentralbanken berechtigt, die Ausgleichsforderungen von Geldinstituten zu beleihen oder gar in Ausnahmefällen anzukaufen. Durch die Gewährung der Ausgleichsforderungen wurde im Grunde den Finanzunternehmen ein bilanzmässiger Ausgleich ihrer Umstellungsrechnungen ermöglicht und damit eine Überschuldung verhindert.

9.1.2.6. Die kontroverse Diskussion über die Bedeutung der Währungsreform und der Ordnungspolitik

Die Einschätzung bzw. Bewertung des Zusammenhangs zwischen Wirtschaftsordnung und Wirtschaftswachstum in der Diskussion über das Nachkriegsdeutschland verläuft höchst kontrovers. Während der Wirtschaftshistoriker Werner **Abelshauser** die Meinung vertritt, die Bedeutung der Währungsreform von 1948 (für das „Wirtschaftswunder") dürfe nicht überbewertet werden, da bereits 1946/47 ein beträchtliches Wirtschaftswachstum eingesetzt habe und die Wirtschaft einem trendmässigen Wachstumspfad folgte, hält ihm der Volkswirt Rainer **Klump** die These entgegen, erst die konsequente Ordnungspolitik, wie sie Ludwig Erhard realisierte, habe das „Wirtschaftswunder" bewirkt.

In diesem Zusammenhang werden drei Hypothesen vorgetragen, die der theoretischen Erklärung des langfristigen Wirtschaftswachstums dienen sollen.

Die **Strukturbruchhypothese** geht davon aus, dass es seit 1900 drei oder vier Phasen gab, die aufgrund der Brüche im sozialen und ökonomischen Rahmen so unterschiedlich waren, dass eine einheitliche, Kontinuität behauptende Interpretation der wirtschaftlichen Entwicklung unmöglich erscheint.

Die Strukturbruchhypothese spricht für die, durch staatliche Wirtschaftspolitik geschaffenen, Wachstumsbedingungen nach 1945 und mithin für die Auffassung Klumps.

Ein zweites Interpretationskonzept stellt die sog. **Lange-Wellen-Hypothese** dar. Sie geht aus von zyklischen Wachstumsmustern (nach Spiethoff Aufschwungs- und Stockungsphasen). Schumpeter stellte einen solchen Zusammenhang von Zyklen mit Basisinnovationen durch dynamische Unternehmer her. Zugleich auftretende Innovationsstösse sind demnach von entscheidender Bedeutung für den konjunkturellen Aufschwung und es wird ein enger Zusammenhang zwischen langfristigem Wirtschaftswachstum und Investitionstätigkeit behauptet. Das „Wirtschaftswunder" wird nach dieser Hypothese als neuer „Kondratieff" interpretiert, also als Element einer über 50-60 Jahre schwingenden Zyklizität. Verantwortlich für das Nachkriegswachstum wären demzufolge die Basisinnovationen in den 1930-er und 1940-er Jahren gewesen. Das Nachlassen des Wirtschaftswachstums wäre mithin auf eine Abschwächung des Innovationsschubs in den 60-er Jahren zurückzuführen.

Einen dritten theoretischen Ansatz bildet schliesslich die **Trend- bzw. Rekonstruktionshypothese**, die davon ausgeht, dass ein langfristiger Trend seit dem Kaiserreich vorhanden war, d.h. es wird ein konstanter linearer Wachstumspfad angenommen, wobei die Weltwirtschaftskrise (1929-31) und zwei Weltkriege den Trend unterbrachen, aber in Rekonstruktionsperioden immer wieder dem säkularen Wachstumstrend gefolgt wird. Diese Rekonstruktionsphase der langsamen Wiederannäherung an den langfristigen Wachstumstrend sieht Werner **Abelshauser** in der Nachkriegswirtschaft als gegeben an.

Dem hält nun Klump folgende **Kritik** entgegen:

1. Es sei nicht zulässig, in allen Ländern von einem langfristig konstanten und unabänderlichen Trend des Wirtschaftswachstums auszugehen.
2. Eigentlich hätte es auch in Grossbritannien zu „Wachstumsspurts" nach dem Zweiten Weltkrieg kommen müssen. Mit 2,7 Prozent der durchschnittlichen Wachstumsrate des realen Bruttoinlandsprodukts 1949-1954 hielt sich die Entwicklung dort jedoch deutlich zurück. Hingegen wies z.B. die Schweiz, die vom Krieg kaum beeinträchtigt war, ein BIP-Wachstum von 5,7 Prozent auf[92].

---

[92] Klump, Rainer: Wirtschaftsgeschichte der Bundesrepublik Deutschland. Zur Kritik neuerer wirtschaftspolitischer Interpretationen aus ordnungspolitischer Sicht (Beiträge zur Wirtschafts- und Sozialgeschichte. Band 29), Wiesbaden 1985, S. 43.

Dies deutet nach Auffassung von Klump klar darauf hin, dass Wirtschaftsförderung und Wirtschaftspolitik eine zentrale Rolle spielten.

Begleitet wird Klumps Kritik durch Hinweise auf methodische Unzulänglichkeiten Abelshausers. Insbesondere wirft er ihm vor, sein eigenes Zahlenmaterial (bereinigt oder unbereinigt) nicht richtig zu interpretieren. Abelshauser hatte mit Hinweis auf die Unzuverlässigkeit der amtlichen Zahlen über die Produktion nach dem Zweiten Weltkrieg wegen Warenhortung und Schwarzmarktgeschäften eine Neuschätzung des Index der industriellen Produktion vorgenommen und dabei den industriellen Stromverbrauch der Bizone als Indikator der wirtschaftlichen Aktivität herangezogen. Abelshausers Ergebnis war, die industrielle Produktion sei bereits vor der Währungsreform am 20. Juni 1948 weitaus höher gewesen, als bis dahin angenommen, mithin sei *„der Wiederaufbau der westdeutschen Wirtschaft ... schon seit Monaten im vollen Gange"*[93] gewesen. Was immer dies heisst, Faktum ist folgendes:

1. Die amtliche Statistik gibt sehr wohl die Produktionsentwicklung auch vor der Währungsreform wieder, sofern man sie nur um die monatliche Zahl der Arbeitstage bereinigt, wie Albrecht **Ritschl** feststellte[94].
2. Auch die bereinigten Zahlen von Abelshauser beweisen immer noch den sprunghaften Anstieg der Produktionsziffern im dritten Quartal 1948, wenn auch nicht mit der Intensität, die die amtliche Statistik ausweist[95]. Mithin unterstreichen sogar Abelshausers Zahlen die Auffassung von Klump.
3. Klar ist demzufolge, dass die Herstellung eines neuen ordnungspolitischen Rahmens, konkret: die Wiedereinschaltung des Marktmechanismus, eine im Kern entscheidende Weichenstellung bedeutete.

Diese Weichenstellung beinhaltete nun nicht nur die Währungsreform vom 20. Juni 1948, sondern vor allem die Massnahmen im Rahmen des vier Tage später erlassenen „Gesetzes über Leitsätze für die Bewirtschaftung und Preispolitik nach der Währungsreform". Damit wurden zahlreiche Bewirtschaftungsvorschriften schlagartig ausser Kraft gesetzt und die meisten Preise im gewerblichen Bereich freigegeben, d.h. für die meisten Konsumgüter existierte nun wieder ein realistischer Massstab aufgrund des freien Spiels von Angebot und Nachfrage. Staatlicher Reglementierung unterlagen nun nur noch

---

93 Abelshauser, Werner: Wirtschaft in Westdeutschland 1945-1948. Rekonstruktion und Wachstumsbedingungen in der amerikanischen und britischen Zone, Stuttgart 1975, S. 62.

94 Ritschl, Albrecht: Die Währungsreform von 1948 und der Wiederaufbau der deutschen Industrie. Zu den Thesen von Mathias Manz und Werner Abelshauser über die Produktionswirkungen der Währungsreform. In: VfZG 33 (1985), S. 135-165, hier: S. 136 ff.

95 Klump, Wirtschaftsgeschichte, S. 50 i.V.m. Abelshauser, Westdeutschland, S. 57.

einige Preise von Grundnahrungsmitteln, Agrarprodukten und Rohstoffen. Flankiert wurde die Freigabe der meisten Preise durch eine **Steuerreform**. Sie beinhaltete die Senkung der direkten Steuern, die Steuerbefreiung von Überstundenvergütungen, grosszügige Abschreibungsmöglichkeiten für die Betriebe sowie Steuervergünstigungen für nicht ausgeschüttete Gewinne. Im Übrigen versuchte man, durch eine Politik des „knappen Geldes" stabilitätspolitische Signale zu setzen. Es war also ein ganzes Bündel, ein System, von Anreizmitteln, die letztlich das „Wirtschaftswunder" bedingten, das aus demselben Grund nicht als „Wunder" bezeichnet werden sollte, es sei denn, man wollte eine konsequente und umsichtige Wirtschaftspolitik bereits so benennen.

Da mit der DM auch wieder Waren in die Regale kamen und die Kaufkraft stieg, von der nur ein kleiner Teil und die Überstunden überhaupt nicht wegbesteuert wurden, nahm die Neigung zur Arbeit erheblich zu. Es wundert daher nicht, wenn die durchschnittliche Wochenarbeitszeit von 39,1 Stunden (1947) auf 48,2 Stunden (1950) zunahm. Unterstrichen wird die Bedeutung dieser Wirtschaftsreformmassnahmen noch durch den Hinweis darauf, dass diese in der französischen Zone zunächst unterblieben und ebendort die Industrieproduktion im Vergleich zur Bizone zurückblieb, da es dort weiterhin Preisstopps und Zwangszuteilungen gab.

Literatur:

Abelshauser, Werner: Wirtschaft in Westdeutschland 1945-1948. Rekonstruktion und Wachstumsbedingungen in der amerikanischen und britischen Zone, Stuttgart 1975; **Ambrosius**, Gerold: Die Durchsetzung der Sozialen Marktwirtschaft in Westdeutschland 1945-1949, Stuttgart 1977; **Buchheim**, Christoph: Die Wiedereingliederung Westdeutschlands in die Weltwirtschaft 1945-1958, München 1990; **Buchheim**, Christoph (Hrsg.): Wirtschaftliche Folgelasten des Krieges in der SBZ/DDR, Baden-Baden 1995; **Fisch**, Jörg: Reparationen nach dem Zweiten Weltkrieg, München 1992; **Klump**, Rainer Wirtschaftsgeschichte der Bundesrepublik Deutschland, Stuttgart 1985; **Schröder,** Hans-Jürgen (Hrsg.): Marshallplan und westdeutscher Wiederaufstieg, Stuttgart 1990; **Wandel**, Eckhard: Die Entstehung der Bank deutscher Länder und die deutsche Währungsreform 1948. Die Rekonstruktion des westdeutschen Geld- und Währungssystems 1945-1949 unter Berücksichtigung der amerikanischen Besatzungspolitik, Frankfurt/M. 1980; **Weisz**, Christoph: OMGUS-Handbuch. Die amerikanische Militärregierung in Deutschland 1945-1949, München 1994.

Prüfsteine:

1. Wie kam es zur „zurückgestauten Inflation“ und wie wurde das Problem nach dem Zweiten Weltkrieg gelöst?
2. Welche politischen und welche wirtschaftsrelevanten Massnahmen sollten nach Auffassung der Teilnehmer der Potsdamer Konferenz ergriffen werden? Nennen Sie mindestens je drei!
3. Legen Sie dar, welche Vorstellungen und Pläne seitens der Alliierten während und nach dem Zweiten Weltkrieg von der deutschen Wirtschaft existierten und wie diese letztlich (vor 1949) realisiert wurden!
4. Was beinhaltete der „Industrieplan“ von 1946?
5. Was beinhaltete der Colm-Dodge-Goldsmith-Plan?
6. Welche konkreten Massnahmen beinhaltete die gemeinsame Währungsreform der drei Westzonen im Juni 1948?
7. Worum handelt es sich bei den sog. „Ausgleichsforderungen“?

9.2. Die Entwicklung in der Bundesrepublik Deutschland 1949-1989

9.2.1. Die Soziale Marktwirtschaft in der Theorie

9.2.1.1. Das Verhältnis von Staat und Gesellschaft

Formelle Unterscheidung

Bevor die Theorie der Sozialen Marktwirtschaft näher beleuchtet wird, ist zunächst auf das Verhältnis zwischen Staat und Gesellschaft und die Stellung von Interessengruppen einzugehen.

Im Staatswesen der Bundesrepublik, das nach Artikel 20, Absatz II, Satz 1 GG demokratisch organisiert sein muss, gibt es zwei Arten von Freiheit, nämlich die **Freiheit *im* Staate** z.B. in Form der Wahlbeteiligung, aber auch die **Freiheit *vor dem* Staate** in Form der Grundrechte als Abwehrrechte. Die wirtschaftlich relevanten Grundrechte, wie z.B. Art. 2, 3, 9, 12, 14 GG weisen darauf hin, dass dem Staat bei der Regelung des Wirtschaftslebens Grenzen gezogen sind. Eine konsequent durchgeführte Zentralverwaltungswirtschaft wird hierdurch unmöglich. Vielmehr besteht die Aufgabe des Staates in der Bereitstellung einer Rahmenordnung, um das Funktionieren der Wirtschaftsordnung zu sichern und Spannungen innerhalb der Gesellschaft auszugleichen. Insofern ist der Staat kein „Nachtwächter" mehr, sondern hat auch Gestaltungsfunktion.

Gewerkschaften und Unternehmerverbände

Die Gesellschaft und die ihr gegebene Wirtschaftsverfassung haben für den Staat also stets den Charakter von etwas, um das er sich zu kümmern hat, das er jedoch nicht in sich aufnehmen darf. Die Verbände und Interessengruppen, wie z.B. die Unternehmerverbände und Gewerkschaften, sind sogenannte **intermediäre Gruppen**, d.h. sie stehen zwischen dem Staat und der Gesellschaft. Dabei sind Unternehmerverbände und Gewerkschaften Ausdruck des in der Wirtschaftsordnung angelegten Gegensatzes zwischen Kapital und Arbeit. Die in Art. 9, besonders Abs. 3, verankerte Vereinigungsfreiheit bzw. Tarifautonomie soll in Form von Lohn- und Tarifverhandungen die beiden Interessengruppen zusammenführen und auf diese Weise zur Kommunikation und zum gegenseitigen Einvernehmen zwingen. Der Staat muss sich hierbei enthalten, kann aber für die Inanspruchnahme der Vereinigungsfreiheit gewisse Bedingungen setzen, z.B. wenn der Gesetzgeber im Tarifvertragsgesetz den Tarifvertrag für allgemeinverbindlich erklären lässt. Des Staates Einfluss auf die Verteilung des Sozialproduktes spiegelt sich in der Steuer- und Sozialpolitik wider.

9.2.1.2. Die Theorie der Sozialen Marktwirtschaft

Die Marktwirtschaft aus ökonomischer Sicht

Hatte noch im 19. Jahrhundert die soziale Verelendung und Erniedrigung breiter Volksmassen den Ruf nach dem Staat ertönen lassen, so erhielt die soziale Frage in den Augen Walter **Eucken**s und der „Freiburger Schule" im 20. Jahrhundert eine vollkommen neue Dimension.

Darstellung 81: Die sogenannte „Freiburger Schule"

Vertreter:	Walter Eucken, Franz Böhm
Geistige Nähe:	Wilhelm Röpke, Alexander Rüstow, Alfred Müller-Armack, Ludwig Erhard
Organ:	Jahrbuch ORDO
Anliegen:	• Gewährleistung einer freiheitlichen Wettbewerbsordnung • Soziale Ausrichtung der Wirtschaftspolitik
Aufgabe des Staates hierbei:	• Schaffung der Grundlagen einer funktionsfähigen Marktwirtschaft • Sorge für die Einhaltung der marktwirtschaftlichen Spielregeln

Eucken erblickte sie in der wachsenden Machtfülle des Staates innerhalb der Zentralverwaltungswirtschaft, die den Menschen zu knechten und zu erdrücken beginne. Die neue soziale Frage liess sich in den Augen **Eucken**s nicht durch eine Gegenüberstellung von Sozialismus und Kapitalismus beantworten, sondern nur durch die Analyse der Ordnungsformen eines Wirtschaftssystems. Das Ausmass der Freiheitssphäre des Einzelnen korreliere mit der Wirtschaftsordnung. Eucken sprach sich deshalb ganz entschieden für die Wettbewerbsordnung aus, da nur sie, neben einer optimalen Versorgung der Bevölkerung mit Gütern, die Freiheit des Einzelnen sichern könne. Die Freiheit war somit zu einer Wirtschafts- und ordnungspolitischen Aufgabe geworden. Im Gegensatz zu Adam Smith betrachtete Eucken eine solche **Wettbewerbsordnung** jedoch nicht als ein unveränderliches Naturprodukt, sondern er erkannte, dass der Wettbewerb als ihr Ordnungsprinzip geschützt werden müsse (**Neoliberalismus**). **Eucken** verwies dabei auf die von der Regierung gebilligte Bildung von Kartellen und Syndikaten zur Zeit der Jahrhundertwende, die den Wettbewerb gefährdeten und Machtpositionen in Form von Monopolen erzeugten. Private Macht war für Eucken also ebenso inakzeptabel wie kollektive Macht. Er forderte daher einen rechtlichen Rahmen, um eine echte Wettbewerbsordnung zu garantieren.

Mit ihrem Gesetz gegen Wettbewerbsbeschränkungen im Jahre 1957 erfüllte die Bundesregierung die Forderung Euckens.

Darstellung 82: Das Gesetz gegen Wettbewerbsbeschränkungen 1957

Inhalt:
- Kartellverbot (Horizontale Wettbewerbsbeschränkungen)
- Preisbindungsverbot (Vertikale Wettbewerbsbeschränkungen)
- Missbrauchsaufsicht über marktbeherrschende Unternehmen

Ausnahmen:
- Verkehrssektor
- Montanbereich
- Banken/Versicherung
- Landwirtschaft

Kontrolle?
- Anstieg der Unternehmenszusammenschlüsse von 15 (1950) auf 635 (1980)

Für den Fall, dass sich Monopole nicht kartellpolitisch auflösen liessen, empfahl Eucken eine **Wettbewerb-als-ob-Politik,** d.h. eine gesetzliche Beschränkung des Preises auf die Höhe, die er auch bei vollkommener Konkurrenz annehmen würde.

Dennoch ist Euckens wirtschaftspolitischer Aufgabenkatalog sicherlich unzureichend, um die modernen konjunktur- und sozialpolitischen Probleme zu lösen. **Müller-Armack** war es dann, der im Rahmen seiner **Theorie der sozialen Marktwirtschaft** zwar auf Eucken aufbaute, aber gleichzeitig eine stärkere Integration von Staat und Gesellschaft in das wirtschaftspolitische Blickfeld vollzog und damit über den Neoliberalismus hinausging.

Im Gegensatz zum Liberalismus, der die Marktwirtschaft als Weltanschauung und allgemeine Lebensregelung betrachtet hat, sah Alfred Müller-Armack in der Marktwirtschaft ein Instrument zur Verwirklichung wirtschaftlicher Ziele. Da diese in der Vergangenheit ökonomische Erfolge wie z.B. den Wiederaufbau der Bundesrepublik nach dem Zweiten Weltkrieg hervorbrachte, meinte Müller-Armack, dass wir in der *„Wahl der Wirtschaftsordnung nicht frei seien"*.

Kennzeichen der marktwirtschaftlichen Ordnung ist ein variables Preis- und Rechnungssystem, das sowohl die Dringlichkeit menschlicher Bedürfnisse als auch die Seltenheit bzw. Knappheit eines Produktionsfaktors sichtbar macht. Es erlaubt deshalb eine optimale Allokation der Ressourcen.

Die Marktwirtschaft aus soziologischer Sicht

Müller-Armack befürwortete die Marktwirtschaft nicht nur von der ökonomischen, sondern auch, ebenso wie Eucken, von der soziologischen Seite her. Da es in einer Marktwirtschaft Markt und Wettbewerb sind, die wirtschaftliche Macht eindämmen sowie Produzenten und Konsumenten in ein gegenseitiges Abhängigkeitsverhältnis stellen, findet eine Versachlichung und Ausbalancierung der Macht statt. Die Entscheidung für die Marktwirtschaft sei zugleich eine Entscheidung für die Freiheit, da nur die Gewaltenteilung in der Wirtschaft auch geistige und politische Freiheit garantiere.

Das Attribut „sozial"

Das Neuartige an Müller-Armacks Theorie der sozialen Marktwirtschaft ist dabei das Attribut „sozial". Eine Marktwirtschaft werde nämlich nicht schon aus sich heraus gerechte und soziale Lösungen hervorbringen. Deshalb sei neben der Wettbewerbspolitik (im Sinne von Eucken) eine **Korrektur der primären Einkommensverteilung** erforderlich. Der Steuer- und Sozialpolitik biete sich hier ein weites Aktionsfeld.

Müller-Armack sah die Marktwirtschaft also nicht nur als eine Ordnungsform, sondern als ein System, das nach sozialen, geistigen und ethischen Gesichtspunkten ausgestaltet werden kann. Die soziale Marktwirtschaft wird auf diese Weise zu einer „Stilformel", d.h. dem Gegenstand eines bestimmten wirtschafts- und sozialpolitischen Stils. Dieser Stil erhält sein Gepräge und seine Richtung durch die marktwirtschaftliche Ordnung, d.h. er muss einheitlich sein.

Steuerungsmassnahmen einer Marktwirtschaft

In Anlehnung an das Ordnungsdenken Euckens hebt Müller-Armack hervor, dass Wirtschaftspolitik *„von einer bestimmten Ordnungsidee her gemacht werden muss"*, dass wir in der Wahl unserer wirtschaftspolitischen Mittel eben nicht frei seien, sondern durch die Gesamtentscheidung für eine bestimmte Wirtschaftsordnung gebunden sind. Gerade die Sozialpolitik als Teil der Wirtschaftspolitik sollte immer in Einklang mit dem marktwirtschaftlichen Wirkungszusammenhang stehen, d.h. sie sollte marktkonform sein. Ein Mietstopp z.B. wäre marktinkonform, Mietzuschüsse dagegen marktkonform.

Stabilität des Geldes als Voraussetzung für die Funktion der marktwirtschaftlichen Ordnung

Marktkonformität gilt natürlich auch für die Geld- und Konjunkturpolitik. Sie sind unerlässliche wirtschaftspolitische Steuerungsmassnahmen für eine Marktwirtschaft. Eine harte Währung ist die Voraussetzung für das Vertrauen der Menschen in die marktwirtschaftliche Ordnung, da sie die Ersparnisse in ihrem Wert stabil hält und Grundlage für die in die Zukunft gerichteten Wirtschaftspläne der Betriebe und Haushalte ist. Seit die Währung von der Goldparität befreit wurde, ist es die Aufgabe der Notenbank, die Geld- und Kreditmenge durch eine gezielte Diskontsatz-, Mindestreserven- und Offenmarktpolitik im Sinne der Geldwertstabilität zu steuern und zu beeinflussen. Da eine Erhöhung bzw. Senkung der Geld- und Kreditmenge zugleich die Nachfrage auf den Gütermärkten beeinflusst, ist eine marktgerechte Geldpolitik zugleich ein wichtiges Instrument der Konjunktursteuerung.

Der Zusammenhang von Geld- und Konjunkturpolitik

Die Meinungen über die Bedeutung der Geldpolitik im Rahmen der Konjunktursteuerung gehen allerdings auseinander. Während die Monetaristen glauben, dass der private Sektor relativ stabil sei und nur das Wachstum der Geldmenge gesteuert werden muss, empfehlen die Postkeynesianer im Gefolge von Keynes eine gezielte und aufeinander abgestimmte Geld-, Fiskal- und Aussenwirtschaftspolitik zum Ausgleich von Nachfrage- bzw. Konjunkturschwankungen.

Keynes' Lehre

Keynes war es, der die „revolutionäre" Entdeckung machte, dass sich das volkswirtschaftliche Gleichgewicht, d.h. ein Ausgleich zwischen Investitions- und Sparvolumen auch auf einem Produktionsniveau mit Unterbeschäftigung bilden könne. Im Mittelpunkt der keynesianischen Analyse stand dabei die gesamtwirtschaftliche Nachfrage. Er leugnete die Selbstheilungskräfte des Marktes und wies darauf hin, dass Nachfrageausfälle z.B. im Investitionsgüterbereich auf Grund geringerer Gewinnerwartungen der Unternehmer über den Akzelerator- und Multiplikatoreffekt einen sich selbst steigernden Prozess auslösen könnten, der die Gesamtproduktion auf ein Niveau der Unterbeschäftigung drückt. Keynes erblickte eben im Gegensatz zur Klassik, zum Neoliberalismus und den Monetaristen im Marktmechanismus eine „Rationalitätsfalle", d.h. was aus einzelwirtschaftlicher Sicht vernünftig erscheine, könne aus gesamtwirtschaftlicher Sicht unvernünftig sein. Dieses Problem könne die Wirtschaftspolitik jedoch durch gezielte Massnahmen zur Belebung der gesamtwirtschaftlichen Nachfrage (wie z.B. Steuersenkungen und Ausgabenprogramme) lösen.

9.2.2. Die Soziale Marktwirtschaft in der Praxis

9.2.2.1. Wirtschaftsaufbau (1948/49-1951)

Oft taucht die Frage auf, welches das kompetente Regierungsorgan war, bevor der Deutsche Bundestag gegründet wurde. Dieses Vorparlament war der **Frankfurter Wirtschaftsrat** mit 102 Abgeordneten. Der Wirtschaftsrat erliess wichtige Gesetze, etwa das sogenannte **„Leitsätzegesetz"** vom 24. Juni 1948, dessen erste drei Leitsätze von ziemlicher zukünftiger Bedeutung waren. Sie lauteten:

1. Der Freigabe der Bewirtschaftung ist vor ihrer Beibehaltung der Vorzug zu geben.
2. Der Freigabe der Preise ist vor der behördlichen Festsetzung der Vorzug zu geben.
3. Soweit der Staat den Verkehr mit Waren und Leistungen nicht regelt, ist dem Grundsatz des Leistungswettbewerbs Geltung zu verschaffen.

Die Geldausstattung der Unternehmen wurde zunächst bewusst niedrig gehalten. Dadurch zwang man die Wirtschaft, die laufende Produktion schnell anzubieten und vorhandene Lager aufzulösen[96]. Einen weiteren Leistungsanreiz bot die Steuerfreiheit für Überstundenverdienste. Zur besseren Markt- und Preistransparenz erfolgte eine periodische Veröffentlichung von Preisspiegeln (erstmals 11. September 1948) sowie das sog. „Jedermann-Programm", im Rahmen dessen bestimmte Produkte (z.B. Strassenschuhe) zu besonders scharf kalkulierten Preisen produziert wurden. Um das Spekulantentum einzuschränken, wurde am 7. Oktober 1948 das Gesetz gegen Preistreiberei erlassen.

Darstellung 83: Steuerpolitik

Die Steuerreform im Überblick:

- Senkung der direkten Steuern
- Steuerbefreiung von Überstundenverdiensten
- Grosszügige Abschreibungsmöglichkeiten
- Steuervergünstigungen für nicht ausgeschüttete Gewinne

Die Steuergesetze im einzelnen:

- Gesetz Nr. 64 vom 22. Juni 1948 über die vorläufige Neuordnung von Steuern:
  Zahlreiche steuerliche Sondervergünstigungen zur Investitions- und Sparförderung (z.B. steuerliche Abzugsfähigkeit von Lebensversicherungsprämien und Bausparleistungen)
- 2. Gesetz zur vorläufigen Neuordnung von Steuern vom 20. April 1949:
  Weitere Steuervergünstigungen
- Gesetz zur Änderung des Einkommensteuergesetzes und des Körperschaftsteuergesetzes vom 29. April 1950:
  - Senkung der steuerlichen Belastung bei der Einkommensteuer
  - Begünstigung des nicht entnommenen Gewinns bei den Unternehmen, d.h. Unterstützung der Selbstfinanzierungsmöglichkeiten sowie erleichterte Kapitalbildung
- Einkommen- und Körperschaftsteuergesetz vom 27. Juli 1951:
  Teilweise Aufhebung der gezielten Steuervergünstigungen wegen spürbaren Wachstumserfolgen und gesteigerten Haushaltsanforderungen
- Weitere Gesetze 1951/52:
  - Exportförderungsgesetz vom 28. Juni 1951
  - Investitionshilfegesetz vom 7. Januar 1952
  - Kapitalmarktförderungsgesetz vom 15. Dezember 1952

[96] Der nächsten Abschnitt nach: Erhard, Ludwig: Wohlstand für alle, Düsseldorf 1957, S. 26, 29, 35-40.

Die erste Phase des Wiederaufbaus war, wie gesagt, gekennzeichnet durch Preisturbulenzen bei eher nachlassenden Preisen, steigendem Nominaleinkommen und Produktionsanstieg. Mit anderen Worten: es kam zu einer beträchtlichen Reallohnsteigerung. Die gesamte Industrieproduktion stieg (ohne Bauhauptgewerbe) vom zweiten Quartal 1948 zum vierten Quartal 1948 von 52,1 auf 75,4 Prozent (Basis 1936 = 100). Am stärksten war der Anstieg in der Investitionsgüterindustrie (von 46,6 auf 75,7 Prozent).

Auch in der zweiten Phase kam es zum Absinken der Preise bis zum Ausbruch der Korea-Krise. Der Preisindex für die Lebenshaltung (1950 = 100) sank von 107 (1949) auf 100 Prozent (1950). Während in Westdeutschland die Preise sanken, stiegen sie in Frankreich von 90 auf 100 und in Grossbritannien von 97 auf 100 Prozent, d.h. die Reallohnsteigerung war in Westdeutschland in diesem Jahr besonders kräftig. Der Reallohnschub war also ein Charakteristikum der post-Reform-Ära.

Die Bruttostundenverdienste der männlichen Industriearbeiter stiegen von 1,22 DM im Dezember 1948 auf 1,33 DM im Dezember 1949, um bis Juni 1950 auf 1,36 DM zu klettern. Die Reallöhne der Industriearbeiter (hier ausgedrückt als Relation zwischen Bruttowochenverdiensten und dem Lebenshaltungskostenindex) stiegen im Jahre 1949 um 20,5 Prozent.

So gewann der Konsument in dieser Phase zunehmend an Marktmacht, der Käufer prägte den Markt, d.h. es herrschte ein **„Käufermarkt“**. Auf der Unternehmerseite erhielten ebenfalls marktwirtschaftliche anstelle produktionswirtschaftlicher Überlegungen stärkere Betonung. Die **Rationalisierungsinvestitionen** erhielten Vorrang. Ihr Effekt lässt sich an der **Produktivitätsentwicklung** ablesen: Von Dezember 1948 bis Juni 1950 steigerte sich die Leistung je Beschäftigtenstunde von 70,3 auf 89,0 Prozent (1936 = 100), wobei die Rationalisierung besonders dort durchgriff, wo der Konkurrenzdruck am stärksten spürbar war. Dies wird besonders deutlich, wenn man etwa den Fahrzeugbau mit der Kohlenindustrie, die noch ausserhalb der Marktwirtschaft stand, vergleicht. Im Fahrzeugbau steigerte sich die Produktivität (1936 = 100) von 49,1 auf 65,7 Prozent, im Kohlenbergbau dagegen gerade mal von 61,3 auf 62,5 Prozent. Es ist keine Frage, dass erst durch diese Rationalisierungserfolge die Lohnerhöhungen ohne Gefährdung der Preisstabilität ermöglicht wurden.

Der Kunde war inthronisiert - wie aber sah es mit dem Arbeiter aus? Wie immer waren die Rationalisierungen mit dem Wegfall von Arbeitsplätzen verbunden. Die damalige Regierung war jedoch geduldig genug, ihre Auffassung durchzusetzen, dass nur rationelle Arbeitsplätze auf Dauer sichere

Arbeitsplätze waren. Ludwig **Erhard** wurde in Anbetracht der Tatsache, dass die Arbeitslosigkeit von 760 000 Ende 1948 auf 1,56 Millionen Ende 1949 gestiegen war, der Zusammenbruch seiner Wirtschaftspolitik vorgeworfen. Dass die Zahl der Arbeitsplätze nur um 150 000 zurückging, der Rest arbeitslos Hinzugekommene waren, wurde geflissentlich übersehen.

Ein Blick auf die Aussenwirtschaft zeigt, dass es ein recht mutiger und keineswegs unumstrittener Schritt war, die deutsche Aussenhandelspolitik völlig neu zu gestalten und die deutsche Wirtschaft dem internationalen Wettbewerb auszusetzen. In diesen Zusammenhang gehört die **Abwertung** der DM am 19. September 1949 um 20 Prozent und die Neufestsetzung der Dollarparität von 3,33 DM auf 4,20 DM. Die Exporte verdreifachten sich von Oktober 1949 bis Dezember 1950, doch die Importe schnellten noch kräftiger empor, so dass die ersten Jahre der Bundesrepublik durch eine eindeutig passive Zahlungsbilanz gekennzeichnet waren. Das Defizit betrug 1949 1,114 Milliarden Dollar und 1950 723 Millionen Dollar. Es war nicht leicht, in Anbetracht der starken Forderungen von alliierter Seite (USA, England), einer Politik des „billigen Geldes" zu widerstehen.

Sehr sorgfältig bediente man sich der währungspolitischen Instrumentarien. Die Bank deutscher Länder löste am 1. Juni 1949 vorsichtig die Kreditschraube, indem sie die Mindestreservesätze von 15 auf 12 Prozent bzw. von 10 auf 9 Prozent ermässigte. Am 27. Mai 1949 und am 14. Juli 1949 senkte sie den Diskontsatz um je ½ Prozent, d.h. von 5 auf 4 Prozent. Im Spätsommer 1949 erhielten die Geldinstitute zudem eine einmalige Refinanzierungshilfe für langfristige Produktions- und Investitionskredite in Höhe von 300 Millionen DM. Weitere Senkungen folgten und wurden begleitet von Finanzhilfen für Arbeitsbeschaffungsprogramme und Wohnungsbauunterstützung.

Die CDU hatte ihre wirtschaftspolitischen Aussagen einer Verstaatlichung der Grundstoffindustrien gemäss dem Ahlener Programm mit den Düsseldorfer Leitsätzen vom 15. Juli 1949 aufgegeben und den Wahlkampf zum ersten Bundestag mit dem Schlagwort „Soziale Marktwirtschaft" geführt.

Das **Besatzungsstatut** vom 21. September 1949 enthielt noch einige Souveränitätsbeschränkungen und war revisionsbedürftig. Eine zentrale Frage spielte dabei das zuvor am 29. Dezember 1948 erlassene **Ruhrstatut**, das praktisch eine Kontrolle der deutschen Wirtschaft durch die drei Westalliierten und durch die Beneluxstaaten vorsah. Im Deutschen Bundestag kam es über diese „Fremdherrschaft" im Ruhrgebiet zu grossen Auseinandersetzungen. Mit Abschluss des **Petersberger Abkommens** durch die Bundesregierung und die drei Hohen Kommissare in der provisorischen Hauptstadt Bonn am 22.

November 1949, das die Beteiligung der Bundesrepublik an internationalen Organisationen regelte und wirtschaftliche Erleichterungen sowie den Demontagestopp für einige grössere Werke brachte, erkannte die Bundesrepublik das Sicherheitsbedürfnis der Westalliierten gegenüber Deutschland durch ihren am 30. November 1949 erfolgten Beitritt zum Ruhrstatut an. Dadurch zeichneten sich für Deutschland die Möglichkeit eines Mitwirkens an den Beschlüssen dieser Kontrollinstanz und einer westeuropäischen Integration ab. Das Petersberger Abkommen kündigte gleichzeitig das Europäische Wiederaufbauprogramm (European Recovery Program) an. Im krassen Widerspruch zu den Auslandshilfen standen allerdings die noch nach Gründung der Bundesrepublik vereinzelt vorgenommenen Demontagen.

Exkurs: Der Marshall-Plan

Die Auslandshilfen wurden über die Organisation für europäische wirtschaftliche Zusammenarbeit (**Organization of European Economic Cooperation, OEEC**), der die Bundesrepublik Ende 1949 beitrat, den Mitgliedsstaaten für eine Förderung des freien Handelsverkehrs zur Verfügung gestellt. Der vom amerikanischen Aussenminister George C. Marshall am **5. Juni 1947** vor Harvard-Studenten verkündete Plan sollte über eine Wirtschaftshilfe hinaus dem darniederliegenden Europa zur politischen Stabilisierung dienen und dem kommunistischen Expansionsdrang Einhalt gebieten (**Truman-Doktrin**). Die ERP-Auslands-hilfe allein belief sich für die 18 in der OEEC zusammengeschlossenen Länder in den Jahren von 1948 bis 1952 auf 14,7 Milliarden US-Dollar. Die Bundesrepublik erhielt in diesem Zeitraum 1,585 Milliarden US-Dollar.

Die Leistungen aus dem **ERP-Fonds** an Deutschland wurden als „claim against Germany“ gewährt enthielten keine Rückzahlungsmodalitäten und waren als echte Zuschüsse (*„grants“*) zu betrachten. Sie trugen mit dazu bei, die entstandene **„Dollarlücke“** - den Mangel an Dollar für Güterimporte - zu beseitigen. Die ERP-Hilfe stellte Dollar bzw. Güter zur Verfügung, die in der Bundesrepublik mit Inlandswährung bezahlt wurden. Somit konnte die Bundesrepublik ein „ERP-Sondervermögen“ erstellen, das in der Bundesrepublik zur Finanzierung von Investitionsprojekten und Aufbauvorhaben in Form von günstigen Darlehen auch über das Ende der ERP-Hilfe 1952 hinaus diente und etwa 1975 als Konjunkturspritze der Bauwirtschaft zugute kam.

Darstellung 84: Marshallplan - European Recovery Program (Europäisches Wiederaufbauprogramm) (1948-1952)

- Verkündet durch eine Rede des amerikanischen Außenministers George Marshall am 5. Juni 1947 an der Universität Harvard.
- Hilfe zur Wieder-Ingangsetzung der westeuropäischen Wirtschaft.
- Mischung aus politischen („*containment*"), ideologischen (Demokratie, Marktwirtschaft) und wirtschaftlichen Stunden (Absatzmarkt, Handelspartner).
- 3. April 1948: Amerikanischer Kongreß verabschiedet Auslandshilfegesetz.
- 16. April 1948: 16 Länder unterzeichnen Konvention über europäische wirtschaftliche Zusammenarbeit.
- Hilfe bestand aus Darlehen (zum Teil ohne Rückforderungsrecht) und Sachleistungen.
- Wert der Güter, den die Westzonen bzw. die BR Deutschland erhielt: ca. 1,56 Mrd. US-Dollar (1948-1952).
- Verteilung in der BRD:

	Landwirtschaft und Ernährung	42 %
	Industrie und Handwerk	50 %
	Transporte und Lieferungen	8 %

- Die beteiligten Länder verpflichten sich zur Liberalisierung ihres Zahlungs- und Warenverkehrs.
- 1. Juli 1950: Gründung der Europäischen Zahlungsunion.

- Vor dem Marshallplan: Soforthilfe (vorwiegend Nahrungsmittel) im Rahmen von GARIOA (Government Appropriations and Relief for Import in Occupied Areas). Umfang: 1,62 Mrd. US-Dollar.

Korea: Krise und Boom

Eine weitere gezielte Nachfragebelebung erfolgte im April 1950 mit dem Beschluss über Steuersenkungen und Steuerrückerstattungen, dem jedoch von seiten der Alliierten die Genehmigung versagt blieb.

Gleichwohl gelang es, das Geld stabil zu halten und den **Produktionsindex** von 90,9 im Januar 1950 auf 107,6 im Juni 1950 (!), d.h. um 20 Prozent steigen zu lassen. Die Ausfuhr stieg von 485,5 Millionen DM im Dezember 1949 auf 651,9 Millionen DM im Juni 1950 an, wobei der Einfuhrüberschuss von 532,7 auf 198,6 Millionen DM zurückgeführt werden konnte.

Die Arbeitslosigkeit nahm in diesem Halbjahr um 760 000 ab, die Zahl der Beschäftigten stieg noch stärker. Dies ist jedoch nicht mit dem Korea-Boom zu erklären, im Gegenteil. Die **Korea-Krise** führte zwar zu Vorratskäufen bei überhöhten Preisen und mit wenig Rücksicht auf Qualität, sie brachten aber **Turbulenz** in die eben konsolidierte Wirtschaftsentwicklung, die wirtschaftspolitisch kaum wünschenswert sein konnte. Der Produktionsindex war von 107,6 im Juni auf 133,3 im November 1950 emporgeschnellt. Ähnlich gingen die industriellen Erzeugerpreise in die Höhe und der Lebenshaltungskostenindex kletterte von 148 im September 1950 auf 170 Ende 1951 (1938 = 100). In Anbetracht dieser Nervosität sahen nicht nur notorische Pessimisten ihre Konsumfreiheit bereits wieder schwinden. Selbst im Regierungslager begannen viele den soeben gewonnenen Glauben an die Marktwirtschaft zu verlieren und versuchten, Erhards Kompetenzen zu beschneiden. Diesem gelang es dadurch auch noch nicht, überfällige Preisentzerrungen im Roh- bzw. Grundstoffbereich vorzunehmen. Das **Investitionshilfe-Gesetz** konnte erst am 13. Dezember 1951 im Bundestag verabschiedet werden. Die USA drängten auf Bewirtschaftungsmassnahmen und verzögerten die Freigabe aus dem Gegenwert-Fonds.

Dass die Indexziffern im Bereich Kohle, Eisen und Stahl noch relativ zurückblieben, konnte kaum, wie es von gewerkschaftlicher Seite getan wurde, der Marktwirtschaft angelastet werden. Im Gegenteil: gerade diese Bereiche waren stark bürokratisiert und gelenkt und sind leider bis heute nicht gründlich preisbereinigt worden. Es war jedoch marktwirtschaftlich fragwürdig, mit dem Investitionshilfe-Gesetz dem Grundstoffbereich eine Milliarde DM Kreditmittel zuzuführen (297 Mill. Eisen und Stahl, 228 Kohlenbergbau, 242 Elektrizitätswirtschaft, 106 Gas, 77 Wasser, 50 Bundesbahn), womit Investitionsvorhaben in Höhe von 4,745 Milliarden DM durchgeführt werden konnten.

Koreakrise und Kaufkraftzuwachs hatten die Importe derartig wachsen lassen, dass die deutschen Handels- und noch mehr die **Zahlungsbilanz** stark **passiv** wurde, soweit sogar, dass der von der **Europäischen Zahlungsunion (EZU)** eingeräumte Kreditrahmen von 320 Millionen Dollar bald erschöpft war. Die Planwirtschaftler fühlten sich wieder einmal bestätigt. Was konnte der Wirtschaftsminister tun? - Er zog Liquidität ab, indem er die Mindestreserven erhöhte, die Rediskontierung von Bankakzepten beschränkte und den Diskont- und Lombardsatz von 4 auf 6 Prozent bzw. 5 auf 7 Prozent heraufsetzte. Die sozialistische Seite forderte, den Preissteigerungen müssten unbedingt Lohnsteigerungen folgen. Erhard konterte, dies sei sogar bei Preissenkungen möglich, wenn sich die Produktivität entsprechend steigere. Ebendies bedeute Marktwirtschaft.

Aussenwirtschaftlich brachte das Jahr, genauer: das zweite Quartal 1951, die Wende. Zwischen April und Juni wurde ein Aktivsaldo von 350 Millionen DM erwirtschaftet und leitete eine Entwicklung ein, die langfristig anhielt. Durch den stets verbesserten Ausgleich von Angebot und Nachfrage wurde der Preisanstieg gedämpft. Rohstoff- und Lebenshaltungskosten sanken. Sozialpolitischer Ausdruck dieser Aufwärtsentwicklung war das Ansteigen der Beschäftigtenzahl von 13,83 Millionen 1950 auf 15 Millionen 1952.

Im Zuge des Korea-Booms und der damit einsetzenden Rohstoffverknappung sowie Auslastung der westlichen Produktionskapazitäten, gelang es der deutschen Exportwirtschaft, auf dem Weltmarkt wieder Fuss zu fassen. Mit der Unterzeichnung des **Montanunion**-Vertrages am 18. April 1951 wurde nicht nur das Ruhrstatut abgelöst und die Bundesrepublik als gleichberechtigter Partner in die **Europäischen Gemeinschaft für Kohle und Stahl** aufgenommen, sondern dieser vom französischen Aussenminister Robert **Schuman** entworfene **Plan** sollte ausserdem den Anfang der europäischen Einigung darstellen. Sowohl international wie auch national befand sich die Bundesrepublik nun im Aufwind. Dies galt auch ökonomisch. Ende 1951 hatte die Bundesrepublik kaum mehr Probleme mit den Währungsreserven; ihr war der Wiederanschluss an die Weltwirtschaft gelungen.

9.2.2.2. Konsolidierung und Neuorientierung der Wirtschaftspolitik (1952-1958)

Nach den Jahren des Wiederaufbaus setzte im Zeitraum von 1952 bis 1958 im Rahmen der Sozialen Marktwirtschaft eine zweite Phase der wirtschaftlichen Entwicklung in der Bundesrepublik ein, die durch **hohe Wachstumsraten** des

Bruttosozialprodukts vor allem im Bereich der industriellen Produktion gekennzeichnet war. Innerhalb von weniger als zehn Jahren setzte sich die Bundesrepublik an die Spitze der Industrie- und Handelsnationen. Die neue Ordnung hatte sich durchgesetzt und bewährt.

Im Mai 1952 wurde der **Deutschlandvertrag** unterzeichnet, der die Bundesrepublik aus der „Vormundschaft" der westlichen Alliierten entliess und ihr de facto die **volle Souveränität** schon vor Inkrafttreten der Pariser Verträge (5. Mai 1955) gewährte, die für die Bundesrepublik nicht nur eine Eingliederung in das westliche Wirtschaftssystem, sondern auch eine Integration in eine Verteidigungsgemeinschaft vorsahen. Zuvor am 9. Juli 1951 beendeten die USA, Grossbritannien und Frankreich formell den Kriegszustand mit Deutschland; die UdSSR zog erst am 25. Januar 1955 nach. Teile der wiedergewonnenen Souveränität wurden in diesem Zeitabschnitt übernationalen Organisationen (Montanunion, NATO, EWG) übertragen.

Die Marktwirtschaft zeigte sich in diesen Jahren allen Anfechtungen gewachsen. Es war der SPD-Wirtschaftsexperte Karl Schiller, der 1952 im Dortmunder Aktionsprogramm die neue Wirtschaftsordnung mit der Formulierung *„Wettbewerb so weit wie möglich, Planung soweit wie nötig"* würdigte und sie somit im wesentlichen guthiess. Am 27. Juli 1957 trat das **Gesetz gegen Wettbewerbsbeschränkungen** in Kraft **(Kartellgesetz)**, das Kartelle mit einigen Ausnahmen verbot. Aufgrund der marktwirtschaftlichen Erfolge wurde die zunächst abgelehnte Wirtschaftsordnung von der SPD im September 1959 mit dem Godesberger Programm anerkannt. Damit schien die heftige Polarisierung der beiden grössten deutschen Parteien auf diesem Gebiet beendet.

Im Alltag werden die **„freie"** und die **„soziale" Marktwirtschaft** häufig verwechselt. Dies ist nichts weniger als die Verwechslung des amerikanischen mit dem deutschen Wirtschaftssystem. Es kann kein Zweifel bestehen, dass - wie bereits ausgeführt - dem Attribut „sozial" ganz besondere Bedeutung zukommt. Dieser soziale Aspekt fand in der positiven Gesetzgebung, in der Formulierung gesellschaftlicher Normvorschriften, einen reichen und deutlichen Niederschlag. In keinem Land der Welt wurde in den 1950-er Jahren so sozialreformerisch gewirkt wie in der Bundesrepublik Deutschland. Bestimmte Reformen, wie etwa die **Dynamisierung der Renten** im Jahre 1957, waren nirgendwo sonst zu dieser Zeit schon realisiert. Gerade diese Kombination sozialer Errungenschaften, wie sie in temporärem und keineswegs vollständigem Ausschnitt in Darstellung 85 festgehalten ist, bildet zusammen mit den festen wirtschaftspolitischen Grundsätzen (Stabilitätspolitik, antizyklische

Konjunkturpolitik, Ordnungspolitik etc.) genau jene spezifische gesellschaftspolitische Mischung, die allein Soziale Marktwirtschaft genannt zu werden verdient.

Darstellung 85: Die Sozialgesetzgebung 1949-1957

- Sozialversicherungsanpassungsgesetz (1949)
- Soforthilfegesetz (1949)
- 1. Wohnungsbaugesetz (1950)
- Gesetz über Hilfsmassnahmen für Heimwerker (1950)
- Bundesversorgungsgesetz (1950)
- Heimarbeitsgesetz
- Gesetz über Wohneigentum und Dauerwohnrecht
- Mitbestimmungs- und Kündigungsschutzgesetz
- Lastenausgleichsgesetz (1952)
- Mutterschutzgesetz (1952)
- Gesetz über die Festlegung von Mindestarbeitsbedingungen (1952)
- Schwerbeschädigtengesetz (1953)
- Betriebsverfassungsgesetz (1954)
- Kindergeldgesetz (1954)
- Gesetzgebung zur Sozialversicherung,
z B. Dynamisierung der Renten (1957)

9.2.2.3. Hochkonjunktur und fortgesetzter Neoliberalismus (1959-1966)

Zu Beginn der dritten Phase der wirtschaftlichen Entwicklung von 1959-1966 zeichneten sich Störungen im Wirtschaftsablauf ab. Die deutsche Kohlenwirtschaft geriet dadurch, dass Kohle billiger importiert und darüberhinaus zunehmend durch Öl substituiert wurde, in eine schwere Strukturkrise. Mehr als sieben Millionen Tonnen Kohle lagen auf Halde; diese Situation war für die Bevölkerung Jahre zuvor noch unvorstellbar. Staatliche Hilfen für Rationalisierungsmassnahmen in diesem Bereich wurden notwendig. Insgesamt stiegen Produktion und Konsum; es kam zu einer Überbeschäftigung und trotz der Masshalteappelle Erhards zu einer **Konjunkturüberhitzung**, bis 1966 der vorher durch den Sachverständigenrat aufgezeigte Konjunkturumschwung eintrat. Der Nachholbedarf der Nachkriegszeit war weitgehend gesättigt; die überdurchschnittlichen Wachstumsraten gingen auf ein normales Mass zurück. Politisch gesehen war diese letzte Phase der uneingeschränkten Sozialen Marktwirtschaft auch das Ende der CDU/CSU-Regierung unter Adenauer und Erhard.

Mit dem Regierungswechsel im Dezember 1966 und der folgenden Regierung der grossen Koalition von CDU/CSU/SPD unter Kanzler Kiesinger und Wirtschaftsminister Schiller begann auch eine neue wirtschaftspolitische Ära. Die marktwirtschaftliche Ordnung wurde beibehalten und um Elemente der gesamtwirtschaftlichen Rahmenplanung ergänzt (z.B. mittelfristige Finanzplanung, antizyklische Konjunkturpolitik, Globalsteuerung, Konzertierte Aktion, Leitziele im magischen Viereck etc.).

9.2.2.4. Das „Wunder" in der Krise und die neue Konzeption: Globalsteuerung (1967-1975)

Das im Anschluss an die Rezession der Jahre 1966/67 verabschiedete **Stabilitätsgesetz** forderte dann auch in Übereinstimmung mit Keynes eine **globale Wirtschaftssteuerung** zur Herstellung oder Aufrechterhaltung des gesamtwirtschaftlichen Gleichgewichtes.

Doch während es 1967 dem damaligen Wirtschaftsminister Karl **Schiller** auf Grundlage der keynesianischen Lehre gelang, einen Aufschwung nach Mass herbeizuführen, erwiesen sich die wirtschaftspolitischen Waffen von Keynes später als zu stumpf.

In Konsequenz der Tatsache, dass die Wirtschaft der Bundesrepublik nach dem Zweiten Weltkrieg 1966/67 erstmals eine leicht negative Wachstumsrate (BSP -0,2 Prozent) aufwies, sah sich die Bundesregierung zu umgehendem Handeln veranlasst. So wurde 1967 das sog. **Stabilitätsgesetz** erlassen, das auf drei wirtschaftspolitische Ziele ausgerichtet war, die man auch als „magisches Dreieck" bezeichnete: Vollbeschäftigung, Preisstabilität und aussenwirtschaftliches Gleichgewicht. Zur Durchsetzung der Wirtschaftspolitik bediente man sich neuer wirtschafts- und stabilitätspolitischer Instrumentarien, zu denen die folgenden gehörten:

- Antizyklische Konjunkturpolitik und Konjunkturausgleichsrücklagen
- „Konzertierte Aktion"
- Prognoseverfahren und Finanzpläne
- Jahreswirtschaftsberichte
- Globalsteuerung.

Bei den Konjunkturausgleichsrücklagen handelte es sich um Mittel, die zu Zeiten der Hochkonjunktur zurückgelegt, d.h. bei der Bundesbank fest- bzw. stillgelegt wurden, um sie bei absterbender Konjunktur zur Belebung einzusetzen nach dem Motto: Spare in der Zeit, dann hast du in der Not!

Unter Globalsteuerung versteht man die wirtschaftspolitische Lenkung makroökonomischer Grössen zur Stabilisierung der Wirtschaftsentwicklung. Voraussetzung dafür ist eine starke empirische Basis zur zuverlässigen Diagnostizierung und Prognostizierung der volks- und weltwirtschaftlichen Entwicklung sowie gesicherte Einsichten in den Wirkungsmechanismus finanz- und geldpolitischer Massnahmen. In den Regelkreis der Globalsteuerung gehören auch Präventiv- bzw. Begleitmassnahmen wie die erwähnte „Konzertierte Aktion", durch die mögliche Konflikte ausgeschaltet werden sollten. Dazu wurde in § 3 des Stabilitätsgesetzes ein Gremium vorgesehen, das den Versuch unternehmen sollte, eine gewisse Übereinkunft über die Einkommen und deren Verteilung zu finden. Teilnehmer waren Vertreter des Staates, der Arbeitgeber, der Arbeitnehmer, der Sachverständigenrat sowie Vertreter der Notenbank. Die Beschlüsse der Konzertierten Aktion waren nicht bindend, so dass ihre konjunkturpolitische Wirkung nicht überschätzt werden sollte. Die Gewerkschaften boykottierten schliesslich die Aktion.

In der Tat kam es nach 1967 wieder zu einer starken „Konjunktur" mit Wachstumsraten von bis zu 8,2 Prozent (1969), die sich jedoch Anfang der 70er Jahre wieder abschwächte, um bis Sommer 1973 erneut anzuziehen. Die Entwicklung mündet schliesslich - nicht zuletzt als Folge der Ölkrise von 1973 - in eine scharfe Rezession mit einem Rückgang der BSP um 1,8 Prozent. Unangenehme Begleiterscheinung des Booms war eine angestiegene Inflationsrate, und im Kontext des Abschwungs erreichte die Arbeitslosenquote erstmals in der Nachkriegszeit über 4 Prozent.

Die neue Finanzpolitik unter Karl Schiller war recht innovativ. Die antizyklische Beeinflussung der privatwirtschaftlichen Nachfrage erfolgte über die Variation der Gewinne nach Steuerabzug, d.h. durch Variation der Einkommen-, Lohn- und Körperschaftsteuer sowie auf dem Wege der Steuerung über die Veränderung der Kreditaufnahmebedingungen der öffentlichen Hand. Ferner versuchte man, die unmittelbare Staatsnachfrage im Wege der Konjunkturausgleichsrücklagen und durch langfristige Investitionsprogramme zu steuern und gab der öffentlichen Hand einen erweiterten Kreditrahmen. Über den Konjunkturrat und den Finanzplanungsrat sollte schliesslich die Koordination zwischen öffentlichen Haushalten und den Gebietskörperschaften verbessert werden.

In der Konsequenz führte die neue Finanzpolitik - in Verbindung mit der seit 1969 unter der sozial-liberalen Koalition besonders forcierten Verteilungspolitik - zu einer erheblichen Ausweitung der Staatsverschuldung, die der damalige Finanzminister **Möller** 1971 nicht mehr weiter mitzutragen bereit war und zurücktrat. Karl Schiller versuchte sodann als „Superminister“ einen prozyklischen Kurs der Konsolidierung der Staatsausgaben mit dem vorrangigen Ziel der Eindämmung der Inflation, doch gab die Ölkrise dem Preisauftrieb neuen Vorschub. Immerhin führte die beträchtliche Inflationsrate von 7 Prozent im Jahre 1973 dazu, dass endlich der Wechselkurs der DM gegenüber dem Dollar freigegeben wurde, wodurch der deutschen Geldpolitik neue Möglichkeiten eröffnet wurden, restriktive Massnahmen zu ergreifen.

Was die Lohnpolitik anbelangt, war es infolge der inflatorischen Schwankungen zunehmend schwieriger geworden, die Lohnzuwachsraten anzupassen. Arbeitnehmer und Gewerkschaften orientierten sich an den höheren Preisen und formulierten entsprechend hohe Forderungen. Die Arbeitgeber andererseits versuchten, die Lohnsteigerungen über die Preise abzuwälzen. Schliesslich erreichten die Tarifabschlüsse im öffentlichen Dienst Anfang 1974 12 Prozent, da man von einer zweistelligen Inflationsrate ausgegangen war. Es stellte sich jedoch bald heraus, dass der Erwartungswert wesentlich höher als der reale war. Die Reallöhne fielen nun so hoch aus, dass dies nicht ohne Konsequenzen für die Investitionstätigkeit blieb. Die Erscheinung, die man dann „Anspruchsinflation“ nennen sollte, führte also im Ergebnis zu einer starken Rezession, in deren Gefolge die Arbeitslosigkeit weiter zunahm. Staat und Gewerkschaften hatten das Sozialprodukt so stark strapaziert und die private Wirtschaft darauf mit Preiserhöhungen und nachlassender Investitionstätigkeit reagiert, dass insgesamt eine deutliche Lähmung der Wirtschaft eintrat, zumal es in der Folgezeit üblich blieb, zu hohe Ansprüche zu formulieren, ohne die gesamtwirtschaftliche Substanz adäquat zu berücksichtigen.

9.2.2.5. Ölpreisschock, „Grüne Welle“ und Übergang zum Monetarismus

Nach der Rezession im Jahre 1974/75 gab die Bundesregierung nicht weniger als 70 Milliarden DM aus, um die Konjunktur anzukurbeln und die Arbeitslosigkeit zu vermindern. Dennoch schwankte die jährliche Arbeitslosenrate um die 5 Prozent herum und auch später zeichnete sich keine Entlastung des Arbeitsmarktes ab. Die Wirtschaftspolitik kann eben nur **Investitionsanreize** in Form von Beihilfen und Steuernachlässen geben. Sie kann die Unternehmen nicht zum Investieren zwingen. Viele Unternehmen benutzen die Staatssubventionen auch zu arbeitssparenden Rationalisierungsinvestitionen, anstatt ihre Kapazitäten zu erweitern. Denn die unter nationalem und internationalem Konkurrenzdruck befindliche Industrie stand und steht unter dem Zwang einer ständigen Kostensenkung, was sicherlich auf der einen Seite die Leistungsfähigkeit und die technische Entwicklung fördert, auf der anderen Seite jedoch die sozialpolitische Gefahr arbeitsplatzsparender Investitionen (Rationalisierungs- und Auslandsinvestitionen als Antwort auf die hohen Lohnkosten) in sich birgt. Zwar ging **Keynes** von einer Flexibilität des Lohnniveaus auch nach unten aus, aber Lohnsenkungen erschienen auf Grund der bestehenden Machtverhältnisse illusorisch und nicht durchsetzbar (**„Anspruchsinflation“**). Die Senkung der Arbeitszeit bot hier eine mögliche Alternative.

Es blieb zunächst eben nur das Wirtschaftswachstum und eine Steigerung der Gesamtproduktion, um die durch Produktivitätsfortschritte freigesetzten Arbeitskräfte in den Arbeitsprozess zu reintegrieren. Die Bedeutung des wirtschaftlichen Wachstums für den Arbeitsmarkt ergibt sich aus dem Anteil der Nettoinvestitionen für Anlagen am Bruttosozialprodukt. Dieser Anteil betrug 1973 11 Prozent.

Doch neben der Schwierigkeit, wirtschaftliches Wachstum herbeizuführen, bestand das Problem, die erzeugten Güter wieder abzusetzen. Jeder Steigerung der Gesamtproduktion ist der Zwang zu einem höheren Konsum immanent. Hier stellt sich die Frage, ob die Bedürfnisse der Menschen auch ständig ansteigen, oder ob sie nicht erst durch geschickt angelegte Werbefeldzüge hervorgerufen und geweckt werden müssen, d.h. ob nicht der Prozess, der - wie es der amerikanische Wirtschaftswissenschaftler **Galbraith** formuliert - gewisse Bedürfnisse befriedigen soll, diese Bedürfnisse selbst erst erzeugt. Werbeausgaben von rund DM 30 Milliarden in der Bundesrepublik (das sind etwa 2,9 Prozent des Bruttosozialprodukts), zeigen an, dass Bedürfnisse, die dem Verbraucher erst zu Bewusstsein gebracht werden müssen, so dringlich nicht sein können. Angesichts solcher Überlegungen muss natürlich auch die **Konsumentensouveränität** als ein Grundgedanke der marktwirtschaftlichen Idee neu beleuchtet werden. Wird nicht der Konsument, dessen Aufgabe die Lenkung des Wirtschaftsprozesses ist, in gewisser Weise selber zum Geführten?

Auch die **Rohstofffrage** und die **Umweltbelastung** müssen bei dem Streben nach ständigem Wirtschaftswachstum beachtet werden. Untersuchungen zeigen, dass z.B. die Wirkung des Umweltschutzes durch ein ständiges Wirtschaftswachstum überkompensiert wird.

In den 1970-er Jahren die Verflechtung und die gegenseitige Abhängigkeit von Staat und Wirtschaft besonders im Energiebereich deutlich. Denn die Nutzung der Kernenergie ist angesichts der Milliarden-Investitionen nicht mehr nur eine energie-, sondern auch eine wirtschaftspolitische Frage. Die neue Orientierung an **ökologischen** Problemstellungen gewann in den späten 1970-er und in den 1980-er Jahren erheblichen Aufwind und führte auch zu parlamentarischer Verankerung der „grünen Bewegung" auf Bund-, Länder- und kommunaler Ebene.

Seit etwa 1976 folgte die Wirtschaftspolitik der Bundesrepublik einer geänderten Konzeption. Voraussetzungen dafür wurden u.a. mit dem Zerfall des Währungssystems von Bretton Woods im März 1973 geschaffen, die den grösseren geldpolitischen Handlungsspielraum für den Umschwung brachte. Anstelle der Makrosteuerung versuchte man nun eine regelgebundene, am Produktionszuwachs orientierte und so mittelfristig preisniveaustabilisierende Geldmengenpolitik. Die Globalsteuerung war in eine am **Monetarismus** orientierte Konzeption übergegangen.

Gleichwohl gelang die gewünschte Stabilisierung nicht. Der Wachstumsschub, der 1976 sichtbar wurde, ging bald in eine Schwächeperiode über, die jedoch auch extern begründet war (**zweiter Ölpreisschock 1980**). Der absolute Rückgang des Welthandelsvolumens und anhaltende binnenwirtschaftliche Probleme (Preisniveau 1980: 5,3 Prozent; anhaltend hohe Arbeitslosigkeit etc.) führten zu einer **Stabilisierungskrise** und **Rezession**. In dieser Zeit kam dann auch die politische „Wende". Die Arbeitslosenzahl von zwei Millionen wurde (allerdings bei ständig zunehmender Erwerbsbevölkerung) 1982 erreicht und seitdem kaum mehr unterschritten.

Ein finanzpolitisch latentes Problem blieb die **Staatsquote** bzw. das **Haushaltsdefizit**. Nach dem Regierungswechsel wurde eine quantitative Konsolidierung der öffentlichen Haushalte auf der Ausgabenseite versucht, die immerhin zu einer Reduzierung der Neuverschuldung führte. Die qualitative Konsolidierung, insbesondere die steuerliche Entlastung der Einkommen, wurde jedoch kaum erreicht, da die ständig steigenden Sozialbeiträge die stufenweise Einkommensteuersenkung konterkarierten.

Der einem Wettbewerbssystem immanente Zwang zur Kostensenkung, zur Entwickung neuer Produkte und neuer Technologien und überhaupt zur Marktanpassung, fördert sicherlich auch die Bildung von Grossunternehmen und Konzernen. So ist festzustellen, dass sich der **Konzentrationsprozess** seit

1969 beschleunigt hat. Zwar lässt sich nicht exakt feststellen, ob die Wettbewerbsintensität abgenommen hat, da der Wettbewerb über die nationalen Grenzen hinausreicht, aber multinationale Grossunternehmen haben die Möglichkeit, sich der Kontrolle nationaler Wirtschaftspolitik zu entziehen. Die aus öffentlichem Interesse, d.h. vor allem arbeitsmarktpolitischen Gründen stattfindenden Steuernachlässe und die Sozialisierung von Verlusten führen zudem zu einer Ungleichbehandlung grosser und kleiner Betriebe.

In den 1980-er Jahren wurden **wettbewerbspolitisch** kaum Fortschritte erzielt wurden. So stiegen z.B. die Subventionen für unrentable wirtschaftliche Bereiche rapide an, wie der Sachverständigenrat in seinem Jahresgutachten 1989/90 beklagte. Ferner nahm die Tendenz zur **Unternehmenskonzentration** deutlich zu. Das Bundeskartellamt war kaum in der Lage, riesige Zusammenschlüsse und die Bildung neuer Konzerne zu verhindern. Im Revolutionsjahr 1989 lag die Zahl der Unternehmenszusammenschlüsse bei der traurigen Rekordzahl von 1414. Marktbeherrschende Positionen sind in fast allen Branchen an der Tagesordnung. Hier wurde oft auf den Erhalt der globalen Wettbewerbsfähigkeit hingewiesen. In der Tat ist seit der Mitte der 1980-er Jahre eine zunehmende Rücksichtnahme auf den internationalen Zusammenhang festzustellen. Für die Europapolitik galt dies in besonderem Masse.

9.3. Resümee

Deutschland war zwar 1945 in weiten - den strategisch wichtigen - Teilen zerstört und verlor neben seinem industriellen Potential auch Know-how-Ressourcen, Patente etc. Und nicht nur bei Carl Zeiss Jena sagten die Amerikaner 1945: *„We take the brain"* und deportierten führende Köpfe des Unternehmens bzw. nahmen brisante Unterlagen - hochtechnologisches Wissen vieler Jahrzehnte - einfach mit.

Es ist jedoch nicht zu übersehen, dass ein Grundstock an Know-how und innovativ-intellektuellen und kognitiven Kapazitäten vorhanden war, der - wenn die Rahmenbedingungen stimmten - schnell genutzt werden konnte. Sicher waren die materiellen Anschubhilfen (Marshallplan etc.) wichtig, aber von noch grösserer Bedeutung war möglicherweise die **Adaptions- bzw. Imitationsfähigkeit** der deutschen Wirtschaft, also die generelle Voraussetzung zum **catching-up**. Die Westzonen versuchten, schnellstmöglich Anschluss an den amerikanischen Vorsprung zu erlangen und dies setzte ein hohes technologisches Know-how und eine differenzierte und tiefe Wissensstruktur voraus. Dass dieses Potential bei Kriegsende in der östlichen Zone ebenfalls in mindestens gleichem Masse vorhanden war, dann jedoch nicht auf denselben günstigen Nährboden fiel, da die Sowjetunion ein unflexibel-statisches und zudem stärker monostrukturiertes System aufbaute, gehört zu den tragischen Facetten der deutschen Nachkriegs-Wirtschaftsgeschichte. Während Russland auf den Ausbau der Schwer- bzw. Produktionsgüterindustrie setzte und die östliche Zone über die zentralverwaltungswirtschaftliche Planung „gleichschaltete", versuchte man in Westdeutschland und Westeuropa sowohl das Management fortschrittlich und weitenteils amerikanisch auszurichten als auch konsumorientiert zu wirtschaften. Dazu waren Investitionen erforderlich, für die die **Rahmenordnung**, insbesondere die **Steuergesetzgebung**, die nötigen Anreize bzw. Spielräume zu schaffen hatte. Die Steuergesetzgebung nach der Währungsreform 1948 sah denn auch grosszügige Abschreibungshilfen ebenso vor wie sie Zusatzleistungen prämierte (wie z.B. steuerfreie Überstundenverdienste).

Hinzu kam - und dies ist nicht unwesentlich - dass die erreichten beträchtlichen Produktivitätszuwächse nicht sofort wieder durch noch stärkere Lohnzuwächse „aufgefressen" wurden, sondern die Gewerkschaftsverbände erstaunliche Einsicht übten, so dass gelegentlich in der neueren Literatur von einem **„Wachstumsbündnis"** die Rede ist, das die gelegentlich als „Wunder" bezeichnete wirtschaftliche Entwicklung der 1950-er und 1960-er Jahre kennzeichnete. Zu dieser relativ verhaltenen und im Ganzen konstruktiven Haltung der Gewerkschaften trug sicher die konsequente Stabilitätspolitik dieser Jahre bei. Durch die Preisstabilität blieb den Arbeitnehmern ihr nicht unbeträchtlich steigendes Nominaleinkommen auch real erhalten und verlieh ihnen Spar- und Konsummöglichkeiten, die der Gesamtwirtschaft zweifellos förderlich waren, zumal die Sättigungsgrenzen etwa im Bereich der langlebigen Konsumgüter noch in jahrzehnteweiter Ferne lagen.

Es wäre jedoch zu kurzatmig, die vehemente Nachkriegs-Wirtschaftsentwicklung nur auf günstige materielle Konstellationen zurückzuführen. Der psychologische Faktor sollte nicht übersehen werden. Lebensberichte aus der Nachkriegszeit und der Frühphase der zweiten deutschen Republik lassen es angezeigt erscheinen, auch die starken **mentalen Kräfte** zu betonen, die durch den endlich erlangten Frieden freigesetzt wurden. Disziplinierte Leistungsbereitschaft, zurückgeschraubte Erwartungshaltung, das Interesse an der Gestaltung einer friedlichen demokratischen Ordnung, diese Grundhaltung einer im physiologischen und ideell-psychischen Sinne hungernden Bevölkerung mag neben den sich zunehmend günstiger gestaltenden materiellen Bedingungen als ein wesentliches Element einer Entwicklung angesehen werden, die den

Zeitgenossen subjektiv zwar wunderhaft erschienen sein mag, die es aber bei objektiver Betrachtung nüchterner wirtschaftlicher Instrumentarien und Zusammenhänge nicht gewesen zu sein braucht. Das gegenseitige Aufschaukeln von Produktivitätszuwächsen und Investitionsentscheidungen, das zumindest bis zur Krise 1967 die Wirtschaft prägte, war gewiss bemerkenswert, aber keinesfalls so einmalig, wie es der Begriff „Wunder" glauben machen will. Dass es der kriegsgebeutelten und ausgehungerten Bevölkerung, die den scharfen Winter 1946/47 überlebt hatte, subjektiv so vorkam, ist nachvollziehbar. Doch nahezu einmalig waren die internationalen Rahmenbedingungen. Die langjährige Unterbewertung der Deutschen Mark stärkte die Position der deutschen Exporteure und begünstigte ihre Tauschfähigkeit, die *terms of trade*. Diese nachhaltige Tauschfähigkeit wurde zu grössten Teilen auf stark expandierenden Märkten in unmittelbarer europäischer Nachbarschaft realisiert - mithin auf den Wachstumsmärkten des dritten Viertels des 20. Jahrhunderts schlechthin. So gesehen zahlte sich die diplomatische Öffnung nach Westen und die Konsequenz der deutschen Europapolitik nicht nur politisch, sondern geradezu in barer Münze aus. Die Westintegration mit EZU, EWG usw. brachte ein Markt- bzw. Nachfragepotential mit sich, das zügiges Investieren im Produktions- und Konsumgüterbereich geraten und das Risiko annehmbar erscheinen liess. Bessere Bedingungen für ein zügiges catching-up waren vorher und nachher nie vorhanden. Es spricht demzufolge einiges dafür, das sogenannte „Wirtschaftswunder" nicht allein einer zweifellos erfolgreichen und mutigen Wirtschafts- und Finanzpolitik in Deutschland zuzuschreiben, sondern einer **selten günstigen Konstellation** binnen- und aussenwirtschaftlicher, politischer und mentaler Bedingungen in einer sich (vor allem auch sektoral) stark wandelnden und modernisierenden Wirtschaft und Gesellschaft.

So gesehen ist der These zuzustimmen, dass mit Blick auf die Zeit zwischen zweiter Republikgründung und Wende die erste Halbzeit viel stärker das Odium des Ungewöhnlichen, Ausserordentlichen, ja historisch Singulären trug als die Zweite, die eher ein gerüttelt Mass an Normalität aufwies. Dass ein solches „Wunder" zwar wohl etwas Besonders aber kaum spezifisch Deutsches war, lässt sich nicht zuletzt an der ähnlich „wundersamen" Entwicklung der japanischen Wirtschaft ablesen, die in den 1970er Jahren sich anschickte, die amerikanischen und europäischen Anbieter im globalen Wettbewerb auf den Plan zu rufen. Es war höchste Zeit, die etwas selbstgefällig und undynamisch gewordenen, in Sachen Produktivitätsentwicklung und catching-up sowie Imitationsfähigkeit zurückfallenden Europäer wachzurütteln. Ein gewisser Grad an Wachheit ist seither wohl nicht zu verleugnen, wobei die asiatische

Herausforderung zu einem verstärkten und generellen Nachdenken über den Wettbewerb der Systeme führte. Dass dabei das asiatische den anderen nicht unbedingt überlegen ist, zeigte die Entwicklung des Jahres 1998.

Literatur:
Abelshauser, Werner: Wirtschaftsgeschichte der Bundesrepublik Deutschland 1945-1980, Frankfurt/M. 1983; **Berghahn**, Volker: Unternehmer und Politik in der Bundesrepublik, Frankfurt/M. 1985; **Crafts**, Nicholas/**Toniolo**, Gianni (Eds.): Economic Growth in Europe since 1945, Cambridge 1996; **Klump**, Rainer: Wirtschaftsgeschichte der Bundesrepublik Deutschland. Zur Kritik neuerer wirtschaftshistorischer Interpretationen aus ordnungspolitischer Sicht, Stuttgart 1985; **Lindlar**, Ludger: Das missverstandene Wirtschaftswunder. Westdeutschland und die westeuropäische Nachkriegsprosperität, Tübingen 1997; **Schulz**, Günther: Wiederaufbau in Deutschland. Die Wohnungsbaupolitik in den Westzonen und der Bundesrepublik von 1945 bis 1957, Düsseldorf 1994; **Winkel**, Harald: Die Wirtschaft im geteilten Deutschland 1945-1970, Wiesbaden 1974.

Prüfsteine:
1. Welche wirtschaftspolitischen Vorstellungen hatte die sog. „Freiburger Schule“? Wer gehörte diesem Kreis an?
2. Charakterisieren Sie kurz das ordnungspolitische Konzept Walter Euckens!
3. Welche Vorstellungen hatte Alfred Müller-Armack von der Sozialen Marktwirtschaft?
4. Was versteht man unter Globalsteuerung?
5. Worin besteht das Soziale in der Sozialen Marktwirtschaft?

10. Ostdeutschland 1945 bis 1989

10.1. Die Entwicklung in der Sowjetischen Besatzungszone (SBZ) von 1945 bis 1948/49

10.1.1. Neustrukturierung unter sozialistischem Vorzeichen

Wie bereits erwähnt, konstituierte sich am 30. August 1945 das einzige Gesetzgebungsorgan der vier Besatzungszonen, der **Kontrollrat**. Er versuchte, die Entwicklung in den einzelnen Zonen übereinstimmend zu regeln (Gebot der einstimmigen Entscheidung), scheiterte jedoch an den wachsenden Differenzen der Alliierten untereinander.

Die Eigenwilligkeit des Gouvernements der **Sowjetischen Besatzungszone** wurde bereits am 21. Juli 1945 deutlich, als alle Sparkassen und Banken entschädigungslos enteignet wurden. Die Enteignung des Gutsbesitzes und des Industrie- und Handelspotentials folgte am 3. bzw. 30. September 1945. Rund ein Viertel des Industriebesitzes wurde in **Sowjetische Aktiengesellschaften** (SAG) umgewandelt („Juristische Demontage" ab 5. Juni 1945). Auf Initiative der bereits im Juni 1945 aus Moskau eingeflogenen kommunistischen Funktionäre Ulbricht, Pieck, Sobotka und Ackermann-Matern, wurde am 21./22. April 1946 ein Bündnis zwischen SPD und KPD erzwungen und die Sozialistische Einheitspartei Deutschlands (SED) gegründet. Die Grenzsperre zwischen der sowjetischen und den westlichen Zonen am 30. Juni 1946 machte die Forderung der Sowjets nach wirtschaftlicher Selbständigkeit besonders deutlich. Als Reaktion auf die Ablehnung der Russen, alle Besatzungszonen wirtschaftlich zu vereinigen, dokumentierten die Briten und Amerikaner politisch-wirtschaftliche Solidarität und schlossen sich zur sogenannten **Bizone** zusammen.

Als Zentralinstanz zur Durchsetzung der Wirtschaftspolitik der SED wurde am 14. Juni 1947 die **Deutsche Wirtschaftskommission** (DWK) gegründet. Zur selben Zeit entstanden die ersten **Volkseigenen Betriebe** (VEB) aus denjenigen Unternehmen, die nicht in eine SAG umgewandelt wurden. Schon 1947 war abzusehen, was am 20. März 1948 zur Tatsache wurde: die Funktionsunfähigkeit des Kontrollrats durch den Auszug des sowjetischen Vertreters, Marschall Sokolowski. Der „Kalte Krieg" erhielt erstmals einen sichtbaren Stempel. Einen weiteren Meilenstein auf dem nunmehr endgültig getrennten

Weg stellte im Mai 1948 die Errichtung des Bank-Zentralinstituts „Deutsche Emissions- und Girobank“ in der SBZ dar.

10.1.2. Kriegsfolgelasten und Demontagen

Die **Demontagen** der Sowjets erfolgten in mehreren Abschnitten und konzentrierten sich teilweise sogar auf industrielle Kapazitäten, die für eine Friedenswirtschaft unentbehrlich waren wie z.B. Textil-, Papier- und Zuckerfabriken. Von Mai bis Anfang Juli 1945 erweiterte die Besatzungsmacht ihr Demontagegebiet, so dass Betriebe aller Grössenordnungen und Branchen in der gesamten Zone betroffen waren. Die zweiten Gleise der Eisenbahn blieben davon ebenfalls nicht verschont. Vom Frühjahr bis Spätsommer 1946 wurden 200 grosse Industriebetriebe nach einer vorbereiteten Liste demontiert. Obwohl Marschall Sokolowski bereits am 21. Mai 1946 die Demontage für abgeschlossen erklärt hatte, wurden von Oktober 1946 bis Frühjahr 1947 weitere Grosswerke abgebaut, wie z.B. die Zeiss-Werke Jena und verschiedene Kraftwerke. Von einer neuen Demontagewelle ab Herbst 1947 wurde v.a. die Grundstoffindustrie betroffen (Braunkohlewerke).

Bereits seit dem 5. Juni 1946 wurden rund 200 Grossbetriebe der Metallurgie, Chemie und des Maschinenbaus in Sowjetische Aktiengesellschaften umgewandelt, also in unbeschränktes Eigentum der Siegermacht überführt. Sie blieben zwar von der Demontage verschont, jedoch fehlte ihre Produktion der mitteldeutschen Industrie jahrelang. Zu einem Rückkaufpreis von insgesamt drei Miliarden Mark gingen die Sowjetischen Aktiengesellschaften bis 1954 wieder in das Eigentum der DDR über.

Die Demontageverluste zwischen 1945 und 1950 werden auf ca. 6,9 Milliarden Mark geschätzt. Dieser Verlust betrug etwa 40 Prozent der mitteldeutschen Industriekapazität von 1936. Da die sowjetische Besatzungsmacht weitaus grössere Verluste hatte hinnehmen müssen als die anderen Alliierten, beanspruchte sie aus ihrer Zone und von der Gesamtzone wesentlich mehr als die Westmächte. So gingen 1946/47 an die Sowjets 26 Prozent des gesamten Zoneneinkommens. Kriegsfolgelasten im Sinne von Reparationen aus laufender Produktion entstanden durchschnittlich mit ca. 4 Milliarden Mark für 1948 (vgl. Darstellung 86).

Trotz solcher Auflagen hatte die Industrieproduktion 1946 bereits 60 Prozent des Vorkriegsstandes von 1936 erreicht (westliche Besatzungszonen: 35).

Darstellung 86: Reparationen in materieller Form der SBZ/DDR an die Sowjetunion seit 1948

1.700.000	Schreibmaschinen (seit 1960) vom Kombinat Robotron Dresden
600.000	Getriebemotoren vom Kombinat Elektromaschinenbau Dresden
200.000	Fernschreiber vom Kombinat Nachrichtentechnik
120.000	Werkzeugmschinen, darunter:
7.000	Grossdrehmaschinen vom Drehmaschinenwerk Karl-Marx-Stadt
100.000	Saatgutreinigungsanlagen vom Kombinat Landmaschinen Neustadt
75.000	Schienenfahrzeuge vom Kombinat Schienenfahrzeuge, darunter
38.000	Schienenfahrzeuge (Kühlwagen) vom Waggonbau Dessau
50.000	Dieselmotore vom Schwermaschinenbaukombinat Magdeburg
40.000	selbstfahrende Feldhecksler vom Kombinat Neustadt
40.000	selbstfahrende Schwadmäher vom Kombinat Neustadt
40.000	Kartoffelerntemaschinen vom Kombinat Neustadt
40.000	Drucker vom Robotron-Büromaschinenwerk Sömmerda
35.000	Halmfutterkomplexe vom Kombinat Landmaschinen Neustadt
34.000	LKW W50 vom Automobilbau Ludwigsfelde
10.000	Buchungs- und Fakturierautomaten „Robotron 1720" vom Büromaschinenwerk Sömmerda
10.000	Verpackungsmaschinen vom Kombinat Nagema Leipzig
5.000	Strickmaschinen vom Strickmaschinenwerk Karl-Marx-Stadt
5.000	Membranpumpen vom Betrieb Thuringia Sonneberg
3.700	Hochsee- und Binnenschiffe in 76 Typen, darunter
2.700	Fischereischiffe in 28 Typen, davon
1.332	Fischereischiffe von der Volkswerft Stralsund
732	Binnenschiffe von der Elbe-Werft Rosslau
182	Hochseeschiffe von der Mathias-Thesen-Werft Wismar
150	Hochseeschiffe von der Warnowwerft Rostock (seit 1958)
34	Binnenfahrgastschiffe von der Elbe-Werft Boizenburg
10	Schwimmbagger von der Neptun-Werft Rostock
3.000	Raupendrehkrane vom Förderanlagenbau Magdeburg
3.000	Eisenbahnkrane vom Kirow-Werk Leipzig
2.500	Hafenkrane vom Kranbau Eberswalde
1.700	Industrielokomotiven (bis 260 t) vom Lokomotivbau Henningsdorf
1.000	Hydraulikbagger vom Schwermaschinenbau Norbas Nordhausen
750	Fliesenpressen vom Betrieb Thuringia Sonneberg
350	automatische Fertigungslinien für Konservendosen vom Blechbearbeitungswerk Aue
200	Druckmaschinen vom Druckmaschinenwerk Plauen
100	Grossrechner (Typ EC 1040) vom Kombinat Robotron Dresden
70	Schaufelradbagger für Tagebaue vom Lauchhammerwerk Lauchhammer
40	komplette Zementwerke vom Schwermaschinenbaukombinat Magdeburg
33	Erdölaufbereitungsanlagen (Jahreskapazität je 3 Millionen t) vom Kombinat Chemieanlagenbau Leipzig
30	komplette Walzstrassen (Jahreskapazität bis zu je 0,5 Millionen t) vom Schwermaschinenkombinat Magdeburg

Quelle: Schneider, Gernot: Wirtschaftswunder DDR. Anspruch und Realität, 2. Aufl., Köln 1990, S. 34 f.

10.1.3. Bodenreform und Zwangskollektivierung

Auf Betreiben der sowjetischen Besatzungsmacht und auf Grund von Verordnungen über die damaligen fünf Provinzialverwaltungen sollten alle Privatbetriebe über 100 ha Betriebsfläche sowie Betriebe von *„Kriegsverbrechern und Naziaktivisten"* entschädigungslos enteignet werden. Bis 1. Januar 1949 wurden 7.112 Privatbesitzer enteignet, die mehr als je 100 ha Land besassen (= 2,5 Millionen ha) und 4.278 Betriebe mit weniger als 100 ha (= 124.000 ha), zusammen also 2,624 Millionen ha.

Davon wurden ca. 2,2 Millionen ha wieder an Bauern, Vertriebene, Arbeiter und Handwerker verkauft, die bar oder in natura in Raten mit einer Laufzeit bis zu 20 Jahren bezahlen konnten. Die Landzuteilungen wurden beurkundet und ins Grundbuch eingetragen. Mit dem Befehl 209 der Sowjetischen Militär-Administration in Deutschland (SMAD) wurde eine Neubauernprogramm initiiert, welches zinsgünstige Kredite im Gesamtbetrag von nahezu einer Milliarde Mark vergab. Rund 550 Grossbetriebe wurden als Spezialbetriebe in „Volkseigentum" verwandelt: Die **„Volkseigenen Güter" (VEG)** waren entstanden, die in der **„Vereinigung Volkseigener Güter" (VVG)** zusammengeschlossen wurden. Sie entstanden auf ca. 3 Prozent der landwirtschaftlichen Nutzfläche der SBZ. Ihr Schwerpunkt lag in der Saat- und Tierzucht. Trotz der relativ geringen Zahl der VEG wurde ihnen jedoch im ideologisch-politischen Zusammenhang grosse Bedeutung zuteil.

Damit war die erste Phase der Wandlung der mitteldeutschen Agrarstruktur beendet. Die neu entstandenen landwirtschaftlichen **Kleinbetriebe** widersprachen nun aber ganz der marxistisch-leninistischen Theorie, wonach der Kleinbetrieb die erstrebenswerte Entwickung der gesellschaftlichen Produktivkräfte naturnotwendig ausschliesst. Also mussten sozialistische Grossbetriebe die Kleinbetriebe ersetzen.

Die Bildung von Maschinen-Ausleih-Stationen (MAS) 1945/46 und ab 1953 der staatlichen Maschinen-Traktoren-Stationen (MTS) dienten der Unterstützung der Bauern und Neubauern. Landwirtschaftliche Produktionsgenossenschaften (LPG) entstanden ab 1952. Es existierten drei Typen, die sich u.a. durch den Grad der Vergesellschaftung der Produktionsmittel unterschieden. Die LPG wurden offiziell durch Begünstigungen wie Senkung des Ablieferungssolls, bevorzugte Kreditgewährung und Steuerermässigungen dermassen gefördert, dass allen ausserhalb stehenden Landwirten langsam die Existenz entzogen wurde. Die Zwangskollektivierung verlief in unterschiedlichem Tempo ab Juli 1952, bis am 14. April 1960 der letzte Bezirk die **„Vollsozialisierung“** melden konnte, die jedoch, wie wir heute wissen, in Wirklichkeit nie erreicht wurde.

10.1.4. Die östliche Währungsreform (24. Juni 1948)

Drei Tage nach dem Westen und unter Ablehnung der neuen DM (Befehl Nr. 111 der Sowjetischen Militär-Administration) führte die Sowjetische Besatzungszone am **24. Juni 1948** eine eigene **Währungsreform** durch. Aufgrund ihres ohnehin bestehenden Kontroll- und Zuteilungssystems war es ihr möglich, die Umstellungsregelungen weitaus elastischer zu handhaben als die Westzonen. Etwa zur selben Zeit begann in **Berlin** die **Blockade** durch Stillegung von Eisenbahnverkehr und Betrieben.

Auch im Zuge der Währungsreform kam es zu **Enteignungen**, indem Guthaben über 1000 DM auf Spar- und laufenden Konten, die vor dem 9. Mai 1945 entstanden waren, im **Verhältnis 10:1** umgewertet wurden. Der Neuwert wurde in eine Anleihe umgewandelt und Guthaben, die auf „Kriegsgewinne und Spekulationen“ zurückzuführen waren, gelöscht. Im Übrigen galten folgende Umtauschrelationen: 100 RM tauschte man 1 : 1. Beträge bis zu 1000 RM 5 : 1 und bei 5000 und mehr RM war ein Nachweis erforderlich, woher das Geld stammte.

10.1.5. Erste Planversuche

Nachdem die **Deutsche Wirtschaftskommission** durch den SMAD-Befehl Nr. 32 vom 12. Februar 1948 das Recht erhalten hatte, wirtschaftliche Verordnungen für die gesamte SBZ zu erlassen, machte sie sogleich von ihrem Recht Gebrauch und stellte für Juli bis Dezember 1948 einen **Halbjahresplan** auf. Dieser Übergangsplan betraf nur die zu dieser Zeit überaus wichtige **Grundstoffindustrie**, wobei prozentuale Steigerungsraten bereits als Planziele benutzt wurden. Im Juli 1948 begannen schon die Vorbereitungen für den als **„Anlaufplan“** gedachten **Zweijahr-Plan 1949/50**.

Nach der Annahme der DDR-Verfassung am 19. März 1949 wurde diese am 30. Mai vom 3. Volkskongress bestätigt. Der vom Volkskongress neugewählte Volksrat konstituierte sich am 7. Oktober 1949 als „Deutsche Volkskammer“ und setzte die Verfassung in Kraft. Die **Trennung Deutschlands** in Bundesrepublik und Demokratische Republik war **endgültig vollzogen**.

10.2. Die DDR 1948/49-1989

10.2.1. Die Institutionalisierung der Zentralverwaltungswirtschaft

10.2.1.1. Die verfassungsmässige Verankerung des Wirtschaftssystems

Werfen wir zunächst wieder einen kurzen Blick auf das (östliche) Grundsystem, d.h. die rechtliche Ordnung, das Verhältnis von Staat und Gesellschaft und die Stellung von Gruppen und Organisationen.

Da **Marx** das Privateigentum an den Produktionsmitteln als eigentliche Quelle der Ausbeutung ansah und hinter dem Wettbewerb Anarchie erblickte, wurden in der **Verfassung** der DDR in Art. 9, Abs. 1 das Gemeineigentum an den Produktionsmitteln festgelegt und in Abs. 3 desselben Artikels die sozialistische Planwirtschaft vorgeschrieben, *„in der zentrale staatliche Leitung und Planung der Grundfragen der gesellschaftlichen Entwicklung mit der Eigenverantwortung der örtlichen Staatsorgane und Betriebe sowie der Initiative der Werktätigen verbunden ist“*. Solche Regelungen verleihen dem **System zentraler Wirtschaftsplanung** gesetzliche Kraft. Darüber hinaus werden auch die Preise beinahe sämtlicher Güter und die Löhne und Tarife (mit Hilfe eines Lohngruppenkataloges) zentral festgelegt. Ein Verstoss gegen die festgesetzten Preise und Löhne galt als Verstoss gegen eine gesetzliche Regelung.

Da in der Staats- und Wirtschaftsordnung der DDR und anderer sozialistischer Staaten des Ostblocks die Trennung zwischen Staat und Gesellschaft bzw. Staat und Wirtschaft formell aufgehoben war (nach der Staatsauffassung von Marx), veränderte sich auch die Stellung und Bedeutung der Organisationen und Gruppen. Die Gewerkschaften z.B. sind nach sozialistischem Selbstverständnis nicht die Interessenvertreter der Arbeiter und Werktätigen - da diese ja der Ideologie nach zur herrschenden Klasse geworden sind - sondern stehen quasi im Dienste der politischen Machthaber und haben instrumentalen Charakter. Sie sollen durch erzieherische und organisatorische Massnahmen zur Verwirklichung des sozialistischen Menschen und der sozialistischen Gesellschaft beitragen. Ihre Aufgaben lagen z.B. in der Organisation von Vortragsveranstaltungen und von Reisen ganzer Arbeitskollektive, sowie in der Festlegung der Löhne im Zusammenhang mit Rahmenkollektivverträgen, die zwischen den wirtschaftsleitenden Organen und den zuständigen Gewerkschaften des FDGB für die einzelnen Wirtschaftszweige geschlossen wurden. Grundlage solcher Rahmenkollektivverträge war aber immer der zentral festgelegte Lohngruppenkatalog (an seiner Abfassung waren der Ministerrat, aber auch die Gewerkschaften beteiligt), der eine Differenzierung der Arbeitslöhne nach der volkswirtschaftlichen Bedeutung der Wirtschaftszweige und der Betriebsklassen vorsah. Ein einheitliches Tarifsystem für alle Werktätigen existierte nicht. Die Festsetzung der Löhne und Tarife zeigt den instrumentalen Charakter der Gewerkschaften bezüglich der Durchsetzung der von der politischen Zentrale aufgestellten Ziele und Aufgaben.

10.2.1.2. Das staatliche Aussenhandels- und Valutamonopol

Bereits mit Gründung der DDR 1949 hatte es die SED-Führung erreicht, dass mehr als die Hälfte des produzierten Nationaleinkommens (Sozialprodukts) durch **Staatsbetriebe** realisiert wurde. 1986 waren es dann 90 Prozent. Die Wirtschaft war somit fast vollkommen **staatlich kontrolliert**.

Einen besonders sensiblen Bereich stellten in diesem Zusammenhang die **Aussenbeziehungen** dar. Der Machtgewinn bedurfte der Absicherung vor ausländischem Einfluss, so dass Massnahmen eingeleitet werden mussten, den Zu- und Abfluss von Gütern und Geld lückenlos zu überwachen. Durch die Wahl des Plans bzw. der Planbilanzen als Knappheitsindikator anstelle des Preises verzichtete man auf die Signale der internationalen Märkte. Damit verbunden war eine abnehmende Wettbewerbsfähigkeit. Der weitgehend vom Westen isolierte Inlandsmarkt konnte sich in eine bequeme Monopolstellung zurückziehen. Damit entfiel auch der Zwang zur ständigen Marktanpassung und zur Innovation bzw. Diversifizierung.

Die Kontrolle des Binnenmarkts konnte nur über die Monopolisierung der Aussenbeziehungen, das heisst über ein **Aussenhandels- und Valutamonopol,** erreicht werden, das dann auch bereits durch die sowjetischen Besatzungstruppen in deren Besatzungszone eingeführt wurde. Hiermit verbunden war auch die Möglichkeit der Instrumentalisierung des Aussenhandels, nämlich sein Einsatz als aussenpolitische Waffe[97].

Die Institutionalisierung des Aussenhandelsmonopols erfolgte zunächst dadurch, dass die Verwaltung für Aussenhandel bei der Sowjetischen Militäradministration Export- und Importgenehmigungen erteilte und die Initiative zur Anbahnung von Handelsbeziehungen zum Ausland ergriff. Im Juni 1947 entstand dann die Deutsche Verwaltung für Interzonen- und Aussenhandel, die

[97] Schneider, Gernot: Wirtschaftswunder DDR. Anspruch und Realität, 2. Aufl., Köln 1990, S. 24 f.

die Sicherung des Aussenhandelsmonopols durchzuführen hatte und im Frühjahr 1948 der Deutschen Wirtschaftskommission (DWK) unterstellt wurde. Hinzu kam im April 1948 die Deutsche Handelsgesellschaft mbH. In ihr war ein Fachdirektor für die Interzonen- und Aussenhandelsverträge zuständig. Ab Juni 1949 gingen aus der Handelsgesellschaft die ersten staatlichen Aussenhandelsunternehmen hervor, die dem Ministerium für Innerdeutschen Handel, Aussenhandel und Materialversorgung (MIAM) administrativ zugeordnet wurden. Später (1974) wurde das staatliche Aussenhandelsmonopol als Verfassungsgebot fixiert.

Das **Valutamonopol** versuchte man bereits 1945 durch die Schliessung der alten Banken und Sparkassen und die Sperrung der vor dem 9. Mai 1945 entstandenen Guthaben organisatorisch durchzusetzen. An ihrer Stelle entstanden nach einem SMAD-Befehl vom 23. Juli 1945 über die „Neuorganisation der deutschen Finanz- und Kreditorgane" neue staatliche Provinzial- und Landesbanken sowie Sparkassen auf Landesebene, wodurch die Finanzströme der mitteldeutschen Wirtschaft unter politische Kontrolle gerieten. Danach erfolgte auf Staatsebene mit der Einrichtung der **Deutschen Emissions- und Girobank** im Mai 1948 die Etablierung eines zentralen staatlichen Bankinstituts, das dann nach der SBZ Währungsreform (24.-28. Juni 1948) in die **Deutsche Notenbank** und schliesslich Ende Oktober 1951 in die **Staatsbank der DDR** umgewandelt wurde. Der internationale Zahlungsverkehr wurde durch die Deutsche Aussenhandelsbank AG bzw. die Deutsche Handelsbank AG abgewickelt.

Das Valutamonopol war ein mögliches Instrument, die internationalen Geldbeziehungen den Erfordernissen des Staates unterzuordnen. Wie funktionierte dies? DDR-Unternehmen, die ins Ausland verkauften, hatten nicht - wie dies normalerweise üblich wäre - einen Anspruch auf Devisen, sondern erhielten einen staatlich festgelegten Betrag in DDR-Mark auf ein Konto gutgeschrieben, das bei der Staatsbank geführt wurde. Umgekehrt bezahlten Importeure der DDR den Gegenwert ihrer Güter in DDR-Mark , wobei die Verrechnung mit dem ausländischen Zulieferer in Devisen zentral durch staatliche Stellen erfolgte.

Dies war der eine Aspekt des Valutamonopols. Der andere betraf die monopolistische Beherrschung der Inlandsnachfrage durch die politische Führung. Voraussetzungen dafür waren das staatliche Preissenkungsmonopol sowie eine nichtkonvertierbare Inlandswährung, deren Aus- und Einfuhr man bei Strafe verbot. Unter diesen Bedingungen besass die DDR-Mark nur im Inland Kaufkraft, d.h. Angebote anderer Märkte konnten praktisch nicht wahrgenommen werden. Dem Verbraucher blieb somit nur die Entscheidung, sein Geld im Rahmen des Güterangebots des Staatsmonopols konsumtiv einzusetzen oder zu sparen. Eine mögliche Alternative, z.B. das Geld zu kapitalisieren, dafür also z.B. Wertpapiere (Aktien, Anleihen etc.) zu kaufen, bot sich aufgrund des Nichtvorhandenseins eines entsprechenden Marktes nicht.

10.2.1.3. Pläne und Bilanzen

Um eine machtorientierte Wirtschaftspolitik zu etablieren, bediente man sich in der DDR ordnungspolitisch des Mediums des **Staatsplans**. Politik und Ökonomie sollten eine Einheit bilden.

Nachdem die Sowjetische Militäradministration bereits ab Herbst 1945 Vierteljahrespläne für strategisch wichtige Güter (Kohle, Gas, Brennstoffe etc.) entworfen hatte, wurden dafür 1946 Ämter für Wirtschaftsplanung bei den Länderverwaltungen geschaffen, die den Betrieben Planaufgaben, d.h. Produktionsbefehle erteilten. Aus der Vierteljahresplanung wurde dann die Halbjahresplanung und aus der länderbezogenen Planung die länderübergreifende, zentralistische Wirtschaftsplanung, zu deren Umsetzung im Juni 1947 die erwähnte DWK geschaffen wurde. Aus einigen Zwischenlösungen (Hauptverwaltung Planung, Statistisches Zentralamt, Hauptverwaltung für Wissenschaft und Technik) ging 1949 das Ministerium für Planung hervor, das 1950 in die **Staatliche Plankommission (SPK)** umgewandelt wurde, die zukünftig oberste Planungsbehörde war.

Dabei gab die SED-Spitze den Rahmen, gewissermassen die „machtpolitischen Korsettstangen“[98] vor, den die Staatliche Plankommission den Industrieministerien, Kombinaten und Betrieben als „produktkonkrete Lieferbefehle“ und/oder Bezugsansprüche in Form von **MAK-Bilanzen** (**M**aterial, **A**usrüstung, **K**onsumgüter), **S**taatsplanbilanzen **(S-Bilanzen)** oder **M**inisterbilanzen **(M-Bilanzen)** weitergab (Darstellung 87). Im Falle der Produktion brisanter Güter wurde den Betrieben zuweilen ein spezieller Kontrolleur (Parteikontrolleur, Militärabnehmer) zugeordnet.

Den **Primat der Politik** vor der Wirtschaft kann man im Rahmen der zentralstaatlichen Wirtschaftsplanung und -bilanzierung etwa daran erkennen, dass die **Volkswirtschaftspläne** zwar alljährlich mit grossem pseudodemokratischen Spektakel im Parlament debattiert und als Gesetz verabschiedet wurden, das Sekretariat des Zentralkomitees der SED sich aber stets heraus-

---

98 Schneider, Wirtschaftswunder, S. 30.

nahm, Planauflagen nachträglich ohne parlamentarische Zustimmung grundlegend zu verändern. Seit 1982 nannte man so etwas dann „zeitweilig operative Steuerung".

Darstellung 87: Die MAK-Bilanzierung

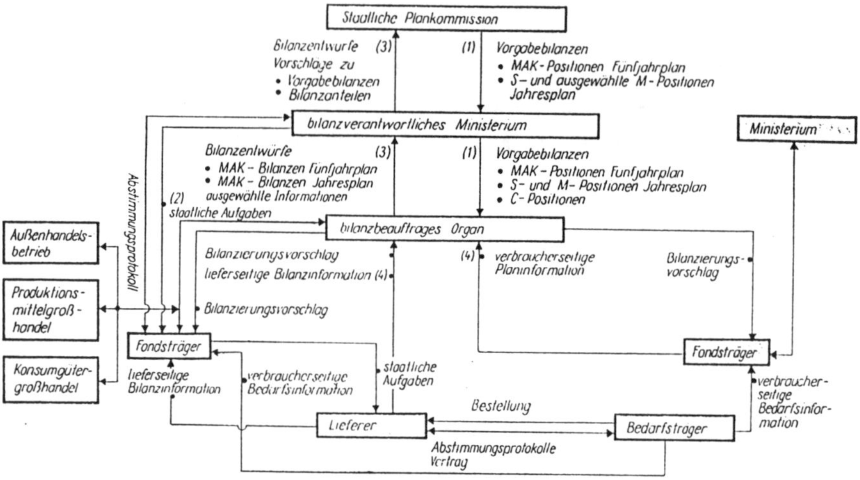

Quelle: Gabler, Ursula: Plan - Bilanz - Vertrag. Sicherung einer bedarfs- und vertragsgerechten Produktion, Berlin 1978, S. 12.

Im Übrigen gab es ständige oder zeitweilige **Sonderbedarfsträger**, die beim Abschluss von Verträgen bevorzugt behandelt wurden. Dazu gehörten verschiedene Ministerien (Inneres, Nationale Verteidigung, MfS etc.) ebenso wie staatliche Stellen (Zollverwaltung, Verwaltung der Staatsreserve, Waffenhandel (= „Ingenieurtechnischer Aussenhandel"), SPK, Gesellschaft für Sport und Technik (GST) etc. Im Übrigen ist natürlich an die **Sonderanforderungen** des COMECON im Rahmen der Beziehungen zur Sowjetunion ab Herbst 1950 zu denken. Hier kam es zu einem umfassenden Technologietransfer, sei es durch Maschinen- und Transportausrüstungslieferungen oder durch andere Techniklieferungen.

Die Planungspraxis der Zentralverwaltungswirtschaft und die Ermittlung des Knappheitsgrades

Wie in der Verfassung zum Ausdruck gebracht, handelte es sich in der DDR um eine zentralgeleitete Wirtschaftsordnung, die, um in den Ordnungskategorien Euckens zu sprechen, generell die freie Konsumwahl gestattet. Ziel einer Planwirtschaft ist es erklärtermassen, Wohlstand und Wirtschaftswachstum herbeizuführen, d.h. die Knappheit der wirtschaftlichen Güter zu mindern. Doch da die Planwirtschaft den Markt und sein variables Preis- und Rechnungssystem abgeschafft hat, mit dessen Hilfe die Dringlichkeit menschlicher Bedürfnisse sichtbar gemacht wird, muss sie den Bedarf durch **Prognosen** ermitteln. Da die Produktionsfaktoren und die Produktionsmittel knapp sind, muss die Zentrale anschliessend eine Vorauswahl der Ziele und Bedürfnisse treffen, die in der nächsten Planungsperiode befriedigt werden sollen. Hierbei hat sie auch an den Zielen lang- und mittelfristiger Pläne zu orientieren und darauf zu achten, welche der dort festgelegten Vorgaben bereits erfüllt sind und welche nicht.

Das auf diese Weise gefundene Zielprogramm wird in den Bedarf **Güter 1. Ordnung** umgerechnet. Güter 1. Ordnung sind Konsumgüter des privaten und gesellschaftlichen Bedarfs. Es beginnt die Aufstellung sog. **Güterbilanzen**. Zur Herstellung eines gesamtwirtschaftlichen Rechnungszusammenhangs und zum Zwecke einer objektiven Bewertung sämtlicher Güter müsste jedes Gut gesondert bilanziert werden, d.h. jedes Gut 1. Ordnung in den Bedarf an **Gütern 2. Ordnung** (das sind die zur Herstellung nötigen Produktionsfaktoren) umgerechnet werden usw. Diese Bilanzierung müsste fortgesetzt werden bis zu den Gütern letzter Ordnung. **Güter letzter Ordnung** sind Engpassgüter, d.h. meistens Primärgüter, deren Fehlmengen nicht mehr auf Güter höherer Ordnung weitergewälzt werden können. Sie signalisieren die volkswirtschaftlichen Knappheitsgrade. Auf ihrer Grundlage müssen die Güter der vorgelagerten Stufen bewertet werden.

Da eine solche Totalbilanzierung praktisch nicht möglich ist - Planungsfachleute der DDR schätzten die zu planenden ökonomischen Beziehungen immer wieder aufs neue in grossen Toleranzen - wurden in der Praxis nur die Primärgüter, d.h. die Güter letzter Ordnung bilanziert. Eine solche Bilanzierungspraxis erzwingt natürlich die Zusammenfassung vieler Güterarten in Sammelpositionen, die jedoch anschliessend von den nachgeordneten Planungsabteilungen aufgeschlüsselt und auf die einzelnen Betriebe verteilt werden müssen. Dabei besteht die Gefahr, dass die Ressourcen und Materialien nicht optimal verteilt werden.

Darstellung 88: Bedarfs- und Produktionspläne

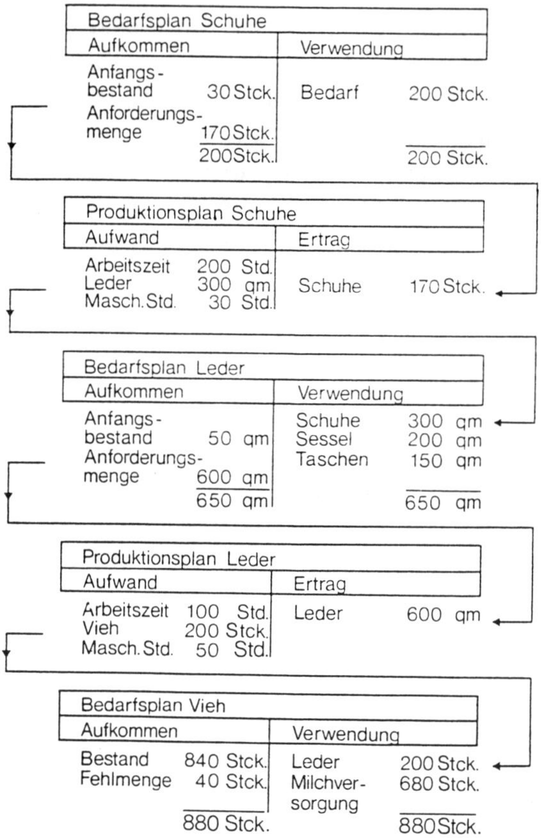

Quelle: Leipold, Helmut: Wirtschafts- und Gesellschaftssysteme im Vergleich, 5. Aufl., Stuttgart 1988, S. 214

Monetäre Planung

Das Gegenstück zur güterwirtschaftlichen Planung stellt die monetäre Planung dar. Dieses geldwirtschaftliche Plansystem baut auf der Planung in naturalen Einheiten auf. Das Geld als allgemeine Recheneinheit dient der wertmässigen Erfassung mehrerer Güterarten in einer Sammelposition und der Erleichterung einer Leistungskontrolle der Betriebe. Daneben gibt es noch Verflechtungsbilanzen, die jedoch von untergeordneter Bedeutung sind.

Bilanzmechanismus kontra Preismechanismus

Der **Bilanzmechanismus** stellt das **Koordinationsinstrument** einer Planwirtschaft dar. Während in der Marktwirtschaft der Preis über Knappheiten informiert, geschieht dies in der zentralgeleiteten Wirtschaft durch Bilanzierung. Sie ist die Grundvoraussetzung für Planentscheidungen sowie die Allokation der Produktionsfaktoren und Produktionsmittel.

Da rationales und rationelles Wirtschaften eine Abstimmung von Preisen und Knappheitsgraden verlangt, müssten auch in einer Planwirtschaft theoretisch die Preise stets den sich ändernden Knappheitsgraden angepasst werden. Dies geschieht jedoch nicht, da die **Preise** über mehrere Jahre hinweg **festgeschrieben** sind. Der umgekehrte Weg, nämlich die Verteilung der knappen Güter auf Grundlage der Festpreise ist wegen der Planungspraxis problematisch (siehe oben). Elastizität und Flexibilität des wirtschaftlichen Handelns werden erheblich beeinträchtigt.

Die Aufstellung eines Plans erstreckte sich über ein Jahr. In den Planungsprozess waren auch die **Betriebe** mit einbezogen. Nachdem sie die Staatsaufgaben in sehr grober Form erhalten hatten, arbeiteten sie auf deren Grundlage ihre eigenen Planvorschläge aus, die dann wiederum Ausgangspunkt für die endgültigen Planauflagen der zentralen Planbehörde waren.

Dennoch ist der Entscheidungsspielraum der Betriebe in einer zentralen Verwaltungswirtschaft begrenzt. Eine Erweiterung der Kapazität, Investitionen und Kapitaleinsatz bedürfen der Zustimmung der Behörden. Zur Beschränkung des finanziellen Spielraums waren die Betriebe verpflichtet, einen Teil des als Plankennziffer vorgegebenen Nettogewinns und auch den grössten Teil des überplanmässig erwirtschafteten Gewinns an den Staat abzuführen (mindestens 50 Prozent). Dezentral getroffene Investitionsentscheidungen in grösserem Umfang hätten nämlich die Durchsetzung der zentral aufgestellten Ziele gefährdet.

Das Kennziffernsystem

Um die Betriebe im Sinne des Gesamtplans zu beeinflussen, bediente sich die Behörde sog. Kennziffern. Die Kennziffern bildeten das **wirtschaftspolitische Instrumentarium.** Sie stellten für den Betrieb das Soll bzw. die **Planvorgabe** dar. Die Bruttoproduktion, die Senkung der Selbstkosten, die Erhöhung der Arbeitsproduktivität und der Gewinn konnten z.B. in Form solcher Kennziffern vorgegeben werden. Da die zentrale Planbehörde auf Grund dieser Ziffern nachprüfen konnte, ob der Betrieb sein Soll erfüllt hat, besassen sie eine **Kontrollfunktion**. Gleichzeitig sollten sie für den Betrieb und den Arbeiter einen **Anreiz** bieten (ökonomischer Hebel), da vom Erfüllungsgrad der Auflage die Höhe der **Prämie** abhing. Diese Prämie, die am Jahresende ausgezahlt wurde, konnte das Zweifache eines Monatsverdienstes erreichen. Waren z.B., wie zeitweilig in der DDR, die Warenproduktion und der Gewinn die Hauptkennziffern, wurden in den Betrieben diejenigen Produkte ausgewählt, die die niedrigsten Kosten verursachten und die höchsten Preise besassen. Dies führte in der Praxis dazu, dass Konsumgüter nur in einer bestimmten Grösse und Art hergestellt wurden.

In der Planwirtschaft der DDR gab es nicht nur materielle, sondern auch immaterielle Anreize. Im Rahmen des **„sozialistischen Wettbewerbs“** wurden Arbeitsbrigaden und sog. Aktivisten ausgezeichnet und Photos von ihnen zum Ansporn der Mitarbeiter im Betrieb aufgehängt.

Die Unterbewertung des Kapitals und ihre Konsequenzen

Dennoch reichten in der Praxis all diese Anreize nicht aus, um die Produktivität und die Leistungskraft einer zentralen Verwaltungswirtschaft im gewünschten Masse zu steigern. Schwarz- und Graumärkte sowie Wartezeiten in den Geschäften waren sichtbarer Ausdruck für die mangelhafte Versorgung.

Ein Hindernis für die wirtschaftliche Entwicklung der Planwirtschaften des Ostens war sicherlich die **Arbeitswertlehre** und die damit verbundene Illusion, Wachstum mit billigem, d.h. unterbewertetem Kapital leichter finanzieren zu können. In der Stalin-Ära wurden z.B. für die Produktionsmittel zu niedrige und für die Güter des privaten Verbrauchs überhöhte Preise angesetzt. Da die Höhe des Lohnes wiederum an die Lebenshaltungskosten gekoppelt wurde, mussten eine Fehllenkung und **Verschwendung des Kapitals** die konsequente Folge sein.

1966 wurde dann im Rahmen des **Neuen Ökonomischen Systems (NÖS)** eine **sog. Produktionsfondsabgabe** eingeführt, um die Betriebe zu einem rationelleren Einsatz des Kapitals zu veranlassen. Auch die Verzinsung von Spareinlagen und Sparguthaben zeigte, dass Kapital als knapper Produktionsfaktor Berücksichtigung fand.

Kollision staatlicher, betrieblicher und individueller Interessen

Dennoch konnte auch eine Verzinsung des Kapitals am Grundproblem der Zentralverwaltungswirtschaft des Ostens nichts ändern. Marx und Engels gingen in ihrer Staats- und Gesellschaftstheorie von einer Interessenidentität zwischen Individuum, Gesellschaft und Staat aus. In der Praxis der Zentralverwaltungswirtschaft zeigte sich jedoch bald, dass das Interesse des Betriebes nicht unbedingt mit dem Interesse der zentralen Planstelle, dem Organ staatlichen Wollens in der Wirtschaft übereinstimmen musste. Die **Zentrale** war daran interessiert, eine möglichst hohe volkswirtschaftliche Effizienz und ein schnelles Wirtschaftswachstum zu erreichen. Sie versuchte deshalb, die Normen und Sollvorgaben für die Betriebe ständig zu erhöhen. Der **Betrieb** dagegen war an niedrigen Planauflagen interessiert, die er leichter erfüllen konnte, um keine Sanktionen, z.B. in Form der Verweigerung der Prämie, auferlegt zu bekommen. Dieser im System angelegte Widerspruch führte dazu, dass die Betriebe nicht ihre wahren Produktionsmöglichkeiten aufdeckten. Die Kosten wurden z.B. als sehr hoch angegeben und Materialien und Arbeitskraft für den Fall ungeplanter Terminschwierigkeiten der Lieferanten gehortet. Um die Planvorgaben zu halten, wurden bestimmte bereits vollzogene Arbeiten mehrmals wiederholt. So kam es zu völlig unsinnigen und demotivierenden Aktivitäten.

Staatlich geplante Misswirtschaft und „weiche Pläne"

Auch die technische Entwicklung innerhalb der Betriebe wurde durch ein planwirtschaftliches System gehemmt. Zwar führte die Selbstkostensenkung durch eine neue Investition kurzfristig zu einer Erhöhung der Prämie, langfristig jedoch zu einer Erhöhung der Normen und Sollvorgaben. Da es keinen Wettbewerb zwischen den Unternehmen gab, fehlte zudem der Zwang, sich durch bessere und billigere Produkte hervorzuheben. Stattdessen besassen viele Erzeugnisse mangelhafte und minderwertige Qualität.

Auf der Strecke blieb der Verbraucher, der vom Wirtschaftsprozess losgekoppelt war. Der Betrieb, der in einer marktwirtschaftlichen Ordnung vom

Preis Signale empfängt und dementsprechend im Sinne des Verbrauchers disponiert, produziert in einer Zentralverwaltungswirtschaft nur zum Zwecke der Erfüllung des Solls. Ein solcher durch das System erzeugter Widerspruch zwischen Produzenten- und Konsumenteninteresse liess **Schwarz- und Graumärkte** zum ständigen Begleiter der Planwirtschaft werden. So bildete sich z.B. in der Sowjetunion eine Konterwirtschaft heraus, deren Umfang früher schon Andrej Sacharow auf 10 Prozent des Bruttosozialproduktes schätzte, die heute in Wirklichkeit aber einen erheblich grösseren Umfang einnehmen dürfte. Händler reservieren z.B. einen Teil der Lieferung für Stammkunden oder melden ihn schlicht als verdorben, um ihn anschliessend schwarz mit einem Preisaufschlag zu verkaufen. In manchen Industriebetrieben herrscht eine illegale Fertigung mit Hilfe von Materialien und Arbeitskräften, die man einfach im Plan nicht angegeben, oder deren Bedarf man bewusst als zu hoch angesetzt hat.

Der schlechten Versorgungslage und der Tendenz zu **„weichen Plänen"** ist sich die politische Führung der DDR immer bewusst gewesen. Dies zeigt der in der Vergangenheit häufig durchgeführte **Wechsel der Haupt- und Nebenkennziffern**. Besonders hervorzuheben sind dabei die Jahre 1969/1970, in denen die Hauptzuführung zum Prämienfonds nicht mehr von einem Soll-Ist-Vergleich abhängig gemacht wurde, sondern vom Nettogewinnzuwachs in der Vor- und der laufenden Planperiode. Politische Ereignisse (z.B. der Einmarsch der UdSSR in der CSSR 1968) sowie der Tatbestand, dass eine solche Politik natürlich mehr Autonomie der Betriebe erfordert hätte, führte im Jahre 1971 wieder zu einer stärkeren Rezentralisierung.

Überhaupt lässt sich feststellen, dass die wirtschaftliche Entwicklung der DDR keineswegs so kontinuierlich und planmässig verlief, wie ihre geistigen Väter sich das vorgestellt hatten. Nicht nur „weiche Pläne", sondern auch z.B. die scheinbare Diskrepanz zwischen dem Wachstum der Investitionsgüter- und dem Wachstum der Konsumgüterproduktion sowie die Nichtübereinstimmung von Kauf- und Warenfonds, d.h. der Höhe des Einkommens der Verbraucher und dem diesem gegenüberstehenden Güterangebot (einerseits die Folge einer verstärkten Förderung der Investitionsgüterindustrie, andererseits die Konsequenz aus der Arbeitskräftehortung, die ungeplantes Einkommen entstehen lässt) bezeugten **Instabilitäten und Disproportionen** in der wirtschaftlichen Entwicklung der DDR. Solche Tendenzen zwangen die politische Führung dann auch zu entsprechenden wirtschaftspolitischen Massnahmen und **Korrekturen** stabilitätspolitischen Charakters, die man eigentlich nur in einem kapitalistischen System für notwendig hielt. Im Zuge der Rezentralisierung

(1972) erfolgten z.B. eine Lohnreform und die Erhöhung der Nettogewinnabführung an den Staat.

Gerade die starke Zentralisation und die damit verbundene Machtfülle und Kontrolle des Staates, die sich auf alle Bereiche des politischen, wirtschaftlichen, gesellschaftlichen und kulturellen Lebens erstreckte, liessen Zweifel an der Übereinstimmung mit dem marxistischen Dogma aufkommen, auf das sich das System ja berief. Der Marxist Rudolf **Bahro** wies beispielsweise darauf hin, dass ein solch ausufernder bürokratischer Machtapparat niemals im Sinne von Marx gewesen war. Der Jugoslawe **Djilas** sprach sogar im Zusammenhang mit der Entwicklung in der Sowjetunion von einer **„neuen Klasse“**, die sich darstelle in Gestalt der Funktionäre und oberen Parteimitglieder. An Stelle der Herrschaft des Kapitals war in seinen Augen die **Tyrannei des Staates und der Partei** getreten.

10.2.2. Phasen der wirtschaftlichen Entwicklung

10.2.2.1. Der „Anlaufplan“ 1949/50

Das **Ziel** des „Anlaufplans“ war die Wiederherstellung der zerstörten und demontierten Anlagen und die Sicherung der Reparationen aus der laufenden Produktion. Das Vorhaben, den Vorkriegsstand des Produktionsvolumens zu erlangen, wurde erreicht.

Exkurs: Interzonenhandel bzw. innerdeutscher Handel

In dieser ersten Aufbauphase ging es auch darum, die Aussenhandelsbeziehungen mit der Bundesrepublik neu zu regeln. Grundlage dafür, d.h. die erste innerdeutsche Vereinbarung, war am 8. Oktober 1949 das Frankfurter Abkommen, das den Interzonenhandel regelte, der später als „Innerdeutscher Handel“ bezeichnet wurde.

Am 29. September 1950 schloss sich die DDR dem **Rat für gegenseitige Wirtschafthilfe (RgW)** an. Entsprechend den Vorschlägen dieser Organisation wurden bald mit den wichtigsten Ostblockstaaten langfristige Handelsabkommen abgeschlossen, wobei das mit der Sowjetunion vom 23. September 1951 vor allem die Erfüllung der Reparationsinteressen zum Inhalt hatte.

Darstellung 89: Innerdeutscher Handel

Am 20. September 1951 erfuhr der innerdeutsche Handel eine Neuregelung durch das **Berliner Abkommen**, das 1968 neu gefasst wurde. Zur Überwindung der Währungsunterschiede wurde die Bezeichnung **„Verrechnungseinheit“** (1 DM-West = 1 DM-Ost = 1 VE) eingeführt. Die Abwicklung der Zahlungen erfolgte über die Deutsche Bundesbank und die Staatsbank der DDR. Die beiden Zentralbanken räumten sich gegenseitig einen **zinslosen Überziehungskredit** ein **(Swing).** Abwicklungsorgane waren in der Bundesrepublik die „Treuhandstelle Industrie und Handel“ (bis 1981 Treuhandstelle für den Interzonenhandel) in West-Berlin und das Ministerium für Aussenhandel in Berlin-Ost.
Der innerdeutsche Handel galt weder als Aussen- noch als Binnenhandel, unterlag vielmehr besonderen Regeln. Die **EWG behandelte** den **innerdeutschen Handel jedoch als Binnenhandel**, weshalb die DDR in den Genuss von EWG-Vergünstigungen kam und quasi Mitglied der Gemeinschaft wurde.

Die Entwicklung des Groß- und Einzelhandels

Ebenso wie im Bankensektor kam es im Bereich des Gross- und Detailhandels frühzeitig zu Enteignungsmassnahmen. Bis Mitte 1950 schuf man einen staatseigenen Grosshandel in Form der **Deutschen Handelszentralen (DHZ)**. Ihre Aufgabe war es, Industrie, Landwirtschaft und Einzelhandel mit Produktionsmitteln und Konsumgütern zu versorgen. Der staatseigene Grosshandel realisierte 1950 bereits 67 Prozent und 1965 95 Prozent des gesamten Grosshandelsumsatzes.

Die Organisation und Strukturbildung im Einzelhandelsbereich erfolgte durch den **Neuaufbau der Konsumgenossenschaften**, die 1950 17 Prozent des gesamten Einzelhandelsumsatzes realisierten. Ab 1948 gab es die **Staatliche Handelsorganisation (HO)**, deren Aufgabe es anfänglich war, lang entbehrte Gebrauchsgüter und Lebensmittel ohne Lebensmittelmarken anzubieten. **1950** existierten fast 2300 HO-Läden, die ca. 26 Prozent des Einzelhandelsumsatzes erzielten. Doch dominierten um diese Zeit noch die privaten Verkaufsstellen, nicht weniger als 219.000 an der Zahl, deren Umsatzanteil 53 Prozent betrug (41 Prozent privater Handel, 12 Prozent Handwerk). Ausblick: 1960 entfielen auf die HO-Läden 77 Prozent des Einzelhandelsumsatzes. 1986 deckten die rund 90.000 Läden des sozialistischen Handels, davon 1250 sogenannten **„Kaufhallen“**, ca. 89 Prozent des gesamten Detailhandels ab[99].

[99] Schneider, Wirtschaftswunder, S. 22 f. u. 30.

Politisch-ideologische Determinierung der Produktgestaltung

Nicht nur Landwirtschaft, Industrie und Banken wurden politisch „gleichgeschaltet“. Auch wie ein Produkt auszusehen hatte, oder besser wie nicht, wurde letztlich vom Parteitag der SED definiert. Die Produktgestaltung war politisch determiniert, spätestens als Lenin postulierte: *„Sozialismus ist undenkbar ... ohne planmäßige staatliche Organisation, die Millionen Menschen zur strengen Einhaltung einer* ***einheitlichen Norm in der Erzeugung und Verteilung*** *dieser Produkte anhält“*[100] (Hervorh. R.W.).

Produkte sind das materielle Abbild der Gesellschaft und so musste es im Rahmen der Bestimmung der politischen Programmatik und Zukunftsplanung eine solche Planung auch für den Aufbau der Unternehmen, deren Absatzorganisation, die Gestaltung der Produkte sowie für die Werbung geben.

Jede Form des Absatzes und Handels - so realistisch sie auch sein mochte - galt zunächst allerdings dann als reaktionär, wenn sie das verkaufte, was die Verbraucher wünschten. Handel und Absatz, das Marketing schlechthin, hatten den Beigeschmack des Opportunistischen. Kunst war nach der Erklärung des III. Parteitages ein „ideologisches Gebiet“ und Design als angewandte Kunst politisch zu definieren, d.h. die Bekämpfung des Formalismus in der DDR hatte auch damit zu tun, dass dieser in den USA oder allgemein „im Westen“ erfolgreich war.

Ästhetische Erscheinungen wurden fürderhin gesellschaftlich kontrolliert. Dem praktischen und preis-, weil produktionsgünstigen Baukastenprinzip wurde als einem Ausbund des Funktionalismus und damit des „Klassenfeindlichen“ der Kampf angesagt. So entschied etwa der III. Parteitag der SED 1950, dass der **Formalismus**, also die schlichte reine unverschnörkelte Form, **sozialismusfeindlich** sei, ja, mehr noch: „Waffe des Imperialismus“, „volksfeindliche Strömung“ etc. Also: keine Tasse mehr ohne Blümchen, kein Besteck ohne Ornament, himmelblau und pink statt Elementarfarben. Anstelle des Formalismus also „unsere Heimatkunst“ und „Deutscher Stil“. Dabei war es technisch viel schwieriger und damit teurer, den kunsthandwerklich orientierten Volksstil zu realisieren. Auf jeden Fall aber sollte der DDR-Stil sichtbar sein.

---

[100] Zit. nach: Bertsch, Georg C.: Historischer Überblick. In: Bertsch, Georg C. et al.: SED. Schönes Einheits-Design, Köln 1994, S. 17-36.

10.2.2.2. Erster Fünfjahresplan, „Neuer Kurs" und zweite Währungsreform

Der erste Fünfjahresplan (1951-1955)

Die Aufstellung der **Perspektivpläne** erfolgte generell in Abstimmung mit jenen der sowjetischen Vormacht. Sie bestimmte die Schwerpunkte der strategischen Wirtschaftsentwicklung. Der erste Fünfjahresplan (auch: Fünfjahrplan) folgte einer klaren **Zielsetzung**. Im Wesentlichen ging es um den Aufbau einer eigenen Schwerindustrie, die Steigerung der Industrieproduktion um 190 Prozent (1950-1955) und um die Unabhängigkeit der Zonenwirtschaft in den Industriebereichen Metallurgie, Schwermaschinenbau und chemischer Industrie vom NSW (Nicht-Sozialistischen Westen). Außerdem sollte der Wiederaufbau kriegszerstörter Städte und Wohnungen zum Abschluß kommen und die Rationierung abgeschafft werden.

Die gesteckten Produktionsziele in der Schwerindustrie wurden jedoch nicht erreicht. Beispielsweise sollte die Erzeugung von Rohstahl in Blöcken 2,5 Millionen Tonnen pro Jahr betragen; tatsächlich erreichte sie jedoch nur zwei Millionen Tonnen. Bei Briketts wurde das Planziel um 13 Millionen Jahrestonnen verfehlt. Die Rationierung konnte im Lebensmittelbereich erst 1958 und im Energiebereich 1960 aufgehoben werden. Die Schwierigkeit, „Soll" und „Ist" bei der strategischen Planung in Übereinstimmung zu bringen, trat also bereits im Rahmen des ersten Mehrjahresplans offen zutage.

Der „Neue Kurs"

Nach Stalins Tod im März 1953 hatte sich sein Nachfolger **Malenkow** vorgenommen, die Lebenslage der Sowjetvölker zu verbessern und der Steigerung der Konsumgüterproduktion auf Kosten der Investitionsgüter Priorität einzuräumen. Dadurch wurden die russischen Reserven ausgeschöpft und infolgedessen unterblieb 1953 auch die obligatorische Frühjahrshilfe für die DDR. Unter dem Einfluss dieses „Neuen Kurses" wurde zunächst der Volkswirtschaftsplan 1953 und damit praktisch der Fünfjahresplan radikal verändert. Projekte des Eisenhüttenkombinats Stalinstadt wurden z.B. geändert mit dem Ziel, nur weniger als die geplanten Teilabschnitte fertigzustellen. In der Grosskokerei Lauchhammer sollten statt zwölf Hochofenbatterien nur sechs montiert werden. Ähnliche Objekte sollten „planmässig" stillgelegt werden, in den Augen der Arbeiter sicherlich unliebsame Aktionen. Sodann verstieg sich die SED-Führung in Massnahmen, die letztlich zum Aufstand vom **17. Juni** 1953 führten. Ausschlaggebend war in diesem Zusammenhang die am 14. Mai 1953 beschlossene **Erhöhung der Arbeitsnormen** um 10 Prozent, nachdem die SED mit Hilfe des FDGB vergeblich versucht hatte, die Arbeiter zu „freiwilligen" Normerhöhungen zu bewegen. Hinzu kamen noch die **verspätete Auszahlung von Löhnen** infolge der Begrenzung betrieblicher Umlaufmittel und einige Preissteigerungen.

Unmittelbar nach dem Aufstand sagte Moskau jegliche Hilfe zu. Die SED-Führung nahm die Normerhöhung zurück und verbesserte die Löhne, so dass die Kaufkraft der Bevölkerung anstieg, bevor ein genügend grosses Angebot die Käuferwünsche befriedigen konnte. Dadurch entstand ein **Kaufkraftüberhang** von gut einer Milliarde DM.

Mit dem Erstarken des Chruschtschow-Flügels in der UdSSR, der sehr auf die weitere **Förderung der Schwerindustrie** drängte, verstummte gegen Ende 1954 die Propaganda für das Konsumgüterprogramm auch in der DDR.

Der zweite Fünfjahresplan (1956-1960)

Die ökonomische Kraft der DDR ab 1956 war erheblich belastet durch die **Rückstände** des ersten Fünfjahresplanes. Der zweite Fünfjahresplan wurde erst am 9. Januar 1958 verabschiedet und war als Versuch der Fortsetzung des ersten gedacht, d.h. die Schwerindustrie sollte - wie gesagt - primär gefördert werden. Weitere Planziele waren nun die Steigerung der Industrieproduktion um 20 Prozent, die verstärkte **Integration** der DDR-Wirtschaft in die Wirtschaft der Ostblockstaaten sowie die weitere staatliche Beteiligung an Betrieben, wozu im Januar 1957 beim Zentralkomitee der SED ein besonderer Beirat geschaffen wurde, der sich mit diesbezüglichen Fragen befasste.

Die Tatsache, dass die Hauptziele des zweiten Fünfjahresplans erst im Oktober 1957 bekanntgegeben werden konnten, hatte vorwiegend politische Gründe. Durch den politischen Umschwung in **Polen** im Herbst 1956 unter Gomulka, den Volksaufstand in **Ungarn** Oktober/November 1956 und die **Suezkrise** 1956 waren die Perspektivpläne dieser Staaten schon vor 1958 abgebrochen oder geändert worden. Da die DDR mit diesen Ländern politisch und wirtschaftlich eng verflochten war, wurden die Zielsetzungen des zweiten Fünfjahresplanes vom März 1956 unrealistisch, da unter diesen Prämissen die Materialbilanzen nicht auszugleichen waren. So blieben z.B. seit Oktober 1956 die polnischen Steinkohle- und Kokslieferungen aus und brachten schwere Störungen des Wirtschafts- und Planungsablaufs mit sich.

Etwa zu dieser Zeit traten in der DDR neben den wirtschaftlichen Schwierigkeiten politische Spannungen auf: Eine Gruppe von „Revisionisten", darunter Philosophen (Bloch), Wirtschaftswissenschaftler (Behrens und Benary), SED-Führungsmitglieder (Oelsner, Ziller), bemühte sich um den Beweis der Missstände, die durch Ulbrichts Anwendung der stalinistischen Wirtschaftsdoktrin in der Gesellschafts- und Wirtschaftspolitik aufgetreten waren. Oelsner und Ziller wurden im Februar 1958 abgeurteilt.

Die Sozialisierung erfolgte in manchen Bereichen auf dem Umweg über bestimmte Zwischenformen. In die Phase des zweiten Fünfjahresplans fiel z.B. die Entstehung der **„Betriebe mit staatlicher Beteiligung"** (BSB, seit 1956), d.h. Betriebe in der Rechtsform der **Kommanditgesellschaft**, die durch die Aufnahme einer staatlichen Beteiligung ihres privatwirtschaftlichen Charakters beraubt wurden. (Im Mai 1972 wurde dann die Überführung der BSB und aller privaten Industrie- und Bankbetriebe in „Volkseigentum" propagiert, wodurch mit den Resten kapitalistischer Tätigkeit endgültig aufgeräumt werden sollte).

In der **Landwirtschaft** zeigte sich folgendes Verlaufsmuster: Die von Privatbetrieben bewirtschaftete Fläche reduzierte sich 1952 bis 1953 von 93 auf 74 Prozent. Bis 1959 wurde dieser Anteil weiter auf 52 Prozent gesenkt, bevor 1960 die **„Vollsozialisierung"** angesagt wurde, die nur noch 7,6 Prozent Privatnutzfläche zurückliess, darunter überwiegend nebengewerblich genutzte Güter.

Im Rahmen des zweiten Fünfjahresplans erreichte man immerhin die Fertigstellung einiger Großprojekte wie des Braunkohlen-Grosskombinats „Schwarze Pumpe" (begonnen 31. August 1955), den Bau der ersten vollautomatischen Schnellwalzanlage (2. Mai 1957) wowie die Übergabe des ersten Atomreaktors (16. Dezember 1957). Trotz dieser Fortschritte wurde der zweite Fünfjahresplan Anfang 1959 im Zusammenhang mit dem vorzeitigen Abbruch der sowjetischen Planperiode ausser Kraft gesetzt.

Die zweite Währungsreform

Im Laufe der 50-er Jahre traten neben der offensichtlichen Unerfüllbarkeit der Perspektivpläne auch andere erhebliche Mängel des zentralverwaltungswirtschaftlichen Systems zu Tage. Nicht nur im güterwirtschaftlichen, sondern auch im monetären Bereich wurden einschneidende Kurskorrekturen erforderlich. Eine solche erfolgte im Rahmen der in der Fachliteratur selten erwähnten zweiten Währungsreform, zu der Harald **Winkel** schreibt: *„Am 13. Oktober 1957 wird die Bevölkerung mit einer zweiten Währungsreform überrascht, die* *eine geschätzte Bargeldhortung von 1,5 Mrd. DM für Schwarzmarkt- und Gelegenheitskäufe beseitigen und die Beendigung der Lebensmittelrationierung vorbereiten soll. Offenbar war es den bisher schon frei werdenden HO-Läden* (Läden der Handelsorganisation, ursprünglich auf den Verkauf von Industriemangelwaren und bestimmter Lebensmittel eingestellt, bis 1958, Anm. R.W.) *trotz ihrer hohen Preise, die die Wirkung einer Verbrauchssteuer hatten, nicht gelungen, so viel Geld abzuschöpfen, daß man eine allgemeine Freigabe riskieren konnte ohne einen Nachfrageüberhang und Preisanstieg zu befürchten. Durch Vernichtung dieses Geldüberhanges sollte eine neue Preissteigerung unmöglich gemacht werden. Alle umlaufenden Banknoten wurden für ungültig erklärt, 300 Mark je Kopf der Bevölkerung umgetauscht, weitere Beträge einem Sperrkonto gutgeschrieben. Nur Sparkonten blieben unangetastet. ... Trotz der vorbereiteten Geldabschöpfung kam es zu Preissteigerungen*“[101].

Offenbar war bis 1957 wieder soviel Geldvolumen in privater Hand angesammelt worden, dass eine **Regulierung** erforderlich war. Sie wurde im einzelnen folgendermassen ausgestaltet: Ein Umtausch 1:1 erfolgte je bis zu 300 DM. Darüber hinausgehende Beträge mussten auf ein Sonderkonto eingezahlt werden, das einer intensiven Nachprüfung unterzogen wurde, d.h. die Mittelherkunft nahm man genauestens unter die Lupe. Der Umtauschbetrag war vom Ergebnis dieser Prüfung abhängig.

Der **Bargeldumlauf** reduzierte sich zwischen September 1957 und Januar 1958 von 5,48 Milliarden DM auf 3,71 Milliarden DM, d.h. um ca. ein Drittel.

Am 30. Juli 1964 erhielt die Deutsche Mark die Bezeichnung **„Deutsche Mark der Deutschen Notenbank“**, seit 1968 ist die Bezeichnung nur noch **„Mark“**, da die Deutsche Notenbank, die 1948 aus der „Deutschen Emissions- und Girobank“, hervorgegangen war, nun den Namen **„Staatsbank der DDR“** erhielt und die Zentralnotenbank der DDR wurde.

Nicht nur im monetären, sondern auch im **sozialen Bereich** ergaben sich in den 50-er Jahren wesentliche Veränderungen. 1956 wurde die Verwaltung der Sozialversicherung dem Freien Deutschen Gewerkschaftsbund übertragen (FDGB). Dies war die Sozialversicherung der Arbeiter und Angestellten für Krankheit, Unfall und Rente. Andere Gruppen (Bauern, Handwerker, Selbständige) wurden in einer **„Deutschen Versicherungsanstalt“** zusammengefasst.

---

[101] Winkel, Harald: Die Wirtschaft im geteilten Deutschland 1945-1970, Wiesbaden 1976, S. 173 f.

10.2.2.3. Unerfüllte Pläne, sozialer Rückschritt und Mauerbau (1958-1962)

Der Siebenjahresplan

Bereits im Juli 1958 begannen die Arbeiten an einem neuen Siebenjahresplan. Der ständige Menschenverlust durch **Flüchtlinge**, darunter viele qualifizierte Arbeitskräfte, mit seinen folgenschweren Störungen für den Produktionsablauf war entscheidend für die Formulierung der Planziele des Siebenjahresplans. Zur „ökonomischen Hauptaufgabe" wurde die Anpassung der Verbrauchsgüterversorgung an das westdeutsche Niveau erklärt: *„Die Erfüllung der ökonomischen Hauptaufgabe, durch Erhöhung der Arbeitsproduktivität und Steigerung der Produktion Westdeutschland im Pro-Kopf-Verbrauch bei den meisten industriellen Konsumgütern und Lebensmitteln bis Ende 1961 einzuholen und zu überholen, ist ein Teil der großen geschichtlichen Aufgabe, in Deutschland die Überlegenheit der sozialistischen Gesellschaftsordnung über die kapitalistische ... zu beweisen"*[102].

Dabei fällt auf, dass entgegen den Versprechungen, die Versorgung der Bevölkerung wesentlich zu verbessern, der Perspektivplan weiterhin dem Investitionsgüterbereich und nicht der Lebensmittelindustrie Priorität einräumte. Die Planvorgabe stand einmal mehr im Widerspruch zur sozialen Realität.

Von 1957 auf 1958 war die gesamtwirtschaftliche Zuwachsrate von 7 Prozent auf 12 Prozent gestiegen. Optimistisch sahen die Planer so dem Ziel entgegen, den privaten Verbrauch je Einwohner der Bundesrepublik, der 1959 35-40 Prozent über dem der DDR lag, bis 1961 zu erreichen. Jedoch gingen die Wachstumsraten von 1959 bis 1961 von 11 über 6 auf 4 Prozent zurück. Eine Steigerung der Quote des privaten Verbrauchs wäre aber nur bei hohem Wachstum möglich gewesen. So aber traten Versorgungsschwierigkeiten - auch als Folge einer Missernte - auf und führten mit den Kollektivierungsmassnahmen des Jahres 1960 zu einem erneuten Anschwellen des Flüchtlingsstroms, der durch den **Mauerbau** und die Absperrmassnahmen vom 13. August 1961 gestoppt wurde.

---

[102] Zit. nach: Buck, Hansjörg: Technik der Wirtschaftslenkung in kommunistischen Staaten. 2 Bde., Coburg 1969, S. 195.

Vorzeitige Aufgabe des Planes

Um die Wachstumskrise zu beenden, wurde zunächst versucht, die Arbeitsproduktivität zu steigern, gleichzeitig die Arbeitsnormen zu erhöhen und die Löhne zu stoppen. Es wurde jedoch deutlich, dass Planungsmethoden und Wirtschaftsorganisation den Erfordernissen nicht gerecht wurden. In Konsequenz dessen gab man den Siebenjahresplan 1961 auf, der zunächst einer Jahresplanung Platz machte.

Das Versagen der Betriebe bei der Planerfüllung wurde von **Ulbricht** widersprüchlich begründet: Einerseits entstanden angeblich die *„Verluste ... durch Abwerbung und organisierter Republikflucht“*, andererseits bekannte er vor dem 15. Plenum den wohl triftigeren Grund einer gescheiterten Investitionspolitik: *„Wir müssen Schluß machen mit der Unzahl von Fällen der Vergeudung ... und Nichtausnützung unserer Möglichkeiten .... Neue hochleistungsfähige Maschinen, darunter Automaten, werden täglich nur wenige Stunden genutzt ... Bei den Nutzeneffektsberechnungen wird vorgegaukelt, daß die Maschine täglich 20 Stunden läuft. In Wirklichkeit ist das die Zeit, in der sie tagtäglich steht“*[103]. Eine Reform war jedenfalls überfällig.

10.2.2.4. Das Neue Ökonomische System - ein pseudoreformerisches Intermezzo (1963-1967)

Die erste Etappe des NÖS (1963-1965)

Die bisherige Planung in Mengen (**„Tonnenideologie“**) führte lange Zeit zu Fehlinvestitionen und die Verzerrungen der Preisstruktur hatten Rohstoffverschwendungen zur Folge. Darüber hinaus hemmte der Verzicht auf Delegation von Verantwortung die Initiative der Betriebe. Die Kritik an diesen Mängeln und eine bereits Ende der 50-er Jahre einsetzende Reformdiskussion wurde von der SED unterdrückt. Aber erst das Fehlschlagen des Siebenjahresplans und der Eindruck, den die Thesen des Sowjet-Wissenschaftlers Liberman hinterliessen, bewogen die Parteiführung der SED, grundlegende **Reformvorschläge** auf ihrem 6. Parteitag am 15. Januar 1963 zu unterbreiten. Ein halbes Jahr später erlangte das Neue Ökonomische System in Form einer Richtlinie Gesetzeskraft. *„Hauptziel dieser Reform war, ... die administrative Form der*

[103] Auszugsweise zit. nach: Buck, Wirtschaftslenkung, S. 209.

Planung und Leitung mittels zentraler Befehle durch eine Kombination zentraler Planung und eines sog. Systems ökonomischer Hebel zu ersetzen"[104].

Das System der „ökonomischen Hebel"

Die Einführung dieses Systems ist gleichbedeutend mit der Wiederentdeckung des Gewinnes als Massstab für ein rentabilitätsorientiertes Verhalten der Betriebe. Da diese am ehesten so handeln, wenn sie selbständig entscheiden können, wurden sie nach dem Prinzip der Eigenerwirtschaftung der Mittel in die Verantwortung gezogen. Damit wurden die Volkseigenen Betriebe aufgewertet und die Vereinigungen Volkseigener Betriebe zu echten „ökonomischen Führungsorganen".

Um eine wirklichkeitsnahe, den tatsächlichen Aufwand der Betriebe erfassende Kostenrechnung zu ermöglichen, musste zunächst eine **Neufestlegung des Preis- und Bewertungssystems** vorgenommen werden. Am 30. Januar 1964 beschloss der Ministerrat die Neubewertung der Produktionsanlagen und die Korrektur der Abschreibungssätze. Durch die Umbewertung wurde das Brutto-Anlagevermögen der Industrie um 52 Prozent auf insgesamt 105 Milliarden Mark erhöht.

Eine Verbesserung des Preissystems wurde durch die Dynamisierung **(Industriepreisregelsystem)** und Kostenorientierung der Preise angestrebt. Eine Kosten-Nutzen-Analyse sollte die Rechnungsführung der Betriebe leistungsbezogener und dadurch effizienter gestalten. Den Rechten folgten die Pflichten: Ein erweitertes Vertragssystem sah bei Schlechterfüllung der Pläne **Sanktionen** gegen die Betriebe vor. Die Banken wurden finanziell weitgehend verselbständigt und mit der Effizienzkontrolle der Investitionen betraut.

Bessere Koordination von Produktion und Absatz

Was den Gross- und Einzelhandel anbelangt, so wurde dieser weitestgehend zentral kontrolliert. Man musste jedoch zu Anfang der 60-er Jahre feststellen, dass die Industrie kaum absatzorientiert produzierte und formulierte dann im Rahmen des Neuen Ökonomischen Systems die „Sicherung der Mitverantwortung der Industrie für den Absatz" mit der Folge, dass **Perspektivproduktionspläne als Absatzpläne** aufgestellt wurden. Aber auch dadurch konnte die Reagibilität der Produktion auf Veränderungen am Markt nicht hinreichend

---

[104] Zit. nach: Berg, Michael von: Die Wirtschaft der DDR. Autoren-Sonderdruck der „Neuen Züricher Zeitung" Nr. 224 u. 225 vom 16. und 17.8.1968.

gewährleistet werden. Da der operative Absatzplan immer noch vom Jahresabsatzplan und dieser vom Perspektivplan abhing, konnten noch nicht einmal jene Abnehmer zufriedengestellt werden, die es sich vorbehielten, Einzelheiten über das (zu bestellende) Sortiment jeweils quartalsweise mitzuteilen, von solchen ganz zu schweigen, die in noch kürzeren Fristen disponierten. Dazu kamen erhebliche andere **Mängel**, etwa[105]:

- die „angespannte Materiallage"
- fehlende Lager- und Umschlagskapazität der Grosshandelsbetriebe
- zu geringe (zu einfache) Sortimentierung, um den komplexen Anforderungen des Marktes zu genügen
- die Vernachlässigung des Prinzips der wirtschaftlichen Rechnungsführung im Produktionsmittelgrosshandel[106].

Dies führte zwar zu der Forderung nach Entwicklung **direkterer** Beziehungen zwischen **Produktion und Einzelhandel** und fand in einer Reihe konkreter Vorschläge seinen Ausdruck, z.B.:

- „Übergabe von Testgeräten aus der Nullserie an den Einzelhandel im Interesse der Bedarfsforschung"
- „Nutzung der von den Produktionsbetrieben gebotenen Qualifizierungsmöglichkeiten für Fachverkaufskräfte" etc.[107].

Doch unterstreichen solcherlei Beispiele eher die Unbeholfenheit, mit der man ganz grundsätzlichen systembedingten Problemen, nämlich der überbürokratischen Trägheit des Planungs-, Bilanzierungs- und Kennziffernsystems gegenüberstand, als dass sie wirklich Abhilfe schaffen konnten.

Die zweite Stufe des NÖS (1965-1967)

Um die Mitte der 60-er Jahre kam es zu organisatorischen Veränderungen und Massnahmen bei den Lenkungsgrössen. So wurde in einigen VVB z.B. die sechsprozentige **Produktionsfondsabgabe** und der fondsbezogene Preis als deren logische Ergänzung eingeführt. Die sechs Prozent „Zins" wurden vom vorhandenen Bruttovermögen genommen und waren aus dem Gewinn zu finanzieren, wodurch das Interesse der Betriebe auf optimalen Kapitaleinsatz gerichtet werden sollte. Die allein daraus resultierende Möglichkeit der Minimierung der Zinsabgabe konnte den verbleibenden Nettogewinn erhöhen.

---

105 Model, Horst: Bedarf, Produktionsprogramm, Absatz, Berlin 1964, S. 164f.
106 L.c., S. 164 f.
107 L.c., S. 167.

In organisatorischer Hinsicht ist in dieser Zeit v.a. auf die Auflösung des „Volkswirtschaftsrates“ und die Umwandlung seiner Industrieabteilungen in acht **Industrieministerien** hinzuweisen. Überdies wurde das Ministerium für Materialwirtschaft neu gebildet und ein Konzept entwickelt, das die Ausarbeitung der Wirtschaftspläne in zwei Phasen vorsah.

Zusammenfassend erscheinen vier Punkte des NÖS wesentlich: Die angestrebte „Verwissenschaftlichung“ der Planung und Leitung der Wirtschaft, die stärkere Berücksichtigung von Marktelementen (Ökonomische Hebel), damit verbunden die Verlagerung der Entscheidungen auf die untere Ebene (Dezentralisierung) und schliesslich die Entwicklung der VVB zur wichtigsten Organisationsform der mittleren Ebene.

„Sozialistische Werbung“ und Exportanpassung

Auch auf dem Sektor des Handels und der Produktgestaltung versuchte man, den Faktor „Markt“ stärker zu berücksichtigen, auch wenn man von der Angebotsorientierung noch lange nicht völlig abkam.

Wegen akuten Mangels an Entwurfskapazität war 1958 begonnen worden, Ingenieuren (!) in einem Zweijahreslehrgang die Grundlagen der **Formgestaltung** zu vermitteln[108]. Dies unterstreicht, wie wenig gestalterische Aufmerksamkeit und Professionalität man der Produktprofilierung zunächst entgegenbrachte. Doch dies sollte sich im Laufe der frühen 60-er Jahre - zumindest nach aussen - ändern, musste man doch einsehen, dass das nationale Kulturerbe zwar wohldefiniert, aber im Export chancenlos war. Und auf den Export war man zunehmend angewiesen! Nur folgerichtig war daher das später (1965) in der Industriedesignerzeitschrift „form + zweck“ geäusserte Eingeständnis: *„Die Theorie und die Ästhetik der Industrieformgebung befinden sich erst* ***in der Entstehung****“*[109].

Im Zusammenhang mit dem NÖSPL wurde neu über die Bedeutung der Werbung zu dessen Durchsetzung nachgedacht. Die Werbung wurde dabei nicht als Instrument zur Profilierung neuer Produkte aufgefasst, sondern über „ökonomische Funktionen“ definiert und hatte „politisch-ideologisch, moralisch und ästhetisch-erzieherisch“ zu wirken[110]. Neben dem **Gebrauchswert** sollte v.a. die *„neue sozialökonomische Funktion (der Produzenten) unter*

---

108 Hirdina, Heinz: Gestalten für die Serie. Design in der DDR 1949-1985, Dresden 1988, S. 151.

109 Zit. nach: Bertsch, Überblick, S. 23.

110 Model, Bedarf, S. 132 ff.

sozialistischen Produktionsverhältnissen" dargestellt werden[111]. Werbung diente mehr der Darstellung der internationalen Arbeitsteilung unter den sozialistischen Ländern als zum Kaufanreiz für Produkte. Die Kontrolle und Koordinierung der Auslandswerbung für „devisenrentable" Produkte oblag der **„Aussenhandels-Werbegesellschaft GmbH Interwerbung"**[112].

Die Anfang der 60-er Jahre formulierten Prinzipien der **„sozialistischen Werbung"** sollten beinhalten:
- die Einheit von Ökonomie und Politik
- Sparsamkeit
- koordinierte Gemeinschaftsarbeit
- Konzentration auf volkswirtschaftliche Schwerpunkte
- ***„Beachtung der marxistischen Ethik und Ästhetik"***[113].

Teilziele davon waren:
- Die *„Erziehung zu neuen sozialistischen Verbrauchsgewohnheiten"*
- Die *„Unterstützung der politisch-ideologischen, moralischen und ästhetischen Erziehung der Konsumenten"*,
- Die *„Einflußnahme auf die Durchsetzung der sozialistischen internationalen Arbeitsteilung"*
- Die *„Einflußnahme auf die Erschliessung neuer Absatzmärkte in jungen Nationalstaaten und im kapitalistischen Wirtschaftsgebiet"*
- *„Unterstützung der produktionstechnischen Propaganda"*[114].

---

[111] L.c., S. 133.

[112] L.c., S. 142; Vgl. Gesetzblatt der DDR, Teil III, Nr. 1/1960.

[113] Model, Bedarf, Falttafel im Anhang, Abb. 13 (ohne Seitenangabe).

[114] L.c.

Darstellung 90: Sozialistische Werbung

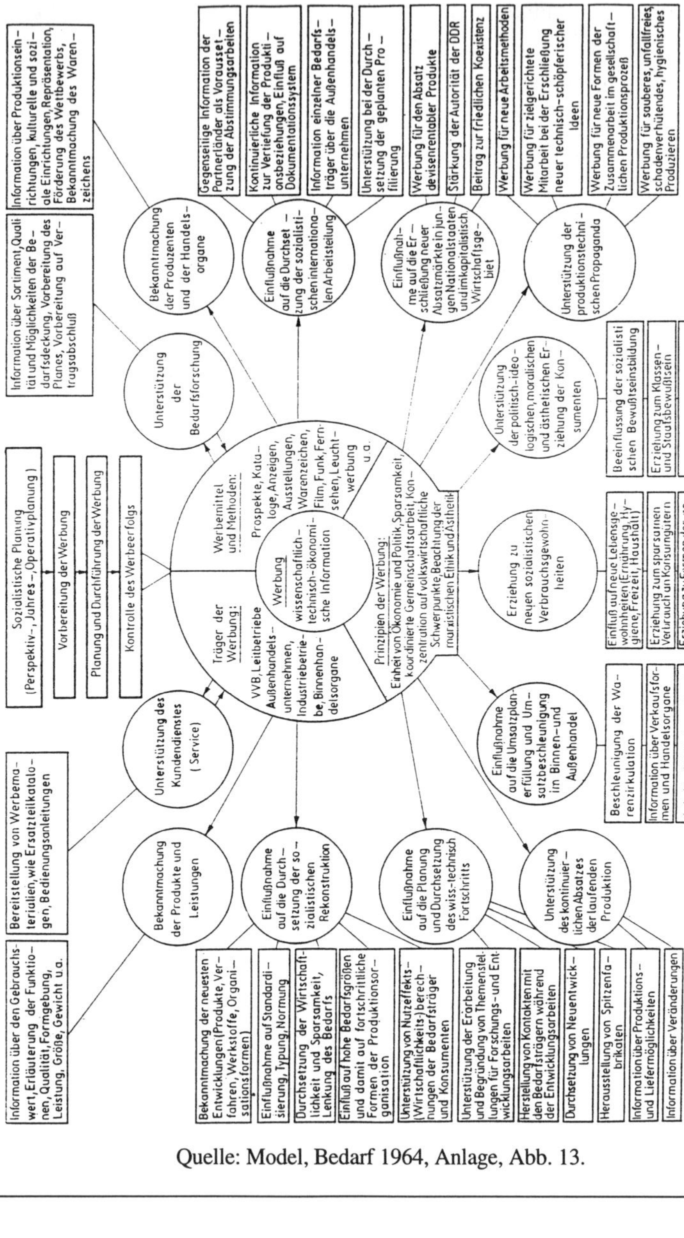

Quelle: Model, Bedarf 1964, Anlage, Abb. 13.

10.2.2.5. Von der Dezentralisierung zur Re-Zentralisierung (1967-1975)

Der dritte Fünfjahresplan (1966-1970)

Der im Mai 1967 verabschiedete Fünfjahresplan unterschied sich von den vorhergehenden v.a. durch seine **nüchterne Zielsetzung**, die durch die Vorgabe von **Bandbreiten** an Stelle von vorgegebenen Festwerten unterstützt wurde. So war bereits nach Halbzeit der Planperiode zu erkennen, dass die Abweichungen geringer waren als in vergangenen Planperioden.

Als **Planziele** für die industrielle Produktion wurde eine Zunahme von 6,8 Prozent und für das Nationaleinkommen eine Zuwachsrate von 5,4 Prozent jeweils pro Jahr vorgesehen. Mit 6,3 bzw. 5,1 Prozent wurden die Planziele annähernd erreicht. Die Brutto-Anlageinvestitionen sollten in der Bandbreite zwischen 48 und 52 Prozent pro Jahr gesteigert werden. Schenkt man dem Erfüllungsbericht Glauben, wurde dieses Ziel mit 59 Prozent sogar übertroffen. Der Materialverbrauch konnte um ca. 12 Prozent vermindert werden. Ausserdem wirkte sich die rechtzeitige Bereitstellung von Roh- und Werkstoffen positiv auf die Materialintensität aus. Andererseits hemmten Produktionsausfälle im Energie- und Brennstoffbereich in den Wintermonaten 1969/70 die Entwicklung. Auch Vertragsrückstände der zentralgeleiteten Industrie (1970: 2,2 Milliarden Mark) und Disproportionen zwischen den Kapazitäten der Zulieferer und Produzenten führten zu beträchtlichen Störungen des Wirtschaftskreislaufs.

Das Ökonomische System des Sozialismus (ÖSS)

Bereits die zweite Etappe des NÖS war als Überleitung zum ÖSS gedacht. Die Umbenennung erfolgte 1967 auf dem VII. Parteitag der SED.

Ganz allgemein trat mit dem ÖSS eine Phase der **Rezentralisierung** ein, nachdem das NÖS v.a. dadurch gekennzeichnet war, dass die bis dahin administrative Form des Hierarchiesystems dezentralisiert wurde. Eine mögliche Alternative hätte am Entscheidungspunkt 1967 darin bestanden, die Reformen in Richtung einer Verstärkung der Marktelemente weiterzutreiben, wie dies z.B. in Jugoslawien oder Ungarn geschehen war. Es kann als Charakteristikum der SED-Führung angesehen werden, mit welcher Schärfe sie von solchen Ideen Abstand nahm.

Die Massnahmen des ÖSS richteten sich v.a. auf die im NÖS begonnene Verbesserung der finanzwirtschaftlichen Lenkungsinstrumente (Produktionsfondsabgabe, Industriepreisregelsystem) oder von Spezialbereichen wie der Aussenwirtschaft. Zu ihrer Komplettierung wurden neue Erfolgsanreize für die Devisenbewirtschaftung z.B. durch Gewährung eines Devisenbonus bei hervorragenden Exportleistungen geschaffen. Weiterhin wurde die Einführung einer **„sozialistischen Betriebswirtschaft“** proklamiert. Ferner sollte der Perspektivplan zum Hauptsteuerungselelement der Wirtschaft werden.

Der vierte Fünfjahresplan (1971-1975)

Angeregt durch den XXIV. Parteitag der KPdSU erklärte der VIII. Parteitag der SED Mitte 1971 die Erhöhung des materiellen und kulturellen Lebensniveaus der Bevölkerung zur Hauptaufgabe des Perspektivplanes, allerdings auf der *„Grundlage eines hohen Entwickungstempos der sozialistischen Produktion, der Erhöhung der Effektivität, des wissenschaftlich-technischen Fortschritts und des Wachstums der Arbeitsproduktivität“*[115]. Das produzierte Nationaleinkommen sollte, zu konstanten Preisen gerechnet, 138 Milliarden Mark erreichen, d.h. 4,9 Prozent jährlich. Für die industrielle Arbeitsproduktivität war eine Erhöhung von 6,6 Prozent vorgesehen. Eine besondere Förderung sollte der **Engpasssektor Energie** erhalten. So sollte das Elektroenergieaufkommen (Produktion u. Import) von 69 Milliarden kWh (1970) bis 1975 um 30 Prozent auf 88-90 Milliarden kWh erhöht werden.

Gegenüberstellungen von Soll- und Ist-Werten im Jahre 1973 deuteten darauf hin, dass die realistischer als in früheren Perioden formulierten Ziele auch erreicht wurden. Trotzdem blieben **störende Faktoren**:

- Infolge der Arbeitskräfteknappheit und der Schwierigkeiten bei der Rohstoff- und Materialbeschaffung konnten die Kapazitäten nur ungenügend auslastet werden.
- Der Werkzeugmaschinenbau geriet in einen Engpass, da er als Erzeuger von Exportgütern und Rationalisierungsmitteln zunehmend überfordert wurde.
- Die Produktion konnte sich dem wandelnden Bedarf nicht schnell genug anpassen, wodurch Fehlproduktionen entstanden.

---

[115] Deutsches Institut für Wirtschaftsforschung (DIW): DDR-Wirtschaft. Eine Bestandsaufnahme, Frankfurt 1971 und 1974, S. 321.

Langfristige Erwartungen

Vor der 9. Tagung des ZK der SED nannte Honecker als eine Art **„Orientierungsrahmen“** langfristige Entwicklungsvorstellungen bis 1990. Demnach sollte der durchschnittliche Zuwachs der **industriellen Arbeitsproduktivität** (von jährlich 6,5 Prozent) das gesamtwirtschaftliche Wachstum von 5 Prozent stützen. Das **Einkommenswachstum** war mit 3,5 Prozent auffallend niedrig angesetzt. Dem **Wohnungsbau** wurde **Priorität** eingeräumt und bis 1990 sollten 2,9 - 3 Millionen Wohnungen neu gebaut oder modernisiert werden (bei 6,5 Millionen Haushalten).

Kultur und Wirtschaft nehmen Formen an

Auf dem VIII. Parteittag der SED 1971 strahlte der Leitgedanke der Einheit von Wirtschaft- und Sozialpolitik auch auf die Produktgestaltung ab. „Kultur“ wurde nun noch mehr als prägende Kraft der Gesamtgesellschaft aufgefasst und damit war der Versuch verbunden, die **Formgestaltung** noch stärker zu kontrollieren. Institutionell geschah dies durch die Bildung des Amts für industrielle Formgestaltung im Februar 1972, das das Zentralinstitut für Gestaltung ablöste. Es war ein Organ des Ministerrates und auf der höchsten staatlichen Leitungsebene angesiedelt. In der Tat sollte das Amt *„eine Erhöhung der staatlichen Autorität ... der Formgestaltung zur Folge haben, den Weg zur Industrie verkürzen und zu einer straffen Koordinierung, Anleitung und Kontrolle führen“*[116].

Die 70-er Jahre brachten demzufolge zwei **Schwerpunkte**:

1. Die Designpolitik wurde neu organisiert, zentralisiert und Chefgestalter in den Kombinaten etabliert.
2. Die Formgestaltung wurde fester im Planungsgefüge der Wirtschaft verankert, d.h. sowohl im Volkswirtschaftplan als auch im Entwicklungsplan für das einzelne Industrieprodukt[117].

Damit verbunden war die Politik der verstärkten Förderung des Marktangebots für den privaten Verbrauch, den die SED-Führung allerdings nicht durchhalten konnte. Der Zuwachs an Geldeinkommen musste gedrosselt werden und selbst die bereits reduzierten Planziele in den späten 70-er Jahren, 1981 und 1985 waren nicht zu halten- und die Möglichkeit, den privaten Bedarf in **Intershops**

---

116 Zit. nach: Hirdina, Gestalten, S. 216.

117 L.c., S. 237.

(oder via GENEX-Geschenkdienst) zu befriedigen, stand eben nur jenen offen, die in den Besitz von Devisen kommen konnten[118].

10.2.2.6. Die Entwicklung der DDR-Wirtschaft bis zur „Wende“

Seit der zweiten Hälfte der 70-er Jahre wurden die **Planziele** der Jahres- und Fünfjahrespläne in elementaren Wirtschaftsbereichen **nicht erfüllt**. Den DDR-Bürgern war auch kaum bekannt, dass alle realen Bewertungsmassstäbe sinkende Zuwachsraten aufwiesen. Insbesondere die **Arbeitsproduktivität** nahm beträchtlich ab und stellte die Wettbewerbsfähigkeit der DDR-Wirtschaft zunehmend in Frage. Die **Kaufkraft** der DDR-Mark sank zunehmend, auch wenn dies nicht immer offen zutage trat, da Preissteigerungen für Güter und Leistungen des privaten Verbrauchs oft verdeckt waren. Ein weiteres Indiz für eine rückläufige gesamtwirtschaftliche Leistung war die Tatsache, dass das **Investitionspotential** bis 1985 unter den Stand von 1977 sank. Bemerkenswert war ferner, dass die privaten Geldeinkommen seit 1975 - von einigen wenigen Jahren abgesehen - schneller wuchsen als das Marktangebot[119]. Im Klartext: Geld war zwar vorhanden, aber man konnte sich nichts damit kaufen. Dies sollte sich dann am 1. Juli 1990 im Rahmen der Wirtschafts-, Währungs- und Sozialunion drastisch ändern.

Literatur:

Baar, Lothar et al.: Kriegsfolgen und Kriegslasten Deutschlands. Zerstörungen, Demontagen und Reparationen, Berlin 1993; **Buchheim**, Christoph (Hrsg.): Wirtschaftliche Folgelasten des Krieges in der SBZ/DDR, Baden-Baden 1995; **Karlsch**, Rainer: Allein bezahlt? Die Reparationsleistungen der SBZ/DDR 1945-1953, Berlin 1993; **Matschke**, Werner: Die industrielle Entwicklung in der Sowjetischen Besatzungszone Deutschlands (SBZ) von 1945 bis 1948, Berlin 1988; **Schneider**, Gernot: Wirtschaftswunder DDR. Anspruch und Realität, 2. erw. Aufl., Köln 1990; **Winkel**, Harald: Die Wirtschaft im geteilten Deutschland 1945-1970, Wiesbaden 1973; **Zank**, Wolfgang: Wirtschaft und Arbeit in Ostdeutschland 1945-1949, München 1987; **Zschaller**, Frank: Die vergessene Währungsreform. Vorgeschichte, Durchführung und Ergebnisse der Geldumstellung in der SBZ 1948. In: Vierteljahrshefte für Zeitgeschichte, 45. Jahrgang, 1997, S. 191-223.

---

[118] Die diesbezüglichen Umsätze sind in den offiziellen Statistiken nicht enthalten.
[119] Schneider, Wirtschaftswunder, S. 167.

Prüfsteine:

1. Worin unterscheiden sich Marktwirtschaft und Zentralverwaltungswirtschaft elementar?
2. Wie wird der Knappheitsgrad eines Gutes in der Zentralverwaltungswirtschaft ermittelt?
3. Welche wirtschaftspolitischen Ziele verfolgte das SED-Regime mit dem sog. Neuen Ökonomischen System?

11. Das vereinigte Deutschland nach 1989/1990

11.1. Die Deutsche Revolution 1989

Durch die Aufweichung der Positionen der sowjetischen Vormacht im Rahmen der Öffnungspolitik unter Präsident Michail **Gorbatschow**, die dazu führte, dass die ganze Welt mindestens zwei russische Begriffe lernte (**Glasnost** und **Perestrojka**), kam auch das Bruderland DDR, der „stabile Eckpfeiler des Sozialismus" (Honecker 1984) ins Wanken. Spätestens seit Ungarn am 10. und 11. September 1989 alle fluchtwilligen DDR-Bürger über seine Grenzen ausreisen liess, war das sozialistische Flaggschiff leckgeschlagen.

Das Jahr 1989 war ein wahrhaftig revolutionäres. Es brachte nicht nur das „Bicentenaire" der Französischen Revolution, über das man sich in ganz Frankreich und die ganze Welt mit Frankreich freute, sondern es war auch das Jahr, in dem das ostdeutsche Volk auf die Strasse ging und (etwa in Leipzig jeden Montag) rief: „**Wir** sind **das** Volk". Keine Frage: 1989 hat in Deutschland eine Revolution stattgefunden. Es ist interessant, dass man zunächst rief: Wir sind **das** Volk. Das heisst, die antidemokratischen, sozialistischen Funktionäre sollten nun endlich **Demokratie** realisieren, in der **alle** mitbestimmen, in erster Linie **das** Volk. Im weiteren Verlauf des Oktober 1989 rief man dann nicht mehr: „Wir sind **das** Volk", sondern man rief: „Wir sind **ein** Volk". An die Stelle des bestimmten Artikels wurde ein unbestimmter Artikel gesetzt. Damit war jedoch etwas sehr Bestimmtes gemeint, das die kommunistischen Herrscher sehr ins Schwitzen brachte. Mit „**ein** Volk" forderte die Strasse konkret das Zusammengehören der Deutschen in West und Ost, also den Fall der Mauer. Durch die Besonnenheit seitens der „Montagsdemonstranten" und der alten Funktionäre, die am 7. November 1989 endlich geschlossen zurückgetreten waren, konnten sämtliche Passagiere und Besatzungsmitglieder das sinkende und überschuldete Schiff DDR verlassen und überleben.

Damit, dass die Mauer bereits im November 1989 fallen sollte, hatte niemand ernsthaft gerechnet. Wohl waren die Zeichen für eine solche Möglichkeit gesetzt worden, doch Egon **Krenz**, der Honecker nach dessen Sturz gefolgt war (18. Oktober 1989), wollte den Sozialismus retten, ihn marktwirtschaftlich verkleiden und dem Westen als Verhandlungsmasse eine gewisse Maueröffnung anbieten, aber kontrolliert. Wer aus- und einreiste, sollte keinesfalls an der Mauer entschieden werden, sondern bei den üblichen Antragsstellen. Doch die Information über die Ein- und Ausreise ohne Visum kam an den Grenzstellen so an, als bestehe nun vollkommene Freizügigkeit. Nun nahmen die Dinge ihren Lauf. Den hätten sie jedoch - früher oder später - ohnehin genommen, könnte man behaupten, und zwar aus ökonomischen Gründen. Die Führung der DDR wusste durch den Vorsitzenden der Staatlichen Plankommission Gerhard **Schürer** sowie durch Alexander **Schalck-Golodkowski**, den Leiter der Staatlichen Zentralverwaltung für Statistik, seit Jahren, dass die ökonomische Lage dramatisch war. Doch die hohe Verschuldung wurde geheim gehalten. Und sie war noch viel grösser als alle dachten.

Gerhard Schürer wurde am 24. Oktober 1989 mit der Aufgabe betraut, bis zur nächsten (10.) Sitzung des Zentralkomitees der SED, die sinnigerweise vom 8.-10. November 1989 stattfinden sollte, eine Analyse der tatsächlichen volkswirtschaftlichen Situation vorzulegen. Er tat dies und was er an Informationen zutage förderte, war so brisant, dass neben den Beteiligten Analysten (neben Schürer, Schalck, Beil, Donda und Höfner) ausschliesslich Krenz darüber informiert wurde, **wie** miserabel die Lage war:

1. Die jährliche Kreditaufnahme der DDR betrug 8-10 Milliarden Valutamark, die bei ca. 400 Banken mobilisiert wurden! D.h. das Markenzeichen der SED, die Sozialpolitik, wurde nicht durch eigene Leistungen erbracht, sondern beruhte seit 1971 auf der wachsenden Verschuldung im NSW.
2. Das Wachstum der Wirtschaft hatte sich bedeutend abgeschwächt.
3. Die hochgelobte Mikroelektronik kostete ein Mehrfaches dessen, für das sie am Weltmarkt zu haben gewesen wäre.
4. Der Verbrauch in der DDR entwickelte sich seit Jahren schneller als die Leistungen; man lebte also von der Substanz.

In dem Schürer-Dokument wird zum ersten Mal überhaupt (27. Oktober 1989) davon gesprochen, dass die Auslandsschulden von zwei Milliarden Verrechnungsmark 1970 auf 49 Milliarden 1989 gestiegen waren und die innere Verschuldung der DDR von 12 (1970) auf 123 Milliarden Mark 1988. Schürer führte aus, dass eine „Schuldendienstrate" (Verhältnis des Exports eines Jahres zu den im gleichen Jahr fälligen Kreditrückzahlungen und Zinsen) von 25 Prozent normal gewesen wäre, dass sie jedoch 150 Prozent betrug, so dass der Export eines Jahres nicht einmal ausreichte, um die Kredite samt Zinsen zurückzuzahlen. Die DDR war also gezwungen, aufgrund der ökonomischen Lage und der Zahlungsbilanz jährlich 8-10 Milliarden DM neue

Kredite zu mobilisieren, um die Wirtschaft aufrechtzuerhalten und die alten Kredite zu bedienen[120].

Ein Problem bestand natürlich darin, dass sich der RGW-Verbund, mit dem die DDR 70 Prozent ihres Aussenhandels abwickelte, langsam aufzulösen begann, spätestens nachdem Polen 1981 zahlungsunfähig wurde.

Als dann Zehntausende von Bürgern 1989 über die ungarische, polnische und tschechoslowakische Botschaft der BRD nach Westen flohen, konnte kein Modrow mehr die Mauer als Faustpfand gegen Kredite einsetzen. Man hätte höchstens noch annehmen können, dass die Sowjetunion - wie in der frühen Modrow-Zeit - die DDR als selbständigen Staat unterhalten und unterstützen wollte. Diese Unterstützung gab es noch, doch sie bestand niemals in Valuta, dazu war die UdSSR bereits viel zu geschwächt.

11.2. Die deutsch-deutsche Integration nach 1989

Was den Franzosen der 14. Juli 1789, ist den Deutschen der **9. November 1989**: Die Öffnung der Grenzen zur Bundesrepublik und nach West-Berlin wurde mit sofortiger Wirkung verkündet. Mit dem Inkrafttreten der **Wirtschafts-, Währungs- und Sozialunion** am **1. Juli 1990** wurde die DM einziges Zahlungsmittel in der noch existierenden DDR, die dann am **3. Oktober 1990** dem Geltungsbereich der Bundesrepublik beitrat und aufhörte, als Staat zu existieren.

Es sind im wesentlichen drei Bereiche, die bei der Beurteilung der deutschen Integration zu berücksichtigen sind:

1. Die **vertraglichen Rahmenbedingungen** der deutschen Einheit, wie sie im Staatsvertrag und im Einigungsvertrag ihren Niederschlag fanden
2. Der marktwirtschaftliche **Umstrukturierungsprozess** in den neuen Ländern. Hierzu gehören Aspekte wie die unterschiedliche wirtschaftliche Entwicklung und die Spaltung des Arbeitsmarktes, dann die politischen Prämissen der deutschen Integration (Verfassungsgebot der Gleichwertigkeit der Lebensverhältnisse!), die Auseinandersetzungen um die am meisten geeignete Wirtschaftspolitik (Wieviel Markt, wieviel Staat?), die wirtschaftspolitische Strategie, dann die überaus komplexe Frage der Strukturpolitik, der Arbeitsmarktpolitik (Arbeitsförderungsgesetz, Übernahmerege-

120 Hertle, Hans-Hermann: Staatsbankrott. In: Deutschland-Archiv, 25 (1992), Nr. 11, S. 1019-1030, bes. S. 1023.

lungen etc.), der Sozialpolitik (Rentenreformgesetz 1992) und nicht zuletzt der Wohnungspolitik.

3. Es ist zu fragen, welche **finanziellen Folgeprobleme** die deutsche Vereinigung brachte und bringt und welche politischen Schlussfolgerungen daraus zu ziehen sind.

Schließlich wäre noch zu fragen, wie die Situation am Ende der 90-er Jahre einzuschätzen ist?

11.3. Vertragliche Rahmenbedingungen

Zunächst zur Frage der vertraglichen Rahmenbedingungen der deutschen Einheit.

Bereits Abs. 1 des Staatsvertrages regelte die Wirtschaftsunion, d.h. den Aufbau der Wirtschaftsordnung nach marktwirtschaftlichen Prinzipien mit dem privaten Eigentumsschutz als konstituierendem Prinzip der Marktwirtschaft. Die DDR verpflichtete sich also zur umfassenden Rechtsanpassung, d.h. setzte in der Wirtschaftsunion die wichtigsten westdeutschen Gesetze in Kraft (Gesetz gegen Wettbewerbsbeschränkungen, Aktiengesetz, GmbH-Gesetz, Atomgesetz etc.). und schuf die Möglichkeit des Eigentumserwerbs an Grund und Boden sowie an Produktionsmitteln. Dazu diente auch eine Gemeinsame Erklärung der beiden deutschen Regierungen „zur Regelung offener Vermögensfragen" vom 15. Juni 1990, in der sich jedoch auch der heissdiskutierte Passus befand, dass enteignetes Grundvermögen grundsätzlich den ehemaligen Eigentümern oder deren Erben zurückzugeben sei. Man argumentierte, diese Regelung sei investitionsfeindlich, da mit Investitionen bis zur endgültigen Klärung der Eigentumsverhältnisse gewartet werden müsse.

Schliesslich wurde am 17. Juni 1990 das sog. **Treuhandgesetz** erlassen, durch das die Treuhandanstalt die Aufgabe erhielt, das volkseigene Vermögen zu privatisieren und die Erlöse vorrangig für die Strukturanpassung der Betriebe zu verwenden. An die Zuführung der Privatisierungserlöse zum Staatshaushalt war also erst in zweiter Linie gedacht.

Im Rahmen der „Sozialunion" wurden schliesslich die Arbeitsrechtsordnung sowie das System der sozialen Sicherung durch die DDR übernommen, d.h. Komponenten wie die Koalitionsfreiheit, Tarifautonomie, Betriebsverfassungsgesetz, Unternehmensmitbestimmung und Kündigungsschutz etc. An die Stelle der bisherigen Einheitsversicherung trat die stark differenzierte und strukturierte Sozialversicherung.

Ein wichtiger Punkt im Staatsvertrag war auch der Ausgleich der für unvermeidbar gehaltenen DDR-Haushaltsdefizite durch Finanzzuweisungen der Bundesrepublik. So erhielt der DDR-Staatshaushalt eine Kreditermächtigung für 1990 in Höhe von 10 Milliarden DM und für 1991 von 14 Milliarden DM. Darüberhinaus bekam die Treuhandanstalt *„zur Vorfinanzierung zu erwartender Erlöse“* 1990 7 Milliarden und 1991 10 Milliarden DM zugewiesen. Später wurde die Kreditermächtigung sogar auf 25 Milliarden DM erhöht. Die Kreditgrenzen waren bald überschritten und der Bundesfinanzminister musste ständig nachpumpen. Bonn hatte die Verantwortung für die Schliessung der Finanzierungslücken im Art. 28 des Staatsvertrags praktisch übernommen. Allein zum Haushaltsausgleich der DDR wurden im 2. Halbjahr 1990 22 Milliarden und 1991 35 Milliarden DM zugewiesen. Im Übrigen zahlte der Bund zur Anschubfinanzierung für die DDR-Sozialversicherung weitere 5,75 Milliarden DM bis Ende 1991.

Neben dem Staatsvertrag gab es den Einigungsvertrag. Er regelte wichtige Fragen wie die Schuldenregelung, das Treuhand- und Finanzvermögen, die Eigentumsfragen sowie Aufgaben der Wirtschaftsförderung und der sozialen Sicherung.

11.4. Der marktwirtschaftliche Umstrukturierungsprozess

Das anfängliche Hauptproblem der Ostwirtschaft war nicht zu verhindern und bestand in folgendem: Durch die Wirtschafts- und Währungsunion vom 1. Juli 1990 erfuhr die DDR-Mark faktisch eine vierfache Aufwertung. Die ostdeutschen Unternehmen, die nun in der harten Währung kalkulieren und fakturieren mussten, wurden dem Wettbewerb voll ausgesetzt und waren dem in den meisten Fällen nicht gewachsen. Es gab einen Wettbewerbsschock. Dieser hätte nur verhindert werden können, wenn man die Preise der Produkte von Ostunternehmen und mithin die Löhne auf das Mass der Produktivität, die etwa ein Drittel derer im Westen betrug, reduziert hätte.

Eine ökonomische Konsequenz lag auf der Hand und war vorhersehbar: dem Wettbewerb hielt die ehemalige DDR-Wirtschaft in keiner Weise stand, der Handel mit den ehemaligen RgW-Ländern brach zusammen und Produktion und Beschäftigung erlebten einen enormen Rückgang. Der Rückgang lag je nach Branche zwischen 13,3 (Nahrungs- und Genussmittel) und 88 Prozent (Feinmechanik, Optik) (November 1991 gegenüber November 1990). Das reale Bruttosozialprodukt sank 1991 gegenüber 1990 in den neuen Bundesländern um 30,3 Prozent. Die neuen Länder partizipierten bei einer Bevölkerung von ca. 20 Prozent am Bruttosozialprodukt von 1991 nur mit 7 Prozent, trugen also zur gesamtwirtschaftlichen Leistung weit unterproportional bei.

Andererseits jedoch löste die Wirtschafts- und Währungsunion eine „Sonderkonjunktur" aus, d.h. einen Nachfrageschub im Konsumbereich, der eine beträchtliche Investitionsdynamik in Gang setzte. Der Konsumschub wurde durch die günstige Währungsumstellung der Ersparnisse ermöglicht, andererseits jedoch auch durch direkte Geldleistungen.

Im späten Jahr 1991 kam es jedoch zu einer Abschwächung des Wachstums, die verschiedene Ursachen hatte: Zum einen erlahmte die internationale bzw. weltweite Nachfrage, was für ein exportorientiertes Land wie die Bundesrepublik etwas heissen wollte, andererseits wurden durch Steuer- und Sozialabgabeerhöhungen potentielle konsumtive Nachfragewirkungen eingeschränkt. Gleichwohl war der ökonomische Durchbruch in der zweiten Hälfte 1991 gelungen. War die Produktivität im 1. Halbjahr 1991 noch um 7,8 Prozent gegenüber dem Vorjahr zurückgegangen, stieg sie im zweiten Halbjahr 1991 bereits um 9,3 Prozent an. Die Anlageinvestitionen steigerten sich 1992 gegenüber 1991 um 26,5 Prozent. Die Anlageinvestitionen bei Bauten, die 1991 gegenüber dem Vorjahr noch um 14 Prozent abgenommen hatten, steigerten sich 1992 gegenüber 1991 um 22 Prozent! Das Ost-Bruttosozialprodukt, das 1991 noch um sage und schreibe 30,3 Prozent abgenommen hatte, stieg 1992 um 10,5 Prozent.

Es sah so aus, dass sich die ostdeutsche Wirtschaft spätestens seit 1992 auf einem steilen Wachstumspfad bewegte (jedoch von einem sehr niedrigen Niveau aus!) und danach eine ausserordentlich steigende Investitionsbereitschaft in Ost und West vorhanden war. Dies hing jedoch mit günstigen und grossangelegten Subventionsprogrammen zusammen und weniger mit Errungenschaften einer Wettbewerbswirtschaft. Es existierten noch beträchtliche Investitionshindernisse: das meistgenannte war wohl, dass die westdeutschen Unternehmen noch über ausreichende eigene Kapazitäten verfügten. Daneben wurden aber (in dieser Reihenfolge) genannt: Rechtsunsicherheit, Verwaltungsmängel, Infrastrukturmängel und ökologische Altlasten[121].

Es gibt Integrationsformen, die über die Rechts- und Wirtschaftseinheit hinausgehen, nämlich die Einheitlichkeit der Lebensverhältnisse anstreben. Dieses Ziel ist als **Verfassungsgebot** im deutschen Grundgesetz (Art. 72 Abs.

---

[121] Zum nächsten Abschnitt: Pilz, Frank/Ortwein, Heike: Das vereinte Deutschland. Wirtschaftliche, soziale und finanzielle Folgeprobleme und die Konsequenzen für die Politik, Stuttgart et al. 1992, S. 28 f., 43 ff., 53, 62 f.

2 Ziff. 3) verankert. Dabei geht die Wahrung der Einheitlichkeit der Lebensverhältnisse über das Gebot der Länder hinaus, betrifft also den Bund und insoweit ist auch die konkurrierende Gesetzgebungsbefugnis angesprochen.

Zu den ersten Massnahmen im Rahmen der deutschen Integration gehörte die Festlegung von **Förderpräferenzen** für die neuen Länder mit dem Ziel der Herstellung gleicher Bedingungen für wirtschaftliche Betätigung. Konkret heisst dies Abbau des West-Ost-Gefälles durch Sicherung eines „Präferenzvorsprungs", d.h. Modernisierung der ostdeutschen Wirtschaft mit steigender Wettbewerbsfähigkeit. Sozial sollte damit der Abbau der Dauer- und Massenarbeitslosigkeit und fiskalisch eine „ausreichende" Finanzausstattung erreicht werden. Das Ziel wurde jedoch verfehlt.

Voraussetzung der Integration war, dass man seine **Gemeinschaftsaufgabe** definierte. Als eine solche benannte man den Aus- und Neubau von Hochschulen sowie die Verbesserung der Wirtschaftsstruktur, nicht zuletzt unter ökologischen Aspekten, etwa die Entsorgung der Ruinen der chemischen Industrie in Bitterfeld oder die Verbesserung der Bedingungen in der nordostdeutschen Werftindustrie. Gedacht war aber auch an die Förderung der privaten Investitionen (zinsgünstige Kredite, Bürgschaftsübernahmen, Zuschüsse etc.), an die Ankurbelung der Fremdenverkehrswirtschaft und den Ausbau der Infrastruktur (Entsorgungsanlagen, Verkehrsverbindungen etc.) sowie an Agrarstrukturverbesserungen.

Die Finanzhilfen des Bundes für Investitionen der Länder und Gemeinden, die in Art. 104a (Abs. 4 Satz 1) des Grundgesetzes geregelt waren, beinhalteten konkret den **Ausgleich der ost-westlichen Disparitäten**. Demnach konnten den Ländern und Gemeinden für besonders bedeutsame Investitionen **Finanzhilfen** gewährt werden, wenn

a) eine Störung des gesamtwirtschaftlichen Gleichgewichts abgewehrt werden musste oder
b) die unterschiedliche Wirtschaftskraft im Bundesgebiet zum Ausgleich zu bringen war oder
c) das wirtschaftliche Wachstum gefördert werden sollte.

11.5. Integrationsstrategien

Bei genauerem Hinsehen konnte man beobachten, dass sich die Strategie der Bundesregierung zur deutschen Integration nach der Vereinigung 1990 nachhaltig veränderte. Zunächst verfolgte man den Vorsatz, eine rein **markt-orientierte** wirtschaftspolitische Strategie durchzusetzen, musste dann aber feststellen, dass der sog. **„Strukturbruch"** und die starken Proteste in der Öffentlichkeit einen **Strategiewechsel** erforderten. Man gab nun ab Frühjahr 1991 verstärkten staatlichen Interventionen den Vorrang.

Man hatte es also hier mit zwei grundsätzlich unterschiedlichen wirtschaftspolitischen Ansätzen zu tun. Mit beiden war ein jeweils unterschiedlicher Katalog konkreter wirtschafts-, finanz-, währungs-, industrie- und sozialpolitischer Massnahmen verbunden, also eine spezifische Kombination von Instrumentarien, deren Wirkungsgrad und Erfolgswahrscheinlichkeit es einzuschätzen und danach Prioritäten zu setzen galt.

Der erste Irrtum, dem man in der Nachwendezeit unterlag, war, zu glauben, man könne die in den 80-er Jahren praktizierte angebotsorientierte Politik, die auf die Eigenverantwortung der Bürger und deren unternehmerische Entscheidungskompetenz bei gleichzeitiger Reduzierung staatlicher bzw. gesetzlicher Regulierung setzte, weiter betreiben. **Angebotsorientierte Politik** heisst, dass der Staat rentable Angebotsbedingungen schafft, wobei finanz- und ordnungspolitische Zielsetzungen im Vordergrund zu stehen haben. Wachstumsschwächen und hohe Arbeitslosigkeit werden nach der angebotsorientierten Konzeption nicht auf Marktversagen, sondern auf Überschuldung und staatliche Überregulierung zurückgeführt. Finanzpolitisch heisst Angebotsorientierung Steuersenkung, Verringerung der Staatsquote, ordnungspolitisch heisst es z.B. Lockerung der Sozialauflagen und Schaffung freier Verfügungsrechte. Angebotsorientiert heisst grundsätzlich marktorientiert und meint auch die Schaffung von Wettbewerb, z.B. im Bereich der bisher sehr monopolisierten Telekommunikation oder im Verkehrssektor. Gute steuerliche Investitionsbedingungen sowie ein zügiger Ausbau der Infrastruktur sind angebotsorientierte Forderungen.

Ein grosses Problem bei der Integration stellten die vorhandenen **Subventionen** dar, um deren zügigen Abbau es der angebotsorientierten sektoralen Strukturpolitik gehen musste. Produktive sektorale Strukturen können nur aufgebaut werden, wenn anderswo eingespart wird, z.B. im Bereich der konsumtiven Sozialausgaben (Arbeitslosengeld, Kindergeld, Wohngeld etc.). Dauersubventionierungen, d.h. langfristige ineffiziente Bindungen von Produktionsfaktoren, mussten unbedingt unterbunden werden. Eine zusätzliche Förderung von **Umschulung und Qualifizierung** war allerdings im Sinne einer qualitativen Erhöhung zukünftigen Angebots unbedingt zu befürworten, da hier die zukünftige Wettbewerbsfähigkeit ziemlich direkt angesprochen war.

Wie bereits gesagt: die angebotsorientierte Politik wurde in Deutschland nur bis Ende 1991 verfolgt. Danach suchte man sein Glück in einer **struktur-keynesianischen Konzeption**, also einer wirtschaftspolitischen Komponente, die den **Staatsinterventionismus** zum Schrecken aller Liberalen besonders favorisierte. Die Vertreter dieser Richtung setzten auf das **Sozialstaatspostulat des Grundgesetzes** und betonten auch **ökologische Belange**. Sie setzen auf eine produktivere Nutzung vorhandener Kapazitäten und eine expansive Fiskalpolitik, das Ganze jedoch politisch gesteuert im Sinne einer **selektiven Strukturpolitik**. Konkret hiess dies, dass man Mittel nur gezielt vergab, also Finanzhilfen an Unternehmen nur bei zeitlich befristeter Arbeitsplatzgarantie oder Mittel im Rahmen des sozialen Wohnungsbaus nur mit Belegungs- und Bindungsauflagen etc. Im Vordergrund stand wieder mehr - und dies erinnert den Wirtschaftshistoriker an die merkantilistische Zeit - der konkrete gesellschaftliche Nutzen, etwa wenn im Rahmen der selektiven Strukturpolitik der Abbau umweltgefährdender Sektoren und die Produktionseinstellung für gesundheitsschädliche Baustoffe gefordert wurde.

Die Wirtschaftspolitik in Deutschland war seit 1991 also wieder interventionsorientiert. Der Politik wurde erneut stärkere Steuerungsverantwortung zugebilligt. Allseits sichtbarer Ausdruck davon war das **„Gemeinschaftswerk Aufschwung Ost“**, ein diesbezügliches Förderprogramm des Bundes. Wie hoch das Investitionsvolumen sein musste, um die west-östlichen Disparitäten beim Kapitalstock (Produktionsapparat) auszugleichen, kann niemand genau sagen. Schätzungen lagen hier zwischen 70 und 200 Milliarden DM an Sachinvestitionen (Realkapital) jährlich. Der Schwerpunkt dieser Investitionen sollte im Bereich der Reindustrialisierung liegen, wobei aufgrund des relativ hohen Lohnniveaus die Produktion industrieller Massengüter nicht in Frage kommen konnte, sondern eher die Entwicklung und Herstellung von Hochtechnologie-Gütern auf der Basis hoher Arbeitsproduktivität.

Eine konkrete Massnahme zur Institutionalisierung und Konsolidierung erhaltenswerter Wachstumsbereiche bestand in den sog. ABS-Gesellschaften (Gesellschaften zur Arbeitsbeförderung, Beschäftigung und Strukturentwicklung) die im Sinne der Strukturkeynesianer ganz klar definierte strukturpolitische Aufgaben übernehmen sollten. Insbesondere sollten sie ihren früheren Muttergesellschaften Dauerarbeitsplätze sichern und/oder sich zu eigenständigen neuen Produktions- und Dienstleistungsgesellschaften entwickeln. In einigen Regionen, so z.B. im Freistaat Sachsen, entstand eine richtungsweisende integrierende Korporation, die sich „Aufbauwerk im Freistaat Sachsen“ nannte und eine Gemeinschaftsgründung von Landesregierung, Arbeitgebern,

Gewerkschaften und Dresdner Bank darstellte. Hier wurden die ABS-Gesellschaften durch regionale Trägergesellschaften zusammengefasst. Das entlassene Industriepersonal wurde z.T. in den ABS-Gesellschaften aufgefangen, wobei die einzelnen Arbeitnehmer ihre Sozial-Abfindungen (Sondervermögen) in das ABS-Vermögen einbrachten und das Land dieses Vermögen aus Mitteln der öffentlichen Hand aufstockte. Die Weiterbeschäftigung war damit vorläufig gesichert (mit nicht zu unterschätzenden kollektivpsychologischen Effekten) und der Staat musste nicht Arbeitslosigkeit finanzieren, sondern erhielt Steuer- und Beitragseinnahmen.

Mit Hilfe solcher Ideen wurde versucht, den Standort Ostdeutschland wieder attraktiver zu machen. Es gelang jedoch nicht, Investoren die Region als echte Alternative erscheinen zu lassen. Hierzu gibt es folgende Überlegungen:

1. Sehr lange stellte die Unsicherheit über die Eigentumsverhältnisse in Ostdeutschland ein schwerwiegendes Investitionshindernis dar. Der Grundsatz „Rückgabe vor Entschädigung" hatte sich als Investitionsbremse herausgestellt und wurde 1991 durch das Gesetz zur Regelung offener Vermögensfragen sowie das „Gesetz zur Beseitigung von Hemmnissen bei der Privatisierung von Unternehmen und zur Förderung von Investitionen", das sog. Enthemmungsgesetz (1991) beseitigt. Eigentumsrechtlich bestanden also praktisch keine Hemmnisse mehr. Bis dahin durfte, wenn ein Rückerstattungsantrag gestellt wurde, der sog. Verfügungsberechtigte, d.h. die Treuhandanstalt und ihre Tochterunternehmen, ohne Zustimmung des Alteigentümers (Antragstellers) Immobilien nicht verkaufen. Dem Prinzip nach galt zwar weiterhin Rückerstattung vor Entschädigung, aber die Zahl der Ausnahmen war unübersehbar: So z.B. trat der Rückgabeanspruch dann zurück, wenn sich der Erwerber zu Investitionen verpflichtete. Dies galt allerdings nicht für private Verfügungsberechtigte. Aber wesentlich war, dass die Treuhandanstalt das eigentumsrechtliche Instrumentarium erhielt, um den Kommunen in erheblichem Umfang Grund und Boden in die Hand geben zu können. Bauherren konnten seitdem solche Grundstücke ausserordentlich günstig erwerben und machen heftig davon Gebrauch.

2. Auf der Basis der inzwischen eingeräumten Prioritäten für Investitionen wurde ein Hilfsprogramm eingeleitet, das bisher wohl auf der ganzen Welt seinesgleichen suchte. Die Förderformen waren vielfältig und umfassten etwa: Investitionszulagen und Investitionszuschüsse, das Gemeinschaftswerk „Aufschwung Ost", besondere Steuererleichterungen, zinsverbilligte Kreditprogramme sowie Bürgschaftsprogramme.

Ein investierender Unternehmer konnte demnach damit rechnen, dass er bei der Anschaffung oder Herstellung neuer Wirtschaftsgüter des Anlagevermögens 12 Prozent seiner Kosten erstattet bekam. Investierte er in Verbesserungen der regionalen Wirtschaftsstruktur, konnte er bis zu 23 Prozent Investitionszuschuss bei gewerblichen Investitionen erhalten. Handelte es sich um spezielle, wirtschaftsnahe Infrastrukturvorhaben der Kommunen, konnten bei einer entsprechenden Eigenbeteiligung des Trägers/Unternehmers bis zu 90 Prozent der Investitionskosten gefördert werden.

Im Rahmen des „Gemeinschaftswerks Aufschwung Ost“ wurden Investitionspauschalen für die Instandsetzung kommunaler Gebäude, die Schaffung neuer Arbeitsplätze im Rahmen der Gemeinschaftsaufgabe „regionale Wirtschaftsförderung“ sowie für Verkehrsinfrastruktur und Umweltschutzsofortmassnahmen gewährt. Das Programm umfasste ca. 10 Milliarden DM jährlich. Ein weiterer Anreiz bestand für den investierenden Unternehmer im Steuerbereich bis Ende des Jahres 1994. Für Ausrüstungsgüter wurden Sonderabschreibungen in Höhe von 50 Prozent zusätzlich zur Investitionszulage und den normalen Abschreibungsmöglichkeiten zugelassen. Verluste konnten auf unbestimmte Zeit vorgetragen oder eventuell mit späteren Gewinnen verrechnet werden. Es konnten ferner steuerfrei Rücklagen gebildet werden für die Überführung bestimmter Wirtschaftsgüter in Kapitalgesellschaften mit Sitz in Ostdeutschland. 1991 und 1992 konnte man z.B. die zeitweilige Aussetzung der Erhebung der Gewerbekapitalsteuer und Freistellung von der Vermögenssteuer beantragen.

Fast jeder, der sich in den neuen Ländern in irgendeiner Weise engagieren wollte, konnte in den Genuss zinsverbilligter Kreditprogramme kommen. So gab es etwa im Rahmen des Kommunalkreditprogramms um bis zu 3 Prozentzinsvergünstigte Kredite für die Erschliessung von Gewerbeflächen, Umweltschutzmassnahmen, Verkehrsinfrastrukturmassnahmen, Dorf- und Stadtsanierung, Energieeinsparung, Krankenhäuser, Altenheime usw. Die Abwicklung lief über die Kreditanstalt für Wiederaufbau, die Deutsche Ausgleichsbank oder über die Berliner Industriebank AG. Existenzgründer, die privat in die Sparten Umweltschutz, Modernisierung und Tourismus (insbes. Hotelbau!) im Rahmen des ERP-Programms investieren wollten, konnten bis max. 50 Prozent Finanzierungsanteil erhalten, wobei sogar eine Kumulierung von ERP-Krediten mit anderen öffentlichen Mitteln möglich war. Daneben gab es noch ein spezielles KfW-Mittelstandsprogramm, KfW-Wohnraummodernisierungsprogramm sowie Anschubprogramme bei Übernahme eines bisher in Staatseigentum befindlichen Unternehmens. Wollte jemand in der mittelständischen und gewerblichen Wirtschaft rationalisieren, durfte er auf grosszügige Bürgschaften der Berliner Industriebank AG hoffen. Im Übrigen existierte das HERMES-Sonderprogramm UdSSR für Risiken im Zusammenhang mit Ausfuhrgeschäften, wobei man sich zu fragen begann, wo hier Unternehmer überhaupt noch Risikoträger waren.

11.6. Letzte Tendenzen

Bei einer solchen Politik war absehbar, dass die staatliche Schuldenquote, d.h. die Staatsschuld in Prozent des Bruttosozialprodukts, gefährlich in die Höhe gehen und der Zinseszinsmultiplikator die deutsche Wirtschafts-, Finanz- und Sozialpolitik mitbestimmen bzw. beherrschen würde. 1970 lag die Gesamtverschuldung der Gebietskörperschaften noch bei unter 20 Prozent des BSP, 1990 bei 39,2 Prozent und 1994 erfolgte ein Sprung deutlich über die 50 Prozent-Marke. 1997 lag sie über 60 Prozent. Der Anteil der Zinszahlungen an den Staatsausgaben, der 1991 noch 7,9 Prozent betrug, stieg 1994 auf 9,8 und 1996 auf 11,7 Prozent. Dies hiess natürlich, dass der finanzpolitische Spielraum des Staates für andere wichtige Aufgaben, insbesondere auch im sozialen Bereich, in jedem Fall geringer wurde. Zusätzliche Einnahmen, wie der seit 1. Juli 1994 erhobene **„Solidaritätszuschlag“** waren weiterhin notwendig, um die Verschuldung des Bundes zu begrenzen. Die Erhöhung der Mehrwertsteuer auf 15 Prozent am 1. Januar 1993 sowie die Erhöhung der Verbrauchsteuern (Mineralölsteuer, Tabaksteuer etc.) 1991 und 1992 waren erst der Anfang einer Kette weiterer Belastungen. 1998 wurde die Mehrwertsteuer auf 16 Prozent erhöht.

Die umfangreich gewährte Investitionsförderung für die Neuen Bundesländer in den Jahren nach der „Wende“ senkte die Kapitalkosten in einem Masse, dass hohe komparative Vorteile für die kapitalintensiven High-tech-Verfahren entstanden, wodurch der ohnehin geschwächte Bereich mit hohem Anteil des Faktors Arbeit noch mehr zurückgedrängt wurde. Daraus resultierte steigende Arbeitslosigkeit. Die jahresdurchschnittliche Arbeitslosenquote betrug 1991 in der Bundesrepublik 7,3 Prozent und 1996 bereits 11,5 Prozent. Die Politik hoher Löhne bei gleichzeitiger Subventionierung des Faktors Kapital war ökonomisch unsinnig und sozial nicht zu verantworten. Möglicherweise war aber eine andere Politik - etwa der Verzicht auf die Angleichung der Lohnniveaus Ost-West - politisch nicht durchsetzbar.

Dass dem Nach-„Wende“-Wachstum die Nachhaltigkeit fehlte, wurde spätestens 1997 offensichtlich, als das Wachstum in den neuen Bundesländern erstmals niedriger war als in den alten.

Zweifellos brachen zwischenzeitlich - wie erwartet wurde - Märkte weg. Doch scheint darin das kleinere Übel zu liegen. Viel gravierender dürfte das Lohnproblem sein. Die **Lohnquote** (Anteil der Löhne an der Wertschöpfung) lag 1996 im verarbeitenden Gewerbe und Bergbau bei 103 Prozent! Normalerweise beträgt sie circa zwei Drittel des Volkseinkommens, d.h. ein Drittel steht unter normalen Umständen zur Entlohnung des Faktors Kapital (Gewinn) zur Verfügung. Die Konsequenzen daraus liegen auf der Hand: Kapital fliesst nicht nach Osten, es sei denn, es wird durch öffentliche Förderprogramme nach dorthin umgelenkt.

Die **Produktivität** in den neuen Ländern war Ende 1996 ca. 2,4 mal so hoch wie vor der Währungsunion. In diesem Zeitraum hatten sich jedoch die Löhne verzehnfacht, d.h. seit 1990 sind die Lohnstückkosten in den neuen Bundesländern auf ca. 400 Prozent des westdeutschen Niveaus gestiegen.

Die Statistiken weisen jedoch geringere Differenzen in den Lohnstückkosten aus. Sie beziehen sich aber auf die „Überlebenden“, d.h. auf die, die den zahlreichen Insolvenzen infolge Wettbewerbsunfähigkeit entronnen waren. Die an der Lohnexplosion „Gestorbenen“ tauchen nicht mehr auf. Mithin ist die Situation deutlich schlechter als von der Statistik ausgewiesen.

Die neuen Länder erwirtschaften selbst erst zwei Drittel dessen, was sie verbrauchen. Der Nettozahlungstransfer West-Ost beträgt ca. 130 Mrd. DM jährlich. Die Transferfinanzierung geschah zumeist durch staatliche Nettokreditaufnahme, weshalb die Staatsverschuldung auch über der Maastricht-Marke von 60 Prozent des BIP beträgt.

Eine der wenigen wirklichen **Alternativen** zu der bisher bevorzugten, aber ökonomisch falschen, Lösung wäre eine Lohnreduzierung und die Umwandlung der Differenz in Anteilscheine bzw. Aktien. Dies würde nicht nur dem Unternehmen Liquidität geben und Beschäftigung erhalten, sondern würde auch psychologisch die richtigen Signale setzen. Die Arbeitnehmer wären nicht nur schlichte Lohnempfänger, sondern gut motivierte Teilhaber des Unternehmens. Es wäre verwunderlich, wenn sich die gesteigerte Leistungsmotivation nicht positiv im Unternehmenserfolg niederschlagen würde. In einigen wenigen Fällen, so beim Börsengang der Jenoptik 1998, wurde ansatzweise eine solche Lösung versucht. Fünf Millionen DM des Stammkapitals wurden den Mitarbeitern des Unternehmens reserviert. Es wäre wünschenswert, wenn diesem Beispiel vielfach gefolgt würde.

Literatur:

Fischer, Wolfram et al. (Hrsg.): Treuhandanstalt. Das Unmögliche wagen, Berlin 1993; **Pilz**, Frank/**Ortwein**, Heike: Das vereinte Deutschland. Wirtschaftliche, soziale und finanzielle Folgeprobleme und die Konsequenzen für die Politik, Stuttgart, Jena 1992; **Sinn,** Hans-Werner/**Sinn,** Gerlinde: Kaltstart; Volkswirtschaftliche Aspekte der deutschen Vereinigung, Tübingen 1991; **Weidenfeld**, Werner/**Korte**, Karl-Rudolf (Hrsg.): Handwörterbuch zur deutschen Einheit, Frankfurt/M. 1992;

Prüfsteine:

1. Vergleichen Sie die Währungsreform 1990 mit der des Jahres 1948!
2. Wodurch war der „Strategiewechsel" des Jahres 1991 bedingt?

AUSWAHLBIBLIOGRAPHIE

In der Auswahlbibliographie verwendete Abkürzungen:

AfS	Archiv für Sozialgeschichte
EHR	The Economic History Review
GG	Geschichte und Gesellschaft
HdFW	Handwörterbuch der Finanzwissenschaft
HdSW	Handwörterbuch der Sozialwissenschaften
HdStW	Handwörterbuch der Staatswissenschaften
HdWW	Handwörterbuch der Wirtschaftswissenschaften
HRG	Handwörterbuch zur Deutschen Rechtsgeschichte
JEEH	Journal of European Economic History
JEH	The Journal of Economic History
FGVV	Schmollers Jahrbuch für Gesetzgebung, Verwaltung und Volkswirtschaft
N.F.	Neue Folge
ORDO	Jahrbuch für die Ordnung von Wirtschaft und Gesellschaft
QJE	The Quarterly Journal of Economics
ScrM	Scripta Mercaturae. Zeitschrift für Wirtschafts- und Sozialgeschichte
Tradition	Zeitschrift für Unternehmensgeschichte (Vorläuferin der ZUG)
VfZ	Vierteljahrshefte für Zeitgeschichte
VSWG	Vierteljahrschrift für Sozial- und Wirtschaftsgeschichte
WWA	Weltwirtschaftliches Archiv
WiSt	Wirtschaftswissenschaftliches Studium
ZStW	Zeitschrift für die Gesamte Staatswissenschaft
ZUG	Zeitschrift für Unternehmensgeschichte

Einführungen:

Ambrosius, G. et al. (Hrsg.) Moderne Wirtschaftsgeschichte: Eine Einführung für Historiker und Ökonomen, München 1996.

Beutin, L./Kellenbenz, H.: Grundlagen des Studiums der Wirtschaftsgeschichte, Köln et al. 1973.

Boelcke, W. A.: Wirtschafts- und Sozialgeschichte. Einführung, Bibliographie, Methoden, Problemfelder, Darmstadt 1987.

Borchardt, K.: Grundriß der deutschen Wirtschaftsgeschichte, 2. verb. Aufl. Göttingen 1985.

Buchheim, C.: Einführung in die Wirtschaftsgeschichte, München 1997.

Cipolla, C. M.: Between History and Economics. An Introduction to Economic History, Oxford 1991.

Jäger, H.: Einführung in die Umweltgeschichte, Darmstadt 1994.

Kirchgässner, B.: Einführung in die Wirtschaftsgeschichte: Grundriß der deutschen Wirtschafts- und Sozialgeschichte bis zum Ende des Alten Reiches, Düsseldorf 1979.

Walter, R.: Einführung in die Wirtschafts- und Sozialgeschichte, Paderborn et al. 1994.

Idem (Hrsg.): Wirtschaftswissenschaften. Eine Einführung, Paderborn et al. 1997.

Zorn, W.: Einführung in die Wirtschafts- und Sozialgeschichte des Mittelalters und der Neuzeit, Probleme und Methoden, 2. erw. Aufl., München 1974.

Handbücher:

Aubin, H./Zorn, W. (Hrsg.): Handbuch der deutschen Wirtschafts- und Sozialgeschichte. Bd. 1: Von der Frühzeit bis zum Ende des 18. Jahrhunderts, Stuttgart 1971. Bd. 2: Das 19. und 20. Jahrhundert, Stuttgart 1976.

The Cambridge Economic History of Europe, 8 Bde., Cambridge 1952-1989.

Cipolla, C. M./Borchardt, K. (Hrsg.): Europäische Wirtschaftsgeschichte, Stuttgart 1976 ff. Bd. 1: Das Mittelalter, 1978; Bd. 2: Das sechzehnte und siebzehnte Jahrhundert, 1978; Bd. 3: Die industrielle Revolution, 1976; Bd. 4: Die Entwicklung der industriellen Gesellschaften, 1977; Bd. 5: Die europäischen Volkswirtschaften im zwanzigsten Jahrhundert, 1978.

Deutsche Bankengeschichte (hrsg. i. A. d. Wiss. Beirat des Instituts für bankhistorische Forschung, Frankfurt am Main 1982 f. Bd. 1: Von den Anfängen bis zum Ende des Alten Reiches (1806), 1982; Bd. 2: 1806-1914, 1982; Bd. 3: Vom Ersten Weltkrieg bis zur Gegenwart, 1983.

Deutsche Börsengeschichte (i. A. d. Wiss. Beirats des Instituts für bankhistorische Foschung hrsg. v. H. Pohl), Frankfurt am Main 1992.

Europäische Bankengeschichte (i. A. d. Wiss. Beirats des Instituts für bankhistorische Forschung hrsg. v. H. Pohl), Frankfurt am Main 1993.

Handbuch der Europäischen Wirtschafts- und Sozialgeschichte, Stuttgart 1978 ff. Bd. 1: Vittinghoff, F. (Hrsg.): Europäische Wirtschafts- und Sozialgeschichte in der Römischen Kaiserzeit, 1990; Bd. 2: Houtte, J. A. van (Hrsg.): Europäische Wirtschafts- und Sozialgeschichte im Mittelalter, 1980; Bd. 3: Kellenbenz, H. (Hrsg.): Europäische Wirtschafts- und Sozialgeschichte vom ausgehenden Mittelalter bis zur Mitte des 17. Jahrhunderts, 1986; Bd. 4: Mieck, I. (Hrsg.): Europäische Wirtschafts- und Sozialgeschichte von der Mitte des 17. Jahrhunderts bis zur Mitte des 19. Jahrhunderts, 1993; Bd. 5: Fischer, W. (Hrsg.): Europäische Wirtschafts- und Sozialgeschichte von der Mitte des 19. Jahrhunderts bis zum Ersten Weltkrieg, 1985; Bd. 6: Fischer, W. (Hrsg.): Europäische Wirtschafts- und Sozialgeschichte vom Ersten Weltkrieg bis zur Gegenwart, 1987.

Henning, F.-W.: Handbuch der Wirtschafts- und Sozialgeschichte Deutschlands. Bd. 1: Deutsche Wirtschafts- und Sozialgeschichte im Mittelalter und in der frühen Neuzeit, Paderborn 1991; Bd. 2: Deutsche Wirtschafts- und Sozialgeschichte im 19. Jahrhundert, 1996.

Huber, E. R. (Hrsg.): Deutsche Verfassungsgeschichte seit 1789, 8 Bde., Stuttgart et al. 1960-1991 (einige Bände bereits in der 2. oder 3. Aufl.)

Jeserich, K.G. et al. (Hrsg.): Deutsche Verfassungsgeschichte, Stuttgart 1983 ff. Bd. 1: Vom Spätmittelalter bis zum Ende des Reiches, 1983; Bd. 2: Vom Reichsdeputationshauptschluß bis zur Auflösung des Deutschen Bundes, 1983; Bd. 3: Das Deutsche Reich bis zum Ende der Monarchie, 1984; Bd. 4: Das Reich als Republik und in der Zeit des Nationalsozialismus, 1985; Bd. 5: Die Bundesrepublik Deutschland, 1987; Bd. 6: Register, 1988.

Kaser, M. C.: The Economic History of Eastern Europe 1919-1975, 3 Bde., Oxford 1985/86.

Gesamtdarstellungen:

Haussherr, H.: Wirtschaftsgeschichte der Neuzeit vom Ende des 14. bis zur Höhe des 19. Jahrhunderts, 5. unveränd. Aufl., Wien et al. 1981.

Henning, F. W.: Wirtschafts- und Sozialgeschichte, Bd. 1: Das vorindustrielle Deutschland 800-1800; Bd. 2: Die Industrialisierung in Deutschland 1800 bis 1914; Bd. 3: Das industrialisierte Deutschland 1914 bis 1990, Paderborn (jeweils neueste Aufl.).

Kellenbenz, H.: Deutsche Wirtschaftsgeschichte. Bd. 1: Von den Anfängen bis zum Ende des 18. Jahrhunderts, München 1977; Bd. 2: Vom Ausgang des 18. Jahrhunderts bis zum Ende des 2. Weltkrieges, München 1981.

Kulischer, J.: Allgemeine Wirtschaftsgeschichte des Mittelalters und der Neuzeit. Bd. 2: Die Neuzeit, 6. unveränd. Aufl., München 1988.

Lütge, F.: Deutsche Sozial- und Wirtschaftsgeschichte. Ein Überblick, 3. Aufl., Berlin et al. 1966, Neudruck 1979.

Treue, W.: Wirtschaftsgeschichte der Neuzeit. Das Zeitalter der technisch-industriellen Revolution 1700 bis 1966, Stuttgart 1966.

Wehler, H.-U.: Deutsche Gesellschaftsgeschichte. Bd. 1: Vom Feudalismus des Alten Reiches bis zur Defensiven Modernisierung der Reformära 1700-1815, 3. Aufl., München 1996; Bd. 2: Von der Reformära bis zur industriellen und politischen 'deutschen Doppelrevolution' 1815-1845/49, 3. Aufl., 1996; Bd. 3: Von der „Deutschen Doppelrevolution" bis zum Beginn des Ersten Weltkrieges 1849-1914, 1995.

Dogmenhistorische Darstellungen:

Blaug, M.: Systematische Theoriegeschichte der Ökonomie. Bd. 1: Vom Merkantilismus zu Ricardo, München 1971.

Brandt, K.: Geschichte der deutschen Volkswirtschaftslehre. Bd. 1: Von der Scholastik bis zur klassischen Nationalökonomie, Freiburg i.Br. 1992; Bd. 2: Vom Historismus bis zur Neoklassik, 1993.

Issing, O. (Hrsg.): Geschichte der Nationalökonomie, 3. Aufl., München 1994.

Ott, A./Winkel, H.: Geschichte der theoretischen Volkswirtschaftslehre (Grundriß der Sozialwissenschaft 31), Göttingen 1985.

Pribram, K.: Geschichte des ökonomischen Denkens, 2 Bde., Frankfurt/M. 1992.

Schumpeter, J.A.: Geschichte der ökonomischen Analyse, Göttingen 1965.

Idem: Dogmenhistorische und biographische Aufsätze, Tübingen 1954.

Starbatty, J. (Hrsg.): Klassiker des ökonomischen Denkens, München 1989. Bd. 1: Von Platon bis John Stuart Mill; Bd. 2: Von Karl Marx bis John Maynard Keynes.

Stavenhagen, G.: Geschichte der Wirtschaftstheorie, 4. Aufl., Göttingen 1969.

Quellen- und Arbeitsbücher, Statistiken:

Bairoch, P.: Europe's National Product 1800-1975. In: JEEH 5, 1976, S. 273 ff.

Idem: International Industrialization Levels from 1750 to 1980. In: JEEH 11, 1982, S. 269 ff.

Deutsche Bundesbank (Hrsg.): Deutsches Geld- und Bankwesen in Zahlen 1876-1975, Frankfurt am Main 1976.

Fischer, W. et al. (Hrsg.): Sozialgeschichtliches Arbeitsbuch I. Materialien zur Statistik des Deutschen Bundes 1815-1870, München 1982.

Hoffmann, W.G.: Das Wachstum der deutschen Wirtschaft seit der Mitte des 19. Jahrhunderts, Berlin et al. 1965.
Idem/Müller, H.: Das deutsche Volkseinkommen 1851-1957, Tübingen 1959.
Hohorst, G. et al. (Hrsg.): Sozialgeschichtliches Arbeitsbuch II. Materialien zur Statistik des Kaiserreichs, 1870-1914, München 1975.
Jacobs, A./Richter, H.: Die Großhandelspreise in Deutschland von 1792 bis 1934 (Sonderheft des Instituts für Konjunkturforschung. Nr. 37), Berlin 1935.
Maddison, A.: Monitoring the World Economy 1820-1992, Paris 1995.
Mitchell, B.R.: International Historical Statistics. Europe, 1750-1988, 3. Aufl., London 1992.
Idem: International Historical Statistics. Africa and Asia & Oceania, 2. überarb. Aufl., London 1995.
OECD: National Account Statistics, verschiedene Ausgaben.
OECD: Historical Statistics 1960-1982, Paris 1984.
Petzina, D. et al.: Sozialgeschichtliches Arbeitsbuch III. Materialien zur Statistik des Deutschen Reiches 1914-1945, München 1978.

Lexika und Nachschlagewerke:

Geschichtliche Grundbegriffe. Historisches Lexikon zur politisch-sozialen Sprache in Deutschland. Hrsg. v. O. Brunner et al., 7 Bde., Stuttgart 1972-1992.
Köbler, G.: Historisches Lexikon der deutschen Länder. Die deutschen Territorien vom Mittelalter bis zur Gegenwart, 4. vollst. überarb. Aufl., München 1995.
North, M. (Hrsg.): Von Aktie bis Zoll. Ein historisches Lexikon des Geldes, München 1995.
Ott, H./Schäfer, H. (Hrsg.): Wirtschaftsploetz. Die Wirtschaftsgeschichte zum Nachschlagen, 2. Aufl., Freiburg 1985.
Schomburg, W.: Lexikon der deutschen Steuer- und Zollgeschichte. Von den Anfängen bis 1806, München 1992.

Checkbücher:

Taschenhandbuch zur Geschichte. Geschichte im Überblick/Grundbegriffe zur Geschichte, Paderborn 1991.
Matz, K.-J.: Wer regierte wann? Regententabellen zur Weltgeschichte. Von den Anfängen bis zur Gegenwart, München (neueste Aufl.)
Vademekum der Geschichtswissenschaften, Stuttgart (neueste Aufl.).

Historische Atlanten:

DTV-Atlas zur Weltgeschichte. Karten und chronologischer Abriß, 2 Bde. (neueste Aufl.).
Großer Historischer Weltatlas (Bayerischer Schulbuchverlag) (neueste Aufl.).
Langton, J./Morris, R.J. (Hrsg.): Atlas of Industrializing Britain 1780-1914, London et al. 1986.
Putzger, F.W.: Historischer Weltatlas (neueste Aufl.).

Übergreifende Aufsätze und Darstellungen:

Abelshauser, W. et al. (Hrsg.): Deutsche Sozialgeschichte 1914-1945, München 1985.

Ambrosius, G./Hubbard W. H.: Sozial- und Wirtschaftsgeschichte Europas im 20. Jahrhundert, München 1986.

Bairoch, P.: Economics and World History. Myths and Paradoxes, Chicago 1995.

Bell, D.: Die nachindustrielle Gesellschaft, Neuaufl., Frankfurt am Main 1989

Borchardt, K.: Wirtschaftsgeschichte: Wirtschaftswissenschaftliches Kernfach, Orchideenfach, Mauerblümchen oder nichts von dem? In: H. Kellenbenz/H. Pohl (Hrsg.), Historia socialis et economica. Festschrift für W. Zorn zum 65. Geburtstag (=VSWG-Beiheft 84), Stuttgart 1987.

Born, K. E.: Geld und Banken im 19. und 20. Jahrhundert, Stuttgart 1977.

Braudel, F.: Sozialgeschichte des 15.-18. Jahrhunderts, München 1990. Bd. 1: Der Alltag; Bd. 2: Der Handel; Bd. 3: Aufbruch zur Weltwirtschaft.

Chandler, A. D. Jr.: Scale and Scope, the Dynamics of Industrial Capitalism, Cambridge/Mass. et al.1994.

Idem: The Visible Hand: The Managerial Revolution in American Business, Cambridge/Mass. et al., 13. Aufl.,1995.

Craig, G.A.: Deutsche Geschichte, 1866-1945. Vom Norddeutschen Bund bis zum Ende des Dritten Reiches, Neuaufl., München 1996.

Die Deutsche Bank 1870-1995, München 1995.

Deutsche Bundesbank (Hrsg.): Währung und Wirtschaft in Deutschland 1876 - 1975, Frankfurt/M.1976.

Fischer, W.: Was heißt und zu welchem Ende studiert man Wirtschafts- und Sozialgeschichte? In: H. Maier-Leipnitz (Hg.), Zeugen des Wissens, Mainz 1986, S. 633-668.

Idem: Deutsche Wirtschaftspolitik 1918-1945, Opladen 1968.

Idem : Die Weltwirtschaft im 20. Jahrhundert, Göttingen 1979.

Fogel, R. W.: Railroads and American Economic Growth, Baltimore 1964.

Idem: Die neue Wirtschaftsgeschichte - Forschungsergebnisse und Methoden (=Kölner Vorträge zur Sozial- und Wirtschaftsgeschichte, Heft 8, hrsg. v. Forschungsinstitut für Sozial- und Wirtschaftsgeschichte an der Universität zu Köln), Köln 1970.

Idem und Engerman, S. L. (Hrsg.): The Reinterpretation of American Economic History, New York 1967.

Hardach, K.: Wirtschaftsgeschichte Deutschlands im 20. Jahrhundert, 3. Aufl., Göttingen 1993.

Hentschel, V.: Deutsche Wirtschafts und Sozialpolitik 1815 bis 1945, Königstein et al 1980.

Hobsbawm, E. J.: Industrie und Empire. Britische Wirtschaftsgeschichte seit 1750, 5. Aufl., Frankfurt am Main 1977.

Hoffmann, W. G.: British Industry 1700-1950, Oxford 1955.

Kellenbenz, H./Walter, R.: Die Wirtschaftsgeschichte im Rahmen der Wirtschaftswissenschaften, in: WiSt, Heft 9, Sept. 1980, S. 411-417;

Landes, D. S.: Der entfesselte Prometheus. Technologischer Wandel und industrielle Entwicklung in Westeuropa von 1750 bis zur Gegenwart, Köln 1973.

Mokyr, J.:Technological Inertia in Economic History. In: JEH 52, 1992, S. 325-338.

Mosse, W.E.: Jews in the German Economy. The German-Jewish Economic Élite 1820-1935, Oxford 1987.

North, D. C.: Growth and Welfare in the American Past: A New Economic History, 3. Aufl., Englewood Cliffs 1983.
Idem: Theorie des institutionellen Wandels. Eine neue Sicht der Wirtschaftsgeschichte (=Die Einheit der Gesellschaftswissenschaften Bd. 56), Tübingen 1988.
North, M.: Das Geld und seine Geschichte. Vom Mittelalter bis zur Gegenwart, München 1994.
Idem (Hrsg.): Von Aktie bis Zoll. Ein historisches Lexikon des Geldes, München 1995
Ott, A./Winkel, H.: Geschichte der theoretischen Volkswirtschaftslehre (Grundriss der Sozialwissenschaft 31) Göttingen 1985
Ott, H./ Schäfer, H. (Hrsg.): Wirtschaftsploetz. Die Wirtschaftsgeschichte zum Nachschlagen, 2. Aufl., Freiburg 1985.
Pfister, C.: Bevölkerungsgeschichte und historische Demographie 1500-1800, München 1994.
Pierenkemper, T.: Gewerbe und Industrie im 19. und 20. Jahrhundert, München et al. 1994.
Pohl H. (Hrsg.): Die Auswirkungen von Zöllen und anderen Handelshemmnissen auf Wirtschaft und Gesellschaft vom Mittelalter bis zur Gegenwart (VSWG-Beiheft 80), Stuttgart 1987.
Idem: Die Bedeutung der Kommunikation für Wirtschaft und Gesellschaft (=VSWG-Beiheft 87), Stuttgart 1989.
Redlich, F.: 'New' and Traditional Approaches to Economic History and their Interdependence". In: JEH/XXV, Dez. 1965, S. 480-495.
Ritter, G.A.: Staat, Arbeiterschaft und Arbeiterbewegung in Deutschland. Vom Vormärz bis zum Ende der Weimarer Republik, Berlin et al. 1980.
Rostow, W. W.: The World Economy. History and Prospect, Austin et al. 1978.
Schmitt, E. (Hrsg.): Dokumente zur Geschichte der europäischen Expansion, 7 Bde., Bd. 4, Wirtschaft und Handel der Kolonialreiche, München 1988.
Schneider, E.: Einführung in die Wirtschaftstheorie, Tübingen 1961.
Schremmer, E.: Steuern und Staatsfinanzen während der Industrialisierung Europas. England, Frankreich, Preußen und das Deutsche Reich 1800 bis 1914, Berlin et al. 1994.
Schulz, G.: Die neuere deutsche Wirtschaftsgeschichte: Themen - Kontroversen - Erträge der Forschung. In: W. Feldenkirchen et al. (Hrsg.), Wirtschaft, Gesellschaft, Unternehmen. Festschrift für Hans Pohl zum 60. Geb., Bd. 1, (=VSWG-Beiheft 120a), Stuttgart 1995, S. 400-425.
Schumpeter, J. A.: Konjunkturzyklen. Eine theoretische, historische und statistische Analyse des kapitalistischen Prozesses, 2 Bde., Göttingen 1961.
Siegenthaler, H.: Regelvertrauen, Prosperität und Krisen. Die Unregelmäßigkeit wirtschaftlicher und sozialer Entwicklung als Ergebnis individuellen Handelns und sozialen Lernens, Tübingen 1993.
Sprenger, B.: Das Geld der Deutschen: Geldgeschichte Deutschlands von den Anfängen bis zur Gegenwart, 2. durchges. und erg. Aufl., Paderborn et al. 1995.
Tilly, R. H.: Einige Bemerkungen zur theoretischen Basis der modernen Wirtschaftsgeschichte. In: Jahrbuch für Wirtschaftsgeschichte 1994/1, S. 131-149.
Treue, W.: Wirtschaftsgeschichte der Neuzeit, 2 Bände, 3. Aufl., Stuttgart 1973; Band 1 : 18. und 19. Jahrhundert; Band 2: 20. Jahrhundert.
Walter, R.: Märkte, Börsen, Messen, Ausstellungen und Konferenzen im 19. und 20. Jahrhundert. In: H. Pohl (Hrsg.), Die Bedeutung der Kommunikation für Wirtschaft und Gesellschaft, (VSWG-Beiheft 87), Stuttgart 1989, S. 379 - 440.

Idem: Die Wirtschaftsgeschichte als Ganzes, Baden-Baden 1995.
Idem: Krise und Neuerung in wirtschafts- und unternehmenshistorischer Perspektive. In: ScrM Jg. 29, Heft 2, 1995, S. 1-13.
Idem: Der Wirtschaftsraum in historischer Perspektive. In: W. Feldenkirchen et al. (Hrsg.), Wirtschaft, Gesellschaft, Unternehmen. Festschrift für H. Pohl zum 60. Geburtstag (VSWG-Beiheft 120a), Stuttgart 1995, S. 500-515.
Idem: Die Wirtschaftsgeschichte als Geschichte der Zeit. In: H.-J. Gerhard (Hrsg.), Struktur und Dimension. Festschrift für K H. Kaufhold zum 65. Geburtstag, Bd. 2: Neunzehntes und Zwanzigstes Jahrhundert (VSWG-Beiheft 134), Stuttgart 1997, S. 3-18.
Idem: Evolutorische Wirtschaftsgeschichte. Zum Verhältnis von Wirtschaftsgeschichte und Evolutorischer Ökonomik. In: WiSt 2, Februar 1997, S. 75-79.

Spezialliteratur zu bestimmten Zeitabschnitten:

Merkantilismus/Physiokratie/Klassische Nationalökonomie:

Abel, W.: Agrarkrisen und Agrarkonjunktur, Hamburg et al. 1966.
Idem: Massenarmut und Hungerkrisen im vorindustriellen Deutschland, 2. unveränd. Aufl., Göttingen et al. 1977.
Blaich, F.: Die Epoche des Merkantilismus, Wiesbaden 1973.
Idem: Merkantilismus, Kameralismus, Physiokratie. In: WiSt, Heft 3/1983, S. 141-145.
Idem: Der Beitrag der deutschen Physiokraten für die Entwicklung der Wirtschaftswissenschaft von der Kameralistik zur Nationalökonomie.In: Scherf, H. (Hrsg.), Studien zur Entwicklung der ökonomischen Theorie III (=Schriften des Vereins für Socialpolitik, N.F. Bd. 115/3), Berlin 1983, S. 9-36.
Blitz, R. C.: Mercantilist Policies and the Patterns of World Trade, 1500-1750. In: JEH 27, 1967.
Bog, I.: Der Reichsmerkantilismus, Stuttgart 1959.
Dreißig, W.: Die Geld- und Kreditlehre des deutschen Kameralismus, Berlin 1939.
Eckhardt, W.: Das Humankapital als Faktor der wirtschaftlichen Entwicklung im Zeitalter des deutschen Merkantilismus. Ein Beitrag zur Geschichte der Bildungsökonomie, Diss. Mainz 1972.
Focke, W.: Die Lehrmeinungen der Kameralisten über den Handel. 1650-1750, Diss. Erlangen 1926.
Frohneberg, E.: Bevölkerungslehre und Bevölkerungspolitik des Merkantilismus unter besonderer Berücksichtigung des 17. und 18. Jahrhunderts und der Länder Deutschland, England, Frankreich, Italien, Diss. Frankfurt am Main 1930.
Gömmel, R./Klump, R..: Merkantilisten und Physiokraten in Frankreich, Darmstadt 1994.
Gräfrath, B.: John Stuart Mill: „Über die Freiheit“. Ein einführender Kommentar, Paderborn et al. 1992.
Gregory, E. T.: The Economics of Employment in England, 1660 - 1713. In: Economica 1, 1921.
Haberler, G.: Der internationale Handel. Theorie der weltwirtschaftlichen Zusammenhänge sowie Darstellung und Analyse der Außenhandelspolitik, Berlin 1933.
Hassinger, H.: Johann Joachim Becher, 1635 - 1682. Ein Beitrag zur Geschichte des Merkantilismus, Wien 1951.
Heckscher, E. F.: Der Merkantilismus, Bd. 1, Jena 1932.

Hofmann, W.: Einkommenstheorie. Vom Merkantilismus bis zur Gegenwart, Berlin 1965.
Holbach, R.: Frühformen von Verlag und Großbetrieb in der gewerblichen Produktion (13.-16. Jahrhundert) (VSWG-Beiheft 110), Stuttgart 1994.
Justi, J.: Grundfeste zu der Macht und Glückseligkeit der Staaten, Bd. 1, Königsberg et al. 1760.
Idem: Vollständige Abhandlung von denen Manufacturen und Fabriken, Kopenhagen 1758.
Kellenbenz, H.: Der Merkantilismus in Europa und die soziale Mobilität, Wiesbaden 1965.
Idem: Die Wiege der Moderne. Wirtschaft und Gesellschaft Europas 1350-1650, Stuttgart 1991.
Keynes, J. M.: Allgemeine Theorie der Beschäftigung, des Zinses und des Geldes, Berlin 1936.
Klein, E.: Die englischen Wirtschaftstheoretiker des 17. Jahrhunderts, Darmstadt 1973.
Kopf, P.: David Hume. Philosoph und Wirtschaftstheoretiker (1711-1776) (Beiträge zur Wirtschafts- und Sozialgeschichte 25), Wiesbaden 1987.
Kriedte, P.: Spätfeudalismus und Handelskapital. Grundlinien der europäischen Wirtschaftsgeschichte vom 16. bis zum Ausgang des 18. Jahrhunderts, Göttingen 1980.
Krieger, M.: Kaufleute, Seeräuber und Diplomaten. Der dänische Handel auf dem Indischen Ozean (1620-1868), (Wirtschafts- und Sozialhistorische Studien Bd. 8), Köln et al. 1998.
Landauer, C.: Die Theorien der Merkantilisten und Physiokraten über die ökonomische Bedeutung des Luxus, Diss. Heidelberg 1915.
Leontief, W.: Hommage au docteur François Quesnay (1758-1958), Méré/Paris 1958.
Letwin, W.: The Origins of Scientific Economics. English Economic Thought 1660-1776, London 1963.
List, F.: Das nationale System der politischen Ökonomie, Stuttgart/Berlin 1925.
Lüthy, H.: Franois Quesnay und die Idee der Volkswirtschaft, Zürich 1959.
Malthus, Th. R.: Principles of Political Economy, 2. Aufl. New York 1964.
Mill, J. S.: Principles of Political Economy, hrsg. v. J.M. Robson, Toronto 1965.
Peters, L. F.: Der Handel Nürnbergs am Anfang des Dreißigjährigen Krieges. Strukturkomponenten, Unternehmen und Unternehmer - Eine quantitative Analyse, Stuttgart 1994.
Ricardo, D.: Works and Correspondence, Bd. 1: On the Principles of Political Economy and Taxation, hrsg. v. P. Sraffa, Cambridge 1951-1955.
Röper, B.: Ansätze zu einer Marktformenlehre bei J. J. Becher. In: JGVV 69, 1949.
Röpke, H.-J.: Die Wachstumstheorie der deutschen Merkantilisten, Diss. Marburg 1971.
Say, J.B.: Cours complet d' économie politique pratique, 3. Aufl. Paris 1852.
Schacht, H.: Der theoretische Gehalt des englischen Merkantilismus, Diss. Berlin 1900.
Schneeloch, N.H.: Aktionäre der Westindischen Compagnie von 1674. Die Verschmelzung der alten Kapitalgebergruppen zu einer neuen Aktiengesellschaft (Beiträge zur Wirtschaftsgeschichte 12), Stuttgart 1982.
Schulin, E.: Handelsstaat England. Das politische Interesse der Nation am Außenhandel vom 16. bis ins frühe 18. Jahrhundert, Wiesbaden 1969.
Schumpeter, J.A.: Geschichte der ökonomischen Analyse, Göttingen 1965.
Smith, A.: Der Wohlstand der Nationen. Eine Untersuchung seiner Natur und seiner Ursachen, hrsg. v. H. C. Recktenwald, 3. Aufl., München 1983.

Spengler, J. J.: Mercantilist and Physiocratic Growth Theory. In: Hoselitz, B. F. (Hrsg.): Theories of Economic Growth, New York et al. 1960.
Starbatty, J.: Die englischen Klassiker der Nationalökonomie. Lehre und Wirkung (=Erträge der Forschung, Bd. 224), Darmstadt 1985.
Streminger, G.: David Hume. Sein Leben und sein Werk, 3. durchges. und leicht veränd. Aufl., Paderborn et al. 1995.
Thünen, J.H.v.: Der isolirte Staat in Beziehung auf Landwirtschaft und Nationalökonomie, 3 Teile, Rostock 1826, 1850, 1863.
Volckart, O. (Hrsg.): Frühneuzeitliche Obrigkeiten im Wettbewerb: Institutioneller und wirtschaftlicher Wandel zwischen dem 16. und 18. Jahrhundert (Contributiones Jenenses, Bd. 5), Baden-Baden 1997.
Walter, R.: Die Kommerzialisierung von Landwirtschaft und Gewerbe in Württemberg (1750-1850) (Beiträge zur südwestdeutschen Wirtschafts- und Sozialgeschichte. Bd. 12), St. Katharinen 1990.
Idem: Merkantilpolitische Handelshemmnisse (im territorialen Vergleich) am Beispiel eines territorial relativ zersplitterten Gebietes. In: Pohl, H. (Hrsg.), Die Auswirkungen von Zöllen und anderen Handelshemmnissen auf Wirtschaft und Gesellschaft vom Mittelalter bis zur Gegenwart (VSWG-Beiheft 80), Stuttgart 1987, S. 84-120.
Willeke, F. U.: Entwicklung der Markttheorie von der Scholastik bis zur Klassik, Thübingen 1961.

Industrielle Revolution/Industrialisierung:

Ashton, T.S.: The Industrial Revolution 1760-1830, Toronto 1967.
Bairoch, P.: Europe's National Product 1800-1975. In: JEEH 5, 1976.
Idem: International Industrialization Levels from 1750 to 1980. In: JEEH 11, 1982.
Behrend, I./Ranki, G.: The European Periphery and Industrialization 1780-1914, Cambridge 1982.
Borchardt, K.: Die Industrielle Revolution in Deutschland 1750-1914. In: Europäische Wirtschaftsgeschichte, Bd. 4, Die Entwicklung der industriellen Gesellschaften, Stuttgart et al. 1985.
Idem: Die Industrielle Revolution in Deutschland, München 1972.
Idem: Regionale Wachstumsdifferenzen in Deutschland im 19. Jahrhundert unter besonderer Berücksichtigung des West-Ost-Gefälles. In: Abel, W. et al. (Hrsg.), Wirtschaft, Geschichte und Wirtschaftsgeschichte. Festschrift für L. Lütge, Stuttgart 1966, S. 325-339.
Idem: Zur Frage des Kapitalmangels in der ersten Hälfte des 19. Jahrhunderts in Deutschland. In: R. Braun et al. (Hrsg.). Industrielle Revolution, Wirtschaftliche Aspekte, Köln et al. 1972.
Borries, B. v.: Deutschlands Außenhandel 1836 bis 1856. Eine statistische Untersuchung zur Frühindustrialisierung, Stuttgart 1970.
Braun, R. et al. (Hrsg.): Industrielle Revolution, Wirtschaftliche Aspekte, Köln et al 1972.
Bry, G.: Wages in Germany 1871-1913, Oxford 1960.
Buchheim, C.: Industrielle Revolutionen. Langfristige Wirtschaftsentwicklung in Großbritannien, Europa und in Übersee, München 1994.
Büsch, O. (Hrsg.): Untersuchungen zur Geschichte der frühen Industrialisierung vornehmlich im Wirtschaftsraum Berlin/Brandenburg, Berlin 1971.

Idem: Industrialisierung und Gewerbe im Raum Berlin/Brandenburg 1800-1850, Berlin 1971.
Buhr, H. de/Regenbrecht, M.: Industrielle Revolution und Industriegesellschaft, 3. Aufl., Berlin 1995.
Chambers, J. C.: The Workshop of the World. British Economic History 1820-1880, 2. Aufl., London 1968.
Clapham, J.: An Economic history of Modern Britain, 4. Auflage, Cambridge 1968.
Crafts, N.F.R.: British Economic Growth during the Industrial Revolution, Oxford 1985.
Crouzet, F.: Die Kapitalbildung in Großbritannien während der Industriellen Revolution. In: R. Braun u.a. (Hrsg.). Industrielle Revolution, Wirtschaftliche Aspekte, Köln et al. 1972.
Deane, P.: The First Industrial Revolution, Cambridge 1965.
Idem /Cole, W. A.: British Economic Growth 1688-1959, Trends and Structure, 1968.
Fischer, W.: Wirtschaft und Gesellschaft im Zeitalter der Industrialisierung, Göttingen 1972.
Floud, R.D./McCloskey, D.N. (Hrsg.): The Economic History of Britain since 1700, Cambridge 1981.
Fremdling, R.: Eisenbahnen und deutsches Wirtschaftswachstum 1840-1879. Ein Beitrag zur Entwicklungstheorie und zur Theorie der Infrastruktur, Dortmund 1975.
Idem: Technologischer Wandel und internationaler Handel im 18. und 19. Jahrhundert. Die Eisenindustrien in Großbritannien, Belgien, Frankreich und Deutschland, Berlin et al. 1986.
Gerschenkron, A.: Economic Backwardness in Historical Perspective, Cambridge, Mass. 1966.
Gömmel, R.: Wachstum und Konjunktur der Nürnberger Wirtschaft (1815-1914) (Beiträge zur Wirtschaftsgeschichte. Bd. 1), Stuttgart 1978.
Idem: Realeinkommen in Deutschland. Ein internationaler Vergleich (1810-1914) (=Vorträge zur Wirtschaftsgeschichte, Heft 4), Nürnberg 1979.
Idem: Transportkosten und ihr Einfluß auf die Integration von Wirtschaftsräumen. In: Economia, Aachen 1986, S. 1 - 23.
Idem: Probleme der deutschen Industriefinanzierung im 19. Jahrhundert (Vorträge zur Wirtschafts- und Sozialgeschichte. Heft 12), Nürnberg 1988.
Idem: Entstehung und Entwicklung der Effektenbörsen im 19. Jahrhundert bis 1914. In: Deutsche Börsengeschichte, Frankfurt/M. 1992, S. 133 - 207.
Henderson, W.O.: Britain and Industrial Europe, 3. Aufl., Atlantic Highlands/N.J. 1972.
Idem: The Rise of German Industrial Power 1834-1914, London 1975.
Hoffmann, W. G.: Stadien und Typen der Industrialisierung. Ein Beitrag zur quantitativen Analyse historischer Wirtschaftsprozesse, Jena 1931.
Holtfrerich, C.-L.: Quantitative Wirtschaftsgeschichte des Ruhrkohlenbergbaus im 19. Jahrhundert. Eine Führungssektoranalyse, Dortmund 1973.
Hudson, P.: The Industrial Revolution, London et al. 1992.
Jeck, A.: Wachstum und Verteilung des Volkseinkommens. Untersuchungen und Materialien zur Entwicklung der Einkommensverteilung in Deutschland 1870-1913, Tübingen 1970.
Kaltefleiter, W.: Wirtschaft und Politik in Deutschland. Konjunktur als Bestimmungsfaktor des Parteiensystems, 2. erw. Aufl., Köln et al. 1968.
Kellenbenz, H./Schawacht, J.H.: Schicksal eines Eisenlandes, Siegen 1974.

Kirchhain, G.: Das Wachstum der deutschen Baumwollindustrie im 19. Jahrhundert. Eine historische Modellstudie zur empirischen Wirtschaftsforschung, Diss. Münster 1973.
Klein, E.: Zur Frage der Industriefinanzierung im frühen 19. Jahrhundert. In: Öffentliche Finanzen und privates Kapital im späten Mittelalter und in der ersten Hälfte des 19. Jahrhunderts, Stuttgart 1971.
Kocka, J.: Unternehmer in der deutschen Industrialisierung, Göttingen 1975.
Köllmann, W.: Bevölkerung in der industriellen Revolution, Göttingen 1974.
Komlos, J./Artzrouni, M.: Ein Simulationsmodell der Industriellen Revolution. In: VSWG 81/3, 1994, S. 324 - 338.
Kemp, T.: Industrialization in the Non-Western World, 2. Aufl., London et al. 1989.
Kutz, M.: Deutschlands Außenhandel von der französischen Revolution bis zur Gründung des Zollvereins (Beiheft 61 zur Vierteljahrschrift für Sozial- und Wirtschaftsgeschichte), Wiesbaden 1974.
Kuznets, S.: The Economic Growth of Nations. Total Output and Production Structure, Cambridge, Mass. 1971.
Idem: Die wirtschaftlichen Vorbedingungen der Industrialisierung. In: R. Braun u.a. (Hrsg.), Industrielle Revolution, Wirtschaftliche Aspekte, Köln/Berlin 1972, S. 17-34.
Lütge, F. (Hrsg.): Die wirtschaftliche Situation in Deutschland und Österreich um die Wende vom 18. zum 19.Jahrhundert, Stuttgart 1964.
Maddison, A.: Dynamic Forces in Capitalist Development. A Long-Run Comperative View, Oxford 1991.
Morris, C.T./Adelmann,I.: Comparative Patterns of Economic Development 1850-1914, Baltimore 1988.
Mantoux, P.: The Industrial Revolution in the Eighteenth Century, Neuaufl., Chicago 1983
Maschke, E.: Grundzüge der deutschen Kartellgeschichte bis 1914, Dortmund 1964.
Mathias, P.: The First Industrial Nation. An Economic History of Britain 1700-1914, 1969, Neuaufl. London 1995
Mauersberg, H.: Deutsche Industrien im Zeitgeschehen eines Jahrhunderts. Eine historische Modelluntersuchung zum Entwicklungsprozeß deutscher Unternehmen von ihren Anfängen bis zum Stand von 1960, Stuttgart 1966.
Milward, A.S./Saul, B.S.: The Economic Development of Continental Europe 1780-1870, London 1973.
Müller, J.H./Geisenberger, S.: Die Einkommensstruktur in verschiedenen deutschen Ländern 1874-1913, Berlin 1972.
Nef, J.: The Progress of Technology and the Growth of Large-Scale Industry in Britain, 1540-1640. In: EHR 1934.
O'Brien, P.K./Keyder, C.: Economic Growth in Britain and France, 1780-1914, London 1978.
Pierenkemper, T.: Umstrittene Revolutionen. Die Industrialisierung im 19. Jahrhundert, Frankfurt a. M. 1996.
Pohl, H.: Aufbruch der Weltwirtschaft. Geschichte der Weltwirtschaft von der Mitte des 19. Jahrhunderts bis zum Ersten Weltkrieg, Stuttgart 1989 .
Pollard, S.: Peaceful Conquest. The Industrialization of Europe 1760-1970, Oxford 1981.
Idem: The Wealth of Britain, 1085-1966, 1968.
Idem: Typology of Industrialization Processes in the 19th Century, Chur et al. 1990.
Porter, R./Teich, M.(Hrsg.): Die Industrielle Revolution in England, Deutschland, Italien, Berlin 1998.

Rosenberg, H.: Die Weltwirtschaftskrise 1857-1859, 2. Aufl., Göttingen et al. 1974.
Rostow, W. W.: Stadien wirtschaftlichen Wachstums. Eine Alternative zur marxistischen Entwicklungstheorie, 2. Aufl., Göttingen 1967. (Englisch: The Stages of Economic Growth, 1960).
Salin, E.: Die neue Etappe der Industriellen Revolution. In: Lynkeus, Tübingen 1963.
Schmoller, G.: Zur Geschichte der deutschen Kleingewerbe im 19.Jahrhundert, Halle 1870.
Schröter, A./Becker, W.: Die deutsche Maschinenbauindustrie in der industriellen Revolution, Berlin 1962.
Schwerin von Krosigk, L. Graf: Die große Zeit des Feuers. Der Weg der deutschen Industrie, 3 Bände, Tübingen 1957-1959.
Siegenthaler, H.: Industrielle Revolution. In: HdWW 4, 1988, S. 142-159.
Taylor, A. J. (Hrsg.): The Standard of Living in Britain in the Industrial Revolution, 1979.
Tilly, R.: The Growth of Largescale Enterprise in Germany.... In: Daems, H./Van der Wee, H. (Hrsg.): The Rise of Managerial Capitalism, Den Haag 1974.
Idem:Vom Zollverein zum Industriestaat. Die wirtschaftlich-soziale Entwicklung Deutschlands 1834 bis 1914, München 1990.
Toynbee, A.: Lectures on the Industrial Revolution in England, London 1884.
Treue, W.: Wirtschafts- und Sozialgeschichte Deutschlands im 19. Jahrhundert. In: H. Grundmann (Hrsg.), Handbuch der deutschen Geschichte, Bd. 3, Stuttgart 1960.
Idem /Pönicke, H. und Manegold K.-H. (Hrsg.): Quellen zur Geschichte der industriellen Revolution, Göttingen 1966.
Wagenblass, H.: Der Eisenbahnbau und das Wachstum der deutschen Eisen- und Maschinenbauindustrie 1835 bis 1860, Stuttgart 1973.
Wagenführ, R.: Die Industriewirtschaft. Entwicklungstendenzen der deutschen und internationalen Industrieproduktion 1860-1932 (Sonderheft 31 der Vierteljahrshefte zur Konjunkturforschung), Berlin 1933.
Wende, P.: Geschichte Englands, 2. überarb. und erw. Aufl., Stuttgart et al. 1995
Wilson, C.: The Entrepeneur in the Industrial Revolution in Britain, History, 1967.
Spiethoff, A.: Die wirtschaftlichen Wechsellagen, Tübingen 1955.
Sylla, R./Toniolo, G. (Hrsg.): Patterns of European Industrialization, The Nineteenth Century, London et al. 1991, Neuaufl. 1995.

Kaiserreich 1871-1918:

Barth, B.: Die deutsche Hochfinanz und die Imperialismen. Banken und Außenpolitik vor 1914 (Beiträge zur Kolonial- und Überseegeschichte. Bd. 61), Stuttgart 1995.
Baumgart, P. (Hrsg.): Bildungspolitik in Preußen zur Zeit des Kaiserreichs, Stuttgart 1980.
Blaich, F.: Ausschließlichkeitsbindungen als Wege zur industriellen Konzentration in der deutschen Wirtschaft bis 1914. In: Horn, N./Kocka, J. (Hrsg.): Recht und Entwicklung der Großunternehmen im 19. und frühen 20. Jahrhundert, Göttingen 1979.
Idem: Kartell- und Monopolpolitik im kaiserlichen Deutschland. Das Problem der Marktmacht im deutschen Reichstag 1879-1914, Düsseldorf 1973.
Boelcke, W.: Krupp und die Hohenzollern, Frankfurt/M. 1970.
Böhme, H.: Deutschlands Weg zur Großmacht. Studien zum Verhältnis von Wirtschaft und Staat während der Reichsgründerzeit 1848 bis 1881, Köln 1966.
Born, K. E.: Staat und Sozialpolitik im deutschen Kaiserreich. In: Festschr. K. Kluxen, Paderborn 1972.

Idem: Wirtschafts- und Sozialgeschichte des Deutschen Kaiserreichs (1867/71-1914), Stuttgart 1985.
Desai, A. V.: Real Wages in Germany 1871-1913, Oxford 1968.
Eistert, E.: Die Beeinflussung des Wirtschaftswachstums in Deutschland 1883-1913 durch das Bankensystem, Berlin 1970.
Feis, H.: Europe, the World's Banker 1870-1914, New York 1930.
Fischer, F.: Weltmacht oder Niedergang. Deutschland im Ersten Weltkrieg, Frankfurt 1965.
Gebauer, W.: Kriegswirtschaft. In: HdSW 6, Stuttgart et al. 1959, S. 391-405
Gladen, A.: Geschichte der Sozialpolitik in Deutschland, Wiesbaden 1974.
Gömmel, R.: Entstehung und Entwicklung der Effektenbörsen im 19. Jahrhundert bis 1914. In: Deutsche Börsengeschichte, Frankfurt/M. 1992.
Hardach, G.: Der Erste Weltkrieg 1914-1918, München 1973.
Hardach, K. W.: Die Bedeutung wirtschaftlicher Faktoren bei der Wiedereinführung der Eisen- und Getreidezölle in Deutschland 1879, Berlin 1967.
Henderson, W. O.: The Rise of German Industrial Power 1834-1914, London 1975.
Hentschel, V.: Wirtschaft und Wirtschaftspolitik im Wilhelminischen Deutschland, Organisierter Kapitalismus und Interventionsstaat, Stuttgart 1978.
Hohorst, G./Kocka, J./Ritter, G.A.: Sozialgeschichtliches Arbeitsbuch II. Materialien zur Statistik des Kaiserreichs 1870-1914, 2. Aufl., München 1978.
Kielmannsegg, P. Graf: Deutschland und der Erste Weltkrieg, 2. Aufl., Frankfurt/M. 1980.
Kocka, J.: Expansion - Integration - Diversifikation. Wachstumsstrategien industrieller Großunternehmen in Deutschland vor 1914. In: H. Winkel (Hrsg.), Vom Kleingewerbe zur Großindustrie, Berlin 1975.
Idem: Klassengesellschaft im Krieg. Deutsche Sozialgeschichte 1914-1918, 2. Aufl., Göttingen 1978.
Idem: Unternehmer in der deutschen Industrialisierung, Göttingen 1975.
Lambi, I.: Free Trade and Protection in Germany 1868-1879, Wiesbaden 1963.
Lapp, K.: Die Finanzierung der Weltkriege 1914-1918 und 1939-1945 in Deutschland, Diss. Nürnberg 1957.
Nipperdey, Thomas: Deutsche Geschichte 1866-1918. Bd. I: Arbeitswelt und Bürgergeist, München 1990; Bd. II: Machtstaat vor der Demokratie, 1992.
Pohl, H.: Wirtschafts- und sozialgeschichtliche Grundzüge der Epoche 1870-1914. In: Sozialgeschichtliche Probleme in der Zeit der Hochindustrialisierung (1870-1914). In: H. Pohl (Hrsg.), Sozialgeschichtliche Probleme in der Zeit der Hochindustrialisierung (1870-1914), Paderborn 1979.
Idem: Aufbruch der Weltwirtschaft. Geschichte der Weltwirtschaft von der Mitte des 19. Jahrhunderts bis zum Ersten Weltkrieg, Stuttgart 1989;
Idem: Die Entwicklung der Kartelle in Deutschland und die Diskussionen im Verein für Socialpolitik. In: Wissenschaft und Kodifikation des Privatrechts im 19. Jahrhundert, Hrsg. v. H. Coing u. W. Wilhelm, Bd. 4, Frankfurt/M. 1979.
Idem: Konzentration im deutschen Bankwesen (1848-1980), Frankfurt/M. 1983.
Riesser, J.: Die deutschen Grossbanken und ihre Konzentration im Zusammenhange mit der Entwicklung der Gesamtwirtschaft in Deutschland, 3. Aufl., Jena 1910.
Ritter, G.A. (Hrsg.): Das Deutsche Kaiserreich 1871-1914. Ein historisches Lesebuch, 4. durchges. Aufl., Göttingen 1981.
Rosenberg, H.: Große Depression und Bismarckzeit. Wirtschaftsablauf, Gesellschaft und Politik in Mitteleuropa, Berlin 1967.

Siegrist, H.: Deutsche Großunternehmen vom späten 19. Jahrhundert bis zur Weimarer Republik. In: ZUG 6, 1980.
Treue, W.: Wirtschaft und Außenpolitik. Zu den Problemen der deutschen Weltmachtstellung 1900-1914. In: Tradition 9, 1964.
Wehler; H.-U.: Das Deutsche Kaiserreich 1871 - 1918, Göttingen 1973.
Idem: Bismarck und der Imperialismus, 4. Aufl., München 1976.
Wengenroth, U.: Unternehmensstrategien und technischer Fortschritt: Die deutsche und die britische Stahlindustrie, 1865-1895, Göttingen et al. 1986.

Weimarer Republik:

Abraham, D.: The Collapse of the Weimar Republic. Political Economy and Crisis, Princeton 1981, New York et al., 2. Aufl. 1987.
Ambrosius, G.: Die öffentliche Wirtschaft in der Weimarer Republik. Kommunale Versorgungsunternehmen als Instrumente der Wirtschaftspolitik, Baden-Baden 1984.
Aretz, J.: Katholische Arbeiterbewegung und Nationalsozialismus. Der Verband katholischer Arbeiter- und Knappenvereine Westdeutschlands 1923-1945, Mainz 1978.
Bähr, J.: Staatliche Schlichtung in der Weimarer Republik, Berlin 1989.
Baier, R.: Der Deutsche Osten als soziale Frage. Eine Studie zur preußischen und deutschen Siedlungs- und Polenpolitik in den Ostprovinzen während des Kaiserreichs und der Weimarer Republik, Köln et al. 1980.
Bajohr, S.: Die Hälfte der Fabrik. Geschichte der Frauenarbeit in Deutschland 1914 bis 1945, Marburg 1979.
Becker, H.: Handlungsspielräume der Agrarpolitik in der Weimarer Republik zwischen 1923 und 1929, Stuttgart 1990.
Becker, J./Hildebrand, K. (Hrsg.): Internationale Beziehungen in der Weltwirtschaftskrise 1929-1933, München 1980.
Beitel, W./Nötzold, J.: Deutsch-sowjetische Wirtschaftsbeziehungen in der Zeit der Weimarer Republik, Baden-Baden 1979.
Bennecke, H.: Wirtschaftliche Depression und politischer Radikalismus 1918-1938, München 1970.
Bennett, E.: Germany and the Financial Crisis, Cambridge, Mass. 1962.
Bessel, R./Feuchtwanger, E.J. (Hrsg.): Social Change and Political Development in Weimar Germany, London 1981.
Blaich, F.: Grenzlandpolitik im Westen 1926-1936. Die "Westhilfe" zwischen Reichspolitik und Länderinteressen, Stuttgart 1978.
Idem: Die Wirtschaftskrise 1925/26 und die Reichsregierung. Von der Erwerbslosenfürsorge zur Konjunkturpolitik, Kallmünz 1977.
Idem: Der Schwarze Freitag. Inflation und Wirtschaftskrise, 2. Aufl., München 1990.
Boarman, P.M.: Germany's Economic Dilemma. Inflation and the Balance of Payments, New Haven 1964.
Borchardt, K.: Wirtschaftliche Ursachen des Scheiterns der Weimarer Republik. In: Wachstum, Krisen, Handlungsspielräume der Wirtschaftspolitik. Studien zur Wirtschafts- und Sozialgeschichte des 19. und 20. Jahrhunderts, Göttingen 1982, S. 183-205.
Idem: Zwangslagen und Handlungsspielräume in der großen Wirtschaftskrise der frühen dreißiger Jahre: Zur Revision des überlieferten Geschichtsbildes. Wiederabgedruckt in: Wachstum, S. 165-182.

Broszat, M.: Die Machtergreifung. Der Aufstieg der NSDAP und die Zerstörung der Weimarer Republik, München 1984.
Buchheim, Christoph et. al. (Hrsg.): Zerrissene Zwischenkriegszeit. Wirtschaftshistorische Beiträge. K. Borchardt zum 65. Geb., Baden-Baden 1994.
Büsch, O./Feldman, G. D. (Hrsg.): Historische Prozesse der deutschen Inflation 1914-1924, Berlin 1978.
Conze, W./Raupach, H. (Hrsg.): Die Staats- und Wirtschaftskrise des Deutschen Reiches 1929/1933, Stuttgart 1967.
Dengg, S.: Deutschlands Austritt aus dem Völkerbund und Schachts "Neuer Plan". Zum Verhältnis von Außen- und Außenwirtschaftspolitik in der Übergangsphase von der Weimarer Republik zum Dritten Reich (1929-1934), Frankfurt 1986.
Dobkowski, M.N./Wallimann, I. (Hrsg.): Towards the Holocaust: The Social and Economic Collapse of the Weimar Republic, Westport et al. 1983.
Evans, R. J./Geary, D. (Hrsg.): The German Unemployed. Experiences and Consequences of Mass Unemployment from the Weimar Republic to the Third Reich, London et al. 1987.
Feis, H.: The Diplomacy of the Dollar 1919-1932, Baltimore 1950.
Feldenkirchen, Wilfried: Siemens 1918-1945, München 1995
Feldman, G. D.: The Great Disorder. Politics, Economics and Society in the German Inflation 1914-1924, New York/Oxford 1993.
Idem: Iron and Steel in the German Inflation 1916-1923, Princeton 1977.
Idem: Vom Weltkrieg zur Weltwirtschaftskrise. Studien zur deutschen Wirtschafts- und Sozialgeschichte 1914-1932, Göttingen 1984.
Feldman, G. D./Homburg, H.: Industrie und Inflation. Studien und Dokumente zur Politik der deutschen Unternehmer 1916-1923, Hamburg 1977.
Feldman, G. D. et al. (Hrsg.): Die Anpassung an die Inflation, Berlin et al. 1986.
Eidem (Hrsg.): Die deutsche Inflation. Eine Zwischenbilanz, Berlin et al. 1982.
Eidem (Hrsg.): Die Erfahrung der Inflation im internationalen Zusammenhang und Vergleich, Berlin et al. 1984.
Eidem (Hrsg.): Die Konsequenzen der Inflation, Berlin 1989.
Fischer, A.: Die Landesbank der Rheinprovinz. Aufstieg und Fall zwischen Wirtschaft und Politik (Wirtschafts- und Sozialhistorische Studien. Bd. 6), Köln et al. 1997.
Fischer, W.: Die wirtschaftspolitische Situation der Weimarer Republik, Celle 1960.
Flaskamp, J.: Aufgaben und Wirkungen der Reichsbank in der Zeit des Dawes-Planes, Bergisch-Gladbach et al.1986.
Freyberg, T. v.: Industrielle Rationalisierung in der Weimarer Republik, Frankfurt 1989.
Fromm, E.: Arbeiter und Angestellte am Vorabend des Dritten Reiches. Eine sozialpsychologische Untersuchung. Bearb. u. hrsg. v. W. Bonss, Stuttgart 1980.
Frommelt, R.: Paneuropa oder Mitteleuropa. Einigungsbestrebungen im Kalkül deutscher Wirtschaft und Politik 1925-1933, Stuttgart 1977.
Gescher, D. B.: Die Vereinigten Staaten von Amerika und die Reparationen 1920-1924. Eine Untersuchung der Reparationsfrage auf der Grundlage amerikanischer Akten, Bonn 1956.
Gessner, D.: Agrardegression und Präsidialregierungen in Deutschland 1930 bis 1933. Probleme des Agrarprotektionismus am Ende der Weimarer Republik, Düsseldorf 1977.
Idem: Agrarverbände in der Weimarer Republik, Düsseldorf 1976.

Graham, F. D.: Exchange, Prices and Production in Hyperinflation: Germany 1920-1923, Princeton 1930, 2. Aufl. 1967.
Grzywatz, B.: Arbeit und Bevölkerung im Berlin der Weimarer Zeit. Eine historisch-statistische Untersuchung, Berlin 1988.
Hamel, I.: Völkischer Verband und nationale Gewerkschaft. Der Deutschnationale Handlungsgehilfen-Verband 1893-1933, Frankfurt 1967.
Hansen, E. W.: Reichswehr und Industrie. Rüstungswirtschaftliche Zusammenarbeit und wirtschaftliche Mobilmachungsvorbereitung 1923-1932, Boppard 1978.
Hansmeyer, K.-H. (Hrsg.): Kommunale Finanzpolitik in der Weimarer Republik, Berlin 1973.
Heindl, W.: Die Haushalte von Reich, Ländern und Gemeinden in Deutschland von 1925 bis 1933. Öffentliche Haushalte und Krisenverschärfung, Frankfurt et al.1984.
Holtfrerich, C.-L.: Die deutsche Inflation 1914-1923. Ursachen und Folgen in internationaler Perspektive, Berlin, New York 1980.
Hughes, M. L.: Paying for the German Inflation, Chapel Hill et al. 1988.
James, H.: Deutschland in der Weltwirtschaftskrise 1924-1936, Stuttgart 1988.
Kent, B.: The Spoils of War. The Politics, Economics, and Diplomacy of Reparations 1918-1932, Oxford 1989.
Kindleberger, C. P.: Die Weltwirtschaftskrise 1929-1939, München 3. Aufl. 1984.
Kluge, U.: Bauern, Agrarkrise und Volksernährung in der europäischen Zwischenkriegszeit (VSWG, Beiheft 86) Stuttgart 1988.
Knipping, F.: Deutschland, Frankreich und das Ende der Locarno-Ära 1928-1931. Studien zur internationalen Politik in der Anfangsphase der Weltwirtschaftskrise, München 1987.
Kolb, E.: Die Weimarer Republik, 3., überarb. u. erw. Aufl., München 1993.
Kratzenberg, V.: Arbeiter auf dem Weg zu Hitler? Die Nationalsozialistische Betriebszellen-Organisation. Ihre Entstehung, ihre Programmatik, ihr Scheitern 1927-1934, Frankfurt et al. 1987.
Krohn, C.-D.: Stabilisierung und ökonomische Interessen. Die Finanzpolitik des Deutschen Reiches 1923-1927, Düsseldorf 1974.
Idem: Wirtschaftstheorien als politische Interessen. Die akademische Nationalökonomie in Deutschland 1918-1933, Frankfurt 1981.
Krüger, P.: Deutschland und die Reparationen 1918/19. Die Genesis des Reparationsproblems in Deutschland zwischen Waffenstillstand und Versailler Friedensschluß, Stuttgart 1973.
Krulis-Randa, J.: Das deutsch-österreichische Zollunionsprojekt von 1931, Zürich 1955.
Kuckuck, H.-A./Schiffmann, D. (Bearb.): Die Gewerkschaften von der Stabilisierung bis zur Weltwirtschaftskrise 1924-1930, 2 Bde., Köln 1986.
Kunz, A.: Civil Servants and the Politics of Inflation in Germany, 1914-1924, Berlin 1986.
Lewis, A. W.: Economic Survey 1919-1939, London 1949, 9. Aufl. 1970.
Lindenlaub, D.: Maschinenbauunternehmen in der Deutschen Inflation 1919-1923, Berlin et al. 1985.
Link, W.: Die amerikanische Stabilisierungspolitik in Deutschland 1921-1930, Düsseldorf 1970.
Lüke, R. E.: 13. Juli 1931. Das Geheimnis der deutschen Bankenkrise, Frankfurt 1981.
Mauersberg, H.: Finanzstrukturen deutscher Bundesstaaten zwischen 1820 und 1944, St. Katharinen 1988.

Maurer, I.: Reichsfinanzen und Große Koalition. Zur Geschichte des Reichskabinetts Müller (1928-1930), Bern et al. 1973.
McNeil, W. C.: American Money and the Weimar Republic. Economics and Politics on the Eve of the Great Depression, New York 1986.
Meister, R.: Die große Depression. Zwangslagen und Handlungsspielräume der Wirtschafts- und Finanzpolitik in Deutschland 1929-1932 (Kölner Schriften zur Wirtschafts- und Sozialpolitik, Bd. 11), Regensburg 1991
Möller, H.: Weimar. Die unvollendete Demokratie, München 1985.
Mommsen, H.: Klassenkampf oder Mitbestimmung. Zum Problem der Kontrolle wirtschaftlicher Macht in der Weimarer Republik, Köln 1978.
Idem et al. (Hrsg.): Industrielles System und politische Entwicklung in der Weimarer Republik, Düsseldorf 1974.
Muth, W.: Berufsausbildung in der Weimarer Republik (ZUG, Beiheft 41), Stuttgart 1985.
Netzband, K. B./Widmaier, H. P.: Währungs- und Finanzpolitik der Ära Luther 1923 bis 1925, Tübingen 1964.
Northrop, M. B.: Control Policies of the Reichsbank 1924-1933, 2. Aufl., New York 1969.
Overy, R. J.: The Nazi Economic Recovery 1932-1938, 2. Aufl., London et al. 1984.
Patch, W. L.: Christian Trade Unions in the Weimar Republic, 1918-1933. The Failure of "Corporate Pluralism", New Haven et al. 1985.
Petzina, D.: Die deutsche Wirtschaft in der Zwischenkriegszeit, Wiesbaden 1977.
Peukert, D.: Die Weimarer Republik. Krisenjahre der Klassischen Moderne, Frankfurt 1987.
Potthoff, H.: Freie Gewerkschaften 1918-1933. Der Allgemeine Deutsche Gewerkschaftsbund in der Weimarer Republik, Düsseldorf 1987.
Idem: Gewerkschaften und Politik zwischen Revolution und Inflation, Düsseldorf 1979.
Predöhl, A.: Das Ende der Weltwirtschaftskrise, Reinbek 1962.
Priamus, H.-J.: Angestellte und Demokratie. Die nationalliberale Angestelltenbewegung in der Weimarer Republik, Stuttgart 1979.
Prinz, M.: Vom neuen Mittelstand zum Volksgenossen. Die Entwicklung des sozialen Status der Angestellten von der Weimarer Republik bis zum Ende der NS-Zeit, München 1986.
Ringer, F. K. (Hrsg.): The German Inflation of 1923, NewYork 1969.
Ronde, H.: Von Versailles bis Lausanne. Der Verlauf der Reparationsverhandlungen nach dem 1. Weltkrieg, Stuttgart 1950.
Rössler, H. (Hrsg.): Die Folgen von Versailles 1919-1924, Göttingen 1969.
Rowley, E. E.: Hyperinflation in Germany. Perceptions of a Process, Aldershot et al. 1994.
Ruck, M.: Bollwerk gegen Hitler? Arbeiterschaft, Arbeiterbewegung und die Anfänge des Nationalsozialismus, Köln 1988.
Idem: Die freien Gewerkschaften im Ruhrkampf 1923, Köln 1986.
Idem: Gewerkschaften - Staat - Unternehmer. Die Gewerkschaften im sozialen und politischen Kräftefeld 1914 bis 1933, Köln 1990.
Rupieper, H. J.: The Cuno Government and Reparations 1922-1923, Politics and Economics, The Hague et al. 1979.
Schmidt, G. (Hrsg.): Konstellationen internationaler Politik 1924-1932. Politische und wirtschaftliche Faktoren in den Beziehungen zwischen Westeuropa und den Vereinigten Staaten, Bochum 1983.
Schneider, M.: Das Arbeitsbeschaffungsprogramm des ADGB. Zur gewerkschaftlichen Politik in der Endphase der Weimarer Republik, Bonn 1975.

Idem: Die christlichen Gewerkschaften 1894-1933, Bonn 1982.
Schönhoven, K.: Reformismus und Radikalismus. Gespaltene Arbeiterbewegung im Weimarer Sozialstaat, München 1989.
Schötz, H. O.: Der Kampf um die Mark 1923/24. Die deutsche Währungsstabilisierung unter dem Einfluß der nationalen Interessen Frankreichs, Großbritanniens und der USA, Berlin et al. 1987.
Schröter, V.: Die deutsche Industrie auf dem Weltmarkt 1929 bis 1933. Außenwirtschaftliche Strategien unter dem Druck der Weltwirtschaftskrise, Frankfurt et al. 1984.
Schuker, S. A.: American "Reparations" to Germany, 1919-1933: Implications for the Third-World Debt Crisis, Princeton 1988.
Idem: The End of the French Predominance in Europe. The Financial Crisis of 1924 and the Adoption of the Dawes Plan, Chapel Hill 1976.
Schulz, G. (Hrsg.): Die Große Krise der dreißiger Jahre. Vom Niedergang der Weltwirtschaft zum Zweiten Weltkrieg, Göttingen 1985.
Idem: Weimarer Republik, Freiburg. et al. 1987.
Idem: Deutschland am Vorabend der Großen Krise, Berlin et al. 1987.
Schulze, H.: Weimar. Deutschland 1917-1933, Berlin 1982.
Schumacher, M.: Land und Politik. Eine Untersuchung über politische Parteien und agrarische Interessen 1914-1923, Düsseldorf 1978.
Schwabe, K. (Hrsg.): Die Ruhrkrise 1923. Wendepunkt der internationalen Beziehungen nach dem Ersten Weltkrieg, Paderborn 1985, 2. Aufl. 1986.
Specht, A. V.: Politische und wirtschaftliche Hintergründe der deutschen Inflation 1918-1933, Frankfurt 1982.
Speier, H.: Die Angestellten vor dem Nationalsozialismus. Ein Beitrag zum Verständnis der deutschen Sozialstruktur 1918-1933, Göttingen 1977.
Stachura, P. D. (Hrsg.): Unemployment and the Great Depression in Weimar Germany, Houndmills et al. 1986.
Idem: The Weimar Republic and the Younger Proletariat. An Economic and Social Analysis, London 1989.
Stollberg, G.: Die Rationalisierungsdebatte, 1908-1933: Freie Gewerkschaften zwischen Mitwirkung und Gegenwehr, Frankfurt et al. 1981.
Stürmer, M. (Hrsg.): Die Weimarer Republik: Belagerte Civitas, Königstein 1980.
Tammen, H.: Die IG Farbenindustrie Aktiengesellschaft (1925-1933). Ein Chemiekonzern in der Weimarer Republik, Berlin 1978.
Teichert, E.: Autarkie und Großraumwirtschaft in Deutschland 1930-1939, München 1984.
Teichova, A./Cottrell, P. L. (Hrsg.): International Business and Central Europe, 1918 to 1939, Leicester et al. 1983.
Teichova, A.: Internationale Großunternehmen. Kartelle und das Versailler Staatensystem in Mitteleuropa, Stuttgart 1988.
Tenfelde, K. et al.: Geschichte der deutschen Gewerkschaften von den Anfängen bis 1945. Hrsg. v. U. Borsdorf u. Mitarb. v. G. Wieden, Köln 1987.
Thomas, G.: Geschichte der deutschen Wehr- und Rüstungswirtschaft (1918-1943/45), Boppard 1966.
Timm, H.: Die deutsche Sozialpolitik und der Bruch der Großen Koalition im März 1930, Düsseldorf 1952, Düsseldorf 2. Aufl. 1982.
Tschirbs, R.: Tarifpolitik im Ruhrbergbau 1918-1933, Berlin et al.1986.

Unterstell, R.: Mittelstand in der Weimarer Republik. Die soziale Entwicklung und politische Orientierung von Handwerk, Kleinhandel und Hausbesitz 1919-1933, Frankfurt et al. 1989.
Vincent, C. P.: The Politics of Hunger. The Allied Blockade of Germany, 1915-1919, Athens et al. 1985.
Vogt, M. (durchgesehen und eingeleitet): Die Entstehung des Youngplans dargestellt vom Reichsarchiv 1931-1933 (Schriften des Bundesarchivs 15), Boppard a. Rh. 1970.
Wagenführ, R.: Die Industriewirtschaft. Entwicklungstendenzen der deutschen und internationalen Industrieproduktion 1860-1932 (Vierteljahreshefte zur Konjunkturforschung, Sonderheft 31), Berlin 1933.
Wandel, E.: Die Bedeutung der Vereinigten Staaten von Amerika für das deutsche Reparationsproblem 1925-1929, Tübingen 1971.
Wee, H. van der (Hrsg.): The Great Depression Revisited, Den Haag 1972.
Weisbrod, B.: Die Schwerindustrie in der Weimarer Republik. Interessenpolitik zwischen Stabilisierung und Krise, Wuppertal 1978.
West, F. C.: A Crisis of the Weimar Republic: A Study of the German Referendum of 20 June 1926, Philadelphia 1985.
Whalen, R. W.: Bitter Wounds: German Victims of the Great War, 1914-1939, Ithaca/N.Y. 1984.
Winkel, H. (Hrsg.): Finanz- und wirtschaftspolitische Fragen der Zwischenkriegszeit, Berlin 1973.
Winkler, H.A. (Hrsg.): Organisierter Kapitalismus. Voraussetzungen und Anfänge, Göttingen 1974.
Winkler, H.-J.: Preußen als Unternehmer 1923-1932. Staatliche Erwerbsunternehmen im Spannungsfeld der Politik am Beispiel der Preussag, Hibernia und Veba, Berlin 1965.
Wixforth, H.: Banken und Schwerindustrie in der Weimarer Republik (Wirtschafts- und Sozialhistorische Studien. Bd. 1), Köln et al. 1995.
Wuest, E.: Der Vertrag von Versailles im Licht und Schatten der Kritik. Die Kontroverse um seine wirtschaftlichen Auswirkungen, Zürich 1962.
Wurm, C. A. (Hrsg.): Internationale Kartelle und Außenpolitik. Beiträge zur Zwischenkriegszeit, Stuttgart 1989.
Ziebura, G.: Weltwirtschaft und Weltpolitik 1922/24-1931. Zwischen Rekonstruktion und Zusammenbruch, Frankfurt 1984.
Zimmermann, L.: Frankreichs Ruhrpolitik von Versailles bis zum Dawes-Plan, Göttingen 1972.
Zollitsch, W.: Arbeiter zwischen Weltwirtschaftskrise und Nationalsozialismus. Ein Beitrag zur Sozialgeschichte der Jahre 1928 bis 1936, Göttingen 1990.

Nationalsozialismus:

Adam, U. D.: Judenpolitik im Dritten Reich, Königstein et al. 1979.
Barkai, A.: Vom Boykott zur "Entjudung". Der wirtschaftliche Existenzkampf der Juden im Dritten Reich 1933-1943, Frankfurt 1988.
Idem: Das Wirtschaftssystem des Nationalsozialismus, Frankfurt/M. 1988.
Benz, W. et al. (Hrsg.): Enzyklopädie des Nationalsozialismus, Stuttgart 1997.
Blaich, F.: Wirtschaft und Rüstung im „Dritten Reich“, Düsseldorf 1987;
Boelcke, W. A.: Die deutsche Wirtschaft 1930-1945: Interna des Reichswirtschaftsministeriums, Düsseldorf 1983.

Idem: Die Kosten von Hitlers Krieg. Kriegsfinanzierung und finanzielles Kriegserbe in Deutschland 1933-1948, Paderborn 1985.
Broszat, M.: Der Staat Hitlers, 12. Aufl., München 1989.
Buchheim, H.: Anatomie des SS-Staates, Band 1, 5. Aufl., München 1989. Band 2, 5. Aufl., 1989.
Carroll, B. A.: Design for total War, Arms and Economy in the Third Reich, The Hague 1968.
Corni, G./Gies, H.: „Blut und Boden“: Rassenideologie und Agrarpolitik im Staat Hitlers, Idstein 1994.
Eitner, H.-J.: Hitlers Deutsche, Gernsbach 1991.
Erbe, R.: Die nationalsozialistische Wirtschaftspolitik 1933-1939 im Lichte der modernen Theorie, Zürich 1958.
Esenwein-Rothe, I.: Die Wirtschaftsverbände von 1933-1945, Berlin 1965.
Feldman G. D.: Die Nachwirkungen der Inflation auf die deutsche Geschichte 1924-1933, München 1985.
Fischer, A.: Hjalmar Schacht und Deutschlands „Judenfrage“. Der „Wirtschaftsdiktator“ und die Vertreibung der Juden aus der deutschen Wirtschaft (Wirtschafts- und Sozialhistorische Studien, Bd. 2), Köln et al. 1995.
Genschel, Helmut: Die Verdrängung der Juden aus der Wirtschaft im Dritten Reich, Göttingen 1966.
Hachtmann, R: Industriearbeit im Dritten Reich, Göttingen 1989.
Hallgarten, G. W.: Hitler, Reichswehr und Industrie, Frankfurt/M. 1955.
Harrison, M. (Ed.): The Economics of World War II. Six Great Powers in International Comparison, Cambridge U. P., Cambridge 1998.
Hayes, P.: Industry and Ideolgy, IG Farben in the Nazi Era, Cambridge 1987.
Herbert, U.: Fremdarbeiter. Politik und Praxis des "Ausländer-Einsatzes" in der Kriegswirtschaft des Dritten Reiches, Berlin et al. 1986.
Herbst, L.: Der Totale Krieg und die Ordnung der Wirtschaft. Die Kriegswirtschaft im Spannungsfeld von Politik, Ideologie und Propaganda 1939-1945, Stuttgart 1982.
Hildebrandt, Klaus: Das Dritte Reich, München 1991.
Jäckel, E.: Hitlers Weltanschauung, Tübingen 1969.
Kehrl, H.: Krisenmanager im Dritten Reich, Düsseldorf 1973.
Kissenkoetter, U.: Gregor Strasser und die NSDAP, Stuttgart 1978.
Kopper, C: Zwischen Marktwirtschaft und Dirigismus. Bankenpolitik im „Dritten Reich“ 1933-1939, Bonn 1995.
Kroll, G.: Von der Weltwirtschaftskrise zur Staatskonjunktur, Berlin 1958.
Ludwig, K. H.: Technik und Ingenieure im Dritten Reich, Düsseldorf 1974.
Michalka, W.: Das Dritte Reich. München 1985.
Milward, A. S.: The German Economy at War, London 1965 (Der Zweite Weltkrieg: Krieg, Wirtschaft und Gesellschaft 1939-1945, München 1977).
Idem: War Economy and Society 1939-1945, Berkeley et al. 1977.
Mollin, G.: Montankonzerne und Drittes Reich, Göttingen 1988.
Mommsen, H./Grieger, M.: Das Volkswagenwerk und seine Arbeiter im Dritten Reich, Düsseldorf 1996.
Müller-Armack, A.: Staatsidee und Wirtschaftsordnung im neuen Reich, Berlin 1933.
Nathan, O.: The Nazi Economic System, Germany's Mobilization for War, Durham 1944.
Neebe, R.: Großindustrie, Staat und NSDAP, Göttingen 1981.
Overy, R. J.: War and Economy in the Third Reich, Oxford 1994.

Petzina, D.: Autarkiepolitik im Dritten Reich. Der nationalsozialistische Vierjahresplan, Stuttgart 1968.
Idem: Die deutsche Wirtschaft in der Zwischenkriegszeit, Wiesbaden 1977.
Schiller, K.: Arbeitsbeschaffung und Finanzordnung in Deutschland, Berlin 1936.
Schoenbaum, D.: Die braune Revolution. Eine Sozialgeschichte des Dritten Reiches, Köln 1968.
Schröder, H. J.: Deutschland und die Vereinigten Staaten 1933-1939, Wirtschaft und Politik in der Entwicklung des Deutsch-Amerikanischen Gegensatzes, Wiesbaden 1970.
Schumann, H. G.: Nationalsozialismus und Gewerkschaftsbewegung, Hannover 1958.
Schweitzer, A.: Big Business in the Third Reich, Bloomington 1964.
Seubert, R.: Berufserziehung und Nationalsozialismus, Weinheim et al. 1977.
Siegfried, K.-J.: Rüstungsproduktion und Zwangsarbeit im Volkswagenwerk, Frankfurt am Main 1986.
Smelser, R.: Robert Ley. Hitlers Mann an der 'Arbeitsfront', Paderborn 1989.
Teichert, E.: Autarkie und Großraumwirtschaft in Deutschland 1930-1939. Außenwirtschaftspolitische Konzeptionen zwischen Wirtschaftskrise und Zweitem Weltkrieg, München 1984.
Turner, H. A. jr.: Faschismus und Kapitalismus in Deutschland, Studien zum Verhältnis zwischen Nationalsozialismus und Wirtschaft, Göttingen 1972.
Idem: German Big Business and the Rise of Hitler, New York et al. 1985 (Die Großunternehmer und der Aufstieg Hitlers), Berlin 1986.
Uhlig, H.: Die Warenhäuser im Dritten Reich, Köln et al. 1956.
Wagenführ, R.: Die deutsche Industrie im Kriege 1939-1940, Berlin 1963.
Winkler, H. A.: Mittelstand, Demokratie und Nationalsozialismus. - Die politische Entwicklung von Handwerk und Kleinhandel in der Weimarer Republik, Köln 1972.
Wistrich, R.: Wer war wer im Dritten Reich? Ein biographisches Lexikon, Frankfurt/M. 1987.
Zitelmann, R.: Hitler - Selbstverständnis eines Revolutionärs, Darmstadt, 1991.
Idem u. Prinz, M.: Nationalsozialismus und Modernisierung, Darmstadt, 1991.
Idem /Jesse, E./Backes, U., (Hrsg.): Die Schatten der Vergangenheit. Impulse zur Historisierung des Nationalsozialismus, Zeitgeschichte, Frankfurt/M. et al. 1992.

Westzonen und Bundesrepublik Deutschland nach 1945:

Abelshauser, W.: Die langen Fünfziger Jahre. Wirtschaft und Gesellschaft der Bundesrepublik Deutschland 1949-1966, Düsseldorf 1987.
Idem: Wirtschaft in Westdeutschland 1945-1948. Rekonstruktion und Wachstumsbedingungen in der amerikanischen und britischen Zone, Stuttgart 1975.
Idem: Die Rekonstruktion der westdeutschen Wirtschaft und die Rolle der Besatzungspolitik. In: Claus Scharf/Hans-Jürgen Schröder (Hrsg.), Politische und ökonomische Stabilisierung Westdeutschlands 1945-1949, Wiesbaden 1977.
Idem: Korea, die Ruhr und Erhards Marktwirtschaft: Die Energiekrise von 1950/51. In: Rheinische Vierteljahresblätter, Band 45 (1981).
Idem: Wiederaufbau vor dem Marshall-Plan. Europas Wachstumschancen und die Wirtschaftsordnungspolitik in der zweiten Hälfte der vierziger Jahre. In: Vierteljahreshefte für Zeitgeschichte, Band 29 (1981).

Idem: Ansätze "korporativer Marktwirtschaft" in der Korea-Krise der frühen fünfziger Jahre. Ein Briefwechsel zwischen dem Hohen Kommissar John McCloy und Bundeskanzler Konrad Adenauer. In: Vierteljahreshefte für Zeitgeschichte, Band 30 (1982).

Idem: Wirtschaftsgeschichte der Bundesrepublik Deutschland 1945-1980, Frankfurt am Main 1983.

Idem/Petzina, D.: Krise und Rekonstruktion. Zur Interpretation der gesamtwirtschaftlichen Entwicklung Deutschlands im 20. Jahrhundert. In: Schröder, W. H./Spree, R. (Hrsg.), Historische Konjunkturforschung, Stuttgart 1980.

Albach, H.: Zur Wiederentdeckung des Unternehmers in der wirtschaftspolitischen Diskussion. In:ZStW, Band 135 (1979).

Albers, W.: Soziale Sicherung - Konstruktionen für die Zukunft, Stuttgart 1982.

Ambrosius, G.: Die Durchsetzung der Sozialen Marktwirtschaft in Westdeutschland 1945-1949, Stuttgart 1977.

Berger, H.: Konjunkturpolitik im Wirtschaftswunder. Handlungsspielräume und Verhaltensmuster von Bundesbank und Regierung in den 1950er Jahren (Beiträge zur Finanzwissenschaft. Bd. 2), Tübingen 1997.

Böhm, F.: Das Reichsgericht und die Kartelle. In: Ordo 1 (1948).

Borchardt, K.: Die Konzeption der Sozialen Marktwirtschaft in heutiger Sicht. In: Issing, O. (Hrsg.), Zukunftsprobleme der Sozialen Marktwirtschaft, Berlin 1981.

Idem: Trend, Zyklus, Strukturbrüche, Zufälle: Was bestimmt die deutsche Wirtschaftsgeschichte des 20. Jahrhunderts? In: Idem: Wachstum, Krisen, Handlungsspielräume der Wirtschaftspolitik, Göttingen 1982.

Idem: Die Bundesrepublik in den säkularen Trends der wirtschaftlichen Entwicklung. In: derselbe, Wachstum, Krisen, Handlungsspielräume der Wirtschaftspolitik, Göttingen 1982.

Idem: Die Erfahrungen mit Inflationen in Deutschland. In: Idem: Wachstum, Krisen, Handlungsspielräume der Wirtschaftspolitik, Göttingen 1982, S. 151-161.

Buchheim, C.: Die Wiedereingliederung Westdeutschlands in die Weltwirtschaft 1945-1958, München 1990.

Dürr, E.: Historische Erfahrungen über die Wirtschaftspolitik in der Bundesrepublik Deutschland. In: Siebert, H. (Hrsg.), Perspektiven der deutschen Wirtschaftspolitik, Stuttgart 1983.

Erhard, L.: Meine Wirtschaftspolitik ist richtig, Köln 1952.

Idem: Kriegsfinanzierung und Schuldenkonsolidierung. Faksimiledruck der Denkschrift von 1943/44, Frankfurt am Main et al. 1977.

Idem: Wohlstand für alle, Düsseldorf 1957.

Eucken, W.: Grundsätze der Wirtschaftspolitik, Tübingen 1952.

Fisch, J.: Reparationen nach dem Zweiten Weltkrieg, München 1992.

Fischer, W./Bähr, J. (Hrsg.): Wirtschaft im geteilten Berlin 1945-1990. Forschungsansätze und Zeitzeugen, München et al. 1994.

Glastetter, W.: Die wirtschaftliche Entwicklung der Bundesrepublik Deutschland im Zeitraum 1950 bis 1975. Befunde und Aspekte, Berlin et al. 1977.

Grüske, K.-D.: Effektive Umverteilung in der Bundesrepublik Deutschland? In: Hanusch, H. et al. (Hrsg.), Staat und Politische Ökonomie heute - Public Sector and Political Economy Today. Festschrift für Horst Claus Recktenwald, Stuttgart et al. 1985.

Gurley, J. G.: Excess Liquidity and European Monetary Reforms 1944-1952. In: American Economic Review, Vol. 43 (1953).

Härtel, H.-H./Thiel, E. u.a.: Analyse der strukturellen Entwicklung der deutschen Wirtschaft - Strukturbericht 1983, HWWA-Institut für Wirtschaftsforschung, Hamburg 1984.
Heuß, E.: "Die Grundlagen der Nationalökonomie" vor 50 Jahren und heute. In: Ordo, Bd. 40, Stuttgart et al. 1989, S. 21-30.
Heusgen, C.: Ludwig Erhards Lehre von der Sozialen Marktwirtschaft. Ursprünge, Kerngehalt, Wandlungen, Bern et al. 1981.
Hoppmann, E. (Hrsg.): Die Konzertierte Aktion. Kritische Beiträge zu einem Experiment, Frankfurt/M. 1972.
Hutchinson, T. W.: Notes on the Effects of Economic Ideas on Policy: The Example of the German Market Economy. In: Zeitschrift für die gesamte Staatswissenschaft, Band 135 (1979).
Issing, O. (Hrsg.): Zukunftsprobleme der Sozialen Marktwirtschaft, Berlin 1981.
Kirsch, G.: Ordnungspolitik als Gegenstand der politischen Auseinandersetzung. In: O.Issing (Hrsg.), Zukunftsprobleme der Sozialen Marktwirtschaft, Berlin 1981.
Idem: Neue Politische Ökonomie, Düsseldorf 1983.
Kleps, K.: Lohnpolitische Konzeptionen und Vermögensbildung - Ein Weg aus der stabilitätspolitischen Sackgasse, Baden-Baden 1982.
Klump, R.: Wie ist das 'Wirtschaftswunder' entstanden? In: Orientierungen zur Wirtschafts- und Gesellschaftspolitik, Heft 22, Dezember 1984.
Idem: Wirtschaftsgeschichte der Bundesrepublik Deutschland. Zur Kritik neuerer wirtschaftspolitischer Interpretationen aus ordnungspolitischer Sicht (Beiträge zur Wirtschafts- und Sozialgeschichte. Bd. 29), Wiesbaden 1985.
Knapp, M.: Deutschland und der Marshallplan: Zum Verhältnis zwischen politischer und ökonomischer Stabilisierung in der amerikanischen Deutschlandpolitik nach 1945. In: Scharf, C./ Schröder H.-J. (Hrsg.), Politische und ökonomische Stabilisierung Westdeutschlands 1945-1949, Wiesbaden 1977.
Leipold, H.: Institutionelle Ursachen der Wachstumsverlangsamung in West und Ost. In: Schüller, A. (Hrsg.), Wachstumsverlangsamung und Konjunkturzyklen in unterschiedlichen Wirtschaftssystemen, Berlin 1984.
Manz, M.: Stagnation und Aufschwung in der französischen Besatzungszone, Diss. Mannheim 1968.
Mausbach, W.: Zwischen Morgenthau und Marshall. Das wirtschaftspolitische Deutschlandkonzept der USA 1944-1947, Düsseldorf 1994.
Möller, H.: The Reconstruction of the International Economic Order After the Second World War and the Integration of the Federal Republic of Germany into the World Economy. In: ZStW, Band 137 (1981).
Müller Armack, A.: Soziale Marktwirtschaft (1956). In: Idem: Wirtschaftsordnung und Wirtschaftspolitik, Studien und Konzepte zur Sozialen Marktwirtschaft und zur Europäischen Integration, 2. Auflage 1976.
Idem: Die zweite Phase der Sozialen Marktwirtschaft. Ihre Ergänzung durch das Leitbild einer neuen Gesellschaftspolitik (1960). In: derselbe, Wirtschaftsordnung und Wirtschaftspolitik. Studien und Konzepte zur Sozialen Marktwirtschaft und zur Europäischen Integration, 2. Auflage 1976.
Idem: Zur Diagnose unserer wirtschaftlichen Lage, Bielefeld 1947.
Petzina, D. (Hrsg.): Ordnungspolitische Weichenstellungen nach dem Zweiten Weltkrieg, Berlin 1991.

Ritschl, A.: Die Währungsreform von 1948 und der Wiederaufbau der westdeutschen Industrie. Zu den Thesen von Mathias Manz und Werner Abelshauser über die Produktionswirkungen der Währungsreform. In: VfZ, Band 33 (1985), S. 136-165.
Sauermann, H.: Währungsreformen. In: Erwin von Beckerath u.a. (Hrsg.), Handwörterbuch der Sozialwissenschaften, Band 11, Stuttgart et al. 1961, S. 452-470.
Scherf, H.: Enttäuschte Hoffnungen - vergebene Chancen. Die Wirtschaftspolitik der sozial-liberalen Koalition 1969-1982, Göttingen 1986.
Schlesinger, H.: Geldpolitik in der Phase des Wiederaufbaus (1950-1958). In: Deutsche Bundesbank (Hrsg.), Währung und Wirtschaft in Deutschland 1876 - 1975, Frankfurt/M. 1976, S. 555-607.
Idem: Beschäftigungs- und Konjunkturpolitik in der Bundesrepublik Deutschland. In: Albers, W. u.a. (Hrsg.), Handwörterbuch der Wirtschaftswissenschaft, Band 1, Stuttgart et al. 1977, S. 499-513.
Schmidt, M.: Aufbruch zur Marktwirtschaft - 1948 und heute. In: Zeitschrift für Wirtschaftspolitik, Band 33 (1984), S. 227-239.
Schmidtchen, D.: German 'Ordnungspolitik' as Institutional Choice. In: Zeitschrift für die gesamte Staatswissenschaft, Band 140 (1984), S. 54-70.
Schröder, H.-J. (Hrsg.): Marshallplan und westdeutscher Wiederaufstieg. Positionen - Kontroversen, Stuttgart 1990.
Schröder, W. H./ Spree , R. (Hrsg.), Historische Konjunkturforschung, Stuttgart 1980.
Schulz, G.: Die Entflechtungsmaßnahmen und ihre wirtschaftliche Bedeutung. In: Pohl, H. (Hrsg.), Kartelle und Kartellgesetzgebung in Praxis und Rechtsprechung vom 19. Jahrhundert bis zur Gegenwart, Wiesbaden 1985, S. 210-222.
Starbatty, J.: Erfolgskontrolle der Globalsteuerung. Konjunkturpolitik unter dem Einfluß der politischen Willensbildung, Frankfurt/M. 1976.
Idem: Ordoliberalismus. In: Issing, O. (Hrsg.), Geschichte der Nationalökonomie, München 1984, S. 187-203.
Uffelmann, U.: Der Weg zur Bundesrepublik. Wirtschaftliche, gesellschaftliche und staatliche Weichenstellungen 1945-1949, Düsseldorf 1988.
Wallich, H. C.: Triebkräfte des deutschen Wiederaufstiegs, Frankfurt/M. 1955.
Wandel, E.: Die Entstehung der Bank deutscher Länder und die deutsche Währungsreform 1948. Die Rekonstruktion des westdeutschen Geld- und Währungswesens 1945-1948 unter Berücksichtigung der amerikanischen Besatzungspolitik, Frankfurt/M. 1980.
Watrin, C.: The Principles of the Social Market Economy - its Origins and Early History. In: ZStW, Band 135 (1979), S. 405-425.
Idem (unter Mitarbeit von Giebel, U. J.): Sozialpolitische Hemmnisse für die betriebliche Flexibilität. In: Zeitschrift für Wirtschaftspolitik, Band 33 (1984), S. 325-340.
Wellhöner, V.: „Wirtschaftswunder" - Weltmarkt - westdeutscher Fordismus. Der Fall Volkswagen, Münster 1996.
Willgerodt, H. et al.: Vermögen für alle. Probleme der Bildung, Verteilung und Werterhaltung des Vermögens in der Marktwirtschaft, Düsseldorf et al. 1971.
Winkel, H.: Wirtschaftsgeschichte Deutschlands 1945-1965. In: HdWW, Band 9, Stuttgart et al. 1982, S. 100-119.
Idem: Die deutsche Wirtschaft seit Kriegsende; Entwicklung und Probleme, Mainz 1971.
Idem: Die Wirtschaft im geteilten Deutschland, 1945-1970, Wiesbaden 1976.
Wünsche, H.-F.: Wirtschaft in Westdeutschland 1945-948. Bemerkungen zu dem gleichnamigen Buch von Werner Abelshauser. In: Orientierungen zur Wirtschafts- und Gesellschaftspolitik, Heft 2, Dezember 1979, S. 37-40.

SBZ/Deutsche Demokratische Republik:

Altenburg, U./Schneider, H.: Mit Spitzenleistungen auf den Markt, Leipzig 1987

Baar, L. et al. (Hrsg.): Kriegsfolgen und Kriegslasten Deutschlands. Zerstörungen, Demontagen und Reparationen (Studien zur Wirtschaftsgeschichte 1), Berlin 1993.

Bertsch, G. C. et al.: SED. Schönes Einheits-Design, Köln 1994.

Böttcher, B.: Industrielle Strukturwandlungen im sowjetisch besetzten Gebiet Deutschlands, Berlin 1956.

Bröll, W.: Über den Stand der Wirtschaftswissenschaften in der DDR. In: Deutschland-Archiv 1969.

Idem: Die Wirtschaft der DDR, Lage und Aussichten. München 1973.

Buchheim, C. (Hrsg.): Wirtschaftliche Folgelasten des Krieges in der SBZ/DDR, Baden-Baden 1995.

Buck, H.: Technik der Wirtschaftslenkung in kommunistischen Staaten, 2 Bde., Coburg 1969.

Bühler, R.: Die Problematik der Kontrolle betriebswirtschaftlicher Leistungen in Zentralverwaltungswirtschaften, dargestellt an der volkseigenen Industrie in der DDR, Stuttgart 1971.

Deutsches Institut für Wirtschaftsforschung (DIW): DDR-Wirtschaft. Eine Bestandsaufnahme, Frankfurt am Main 1971 und 1974.

Freier, U. und Lieber, P.: Politische Ökonomie des Sozialismus in der DDR, Frankfurt/M. 1972.

Gabler, U.: Plan - Bilanz - Vertrag. Sicherung einer bedarfs- und vertragsgerechten Produktion, Berlin (O) 1978.

Idem et al.: Produktions- und Absatzprogramm - bedarfsgerecht und effektiv, Berlin (O) 1988.

Gleitze, B.: Ostdeutsche Wirtschaft. Industrielle Standorte und volkswirtschaftliche Kapazitäten des ungeteilten Deutschland, Berlin 1956.

Gutmann, G.: Theorie und Praxis der monetären Planung in der Zentralverwaltungswirtschaft, Stuttgart 1965.

Hertle, H.-H.: Staatsbankrott. Der ökonomische Untergang des SED-Staates. In: Deutschland-Archiv, 25. Jg., Heft 10, Berlin 1992, S. 1019-1030.

Hirdina, Heinz: Gestalten für die Serie. Design in der DDR 1949-1985, Dresden 1988.

Immler, H.: Agrarpolitik in der DDR, Köln 1971 (Versuch einer Beurteilung der Agrarpolitik in der DDR von 1945 bis 1970 unter dem Aspekt der ordnungspolitischen Notwendigkeiten bei der Errichtung eines sozialistischen Systems).

Jochimsen, R.: Die gesamtwirtschaftliche Entwicklung in der DDR. In: Geschichte in Wissenschaft und Unterricht 1966.

Kaelble, H. et al. (Hrsg.): Sozialgeschichte der DDR, Stuttgart 1994.

Kalus, H.: Wirtschaftszahlen aus der SBZ; Eine Zusammenstellung statistischer Daten zur wirtschaftlichen Entwicklung in der sowjetischen Besatzungszone und in Ost-Berlin, Bonn et al. 1964.

Krol, G.-J.: Die Wirtschaftsreform der DDR und ihre Ursachen, Tübingen 1972.

Leipold, Helmut: Wirtschafts- und Gesellschaftssysteme im Vergleich, 5., bearb. Aufl., Stuttgart 1988

Leptin, G.: Deutsche Wirtschaft nach 1945, Ein Ost-West-Vergleich, Opladen 1980.

Matschke, W.: Die industrielle Entwicklung in der Sowjetischen Besatzungszone Deutschlands (SBZ) von 1945 bis 1948, Berlin 1988.

Miller, D. /Trend, H. G.: Economic Reforms in East Germany. In: Problems of Communism 1966.
Model, H.: Bedarf, Produktionsprogramm, Absatz, Berlin 1964.
Mühlfriedel, W./Wießner, K.: Die Geschichte der Industrie der DDR, Berlin (O) 1989.
Müller, H. /Reissig, K.: Wirtschaftswunder DDR. Ein Beitrag zur Geschichte der ökonomischen Politik der SED. Institut für Gesellschaftswissenschaften beim ZK der SED (Hrsg.), Berlin 1968.
Obst, W.: DDR-Wirtschaft. Modell und Wirklichkeit, Hamburg 1973.
Pilz, F./Ortwein, H.: Das vereinte Deutschland. Wirtschaftliche, soziale und finanzielle Folgeprobleme und die Konsequenzen für die Politik, Stuttgart et al. 1992.
Pritzel, K.: Die Wirtschaftsintegration Mitteldeutschlands, Köln 1969.
Schneider, G.: Wirtschaftswunder DDR. Anspruch und Realität, 2. erw. Aufl., Köln 1990.
Schnitzer, M.: East and West Germany: A Comparative Economic Analysis. New York 1972.
Stolper, W. F.: The Structure of the East German Economy, Cambridge/Mass. 1960.
Voigt, D. et al.: Sozialstruktur der DDR, Darmstadt 1987.
Winkel, H.: Die Wirtschaft im geteilten Deutschland, 1945-1970, Wiesbaden 1976.
Wunderwirtschaft. DDR-Konsumkultur in den 60er Jahren, hrsg. von Neue Gesellschaft für Bildende Kunst, 2. Aufl., Köln et al. 1996.
Zschaller, F.: Die vergessene Währungsreform. Vorgeschichte, Durchführung und Ergebnisse der Geldumstellung in der SBZ 1948. In: VfZ 45, 1997, S. 191-223.

Weitere bibliographische Nachweise sowie ein Überblick über die wichtigsten Fachzeitschriften finden sich in Walter, R.: Einführung in die Wirtschafts- und Sozialgeschichte, Paderborn et al. 1994, S. 254-296 und passim.

Namenregister

U

V

W

Y

Z

Das Namensregister hat erstellt:
Dipl.-Vw. Kerstin Gerth

Sachregister

A

B

L

M

N

S

T

Das Sachregister hat erstellt:
Dipl.-Vw. Kerstin Gerth